西安文理学院
专门史省级重点学科经费
文物与博物馆硕士点建设专项经费
资助出版

周原青铜礼容器研究

裴书研 著

科学出版社

北京

内 容 简 介

周原，作为中华文明的发祥地之一，是西周文化遗存的重地，该地区发现青铜器数量之多、品级之高、集中程度之密，皆为西周之最。本书从遗址范围的确立，至青铜器资料的收集整理，经过对类型、断代、分期、纹饰、组合等方面的研究讨论，对周原出土青铜器礼容器做综合研究，建立起周原青铜礼容器的发展演变谱系，提出商人铜器、殷遗民铜器、周人铜器间存在的差异与界定，明确了周原青铜纹饰的演变方式和规律，以及产生这种变化的社会因素。最终，从周原的族群构成，结合器物属性和腰坑等信息，探讨墓葬的族属问题，从器物的组合方式及演变规律，为西周器用制度找寻可靠依据，为周原青铜礼容器的深入全面综合研究填补了空缺。

本书对考古学、文物与博物馆学专业学生，学习研究中国青铜礼容器有所帮助，可为西周青铜文化研究者提供基础资料，也可为商周考古工作者提供参考依据。

图书在版编目（CIP）数据

周原青铜礼容器研究/裴书研著．—北京：科学出版社，2019.12
ISBN 978-7-03-064131-1

Ⅰ.①周… Ⅱ.①裴… Ⅲ.①青铜器（考古）–研究–周原–西周时代
Ⅳ.①K876.414

中国版本图书馆CIP数据核字（2019）第295352号

封面题字：赵丛苍
责任编辑：李 茜／责任校对：邹慧卿
责任印制：赵 博／封面设计：刘可红

科学出版社 出版
北京东黄城根北街16号
邮政编码：100717
http://www.sciencep.com

北京厚诚则铭印刷科技有限公司印刷
科学出版社发行 各地新华书店经销

*

2019年12月第 一 版　开本：787×1092　1/16
2025年2月第三次印刷　印张：21 1/2
字数：498 000

定价：258.00元
（如有印装质量问题，我社负责调换）

前　言

　　自古以来，周原即是周文化遗存之重地。汉、宋文献中均有关于周原出土铜器的记载。清至民国期间，周原先后出土青铜器百余件，只惜国家动荡，外强侵略，多数已流失海外，成为各国博物馆中的收藏鉴赏品。中华人民共和国成立后，随着周原考古工作的开展，周原青铜器的学术价值才得以显现，青铜器的研究也有了真正的科学基础，成为探究周文化的重要资料。

　　周原青铜器数量之多、品级之高、集中程度之密，皆为西周之最。历年来，周原青铜器的研究一直是学者热衷探讨的内容，也是各家争论的焦点，取得了许多可喜的成就。而过去往往是偏重某一方面的研究，尚无针对周原青铜器进行综合性研究的文章。本书从遗址范围的确立，至青铜器资料的收集整理，经过对类型、断代、分期、纹饰、组合等方面的研究讨论，为周原青铜器深入全面的综合研究填补了空缺。

　　广义的周原，全长70余千米，宽20余千米，总面积约1400平方千米。在这样大的范围之内，出土青铜器点零星地散落在各处，相互之间并无太多的关联。而出土青铜器最为密集之地，即是狭义周原的范围所在。今岐山县与扶风县接壤处，约20平方千米出土青铜器的核心区，也是本书研究的主要区域。周原考古工作开展以来，截至2015年仅核心区范围内，就发掘出土青铜礼容器429件，其中161件出自墓葬、198件出自窖藏，其余部分是群众劳作时偶然发现。此外，我们还在文献资料中，找到106件确切出土于周原的传世器，使得四散的周原青铜器重新得以归合。基于以上较为全面的基础材料，我们将研究工作分为三个方面。

　　首先，按各类器形间的差异构建出器物的型式关系，为周原青铜器的时间框架建立起空间体系。为加强推进西周青铜器断代研究工作，我们从器形、纹饰、铭文所反映出的风格特征，将周原青铜器归为不同属性的类别；提出并明确了商人青铜器、殷遗风青铜器、周人青铜器的界限，以及存在的差异；按属性类别对器物的时代进行了推断，使周原青铜器在时间上有了定位；以各类器形发展的阶段性特征为依据，将周原青铜器分为四期，并结合类型分析与断代研究的成果，构建出周原青铜器的发展演变谱系。为西周青铜器发展序列提供了实用的参考资料。

　　其次，考古学研究中对青铜纹饰的关注较少，纹饰也是青铜器研究中相对薄弱的环节。以往纹饰的专向研究，多是从大范围对一类纹饰发展的纵观，往往忽略了器类间的差异。器形间的关系考虑不足，也会影响断代工作的准确性。而周原青铜器纹饰具有很强的地域性特征，且80%以上的青铜器都有纹饰。通过对纹饰的整理分析，我们将纹饰布局方式分类探讨，认为周原青铜器纹饰，是动物纹饰向几何纹饰转变的有力证据。而这种改变是基于思想认识、审美观念等精神层面的变化，也是在统治阶级与社会制度的变迁下逐渐形成的。因此，我们认为纹饰与礼制的演进是相互作用和并行的关系，也是西周器用制度发生变化的另一种表现形式。

最后，通过对周原地区族群构成的讨论，我们将青铜器的族属与墓葬腰坑等信息相结合，用以确立墓葬单位的族属性质。从随葬青铜礼容器的组合方式及变化规律，来讨究器用制度的构成和演变方式。在这些问题上，我们不仅对前人的研究成果进行了总结，还提出了不少新的看法。这对探讨周原墓地性质、礼制礼法等方面有一定的推进作用。

裴书研

2015年6月5日于西北大学

目　　录

第一章　绪论 ⋯⋯⋯⋯⋯⋯⋯⋯⋯⋯⋯⋯⋯⋯⋯⋯⋯⋯⋯⋯⋯⋯⋯⋯⋯⋯⋯⋯⋯⋯⋯ 1

第二章　周原青铜礼容器的研究史 ⋯⋯⋯⋯⋯⋯⋯⋯⋯⋯⋯⋯⋯⋯⋯⋯⋯⋯⋯ 10

　　第一节　周原青铜礼容器研究概述 ⋯⋯⋯⋯⋯⋯⋯⋯⋯⋯⋯⋯⋯⋯⋯⋯⋯ 10
　　第二节　周原出土青铜礼容器的整理 ⋯⋯⋯⋯⋯⋯⋯⋯⋯⋯⋯⋯⋯⋯⋯⋯ 14

第三章　周原青铜礼容器的类型学分析 ⋯⋯⋯⋯⋯⋯⋯⋯⋯⋯⋯⋯⋯⋯⋯⋯ 27

　　第一节　食器属 ⋯⋯⋯⋯⋯⋯⋯⋯⋯⋯⋯⋯⋯⋯⋯⋯⋯⋯⋯⋯⋯⋯⋯⋯⋯ 27
　　第二节　酒器属 ⋯⋯⋯⋯⋯⋯⋯⋯⋯⋯⋯⋯⋯⋯⋯⋯⋯⋯⋯⋯⋯⋯⋯⋯⋯ 38
　　第三节　水器属 ⋯⋯⋯⋯⋯⋯⋯⋯⋯⋯⋯⋯⋯⋯⋯⋯⋯⋯⋯⋯⋯⋯⋯⋯⋯ 48

第四章　周原青铜器的断代 ⋯⋯⋯⋯⋯⋯⋯⋯⋯⋯⋯⋯⋯⋯⋯⋯⋯⋯⋯⋯⋯⋯ 52

　　第一节　周原青铜器断代的研究情况与方法 ⋯⋯⋯⋯⋯⋯⋯⋯⋯⋯⋯⋯⋯ 52
　　第二节　商器断代 ⋯⋯⋯⋯⋯⋯⋯⋯⋯⋯⋯⋯⋯⋯⋯⋯⋯⋯⋯⋯⋯⋯⋯⋯ 55
　　第三节　商式风格青铜器的断代 ⋯⋯⋯⋯⋯⋯⋯⋯⋯⋯⋯⋯⋯⋯⋯⋯⋯⋯ 60
　　第四节　周器的断代 ⋯⋯⋯⋯⋯⋯⋯⋯⋯⋯⋯⋯⋯⋯⋯⋯⋯⋯⋯⋯⋯⋯⋯ 66
　　第五节　青铜器组时代说明 ⋯⋯⋯⋯⋯⋯⋯⋯⋯⋯⋯⋯⋯⋯⋯⋯⋯⋯⋯⋯ 79

第五章　周原青铜器的分期 ⋯⋯⋯⋯⋯⋯⋯⋯⋯⋯⋯⋯⋯⋯⋯⋯⋯⋯⋯⋯⋯⋯ 82

　　第一节　分期研究的现状 ⋯⋯⋯⋯⋯⋯⋯⋯⋯⋯⋯⋯⋯⋯⋯⋯⋯⋯⋯⋯⋯ 82
　　第二节　周原青铜器的分期 ⋯⋯⋯⋯⋯⋯⋯⋯⋯⋯⋯⋯⋯⋯⋯⋯⋯⋯⋯⋯ 86
　　第三节　各期年代的推定 ⋯⋯⋯⋯⋯⋯⋯⋯⋯⋯⋯⋯⋯⋯⋯⋯⋯⋯⋯⋯⋯ 96

第六章　周原青铜器纹饰研究 ⋯⋯⋯⋯⋯⋯⋯⋯⋯⋯⋯⋯⋯⋯⋯⋯⋯⋯⋯⋯⋯ 100

　　第一节　纹饰研究的意义 ⋯⋯⋯⋯⋯⋯⋯⋯⋯⋯⋯⋯⋯⋯⋯⋯⋯⋯⋯⋯⋯ 100
　　第二节　周原青铜器纹饰的布局方式 ⋯⋯⋯⋯⋯⋯⋯⋯⋯⋯⋯⋯⋯⋯⋯⋯ 102
　　第三节　纹饰的分类研究 ⋯⋯⋯⋯⋯⋯⋯⋯⋯⋯⋯⋯⋯⋯⋯⋯⋯⋯⋯⋯⋯ 108

第七章　周原出土青铜器的墓葬及组合关系·················145
第一节　周原出土青铜器墓葬的属性·····················145
第二节　周原青铜器的器用制度·······················150
第三节　周原青铜器组合的演变·······················154

第八章　结语·····································159

参考文献·······································164

附表···175
附表1　周原青铜器分期表··························175
附表2　周原出土青铜器墓葬统计表·····················188
附表3　周原出土青铜器窖藏统计表·····················194
附表4　周原出土器物统计表·························196
附表5　周原传世青铜器统计表·······················258
附表6　器物形制统计表····························274
附表7　各类属器物量比统计表·······················317
附表8　单位遗迹与征集器物量比统计表··················318
附表9　出土器物量比统计表·························319
附表10　墓葬及器物分期表·························322
附表11　窖藏及器物分期表·························325
附表12　墓葬形制器物组合完整的墓葬···················326
附表13　墓葬形制器物组合不完整的墓葬1················328
附表14　墓葬形制器物组合不完整的墓葬2················328
附表15　墓葬形制器物组合不完整的墓葬3················329

附表中引用书目及藏处简称说明························331

作者简介·······································336

第一章 绪 论

周原为周人的发祥地、西周故都,也是中华民族重要的发祥地之一。《诗经·大雅·绵》载:"周原膴膴,堇荼如饴。爰始爰谋,爰契我龟;曰止曰时,筑室于兹。"①即周族之祖古公亶父率众由豳地迁居之处。此地土壤肥沃,易于开垦,周人驻足于此,势力逐渐壮大。至周人定都丰、镐,迁都中原后,周原被历史车轮碾碎沦为废墟之地,逐渐被后人遗忘。

周人迁岐的原因总结为以下几点:①从外敌方面看,"由于遭到戎狄的侵扰和掠夺,当时周人力量尚弱,加之周人志在东方,要蓄积力量,故不得不远离狄人"②。②从发展生产的方面看,周原土壤肥美,水源丰富,适于农耕、畜牧。③从军事防御上看,周原北依岐山,南邻渭河,是天然的防御屏障。周人入主周原时,此处是一片绿地,气候湿润,雨水丰沛,自然环境十分优越。从周原制骨作坊发现的大量牛骨弃料,不难看出这里曾经水草茂盛、牛羊成群。《诗经》载:"猗与漆沮,潜有多鱼。有鳣有鲔,鲦鲿鰋鲤。以享以祀,以介景福。"③周原墓葬中出土大量铜鱼,使周人将鱼用作祭祀的说法得到了证实。周原在当时应是一处水草茂盛、渔业发达之地。平整的地形、优越的自然环境、适宜的气候,决定了农业、畜牧业的快速发展,加之南北天然的防御屏障,共同成就了周人的快速崛起。

文献中对于周人地望的记载说法不一,未有定论,这与周原地区地貌不断改变有着密切的关系。史念海认为:"周原变迁的显著特征就是原面的缩小和破碎。"④在不同历史时期对周原范围的记载均不同,总体上看范围是在不断缩小。近年来,通过不断的考古调查、钻探、发掘,基本上还原了周人当时的活动范围。从遗迹的分布上看,可以将周原分为广义范围和狭义范围两种方式。我们认为广义上的周原北依岐山(北山),南邻渭河,东为漆水河(武功县),西为汧河(凤翔县),包括凤翔、岐山、扶风、武功等地,全长70余千米,宽20余千米,总面积约1400平方千米;狭义上的周

---

① 周振甫:《诗经译注》,中华书局,2002年,326页。
② 陈方全、陈敏:《周原》,文物出版社,2007年,11页。
③ 周振甫:《诗经译注》,中华书局,2002年,510页。
④ 史念海认为导致周原范围缩小的原因:河流的不断下切,使魏晋时沮水已成为一条大河,将周原分割,加之唐宋时期森林大量被砍伐,水土严重流失,加快了地貌的变迁,使原本平坦的周原,形成了多条沟壑,加深了原面的支离破碎。史念海:《周原的变迁》,《河山集》(二集),生活·读书·新知三联书店,1981年。

原是今岐山县与扶风县接壤处约20平方千米的周原核心区，即周原遗址的范围。

自古以来，周原就是出土周文化遗存的重地，是西周时期青铜器最为丰富的区域。民国时期，周原出土的大量青铜器流失海外，成为各国博物馆、私人藏家的收藏鉴赏品。中华人民共和国成立后，随着考古工作的不断开展，文物保护意识不断增强，周原地区出土的青铜器受到重视。郭沫若曾经对周原青铜器窖藏的性质做出判断，认为其年代多在西周晚期，很可能是平王东迁之时，王室贵族们将青铜器埋于地下，此后再也没有回来，一直埋藏到今天被我们发现[1]。而今各界的广泛关注，使得沉寂千年的"周原"又重新活了起来，先后出土了数以百计的青铜器，这些精美的青铜器多数来自青铜器窖藏，不仅造型端庄、工艺精致，而且器铸铭文具有重要的史料价值，是探讨周文化、西周社会等方面的重要资料。

一、周原遗址的地望

周原遗址一直是先周文化研究中的焦点地区，由于这里被认为是古公亶父所迁之岐邑，因此成为追溯先周文化的支点之一。而周原遗址先周晚期的考古学文化的多样性和复杂性，则在很大程度上将学者引上了不同的道路，导致了多种看法的出现。但无论如何，将岐邑周原作为探讨先周文化的出发点，是众学者都认同且在实践中不断履行的。

关于先周文化的讨论，是20世纪后半叶以来商周考古领域的热点问题之一，已有的专著有刘军社的《先周文化研究》[2]、张天恩的《关中商代文化研究》[3]，以及雷兴山的博士论文《先周文化探索》[4]，与之相关的文章更是数不胜数。据统计，有关先周文化含义、面貌、分期等问题的不同意见有50余种[5]。

探讨周原的先周文化，需要先对周原作以范围上的划定。文献中关于周原的记载说法不一，李学勤对此做过梳理。关于周太王至文王所都，《汉书·地理志》云："（右扶风）美阳，《禹贡》岐山在西北中水乡，周大王所邑。"[6]《说文》云："祁（岐），周文王所封，在右扶风美阳中水乡。"[7]两种说法相同。清代吴卓信《汉书地理志补注》卷三依据此说考订，称："按美阳本秦孝公所置，故城在今凤翔府扶风县北二十里，地名崇正镇。……按周原在今岐山县东北四十里，箭括岭之阳，自岐阳宫南至雍水皆是。"[8] 吴

---

[1] 郭沫若：《扶风齐家村器群铭文汇释》，《扶风齐家村青铜器群》，文物出版社，1963年。
[2] 刘军社：《先周文化研究》，三秦出版社，2003年。
[3] 张天恩：《关中商代文化研究》，文物出版社，2004年。
[4] 雷兴山：《先周文化探索》，北京大学博士学位论文，2003年。
[5] 刘军社：《先周文化研究》，三秦出版社，2003年。
[6] （汉）班固：《汉书·地理志》，中华书局，1962年，1547页。
[7] （汉）许慎：《说文解字》，中华书局，1985年，132页。
[8] （清）吴卓信：《汉书地理志补注》卷三，清道光二十八年泾县包氏刻本，13页。

氏说的崇正镇，即今扶风法门公社所在地①。

史念海在《周原的历史地理与周原考古》一文中指出，周原应包括凤翔、岐山、扶风、武功四个县的大部分，兼有宝鸡、眉县、乾县三县的小部分。它北倚岐山，南临渭河，千河和漆水河分别从东西两侧流过，整个原面东西延袤70余千米，南北20余千米②。

徐天进对于周原范围的界定是较为系统全面的，他认同史念海的观点，依从将周原从广义、狭义两个角度进行界定。广义的周原是指今关中平原的西部，千河以东、漆水河以西、渭河之北、岐山以南的狭长区域，东西绵延70余千米，南北宽20余千米。这个范围与史念海的界定一致，这里土厚水沛，北有岐山为天然屏障，南有渭水可为渔舟之利，自古以来就是人类理想的栖居之地。狭义的周原则指今扶风、岐山两县的北部，大致包括扶风县的法门乡、黄堆乡，以及岐山县京当乡，东西宽约6千米，南北长约5千米，总面积约30平方千米③。周原先周时期遗址分布范围小且分散，规格等级也不高。在此居住的贵族大多属于非姬周集团的异姓。此外，这些铜器的年代集中在西周中晚期④。徐天进认为周原遗址在先周时期的性质仍需斟酌，提出了周原遗址可能并非古公亶父所迁之岐邑的看法。

考古工作是细致的，它与历史地理的关系相当密切，因此，明确周原的地望，便于我们更为细致、精确地对周原时期青铜器及周文化的研究，先人对周原范围的探讨，为我们日后开展研究工作奠定了基础。

二、周原青铜器在周邑性质研究中的作用

周原地区出土的大量青铜器，是研究周原遗址具有科学性和准确性的珍贵实物资料。关于周原遗址在西周时期的性质问题，学界向来都存有不同看法，在历史学范畴的研究中，多运用周原出土青铜器与铭文。学界对于周原遗址性质的讨论，主要有以下几种观点。

李学勤认为："周原遗址在晚商时期为周太王所居，文王迁丰后封为周公采邑，称为周城。"⑤这在文献中得以印证，《史记·鲁周公世家》集解谯周曰："以太王所居周地为其采邑，故谓周公。"⑥《史记·周本纪》正义引《括地志》："故周城一名美阳城……即太王城

---

① 李学勤：《青铜器与周原遗址》，《西北大学学报（哲学社会科学版）》1981年第2期。
② 史念海：《周原的历史地理与周原考古》，《西北大学学报（哲学社会科学版）》1978年第2期。
③ 徐天进：《西周王朝的发祥之地——周原——周原考古综述》，《考古学研究》（五），科学出版社，2003年，799、800页。
④ 徐天进：《周公庙遗址考古调查的缘起及其学术意义》，《中国文物报》2004年7月2日第7版。
⑤ 李学勤：《青铜器与周原遗址》，《西北大学学报（哲学社会科学版）》1981年第2期。
⑥ （汉）司马迁：《史记·鲁周公世家》，中华书局，1982年，1515页。

也。"①《史记·鲁周公世家》索隐:"周,地名,在岐山之阳,本太王所居,后以为周公之采邑,故曰周公。即今之扶风雍东北故周城是也。"②从出土青铜器铭文中,也找到了一系列证据,主要为:76庄白窖藏中的史墙盘和癲钟;74强家窖藏中即簋,以及遗址多处地点出土的周人青铜器。史墙盘中"粤武王既弋殷,微史烈祖乃来见武王,武王则命周公舍寓,于周俾处"③的铭文,追述先代事迹,李学勤认为其中"周"即是封予周公之"周城"。癲钟铭文:"粤武王既弋殷,微史烈祖来见武王,武王则命周公舍寓,以五十颂处。"李学勤认为,既然史墙盘与癲钟同出于周原遗址中,说明当地即是周公之"采邑"。除此之外,李学勤还认为周公世官为宰,周原多出善夫的青铜器,也是这里是其采邑的证据④。

朱凤瀚、曹玮、辛怡华认为周原是西周时期异姓贵族的聚居地。朱凤瀚从窖藏青铜器铭文分析,认为周原所居贵族中,存在较多非姬姓贵族,提出非血缘性聚居概念⑤。曹玮则统计出非姬姓墓葬在周原遗址中的占比⑥,辛怡华和刘宏岐提出周原遗址非姬姓贵族居多⑦。

尹盛平认为在西周中晚期周原遗址仍然是都邑之一⑧,认为凤雏、召陈建筑基址均为王宫,非周公采邑,采邑为周公庙,又或赵家台一带⑨。

以上周邑性质研究的主流观点,主要围绕周原出土青铜器展开,其主要依据多以青铜器窖藏的主人、铭文所记载有关"周"地等,以及少量的卜辞⑩和陶文⑪资料。

三、周原青铜器对古代社会制度的贡献

西周时期的社会制度,在出土青铜器铭文中多有记载。林甘泉、伊藤道治⑫、曹玮、

---

① (汉)司马迁:《史记·周本记》,中华书局,1982年,111页。
② (汉)司马迁:《史记·鲁周公世家》,中华书局,1982年,1515页。
③ 裘锡圭:《史墙盘铭解释》,《文物》1978年第3期。
④ 周公庙遗址及大墓发现后,李学勤的看法似乎有所动摇,但由于没有足够的证据,他未否定原有观点,认为"如果周原遗址是周公的周城,也不妨碍周公庙一带有周公家族墓地,因为两者距离不远"。见李学勤:《周公庙遗址性质推想》,《文博》2004年第5期。
⑤ 朱凤瀚:《从周原出土青铜器看西周贵族家族》,《南开大学学报(哲学社会科学版)》1988年第4期。
⑥ 曹玮:《周原的非姬姓家族与虢氏家族》,《周原遗址与西周铜器研究》,科学出版社,2004年,39页。
⑦ 辛怡华、刘宏岐:《周原——西周时期异姓贵族的聚居地》,《文博》2002年第5期。
⑧ 尹盛平:《周原遗址与西周青铜器》,《上海文博论丛》2004年第4期。
⑨ 尹盛平:《周原文化与西周文明》,江苏教育出版社,2005年;尹盛平:《周原遗址为什么大量发现青铜器窖藏——兼论周原遗址的性质》,《周秦文明论丛》(第一辑),陕西人民出版社,2006年。
⑩ 刘军社:《卜辞中的"周"》,《西周文明论集》,朝华出版社,2004年,336~344页。
⑪ 雷兴山:《由周原遗址陶文"周"论"周"地与先周文化》,《古代文明研究通讯》2007年第33期。
⑫ 伊藤道治:《裘卫诸器考——关于西周时期土地所有制形态的己见》,《东洋史研究》第37卷1号,1978年。

赵光贤、李零①、黄盛璋等运用董家青铜器窖藏出土青铜器讨论了西周时期的土地关系和土地制度。

林甘泉通过对卫鼎甲、乙铭文的解读，还原了西周时期邦君厉出租土地及征税的史实②。曹玮以卫盉铭文解读出西周时期土地具体的交换价格、影响土地价格的因素、土地交换的具体仪式及主持人、具体执行授田的过程等③。赵光贤从卫盉、五年卫鼎铭文解读西周土田交易、土地所有权转让等问题，提出西周时期的土地在王有的名义下，通过赏赐、分封、交易等方式，已逐渐落到大小贵族手里④，具有了私有财产性质。黄盛璋以卫盉、五祀卫鼎铭文探讨西周时期土地制度演变，提出西周中后期，当王权趋于衰落，奴隶主势力逐渐增长，他们长期占有的土地就比较容易变为私有⑤。朱凤瀚综合周原青铜器历年考古资料，对周原遗址所反映的西周贵族家族的聚居形态进行了探讨⑥。张懋镕则对青铜器窖藏埋藏性质做出了分类，提出包括祭祀坑和窖藏坑两种，祭祀对象又包括建筑祭祀、墓葬祭祀和山川祭祀等⑦。

除此之外，曹玮根据散伯车父器探讨了西周时期的婚姻制度⑧，根据墓葬随葬器物探讨了西周赗赙制度⑨；罗西章等也就西周赗赙制度发表了观点⑩。

周原出土的青铜器及其铭文，为研究西周社会制度提供了可靠史料，有助于对西周文化形态全面系统的认识。

四、周原青铜器断代与文化分期

邹衡对先周时期的陶器、青铜器进行了分期断代⑪。李学勤提出，以标准器来估定

---

① 李零：《西周金文中的土地制度——〈金文制度考〉之一》，《考古学研究——纪念陕西省考古研究所成立三十周年》，三秦出版社，1993年。
② 林甘泉：《对西周土地关系的几点新认识——读岐山董家村出土铜器铭文》，《文物》1976年第5期。
③ 曹玮：《卫盉铭文与西周土地制度的变化》，《周原遗址与西周铜器研究》，科学出版社，2004年，69页。
④ 赵光贤：《从裘卫诸器铭看西周的土地交易》，《北京师范大学学报（社会科学版）》1979年第6期。
⑤ 黄盛璋：《卫盉、鼎中"贮"与"贮田"及其牵涉的西周田制问题》，《文物》1981年第9期。
⑥ 朱凤瀚：《周原考古发现所见西周世族制度与贵族家族之聚落形态》，《商周家族形态研究》，天津古籍出版社，1990年。
⑦ 张懋镕：《殷周青铜器埋藏意义考述》，《文博》1985年第5期。
⑧ 曹玮：《散伯车父器与西周婚姻制度》，《文物》2000年第3期。
⑨ 曹玮：《西周时期的赗赙制度》，《商承祚教授百年诞辰纪念文集》，文物出版社，2003年，299~310页。
⑩ 罗西章、罗芳贤：《论西周时期的赗赙制度》，《周秦文明论丛》（第一辑），陕西人民出版社，2006年，167~188页。
⑪ 邹衡：《论先周文化》，《夏商周考古学论文集》，科学出版社，2001年，297~356页。

西周中期青铜器的年代①。曹玮以周原青铜器的形制与组合，对周原西周青铜器进行了较为系统的梳理②，将周原出土的西周青铜器分为两期5段，并将分界点定在共王前后（详见本书第三章）。张懋镕在众多能够确定时代的标准器中，将青铜器按照分期断代的可信度分为三个层次，在此基础上与周原墓葬和窖藏出土的青铜器相对照排定年代，并提出青铜器分期工作的研究方法和工作步骤，为众学者进一步研究周原青铜器分期提供了理论和方法（详见本书第三章）③。

从现有资料整理分析，周原遗址已经建立了比较可靠的商周时期的文化序列和青铜器谱系，能够为进一步的研究提供较为准确的年代参考。

五、周原的考古调查与发掘

（一）早期的调查和发掘

1959年，陕西省考古所渭水队在当时的凤翔、兴平（包括今扶风、岐山、凤翔县）境内进行了调查，其中属于周原遗址范围内的地点有礼村、董家、凤雏、呼刘、齐家、上康、齐镇等地④，发现了属于西周时期的遗迹。1962年，中国社会科学院考古研究所扶风考古队在扶风、岐山进行了调查，并在齐家村东进行了小规模的发掘，发现了"卵石基"、夯土柱基、4座灰坑和14座墓葬⑤。1963年，陕西省考古所岐山考古队在贺家发掘了商时期和西周时期的墓葬54座、车马坑1座⑥。

1970年末，陕西省文物管理委员会和陕西省博物馆成立了"扶岐工作站"，主要发掘了齐家遗址，但资料尚未发表⑦。1976年，由陕西省文化局、陕西省文物管理委员会、陕西省博物馆和北京大学历史学系考古专业、西北大学历史学系考古专业等多家机构共同组成的陕西周原考古队，在周原遗址展开了大规模的考古工作，主要包括凤雏、召陈两处大型建筑基址，贺家、刘家和黄堆3处墓地以及云塘制骨作坊的发掘。1976～1978年，陕西周原考古队对岐山贺家遗址进行第三次发掘，包括贺家村西北、

---

① 李学勤：《西周中期青铜器的重要标尺——周原庄白、强家两处青铜器窖藏的综合研究》，《新出青铜器研究》，文物出版社，1990年。
② 曹玮：《周原西周铜器的分期》，《考古学研究》（二），北京大学出版社，1994年，144、165页。
③ 张懋镕：《周原出土西周青铜器分期断代研究》，《西北大学考古学专业成立五十周年纪念文集》，三秦出版社，1996年。又见于《古文字与青铜器论集》（第二辑），科学出版社，2006年。
④ 陕西考古所渭水队：《陕西凤翔、兴平两县考古调查简报》，《考古》1960年第3期。
⑤ 中国社会科学院考古研究所扶风考古队：《一九六二年陕西扶风齐家村发掘简报》，《考古》1980年第1期。
⑥ 徐锡台：《岐山贺家村周墓发掘简报》，《考古与文物》1980年第1期。
⑦ 只在《扶风县文物志》中提及，罗西章：《扶风县文物志》，陕西人民教育出版社，1993年。

村西和礼村北壕 3 个地点，共发掘商至西周时期墓葬 57 座、车马坑 4 座①。这次发掘，基本构建了周原墓葬的年代序列，首次在随葬陶器中辨认出西周中期器物的特点，对周原遗址陶器序列的建立有着重要意义。

1981 年底，扶风刘家墓地的发掘是先周考古中的一项重要发现，并提出了"刘家文化"的命名，认为其族属为姜戎②。刘家墓地的发现在学术界引起了广泛的讨论③。1986 年前后，由陕西省地质矿产局地质矿产研究所联合国家文物局、陕西省考古研究所进行的遥感、物探勘查，在周原遗址范围内发现了众多的遗迹现象，其中较为重要的是所谓"城墙"的发现④。1996~1997 年，"先周文化的研究与年代测定"专题组对周原王家咀遗址进行了发掘，共发掘商时期灰坑 114 座、房屋残迹 2 处、墓葬 21 座。

周原遗址中出土的多数青铜器，均是这一阶段考古工作的成果，这一阶段也是研究周原青铜器的重点阶段。

（二）21 世初周原的考古工作

21 世纪以来，周原地区的考古新发现虽与青铜器有直接关系的较少，但西周时期遗迹遗物的进一步丰富，诸如铸铜遗址、制石作坊、云塘－齐镇建筑基址等重要遗址的发掘，使我们更为全面深入地了解了西周时期周原遗址的分布情况和规模，也从多角度、多层面丰富了我们对周原遗址的认识，对研究周原西周时期青铜器大有裨益。

1999~2002 年，周原考古队在云塘、齐镇发掘了周原遗址范围内第三处大型建筑基址，整体建筑呈"品"字形，年代在西周晚期⑤。这次发掘，又一次引发了学界对建筑性质和其主人的讨论。2002 年，周原考古队还在七星河流域进行了考古调查⑥。2001 年，周原考古队在王家咀和贺家两个地点进行了发掘，发现了商及西周时期的灰坑、墓葬、陶窑等遗迹⑦，通过这次发掘，基本建立了周原遗址商时期的分期编年谱系，对周原遗址商时期的文化面貌也有了深入的了解。同年，周原考古队在周原遗址范围内对商时

---

① 陕西周原考古队：《陕西岐山贺家村西周墓发掘报告》，《文物资料丛刊》8，文物出版社，1983 年，77~94 页。
② 陕西周原考古队：《扶风刘家姜戎墓葬发掘简报》，《文物》1984 年第 7 期。
③ 罗西章：《扶风县文物志》，陕西人民教育出版社，1993 年。
④ 谢辰生等：《遥感、物探新技术在周原考古中的应用试验研究》，《周秦文化研究》，陕西人民出版社，1998 年，206~218 页。
⑤ 周原考古队：《陕西扶风县云塘、齐镇西周建筑基址 1999~2000 年度发掘简报》，《考古》2002 年第 9 期。又见，陕西省考古研究所：《陕西扶风云塘、齐镇建筑基址 2002 年度发掘简报》，《考古与文物》2007 年第 3 期。
⑥ 周原考古队：《陕西周原七星河流域 2002 年考古调查报告》，《考古学报》2005 年第 4 期。
⑦ 周原考古队：《2001 年度周原遗址（王家嘴、贺家地点）发掘简报》，《古代文明》（第 2 卷），文物出版社，2003 年，432~490 页。

期的文化遗存进行了田野调查，基本了解了商时期文化的大致分布状况和范围[①]。2002年，周原考古队继续在礼村和齐家北两地进行了发掘，在礼村发掘先周晚期的居址和墓葬时出土了大量遗物，丰富了周原遗址先周晚期的文化面貌；齐家村北即 1989~1990 年调查发现的制石作坊遗址内发现大量与制石有关的毛坯、半成品、残次品和制石工具等，是周原遗址科学发掘的第二处手工业作坊遗址，遗址中还发现同时期的墓葬 40 座，为探讨手工业者的情况提供了资料[②]。2003~2004 年，周原考古队在李家村西进行了三次发掘，确认为西周时期铸铜作坊遗址，出土大量陶范、陶模、陶管以及相关的制范工具、炉壁等遗物，还发现同时期墓葬 63 座、车马坑 1 座、马坑 1 座[③]。

1999 年以来有少量的抢救性发掘，如 2003 年，周原博物馆在庄白西北土壕抢救性发掘墓葬 11 座（资料尚未发表）；2004 年，周原博物馆在齐镇村东取土壕抢救性发掘了濒临消失的炼炉 1 座[④]；2004 年，扶风县法门镇左百村刘家组村民在刘家村西南取土场发现西周中期墓葬 1 座[⑤]，在云塘砖厂灰坑中发现大型铜器残片若干。

这一阶段的工作在展开之前就有较为详尽的工作目标和计划，通过几年的工作，目前已基本建立了周原遗址从商时期到西周的年代谱系序列，为进一步的研究工作奠定了良好的基础。但自 2004 年之后，周原的考古发掘工作被搁置，这样一来，无形中给该地区的文保工作者增加了不小的压力。

（三）周原考古工作成果的新进展

2014 年，由陕西省考古研究院与北京大学考古文博学院、中国社会科学院考古研究所三家单位联合组成新的周原考古队，对贺家村及周边地区进行钻探并选点发掘。在 76 凤雏建筑基址南约 100 万平方米范围内进行了大规模勘探，发现了一系列重要遗迹，基本廓清了该区域地下遗存的分布情况。在此基础上，对位于凤雏基址南侧钻探发现的夯土建筑、车马坑、墓葬遗存进行了发掘，收获颇丰。共清理西周时期中小型竖穴土坑墓 25 座，出土各类文物百余件组，根据墓葬特征及随葬品组合判断，为一处殷遗民墓地。其中以 M11 规模最大，保存最为完整，出土文物最多，该墓口长 3.7、宽 2 米，墓口距离地表 1.3 米，墓室填土中包含大量自然石块，是一座非常罕见的西周积石墓。葬具为一椁两棺，外棺髹黑漆，内棺髹红漆。墓室西侧发现头箱

---

① 周原考古队：《2001 年度周原遗址调查报告》，《古代文明》（第 2 卷），文物出版社，2003 年，395~431 页。
② 周原考古队：《2002 年周原遗址（齐家村）发掘简报》，《考古与文物》2003 年第 4 期。
③ 周原考古队：《陕西周原遗址发现西周墓葬与铸铜遗址》，《考古》2004 年第 1 期。又见，周原考古队：《2003 年秋周原遗址（ⅣB2 区与ⅣB3 区）的发掘》，《古代文明》（第 3 卷），文物出版社，2004 年，436~490 页。
④ 魏兴兴、李亚龙：《陕西扶风齐镇发现西周炼炉》，《考古与文物》2007 年第 1 期。
⑤ 魏兴兴、罗芳贤、杨水田等：《周原遗址刘家墓地西周墓葬的清理》，《文博》2007 年第 4 期。

一个，随葬品即集中堆放在头箱中，其中包括青铜容器17件和陶器、原始瓷器20余件，器物特征表明该墓时代约在西周早、中期之际。青铜礼容器中包括圆鼎6、方鼎1、簋2、爵2、斝1、尊1、牛形尊1、觯1、卣1和斗1，多件青铜器上发现铭文。

这是中华人民共和国成立以来周原遗址出土青铜礼容器最多的墓葬之一，其中鼎的数量是目前为止周原墓葬中出土最多的一处，也是周原地区数十年来墓主可考的少量墓葬之一，其学术研究价值十分重要。

六、小　　结

考古工作是细致而烦琐的，但其收获及价值却是西赆南琛，为青铜器研究提供了可靠的实物资料。在周原，这些通过考古发掘所获得的青铜器，不单是古人使用的祭祀或生活器具，它还可以帮助我们了解当时的社会经济状况。通过对青铜器的研究，可以清楚地了解当时统治阶级的思想观念和礼制礼法，这是中国古代文明发展进程的重要组成部分。

在对中国古代历史研究的同时，这些考古资料的逐步丰富和完善，使我国的文化建设工作稳步走在全面客观的道路之上。对文物的调查、发掘、保护和研究等，是考古工作者和学术研究者的光荣使命。

第二章　周原青铜礼容器的研究史

第一节　周原青铜礼容器研究概述

周原被誉为"青铜器之乡",出土了毛公鼎、大克鼎、史墙盘等国宝级青铜器。出土青铜器历史之长、数量之多,为世界所仅见。自汉宣帝刘询神爵四年(公元前58年)以来,这里就开始出土青铜器,并屡有重大发现。作为对周原青铜礼容器的收录和研究的相关著作,自宋至今大体可分为以下两个阶段。

一、文献及金石学范畴的研究发展史

中国古代历史文献中,多有关于周原出土青铜器的记载,最早见于汉代文献,《汉书·郊祀志》中,不仅对青铜器尺寸、重量等基本信息做以记载,还对所载铭文进行了释义。至宋金石学盛行时,在青铜器著录与考释文献中,多有收录周原出土青铜器,除对器物基本信息说明外,还对时代进行了大致推断,并附器物图等,成为收录及考释青铜器的专著。《考古图》是青铜器收录及研究最早的著录,周原青铜器已列入其中。而后直至民国时,金石学著录中,对周原青铜器亦多有收录和考释。因此,北宋始至民国时期的金石学阶段的研究,周原青铜器是贯穿当中的一个重要部分。究其著录的体例,自宋人创立以来便少有更易,多为依器类或据时代进行著录。这些散见于诸著录之中的周原青铜器,是早期对周原青铜器研究的成果,为我们的研究提供了相关资料和依据。故此,称其为周原青铜器研究的第一阶段。

历史文献与金石学著录记载

历史文献《汉书·郊祀志》载:"美阳得鼎,献之。"[①] 这件汉宣帝神爵四年出土的尸臣鼎即是已知周原遗址范围内出土最早的青铜器。此后至宋代文献中,有关周原青铜器的记载有,《宋书·符瑞志下》载"汉章帝建初七年十月,车驾西巡至槐里,右扶风禁上美阳得铜器于岐山,似酒尊"[②],这2件汉代出土的青铜器,仅在文献中得记载之实,而今已无从寻踪,实为遗憾。

---

① (汉)班固:《汉书·郊祀志》卷二十五下,中华书局,1962年,1251页。
② (梁)沈约:《宋书·符瑞志下》卷二十九,中华书局,1974年,868页。

宋人著《考古图》中所载周原出土铜器有，北宋时期出土于扶风的"师𩵋父盨"；北宋神宗熙宁年间扶风县出土姬寏母豆、应侯簋，皆有器形摹本。《集古录》中所载，宋嘉祐年间刘敞于扶风县寻得的伯庶父簋2件、歃簋3件、毛伯簋盖及叔良父簋各1件。汉至宋代有关周原青铜器的记载，存在地域界定的问题，因古时地名今实难明确范围，故具体的器物出土地无从考证，仅根据地望进行范围的推断，与今周原出土器物的形制比较来看，极有可能是周原遗址范围，至少是广义周原范围内所出土器物（附表5，一）。

清至民国时期，收录周原青铜器的著作，不仅数量上大有增加，而且对出土器物的时间及出土地有了明确的记录，这为我们对早期周原青铜器的研究提供了较为可靠的依据。道光二十三年（1843年），出土于陕西岐山的毛公鼎，内壁32行499字铭文，是目前已知铭文最多的青铜器。光绪十六年（1890年），在扶风县任家村发现西周青铜器窖藏1座，是目前所知最早的可以明确为周原范围内出土的青铜器窖藏，有记载的出土器物120余件，目前能够明确的，有克器组、仲义父器组[①]（附表5，二）。民国二十二年（1933年），扶风县上康村发现一座西周青铜器窖藏，其中可以明确的器物有函皇父器组和伯鲜器组[②]。时至民国二十九年（1940年），任登肖、任玉等，在扶风县任家村西南壕取土时，偶然发现一座青铜器窖藏，当中的梁其器组、善夫吉父器组[③]，都是可以明确为周原出土的器物（附表5，三）。周原地区在清至民国期间，青铜器窖藏中出土的青铜器数量惊人，动辄成十上百件，"青铜器之乡"之名逐渐步入世间，周原的重要性逐渐被人们认知。

关于周原遗址清至中华人民共和国成立前出土青铜器的情况，尚没有专门的集录，散见于《贞松堂集古遗文》《陕西金石志》《小校经阁金文》《三代吉金文存》《美帝国主义劫掠的我国殷周铜器集录》《陶斋吉金录》《青铜器图释》《商周金文录遗》等多部著作中。而在《扶风县文物志》[④]《岐山县文物志》[⑤]等地方志中，也载有出土青铜器的记录（附表5）。

对周原青铜器最早的考释，是西汉时张敞对尸臣鼎进行的考证，他不仅对部分铭文做以释义，且上议曰"郊梁丰镐之间周旧居也，固宜有宗庙坛场祭祀之

---

① 见于著录的仅有大克鼎1件、小克鼎7件、师克盨2件、克钟5件、克镈1件、仲义父鼎2套共8件、仲义父盨2件、仲义父罍2件、仲枏鬲10件，其他下落不明。
② 见于著录的有函皇父鼎、伯鲜鼎各3件，伯鲜盨4件，函皇父簋、函皇父壶各2件，函皇父盘、函皇父甗、函交仲簋、伯鲜甗、伯鲜匜、鲜钟、无铭簋各1件。另外，在清代还出土过函皇父器，计有簋2件、匜1件。
③ 见于著录的有梁其鼎、善夫梁其簋各3件，伯梁其盨、梁其壶、梁其钟各2件，善夫吉父鬲4件，柬鼎、歃鼎、禹鼎、吉父鼎、伯吉父匜、善夫吉父盂、无铭钟各1件。
④ 罗西章：《扶风县文物志》，陕西人民教育出版社，1993年。
⑤ 油印本，未正式发表。

臧"①，即通过铭文的释义证实了文献中所记载的周人活动区域，可谓是第一个将出土器物的铭文与历史文献相结合并得出可靠结论的人，另外，也体现出周原青铜器在器物研究中的重要性。

宋以后随着出土青铜器数量的增多，金石学逐渐兴起。吕大临、薛尚功等金石学者，著录了有关青铜器的器形及铭文考释。今日看来，金石学家的研究，最为突出的贡献是记载了大量流离失所的传世器，载其形制、纹饰、铭文，并附有出土时地、藏者等多方面后世不可获之信息。在著录形式上，翔实合理，今时今日的青铜器图录，在形式上仍有承继。

时至清代，周原遗址青铜器大出，在青铜器著录的基础之上，也多有学者利用这些资料展开了多方面的研究，涉及文字考释、历史地理、断代历法、器物研究以及青铜器辨伪等多个方面，可谓成果颇丰。

民国时，大量有关青铜铭文考释的著作问世，以王国维②、王俅③、邹寿祺④等为代表。但此时的研究仍属于传统金石学研究的范畴，关注点在青铜器铭文和青铜器本身，而对于青铜器出土的背景则较少关注。除青铜器本身所反映出的信息之外，对器物所蕴含的文化内涵、器物之间的联系，几乎没有涉及，这也是传统金石学研究的弱点之一。

二、考古学范畴的研究史

20世纪50年代至今，是周原青铜器经历考古学范畴的综合研究阶段。这一阶段的研究主要分为以下五类。

一是有关周原地区的考古发掘简报与报告。有关周原考古发掘的资料，是对周原地区通过考古发掘所获青铜器成果的基础资料，它涵盖了中华人民共和国成立后在周原地区出土的全部器物，也是研究周原青铜器的前提条件。

二是各界学者对周原青铜器单器的考释与研究。20世纪80年代以来，对周原青铜器进行单器分析，进而探讨器物时代、纹饰、铭文等问题的专题研究，开始关注关中地区青铜器的特点，如《西周墙盘铭文笺释》⑤《何尊新释》⑥《陕西扶风发现西周

---

① （汉）班固：《汉书·郊祀志》卷二十五下，中华书局，1962年，1251页。
② 王国维著，罗福颐校注：《三代秦汉两宋金文著录表》，墨缘堂影印本，民国三年（1914年）；王国维、罗福颐：《国朝金文著录表》，上虞罗氏雪堂丛刻本，民国四年（1915年）。
③ 王俅：《啸堂集古录》，1922年续古逸丛书石印宋淳熙本，中华书局影印本，1985年。
④ 邹寿祺：《梦坡室获古丛编》，影印本，民国十六年（1927年）。
⑤ 徐中舒：《西周墙盘铭文笺释》，《考古学报》1978年第2期。
⑥ 李学勤：《何尊新释》，《中原文物》1981年第1期。

厉王㝬簋》①《岐山新出僰匜若干问题探索》②等。这种单器的研究对周原器物性质和年代的判断十分关键，为周原青铜器找寻到了一些可靠的坐标点，也为全面深入研究周原青铜器提供了可靠的依据。

三是通过周原青铜器对社会制度、族属等方面的专题性研究。以周原青铜器作为依据，对某一方面问题进行的相关研究，如《从周原出土青铜器看西周贵族家族》③《周原铜器与西周世族》④《周原出土金文和西周政治法律制度》⑤等。这种专题性的深入研究，拓宽了研究视野。

四是以出土青铜器的某一单位、同一地域或相同族属的青铜器做综合性研究。中华人民共和国成立后，受西方考古学影响以及科学发掘青铜器的增多，研究视域由青铜器个体扩展到青铜器群，如《扶风齐家村青铜器群》⑥《商周铜器群综合研究》⑦《西周微氏家族青铜器群研究》⑧等，取得了不少成绩。

五是通过图录介绍的方式对有关周原青铜器进行整理说明的研究，如《陕西出土商周青铜器》⑨《周原出土青铜器》⑩《商周青铜器铭文暨图像集成》⑪。整合而成的资料，使我们在研究中对材料的掌握更加清晰明了，在简报当中一些忽略掉的信息，也得到了补充，方便我们观察到青铜器所反映的细节信息。也起到了查漏补缺的重要作用。

三、小　结

周原青铜器的金石学与考古学范畴这两个阶段是紧密相连的，是在不同时期采用的不同研究方法。以往的研究所涉的论题主要是有关青铜器的图像的整理、标准器年代推断、器物铭文考释（如世族、家族、制度等），在这些内容上取得了丰硕成果，对进一步研究关中青铜器有重要意义。当然，以往研究当中也存在不足的方面：关于周

---

① 罗西章：《陕西扶风发现西周厉王㝬簋》，《文物》1979年第4期。
② 盛张：《岐山新出僰匜若干问题探索》，《文物》1976年第6期。
③ 朱凤瀚：《从周原出土青铜器看西周贵族家族》，《南开大学学报（哲学社会科学版）》1988年第4期。
④ 张懋镕：《周原铜器与西周世族》，《周秦汉唐考古与文化国际学术会议论文集》，《西北大学学报（哲学社会科学版）》1988年（增刊）。
⑤ 伊藤道治：《周原出土金文和西周政治法律制度》，《考古学研究——纪念陕西省考古研究成立三十周年》，三秦出版社，1993年。
⑥ 陕西省博物馆、陕西省文物管理委员会：《扶风齐家村青铜器群》，文物出版社，1963年。
⑦ 郭宝钧：《商周铜器群综合研究》，文物出版社，1981年。
⑧ 尹盛平：《西周微氏家族青铜器群研究》，文物出版社，1992年。
⑨ 陕西省考古研究所、陕西省文物管理委员会：《陕西出土商周青铜器》（一～四册），文物出版社，1979年、1980年、1984年。
⑩ 曹玮：《周原出土青铜器》，巴蜀书社，2005年。
⑪ 吴镇烽：《商周青铜器铭文暨图像集成》，上海古籍出版社，2012年。

原出土青铜礼容器的形制、纹饰、铭文、文化因素等方面的系统性研究缺失，以周原地区为主的有关青铜器的全面性探讨少，对周原的周边带区出土青铜器的国别、族属的探讨和研究方法较为单一，对周原青铜器的较深层次的系统研究尚未形成，对出土青铜器除铭文以外的各方面的研究有所忽略，周原青铜文化对华夏青铜文化的具体影响尚未被揭示。

第二节 周原出土青铜礼容器的整理

有关周原青铜器来源的分类，有别于以往传统的分类方式。在诸多传世器中，大部分器物不仅可以明确出土时地，还有完整的器组和器物说明。因此，周原出土与传世青铜器的界限十分模糊。对于传世器界限的这一问题，要有一个合理的标准，否则就容易混淆。

首先是在出土、传世性质上的混淆。通常我们认为非考古发掘所获的器物，一般多为传世或征集器。而在周原出土的许多器物，多有群众直接挖到，而未展开真正意义上的考古发掘。因此对出土青铜器单位的性质是模糊的，但又有明确的出土时地和完整的器物信息。显然这一类器物不应该作为传世器视之。

其次是在时间上的混淆。1949~1958年，周原地区的考古工作才算正式展开，而在这之前，周原就已经出土了数以百件的青铜器。宋之前出土的青铜器时至今日已不得见，且记载含糊，即无器物图像的摹本，也无更多的信息可查，实际上是只知其存，不见其身，自然是无法用作研究的。而在宋之后，尤其是清道光、光绪以及民国出土的青铜器窖藏，既有明确的出土时地，也有完整的器物信息，而且多数器物被博物馆收藏，所反映出的信息与上一类器物是相同的。对于窖藏青铜器来说，出土地点是必要的，而窖藏坑除可看到青铜器叠放位置和关系之外，也再无更多价值。因此这一类器物也是应作为出土器物来看的。

再次是出土器物来源的混淆。群众发掘后上交给文物部门的征集青铜器，这类器物的数量不在少数，有些是可以明确出土时地的，但有些器物由于群众持有的时间过长，或祖辈流传几代后才上交国家，虽能明确是周原出土之器，但对器物的出土时间、地点只有大致说明，而且多为墓葬出土之器，除器物本身所反映出的信息之外，再无更多的价值，这一类器物反倒有了些传世器的神秘色彩。但这种情况只是个别现象，由此这一来源的周原青铜器，还是应以征集而得的出土器物视之。

最后，还有文物工作者在废品收购站拣选出的征集器。文物工作人员从周原地区的废品收购站中拣选而出的青铜器，有十几件之多，绝对够得上将这种来源方式单独归为一类。这类器物之间毫无联系，均为单件器，除自身反映出的器形、纹饰、铭文信息之外，出土时地、埋藏条件、器组关系等信息全失，在研究中价值最低，可用的信息最少。

在这种情况下，对研究资料整理的基础工作，是非常关键的。只有理清周原出土青铜礼容器的来源，才能深入研究。因此，按照周原青铜器的来源，将其分为出土青铜器、征集和拣选青铜器及传世青铜器三类形式。下面对这三类青铜器的来源做回顾和整理。

一、周原出土青铜器的考古发现史

周原的考古发掘简报，从 20 世纪 50 年代至今不断发表刊登，当中有发掘青铜器窖藏的专门性简报，也有遗址调查及发掘时偶然出土青铜器的情况。在这些考古发掘的资料当中，对青铜器的认知无疑成了报告的重点，为我们研究周原出土青铜器提供了基础资料。

（一）出土青铜器墓葬的发现史

在绪论中我们对周原地区的考古发掘工作做了回顾和基本介绍。在周原地区发掘的墓葬中，出土青铜器的墓葬数量可观。我们从周原考古工作取得阶段性进展的角度看，青铜器墓葬的发掘分三个阶段。

1. 第一阶段

自 1957～1958 年在周原进行的第一次考古发掘始，至 20 世纪 70 年代以前的这段时间，具体情况介绍如下。

1957 年 8 月，中华人民共和国成立后首次对周原地区进行考古发掘。8 月 21 日，由陕西省文物管理委员会组成岐山县、扶风县周墓调查发掘清理小组[①]，之后在扶风上康、岐山礼家、王家咀子等地进行残墓的发掘清理工作，共清理墓葬 8 座，其中上康 5 座、礼家 2 座、王家咀子 1 座。在上康村 M2 棺椁之间，发掘青铜鼎、簋各 2 件，这也是周原地区首次通过考古发掘获得的青铜器资料。同时因墓葬被盗情况严重，故认为未出土青铜器的墓葬，皆经盗掘，墓葬内大部分青铜器均已流失。除对墓葬发掘清理之外，调查发掘清理小组还对扶风任家、陈家、齐家、白家、胡同刘家、岐山贺家、呼刘等地周墓进行了调查。

1960 年 7 月，陕西省文物管理委员会在岐山、扶风一带，再一次进行了调查和发掘工作[②]。对两县北部，东西、南北各宽 2.5 千米范围内的 13 个村的遗址进行了调查，并对遗址附近的部分墓葬进行了发掘，共清理墓葬 29 座，其中白家北壕 6 座、齐家谷场边 12 座、东壕 11 座。大部分墓葬被盗扰，仅齐家东壕 M8 出土青铜爵、觯各 1 件，

---

① 陕西省文物管理委员会：《陕西岐山、扶风周墓清理记》，《考古》1960 年第 8 期。
② 陕西省文物管理委员会：《陕西扶风、岐山周代遗址和墓葬调查发掘报告》，《考古》1963 年第 12 期。

均有 2 字铭文。

1966 年冬至 1967 年春，岐山县贺家村多次发现青铜器[①]，考古工作人员抵赴后，可以看到村西取土壕沟断面上暴露出的许多周墓和陶器，而此次出土 17 件青铜器的周墓，正是 1966 年 12 月农民取土时偶然发现的，其中青铜鼎 4、角 1、卣 1、罍 1、簋 1、四足器 1 等。

周原考古发掘的第一阶段中，有两次主动性发掘。1957 年的这次考古发掘和调查，虽未能发掘出大量精美青铜器，但对周原遗址范围内的墓葬及遗址分布状况有了初步的认知。1960 年的发掘工作，更进一步对周原核心区范围进行了摸排，对周原遗址内新石器至周代遗迹的分布状况进行了初步统计。

2. 第二阶段

20 世纪 70 年代初至 80 年代末。第二阶段周原的考古工作最为集中，同样也出土了大量可靠的青铜器实物资料。下面将出土青铜器墓葬的基本情况介绍如下。

1971 年 9 月，齐镇生产队在村东北土壕取土时发现青铜器 9 件，鼎 4、鬲 2、戈 2、短剑 1，后交至扶风县图书博物馆。据村民反映这 9 件青铜器分别出于 3 座墓葬，鼎 2、戈 2、短剑 1 同出于 M3 中，另两座 M1、M2 均为鼎 1、鬲 1。

1972 年，刘家村发掘丰姬墓，出土了鼎 3、鬲 1、甗 1、簋 3、尊 2、卣 2、壶 1、爵 1、觯 3，共计 17 件青铜器，以及铅盘、卣、盉各 1 件[②]。

1973 年，陕西省博物馆和陕西省文物管理委员会继续对贺家遗址进行发掘，清理了西周时期墓葬 10 座。出土青铜器的墓葬有 4 座，其中 M1 出土青铜鼎 1、簋 1、卣 2、罍 1、罍 1、甗 1、勺 1、戈 3；M3 出土鼎 1、盨 2；M5 出土青铜鼎 1、簋 1、戈 1、衔 4、镳 8、当卢 4；M6 出土青铜鬲 1、簋 1、陶鬲 2、罐 1、豆 1、簋 1、釉陶豆 1[③]。

1973 年 10 月，刘家水库修筑大坝时，发现周墓 1 座，共出土大小青铜器 10 件，其中鼎 1、簋 1、銮铃 6、铃 2，均存于扶风县图书博物馆。同出的还有 3 件陶罐、2 件陶鬲和 1 件玉圭，但扶风县图书博物馆未征集。

1973 年，扶风法门公社美阳大队第三生产队发现一批青铜器，经扶风县文化馆了解，这批青铜器可能是从一个墓葬中出土的。青铜器共 8 件，其中青铜鼎 1、鬲 1、簋 1、卣 1、高足杯 1 和青铜工具斧 1、锛 1、凿 1[④]。

1975 年，扶风县文化馆、陕西省文物管理委员会对召李村 M1 进行了抢救性发掘，

[①] 长水：《岐山贺家村出土的西周铜器》，《文物》1972 年第 6 期。
[②] 陕西省考古研究所、陕西省文物管理委员会、陕西省博物馆：《陕西出土商周青铜器》(三)，文物出版社，1980 年。
[③] 陕西省博物馆、陕西省文物管理委员会：《陕西岐山贺家村西周墓葬》，《考古》1976 年第 1 期。
[④] 罗西章：《扶风美阳发现商周铜器》，《文物》1978 年第 10 期。

出土铜容器 4 件①，从随葬器物的形制、花纹及组合考察可见，该墓是一座比较典型的西周早期偏晚阶段的墓葬。这座墓葬器物保存得比较好，随葬品较为丰富且组合完整，为学界研究商末周初的埋葬制度及青铜冶炼等提供了宝贵的实物资料。

1975 年，扶风县法门公社庄白村西南，社员犁地时发现了一批西周青铜器，经扶风县文化馆、陕西省文物管理委员会勘查，系出土于墓葬，出土青铜器有鼎 3、甗 1、簋 2、壶 3、爵 2、觯 1、盉 1、盘 1，铜兵器 4 件，以及陶鬲 1、簋 1、罐 1②。通过对青铜器形制、花纹和铭文字体的分析，推断这组器物大部分制作于穆王时代，至于墓的埋葬年代当在穆王以后的西周中期。此外，铭文记述了周穆王时征伐淮夷之事，为我们研究西周社会提供了重要资料。

1976 年 5 月，贺家村西发掘西周时期墓葬，其中 M112 出土青铜簋 1；M113 出土青铜鼎 2、甗 1，陶鬲、盉、豆、罐各 1 件③。

1976 年在云塘村南发掘了西周墓葬，在 3 座墓葬中出土整组青铜器。其中 M10 出土青铜鼎 1、尊 1、爵 1、觯 1，陶鬲 6、簋 4、罐 8，以及大量蚌泡、骨锥、卜骨；M13 出土青铜鼎 1、鬲 1、尊 1、卣 1、爵 2、觯 1，陶鬲 4、簋 4、罐 6，以及一些砺石、骨凿等；M20 出土青铜鼎 1、鬲 1、簋 2、尊 1、卣 1、爵 2，兵器戈 1 件，陶瓿 2、鬲 4、罐 4，还有一些蚌饰、贝、漆器等④。

1977 年，齐家村发掘墓葬 1 座，出土青铜鼎 1、簋 2、戈 1，还出土有穿孔蛋形器、贝、蚌壳等⑤。

1977 年，在王家咀发掘青铜器墓葬 1 座，出土青铜鼎 1、高足杯 1、斧 2。

1978 年 9 月，在齐家村东南发掘的西周墓中，M5 出土青铜鼎 1，陶簋 2、鬲 1、罐 5，以及玉、木匕⑥。

1978 年 8 月 13～25 日，周原考古队对暴露出来的 30 多座墓葬进行了清理和发掘。这批墓葬有大有小，但形制基本一样。其中多数墓被盗，有的仅存一两件陶器，有的则空无一物。但也有保存完整者——M19，出土器物 70 余件。其中青铜器 12 件，皆保存完好，有鼎 2、甗 1、簋 2、尊 1、卣 1、爵 2、觯 1、盉 1、盘 1；陶器 41 件，有鬲 4、簋 2、尊 1、卣 1、爵 2、觚 2、觯 1、盉 1、盘 1、豆 2、罐 24；玉器 24 件，有钺 1、戈 1、琮 1、束 1、饰 1、鸟 2、鱼 17 等⑦。简报作者根据器物的形制和组合，认

---

① 罗西章、吴镇烽、尚志儒：《陕西扶风县召李村一号周墓清理简报》，《文物》1976 年第 6 期。
② 扶风县文化馆、陕西省文管会：《陕西扶风出土西周伯㦰诸器》，《文物》1976 年第 6 期。
③ 陕西周原考古队：《陕西岐山贺家村西周墓发掘报告》，《文物资料丛刊》8，文物出版社，1983 年，77～94 页。
④ 陕西周原考古队：《扶风云塘西周墓》，《文物》1980 年第 4 期。
⑤ 罗西章：《扶风县文物志》，陕西人民教育出版社，1993 年，94 页。
⑥ 罗西章：《扶风县文物志》，陕西人民教育出版社，1993 年，96 页。
⑦ 陕西周原考古队：《陕西扶风齐家十九号西周墓》，《文物》1979 年第 11 期。

为 M19 的年代为西周穆王末年或共王初年，墓主人的身份为士。

1980 年，王家咀地区群众在平整土地时发现了一批西周墓葬和车马坑，周原考古队随即进行了抢救性清理。考古队先后在王家咀和衛里两处发掘西周墓葬 5 座、马坑 1 座。除 WM1 外，其余墓被盗严重。出土随葬器物有铜器、玉器、陶器和车马器。其中 WM1 中青铜鼎 2 件，軎、銮铃、铜泡、铜管等车马器 20 件，装饰品青铜凤 2 件；陶鬲 4、罐 24、豆 2 件；玉器 5 件；贝蚌 40 件。时代应属于西周早期[①]。

1980 年 4 月，黄堆村农民在取土时发现西周青铜器 8 件，经陕西周原考古队现场勘察，明确其出土于一座西周墓葬，随后对该墓地进行了钻探和清理，截止到 1981 年 6 月，共发掘西周墓葬有 5 座、车马坑 1 座。出土青铜器 71 件，有鼎 1、簋 4、甬钟 2、戈 2、戟 1、车马器 33 以及其他 28 件，此外还有大量陶器和玉石器[②]。

1980 年 12 月，刘家村 M2 出土铜鼎 1 件，另有陶鬲 2、罐 2、簋 1 和玉鱼、串饰等。

1981 年，在强家村西崖平整土地时发现一座竖穴土坑墓，墓口长 4.3 米，底长 4.86 米、宽 3.08 米，墓深 6.2 米，墓室的周围有二层台。随葬器物有鼎 4、鬲 4、甗 1、簋 5、壶 2、盉 1、盘 1，共 18 件青铜器。另有陶鬲 2、罐 1、豆 2。大量青铜车马器，軎 2、辖 2、马镳 4、衔 2、节约 3、铜泡 2、方扣 2、当卢 2、牌饰。玉器 550 件、料珠、贝串、珍珠等[③]，是目前周原遗址发现的随葬鼎、簋数量较多的墓葬之一。

1972 年和 1973 年开展的大量考古发掘工作，大大丰富了周原遗址的墓葬材料，尤其对先周文化的研究起到了推动作用，为我们研究早周文化提供了有价值的线索。而 1976 年的发掘，通过对器物堆积层次及器物形制、组合的研究，可知云塘西周墓和遗址最早为西周早期的墓葬区，中期为骨器作坊所在地，晚期复变为墓葬区。1977～1980 年发掘的墓葬，除 78 齐家 M19 出土器物较多，其他均是出土几件青铜器的小墓。从出土器物形制及纹饰分析，涉及西周各阶段青铜器，这种考古发掘清理为探讨西周文化提供了实物资料。1980 年在黄堆发掘的墓地出土大量青铜器，该墓地内无遗址、灰坑、灰层，且墓型较大，随葬器物以青铜器为主，大多数墓葬随葬车，说明墓主人生前是有一定身份地位、为数不多的西周高级贵族之一。

3. 第三阶段

进入 20 世纪 90 年代后，周原考古工作收获颇丰，但出土青铜器的墓葬少，且被盗严重，可以说没有一处完整的青铜器墓，具体情况如下。

1991 年，周原考古队在齐家村东发掘西周墓葬，其中有 2 座墓葬出土青铜器，M5 为竖穴土坑墓，墓口长 3.4、宽 1.6 米，有二层台。出土青铜器鬲 2、簋 2、尊 1、卣 1、

---

① 巨万仓：《陕西岐山王家嘴、衛里西周墓葬发掘简报》，《文博》1985 年第 5 期。
② 陕西周原考古队：《扶风黄堆西周墓地钻探清理简报》，《文物》1986 年第 8 期。
③ 罗西章、王均显：《陕西扶风强家一号西周墓》，《文博》1987 年第 4 期。

爵2、觯1、觚2、铜饰1，以及陶鬲10、尊1、簋2、罐11，玉柄形器1、玉圭1。

1991年，周原地区齐家村村民在取土时发现一座墓葬，不久后遭到盗掘，周原博物馆对残墓（齐家91M1）进行了清理，出土了两件青铜器：师汤父鼎和双耳衔环盆。时代属于西周中期共王时。其后在该墓西南25米处的土壕底部发现另一座墓葬（齐家91M2），已被盗掘，清理后发现两件青铜器：双耳衔环三足盆和弦纹鼎。器物具有西周早期特点，埋葬时间早于齐家91M1，可能在穆王和共王之际。1996年冬，周原地区庄白村村民取土时，在早年被盗的西周残墓中发现一件青铜簋，从纹饰和造型看为西周早期器[1]。

1992年，周原考古队在扶风县黄堆乡乡政府以南发掘一批墓葬[2]，在村西涝池发掘了墓葬11座、车马坑1座，这是黄堆墓地发现以后第一次较大规模的发掘，虽然墓葬被盗严重，但仍出土了许多精美的文物，特别是若干原始青瓷的发现。出土青铜器的墓葬有3座，均为竖穴土坑墓。M37墓室被盗，出土青铜鼎、青铜鱼、陶罐、玉铲等随葬器物。M45同样被盗，仅出青铜鼎1件。从墓葬规模和残存的随葬品来看，这里显然是周原遗址等级最高的一处墓地。发掘者认为，黄堆墓地的发掘，为人们今后寻找西周王陵提供了重要线索。

1995年和1996年，周原博物馆对黄堆墓地进行了第三次发掘，共发掘墓葬24座、车马坑4座。出土青铜器的墓葬有4座，95黄堆M55被盗严重，残余中有青铜鼎1、簋1、盘1、盉1，质量很差，应为明器。95黄堆M58同样被盗严重，残余中出土青铜鼎1、簋1。95黄堆M60、96黄堆M71也均被盗，仅剩残器和一些小件。这批青铜器具有西周中晚期的特点，上限或在穆王世，下限在西周晚期[3]。

2002年9月，由陕西省考古研究所、中国社会科学院考古研究所、北京大学考古文博学院组成的周原考古队，在齐家村北发掘西周墓，出土随葬器物300余件，有铜器、陶器、玉器、石器、蚌器。其中M4出土青铜鼎1、鬲1、簋1、尊1、卣1、爵2、觯1；陶鬲5、簋3、罐6；玉戈1、琮1、璧1、蝉2；蚌；石片等。M16出土铜鬲1件、陶器14件。其余墓葬未见青铜器[4]。

这一阶段虽然考古工作没有停止，但出土的青铜器质量整体较差，尤其是1995～1996年在黄堆的这次发掘，出土青铜器的墓葬被盗严重，所剩残余之中，青铜器的质地较差，一些青铜器不再作为实用礼器，俨然已明器化。

对周原地区墓葬的考古发掘工作开展得较为深入，通过考古发掘发现的随葬青铜器的墓葬不在少数。在目前已知的44座出土青铜器墓中（附表2），有33座经过发掘

---

[1] 罗西章：《陕西周原新出土的青铜器》，《考古》1999年第4期。
[2] 罗红侠：《扶风黄堆老堡西周残墓清理简报》，《文博》1994年第5期；罗红侠：《扶风黄堆老堡三座西周残墓清理简报》，《考古与文物》1994年第3期。
[3] 周原博物馆：《1995年扶风黄堆老堡子西周墓清理简报》，《文物》2005年第4期；周原博物馆：《1996年扶风黄堆老堡子西周墓清理简报》，《文物》2005年第4期。
[4] 周原考古队：《2002年周原遗址（齐家村）发掘简报》，《考古与文物》2003年第4期。

清理，其余11处出土青铜器可判定为墓葬的遗迹单位，均是群众在生产劳作时偶然发现的。而这33座经过考古发掘的青铜器墓葬多数被盗，保存完整的仅14座，绝大多数为小型墓。出土10件（不含10件）以上青铜器的墓葬仅有4座，出土5件（不含5件）以下青铜器的墓葬有8座。周原地区出土青铜器的墓葬数量看似可观，但可作为材料研究的却很少，这对研究增加了一定难度。

（二）出土青铜器窖藏的发现史

窖藏青铜器初现时，对出土青铜器单位的性质的判定十分重要。这种集中出土，且重叠堆放青铜器的坑洞中，青铜器的数量十分惊人，是周原青铜器的主要来源。周原的窖藏青铜器数量占周原出土青铜器总量的一半以上，绝大多数形制精美的重器，也都是出自窖藏之中。并且同一单位窖藏中的青铜器，各组器物之间都有些许的联系，不仅为我们的研究提供了有力的实物资料，也是周原青铜器建立发展谱系的可靠依据。出土窖藏的发掘工作集中在1957~1966年、1970~1982年这两个时间段内。与墓葬相同窖藏的发掘成果，也分为两个阶段。

1. 第一阶段

1958年1月，扶风县黄堆乡齐家村东南，农民在积肥时发现青铜器4件，其中鬲、盂各2件。随后工作队在出土点附近做考古调查，除发现卜骨、兽骨及大石块外，还发现大量灰陶片和卵石路面，这应是一处周代遗址，随后工作队对此做了进一步清理发掘。

1960年10月11日，在齐家村东南发现青铜器窖藏[①]。出土青铜器39件，24件有铭文，当中不乏重器者，这也是1949年后首次通过考古发掘的青铜器窖藏，拉开了周原青铜器窖藏重器频出的序幕，也为周原青铜礼器的研究增添了大量研究资料。

召陈村民陈志坚于1971年上交的19件青铜器，是其在1960年耕作割草时发现的，从上交的器物数量和工艺程度来看，这批青铜器应出自一处重要的青铜器窖藏[②]。只可惜，这处窖藏的具体位置、究竟有多少件青铜器，均已不得而知。这些青铜器的意外出现，丰富了窖藏资料，可器物的遗失又令周原青铜器的研究留下了些许遗憾，使得周原青铜器窖藏蒙上了一层神秘的面纱。

1961年3月，当地村民在齐家村东南发现3件形制、铭文相同的青铜簋，4月贾瑞源在岐山礼村工作时听闻后，即刻前往调查。出土青铜簋处系一圆形灰坑，坑内残有灰土及陶片，应为一处青铜器窖藏。从青铜簋花纹和铭文字体判断，可能为周厉王

---

① 陕西省博物馆、陕西省文物管理委员会：《扶风齐家村青铜器群》，文物出版社，1963年。
② 史言：《扶风庄白大队出土的一批西周铜器》，《文物》1972年第6期。

或稍晚时期①。

1963年，村民在齐家村东断壕上发现了6件青铜重器，方彝、方尊、觥、盘、盉、匜各1件，应是一处青铜器窖藏②。其中方彝、方尊、觥均有18字同铭，盘、盉1字同铭，风格异于前者，当是两组器物。这次出土的窖藏青铜器，与1960年齐家村青铜器窖藏距离很近，离出土柞钟的地点仅50余米，亦有可能是迁徙所埋。这次青铜器窖藏的发现，为周原的探索增添了很有价值的线索，是研究周原青铜器窖藏性质情况的重要材料。

2. 第二阶段

1974年，强家村生产队社员在平整土地时发现一批青铜器，陕西省文物管理委员会扶岐考古工作站前往调查，在强家村西发现了强家一号窖藏，出土了师𩛥鼎等青铜器7件③，器物造型浑厚，花纹朴实，制作精美，是研究西周文化的重要资料。

1975年，在岐山董家村还发现了一座窖藏，岐山县文化馆、陕西省文物管理委员会等工作人员随即进行了清理。出土青铜器37件④，包括卫器、此器等，制作时代从周穆王时期直到周宣王时期，几乎每个王世都有涉及。有的铭文有周王名号和可靠的纪年，补充了西周中晚期在青铜器断代上标准不足的缺陷。此外，器物铭文内容丰富，还有大量与土地和诉讼有关的记载，成为研究西周土地制度和法律制度的绝好材料。

1976年12月，庄白大队白家生产队平整土地时发现了青铜器，随后周原考古队对其进行了发掘，之后了解到这是一个西周青铜器窖藏，定名为庄白一号窖藏，出土青铜器103件⑤，是有明确青铜器数目的窖藏中数量最多的一处。更为重要的是，有铭文的青铜器数量达到了74件，极大地丰富了我们对周原遗址乃至西周历史的认识，窖藏中的多数器物属于同一家族，为我们了解周原遗址的家族构成提供了很好的材料。这批青铜器的出土，在学术界引起了广泛而热烈的讨论。

1976年1月，扶风县黄堆公社云塘生产队挖土时发现一处西周窖藏，出土伯公父器、伯多父器等9件青铜器；同年12月，法门公社庄白生产队平整土地时，在庄白西北土壕发现庄白二号窖藏，出土青铜器5件，大部分属于西周晚期，埋藏时代大致也为西周晚期。岐邑工臣居多，云塘、庄白二号窖藏青铜器的发现，为研究西周王臣、贵族在岐周的聚居状况提供了宝贵史料⑥。

1978年9月，岐山县京当公社贺家大队凤雏村社员在犁地时发现西周青铜器窖藏

---

① 赵学谦：《陕西宝鸡、扶风出土的几件青铜器》，《考古》1963年第10期。
② 梁星彭、冯孝堂：《陕西长安、扶风出土西周铜器》，《考古》1963年第8期。
③ 吴镇烽、雒忠如：《陕西省扶风县强家村出土的西周铜器》，《文物》1975年第8期。
④ 岐山县文化馆、陕西省文管会：《陕西省岐山县董家村西周铜器窖穴发掘简报》，《文物》1976年第5期。
⑤ 陕西周原考古队：《陕西扶风庄白一号西周青铜器窖藏发掘简报》，《文物》1978年第3期。
⑥ 陕西周原考古队：《陕西扶风县云塘、庄白二号西周铜器窖藏》，《文物》1978年第11期。

一处，出土青铜器5件，计鼎1、簋1、甗1、盨2，多为伯宽父器。根据社员回忆，器物摆放有序①。

1982年，周原扶风文管所在齐家村西又发现一处窖藏，编号为七号窖藏，出土青铜鼎、盨各1件，同时还出土了陶大三足瓮2件、茧形壶1件②。

值得一提的是，1940年3月9日，村民在任家村西南土壕取土时，发现一个青铜器窖穴。青铜器整齐地叠放着，共百余件。出土后，大部分被军阀和古董商盗卖到国外，仅几件在国内。这批窖藏青铜器就是有名的"梁其器组"和"善夫吉父器组"。1973年，樊村村民向扶风县文化馆（今扶风县博物馆）捐赠其中2件，青铜鼎1、钟1。另外，通过罗西章、陈佩芬等共同努力，证实上海博物馆藏"吉父鼎"，也出自此窖藏。

除此之外，1984年齐家村东又发现了八号窖藏，出土方座青铜簋4件和周我父簋盖3件③，与1961年发现的周我父簋可以配套。如此众多窖藏青铜器的出土，除了继续说明周原遗址的重要性，也为周原遗址人群构成的探讨提供了资料，继而引发了有关周原遗址性质的讨论。

周原遗址范围通过考古发掘所获的这23处青铜器窖藏，收获最丰富的是1976年12月庄白村南发掘的一号青铜器窖藏，共出土青铜器103件，也是1949年以来，出土数量最多、学术价值最高的一批青铜器。赵丛苍在《周原记忆》④一文中，描述了当时的情景及发掘工作的全过程。在那样艰苦的年代，正是有了诸多前辈对考古工作的热忱，才使得这些珍贵的资料得以重现。

二、周原范围内的征集与拣选青铜器

周原范围内的征集器，是没有通过考古发掘，直接由群众挖掘到的出土器，而这些青铜器，均有通讯报道，或文章报告，器物形制、纹饰、铭文等信息完整，且有实物和资料可查。多数青铜器有具体的出土时间和较为确切的出土地点。由文物工作者从废品收购站中淘拣出的拣选青铜器，除自身信息保留完整之外，出土时间地点、出土单位的信息，均已无从查证，所以这一类青铜器在研究中的价值不高。

（一）周原范围内征集的青铜器

1946年冬，庄白村东北土壕中出土鼎1件，据村民讲述该鼎出土时是放在一个灰窖之中，后庄白村民于1972年春向扶风县文化馆捐献。

---

① 陕西周原考古队：《陕西岐山凤雏村西周青铜器窖藏简报》，《文物》1979年第11期。
② 周原扶风文管所：《扶风齐家村七、八号西周铜器窖藏清理简报》，《考古与文物》1985年第1期。
③ 周原扶风文管所：《扶风齐家村七、八号西周铜器窖藏清理简报》，《考古与文物》1985年第1期。
④ 赵丛苍：《周原记忆》，《周原》（第1辑），三秦出版社，2013年，209页。

在1960年齐家村青铜器窖藏发掘后的几年间，陕西省文物管理委员会在周原的调查工作继续进行。在此期间，收集到一些村民偶然发现的青铜器。

1963年1月，生产队在孙家台耕作时发现青铜簋4件，其形制、纹饰皆相同，2件有盖，1件残破严重。据当事人口述，皆出自一灰窖之中。据当地长者讲，此地1949年前就曾出土过多件青铜鼎和簋，是一处较为重要的青铜器出土地。

1964年春，黄甫公社柳东队在积肥用土时发现青铜鼎1件，随即交扶风县图书博物馆收藏。为单鼎，腹壁内有铭文"单"字，与1972年在绛帐废品收购站拣选出的单盉铭文相同。

1966年秋，齐家生产队在村北犁地时，发现甬钟2件，出土于一建筑遗址内的灰窖中。现存于宝鸡市博物馆。

1966年冬，齐镇生产队在村东名叫"街道"的地方平整土地时，出土青铜器3件，其中甬钟2件，其中一钟口内有铜豆1件。

1967年3月，村民在村东北修水渠时，距地表40厘米深的一方形竖坑内，出土1牛尊，其形制与《美帝国主义劫掠的我国殷周铜器集录》中的牛尊相近[1]。

1970年1月，城关公社下河东队社员在村东南沟边断崖上搜肥时，挖出青铜器2件，鼎、簋各1件。后送交至扶风县图书博物馆，经询问了解到这2件青铜器出自同一墓葬之中，共出的还有陶罐1件。

1971年9月，黄堆公社云塘大队在齐镇村东北的壕沟取土时，发现墓葬3座，共出土青铜器9件。其中礼容器6件，鼎4（圆鼎、方鼎各2件）、鬲2；铜兵器3件，戈2、剑1；后由扶风县图书博物馆征集并收藏。

1972年12月，在修筑刘家水库大坝时，民工王太川在村北土壕内的灰窖中捆得甬钟、铜镜、铜辖各1件，出土时堆放在一起。

1972年，在扶风县图书博物馆征集的文物中，拣选出3件并发表文博简讯，其中有出土于法门公社马家大队七里桥村的白夸父盨[2]、出土于上宋公社神村坡的饕餮纹鼎[3]、出土于康家村西南的会妊鼎，经勘查及问询，会妊鼎应是后人临时埋藏，本是1933年在康家村东出土，连同会妊鼎共27件，后将一部分转卖，一部分埋藏，经战祸后已不知所踪，这件（会妊鼎）即有可能是再次埋藏当中的1件[4]。

1973年3月1日，修筑冯家山北干渠时，在刘家村东北水渠内的灰窖中发现环带纹青铜盂，出土时倒置于灰窖之中。

---

[1] 中国科学院考古研究所：《美帝国主义劫掠的我国殷周铜器集录》，科学出版社，1962年，A677·1牛尊，图979页。

[2] 该盨为1949年农民取土时挖出，后于1972年4月捐献给国家。

[3] 该鼎为1956年农民挖柴时从古墓中挖出，另有1鼎、1尊，出土时均残破。后于1972年冬捐献给国家。

[4] 罗西章：《扶风新征集了一批西周青铜器》，《文物》1973年第11期。

1973年6月19日，黄甫公社五郡西村社员，在村北坡地平整土地时，从一灰窖中发现青铜器4件。两盨放在一处，甬钟套在跗座上放在一处。

1973年8月，太白公社长命寺大队早杨生产队在村东平整土地时，在距地面1米处的灰窖中发现1件青铜甗，内装斧、锛、戈、泡等铜器12件。经调查，早杨村东是一个西周遗址。其中残鼎足连有鼎腹一片，鼎腹内残存铭文七行十三字，另外，还有1件青铜环和两件不规则的铜料。这批窖藏青铜器，除斧、锛外，均具有典型的西周晚期特点。

1973年12月，社员陈显在村西北土壕掘土时得到1件青铜器，出于一处瓦片堆积很厚的西周建筑遗址中。镂孔器座，座腰饰镂孔波带纹，可能为一豆座。器座顶部有四个缺口，似为铆豆盘的痕迹。

同在召陈村，出土1件斜角雷纹青铜鬲。此鬲是农民陈德功在村西南修路时掘得的。据陈德功讲，和鬲一起出土的还有一堆西周绳纹瓦片。

1975年12月，齐镇村民向扶风县文化馆上交青铜器2件，并称是其父1948年时在村东土壕取土时所获，出土青铜器的是一座墓葬，原本共出土有十多件，由于当时土匪肆意枉生祸端，故其父一直埋藏，其父逝后，仅掘出卣1、爵1，其余者皆已不明去处。

1976年3月，召公公社后董大队在穆家生产队修水渠时，从一个灰窖中掘得青铜鼎1件。

1978年，齐村修陂塘时发现厉王𫖯簋，是迄今为止少有的几件有明确出土地点的王器之一①。

1978年12月，召公公社吕宅大队胡西队在村西平整土地时，从一灰窖中发现青铜鼎2件。一件在下，另一件倒扣其上。从胡西生产队经成王生产队到张黄生产队的砖瓦窑约1千米内，是一大片西周文化遗址，经常有西周文物出土。

1979年5月5日，城关公社民工在南阳公社五岭大队豹子沟修公路时，用炸药炸掉了大山一角，从中出土了完整无损的甬钟1件，现存扶风县图书博物馆。经勘察，此处为西周遗址。

1979年8月，法门公社齐村出土四鸭方鼎1件、车马器3件。四鸭方鼎造型特殊，目前仅见周原这1件，尚无形制相近者。

1994年，扶风法门刘家村正南300米处发现王盂底座1件②，重新掀起了有关荟京地望的讨论。

（二）拣选青铜器

从废品收购站中拣选出的青铜器共11件，除器物出土时间、地点不明，其他器物

---

① 罗西章：《陕西扶风发现西周厉王𫖯簋》，《文物》1979年第4期。
② 罗西章：《西周王盂考——兼论荟京地望》，《考古与文物》1998年第1期。

信息是较明确的。由于拣选青铜器的范围不够明确，虽属于大周原范畴之内，也有可能不属于周原遗址范围内。为避免歧义，对周原青铜器的器形演变、分期等研究，造成干扰，这一类青铜器仅做以统计介绍，并不作为研究资料使用，也不出现在周原青铜器统计表中（表2-1）。

表 2-1　周原废品收购站拣选铜器统计表

器名	馆藏号	尺寸（通高×口径）/厘米	纹饰	铭文	备注
兽面纹鼎	T0116	19.5×16.3	兽面纹	无	外表有烟熏痕迹
涡纹鼎	T0114	19.5×16.3	涡纹、四瓣花纹	无	壁较薄
兽面纹鼎	七四·713	19.8×16.4	兽面纹	无	1974年春法门收购站拣选
兽面纹鼎	七九·926	18.8×15	兽面纹	无	1979年绛帐收购站拣选
单盉	七二·129	23×15	鸟纹、云雷纹	2字	1972年绛帐收购站拣选
三角夔纹鼎	T0006	17.2×18	无	无	
乳钉纹簋	T0146	16.6×24.6	目纹、云雷纹、方格乳钉纹	无	
夔纹簋	T0019	14.3×18.5	夔纹	无	
环带纹簋	1762	9×（22.2~27.2）	重环纹、环带纹、鳞纹	无	仅有簋身
父丙尊	T0021	29×21.5	兽面纹、蕉叶纹、云雷纹	2字	
父乙觯	七五·771	13×（6.3~7.6）	无	4字	

三、周原地区的传世青铜器

自汉以来，有文字记载可能出自周原的传世青铜器有上百件之多。仅清以前有记载的周原青铜器就有20余件。这些青铜器多数已失散，如《汉书·郊祀志》中记载"尸臣鼎"、《宋书·瑞符志》所载"酒尊"等器，今已无从追寻，也没有器物的有关信息，只能明确这件器物的存在。而宋《考古图》中所载器物，则有摹本及尺寸等信息，这对我们的研究是有所帮助的（附表5，一）。清以来，道光年间（1890年），扶风任家村出土青铜器窖藏，有载共出器物120余件。当中的仲义父器组、克器组的几十余件青铜器，为各馆所藏。器形之重、造型之精，可谓一时之最。76庄白一号窖藏共出青铜礼容器103件，1890年任家村窖藏出120余件青铜器，也是很有可能的，只可惜该窖藏青铜器流散各地，今有载可见的仅有几十余件（附表5，二）。除此之外，道光年间出土的毛公鼎，以497字铭文，成为目前已知的铭文数量最多的青铜器。

民国时期，周原先后发现2座青铜器窖藏，1933年在扶风上康村发现一座西周窖藏，目前可见的有函皇父器组、伯鲜器组等十余件青铜器。而1940年在扶风任家村发现的西周窖藏，青铜器数量更为丰富，其中仅梁其组器就有十余件之多，善夫吉父鬲更是有9件之多，可见，使用者地位之高、身份之尊贵。这两座窖藏中的青铜器也失散严重，可见的器物也是四散在各地，甚至是各国的博物馆之中（附表5，三）。材料的散落和缺失，使得我们无法将传世器作为研究的依据纳入周原的基础材料当中，只得将这些失散传世器作为参照，作为对我们研究结论的辅证。

以上为周原遗址中主要出土青铜器的概况介绍，完整的青铜器资料请参看附表。本书中所涉及的周原青铜器的考古资料，均包括在附表当中，在后文中引用时不再缀注，在此特意说明。

第三章 周原青铜礼容器的类型学分析

绪论中我们可以看到可见的周原青铜器主要是以四种形式存在：①明确在墓葬中发掘的出土器；②考古发掘获得的窖藏青铜器；③当地群众劳作时偶然发现的征集青铜器；④早年出土与周原的传世青铜器（多数已不得见）。在这四种存在形式中，我们可以明确器物信息的是前三种，多为中华人民共和国成立以后发现的青铜器（附表2、附表3）。我们将周原青铜器依照器物功用的属性分成三属，即食器属、酒器属、水器属。食器属中按器类分为鼎、鬲、甗、簋、豆、盨、簠；酒器属中按器类分为尊、卣、壶、觯、爵、斝、罍、方彝、觥、盉、瓿、瓶、角、杯；水器属中分为匜、盘、盂、鉴、盆。

按照器物出土单位及时间，给予每件器物一个代称，器类在前（如青铜鼎，则为鼎），出土时间缩写（如1976年出土，则为76），出土地点简称（如扶风庄白村，则为庄白），出土单位性质（墓葬：M；窖藏：J；征集拣选：Z），同一单位中有同类型器物的，按照出土该器物的编号顺序依次排列（如鼎—76庄白J，中的"一"）。对每类器物做型式分析，按照器形明显的区别（如蹄足与柱足等）分型，将器形特征相近的器物分为同一型。同型器物中，依照器物局部的差异（如圆腹与平腹等）再分亚型。在型及亚型中，如果器物有时代特征上的变化则分式。①对于型的说明，如一类器形中，器形上未有明显区别，仅有局部特征上的差异，则在同一型中分亚型。②对于式的说明，并不是说同一式器物的时代一定相同或相近，同一式器物在时代上有先后关系，如同式器物沿用时间较长，跨越几个时间阶段的话，会列举各期一件标本器，以显示出该式器物的延续性。因此，相邻式的器物，后式不是绝对晚于前式，如前式器形在时代上有延续，则会出现晚于后式的情况，而式的先后是由器物始现的先后排列，是器物相对时代的反映。

在器物谱系中，同一时期不同类别的器物横向排列，可以体现出同期器物的共存关系。同型、式器物纵向排列，可以看出器物型式的早晚变化和演变情况。以这种纵横交错的类型分析方法划分周原青铜器，不但能明确各类器物的共存和消亡的时代，构筑起各类器物的发展脉络，而且使同一类器物中各型式青铜器传承、演变、更替的现象更加清晰，最终建立起周原青铜器的发展谱系。

第一节 食 器 属

食器属中有鼎、鬲、甗、簋、豆、盨、簠7类。其中鼎、簋、鬲的数量较多，其他器类少见。

一、青 铜 鼎

鼎共出土 106 件。墓葬出土 44 件，窖藏出土 28 件，其余 34 件为征集而来。根据器体的差异，有两种截然不同的鼎：一种有三足，器口、腹部截面为圆形；另一种为四足，器口、腹部截面为方形。因此将鼎作为圆鼎、方鼎两类器物进行型式分析。

1. 圆鼎

共 93 件。有三种形态的足：柱足、蹄足和锥足。根据足的不同分为三型。鼎 T3 贺家 M3 为独特器形，不分型。

A 型　43 件。柱足鼎。圆口，平沿，双立耳。根据腹部和底的不同，分为七亚型。

Aa 型　5 件。腹壁无内收、无外鼓，平直向下，直腹壁，剖面呈椭方形，圆底。有浅腹和深腹两种形态，分二式。

Ⅰ式：4 件。圆口，平沿，腹壁直接向下，不鼓不收，腹较深，体量小。口沿下饰简化兽面纹，标本：鼎 77 王家咀 M1（图 3-1，1）。

Ⅱ式：1 件。器形与Ⅰ式不同之处在于，腹较浅，柱足略短。体量大，直立耳较大。颈部饰兽面纹，足上有兽面及扉棱，标本：鼎 76 云塘 M20（图 3-1，2）。

Ab 型　1 件。腹略深。圆口，平沿，直立耳，圆底，柱足，较少见。口沿下饰长尾鸟纹一周，标本：鼎 82 齐家 J（图 3-1，3）。

Ac 型　5 件。腹壁平直，长柱足。

Ⅰ式：2 件。腹较深，呈长体态。标本：鼎一 74 贺家 Z（图 3-1，4）。

Ⅱ式：3 件。平直向下，不收不鼓，腹底部较平，腹较浅，柱足较长。颈部饰云纹兽面纹，柱足素光。标本：鼎 53 南作 Z（图 3-1，5）。

Ad 型　14 件。圆口，双立耳，圆鼓腹，圆底。根据腹部变化分二式。

Ⅰ式：9 件。深腹。标本：鼎一 76 庄白 J1（图 3-1，6）。

Ⅱ式：5 件。浅腹。颈部饰一周兽面纹及六扉棱，腹部饰乳钉纹，柱足饰弦纹兽面纹及扉棱，标本：鼎一 72 刘家 M（图 3-1，7）。

Ae 型　3 件。圆口，双立耳，腹壁外撇，至腹底内收，腹底边形成折角，腹底正中有较为明显的角度，足靠近腹底边缘。标本：鼎一 75 董家 J（图 3-1，8），口沿下饰窃曲纹、腹部素光，三足分散立于腹底边缘。

Af 型　13 件。圆口，腹壁曲折变化，先内收后外鼓，至底内收，底较平，柱足近底边缘。标本：鼎三 75 庄白 M（图 3-1，9），口沿下饰顾首龙纹一周。

Ag 型　2 件。圆口，腹壁外鼓，分三裆，裆下接柱足。标本：鼎三 66 贺家 M（图 3-1，10），腹身饰兽面纹，柱足细长。

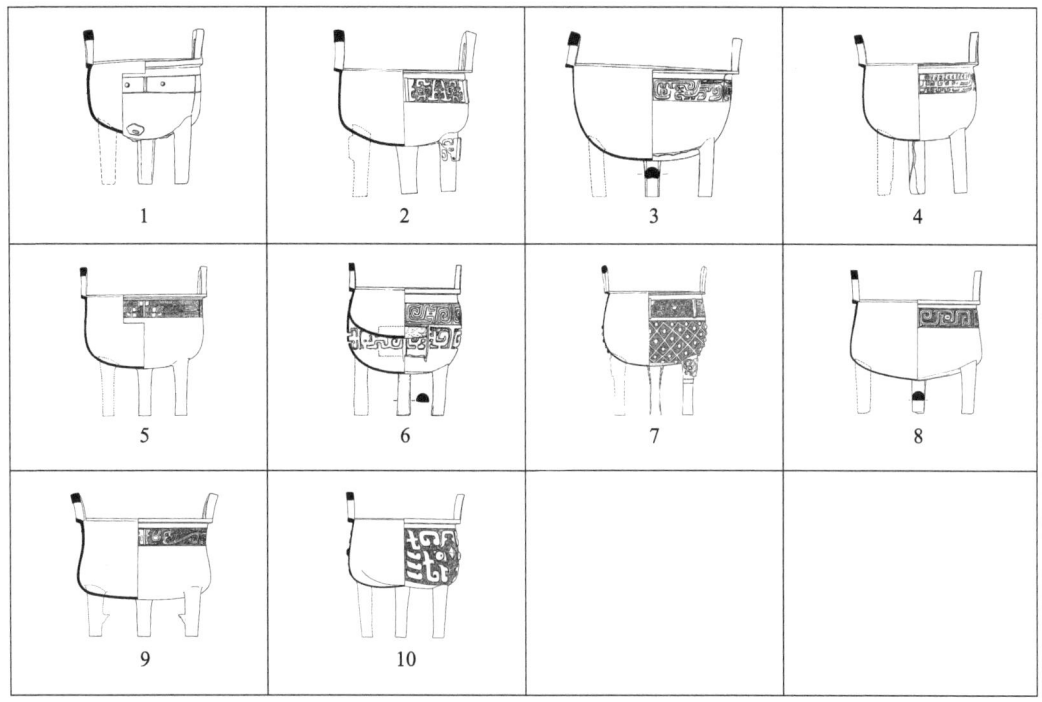

图 3-1　A 型圆鼎

1. Aa 型Ⅰ式鼎 77 王家咀 M1　2. Aa 型Ⅱ式鼎 76 云塘 M20　3. Ab 型鼎 82 齐家 J　4. Ac 型Ⅰ式鼎一 74 贺家 Z
5. Ac 型Ⅱ式鼎 53 南作 Z　6. Ad 型Ⅰ式鼎一 76 庄白 J1　7. Ad 型Ⅱ式鼎一 72 刘家 M　8. Ae 型鼎一 75 董家 J
9. Af 型鼎三 75 庄白 M　10. Ag 型鼎三 66 贺家 M

B 型　46 件。蹄足鼎。双立耳，圆口，蹄足。同为圆底的，腹部有所区别，可分为腹壁内收、腹壁平直、腹壁略鼓三种。鼎平底者均为腹壁外鼓。另有一种尖底形，腹壁同样为外鼓。这 5 种局部造型不同的蹄足圆鼎，分成 Ba 型（鼓腹尖底蹄足）、Bb 型（微鼓腹平底蹄足）、Bc 型（鼓腹平底蹄足）、Bd 型（直腹平底蹄足）、Be 型（收腹圆底蹄足）、Bf 型（鼓腹圆底蹄足）六亚型。

Ba 型　4 件。圆口，腹壁外鼓，深腹，尖底。腹壁剖面呈五边形，较为少见。标本：鼎四 66 贺家 M（图 3-2，1），颈部饰兽面纹，蹄足粗壮，足上饰兽面纹及弦纹三道，有扉棱。

Bb 型　10 件。圆口，腹壁外鼓，器底较平。分浅腹、深腹二式。

Ⅰ式：3 件。腹部深。标本：鼎三 72 刘家 M（图 3-2，2），口沿下饰云雷纹地的兽面纹，腹部饰蕉叶纹。

Ⅱ式：7 件。腹部较浅。标本：鼎二 60 召陈 J（图 3-2，3），口沿下饰窃曲纹，蹄足上端近腹底处饰兽面纹，中间有扉棱。

Bc 型　1 件。平底，鼓腹。标本：鼎 80 刘家村 M2（图 3-2，4），颈部饰一周斜身顾首龙纹。

Bd 型　6 件。圆口，直腹，腹壁较直，剖面呈椭方形。根据腹部深浅程度的差异，分二式。

Ⅰ式：4 件。腹较Ⅱ式深。标本：鼎 49 任家 Z（图 3-2，5），颈饰顾首龙纹与弦纹一道，蹄足上端近腹底处饰兽面纹，中间有扉棱。

Ⅱ式：2 件。圆口，平沿，直立耳，腹较Ⅰ式浅。标本：鼎三 75 董家 J（图 3-2，6），颈饰窃曲纹与弦纹一道，蹄足上端近腹底处饰兽面纹，中间有扉棱。

Be 型　17 件。圆口，平沿，腹壁内收，剖面呈半圆形，圆底。造型上有浅腹、深腹两种形态，浅腹即腹深等于或小于口径的 1/2 者；深腹则是腹深大于口径的 1/2 者。据这点将 Be 型鼎分二式。

Ⅰ式：11 件。均出自窖藏或征集器，墓葬中尚未发现。标本：鼎一 81 下务子 J（图 3-2，7），颈饰重环纹与弦纹。

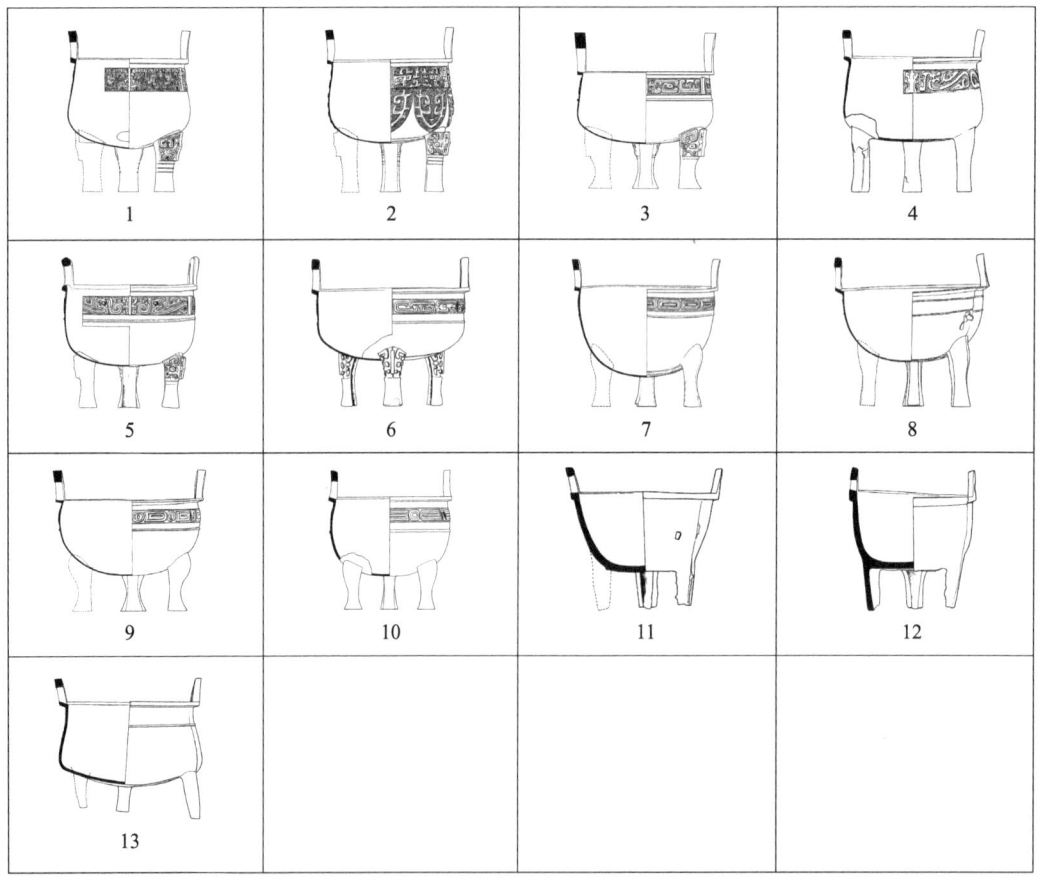

图 3-2　B、C 型圆鼎

1. Ba 型鼎四 66 贺家 M　2. Bb 型Ⅰ式鼎三 72 刘家 M　3. Bb 型Ⅱ式鼎二 60 召陈 J　4. Bc 型鼎 80 刘家村 M2　5. Bd 型Ⅰ式鼎 49 任家 Z　6. Bd 型Ⅱ式鼎三 75 董家 J　7. Be 型Ⅰ式鼎一 81 下务子 J　8. Be 型Ⅱ式鼎二 81 下务子 J　9. Bf 型Ⅰ式鼎十二 75 董家 J　10. Bf 型Ⅱ式鼎 72 康家 Z　11. Ca 型鼎 96 黄堆 M71　12. Cb 型鼎 95 黄堆 M55　13. Cc 型鼎 73 刘家沟 M

Ⅱ式：6件。均出自窖藏或征集器，墓葬中尚未发现，纹饰上多弦纹、重环纹。标本：鼎二 81 下务子 J（图 3-2，8），颈部饰重环纹，腹部饰弦纹。

Bf 型　8件。圆口，平沿，鼓腹，腹剖面呈大半个椭圆形。亦有浅腹、深腹两种造型形态，因此，将 Bf 型也分二式。

Ⅰ式：6件。均为窖藏或征集器，墓葬中尚未发现，浅腹，纹饰仍以弦纹、重环纹为主。标本：鼎十二 75 董家 J（图 3-2，9），腹微鼓、饰弦纹，颈饰重环纹。

Ⅱ式：2件。深腹，纹饰以重环纹为主。标本：鼎 72 康家 Z（图 3-2，10），立耳，腹微鼓，颈饰重环纹与涡纹相间的纹饰及弦纹。

C 型　3件。锥足鼎。器形小，铸造较粗糙，数量也很少。但每件器物间造型差异大。根据器形特征，可分三亚型。

Ca 型　1件。腹壁内收，平底，短锥足。标本：鼎 96 黄堆 M71（图 3-2，11），素光，应为明器。

Cb 型　1件。腹壁平直至底，平底，短锥足。标本：鼎 95 黄堆 M55（图 3-2，12），素面，可能是明器。

Cc 型　1件。腹部造型与 Bc 型相近，腹壁先内收后外鼓，至底直接内收，底腹边缘形成折角，腹底中亦有角度。锥足外撇。标本：鼎 73 刘家沟 M（图 3-2，13），颈部饰一道弦纹。

2. 方鼎

共 13 件。方鼎数量较少，四柱足为主流形鼎，也有个别其他的特殊造型，如上有鼎盖，或下有炉仓等。根据方鼎的形制特征，可分为三型，其中 A 型为柱足方鼎，B 型为夔形足鼎，C 型为细龙足鼎。

A 型　11件。平口，方腹，平底，下接四柱足。分有盖与无盖两种，器形差异较大，可分为二亚型。

Aa 型　8件。口、腹、底的截面为方形，腹壁由口至底平直内收，底四角下接四柱足，柱足较长。标本：鼎一 66 贺家 M（图 3-3，1），口沿下饰小鸟纹，腹外壁中心饰直棱纹，外围饰乳钉纹，柱足有兽面纹及扉棱。

Ab 型　3件。口内敛，腹壁由口至底向外扩，底呈弧形，四柱足较短。标本：鼎一 75 庄白 M（图 3-3，2），盖中心有一纽，四角有锯状凸角，口沿下饰斜身顾首龙纹及弦纹一道。

B 型　1件。器身长方形，微重腹，腹下连接有长方形炉，鼎颈部饰一周窃曲纹，炉两侧窗子上方及两侧饰三角变形夔纹，下饰重环纹，后部饰镂空夔纹。标本：鼎二 76 庄白 J1（图 3-3，3）。

C 型　1件。口沿两侧立双鸭为器耳，腹与 Aa 型相近，足为夔形纹饰的片状足。标本：鼎 79 齐村 Z（图 3-3，4），腹较浅，器体通饰垂鳞纹。

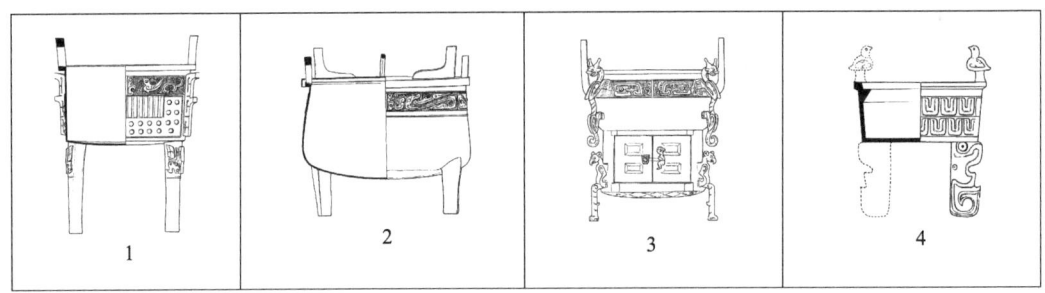

图 3-3　方鼎
1. Aa 型鼎一 66 贺家 M　2. Ab 型鼎一 75 庄白 M　3. B 型鼎二 76 庄白 J1　4. C 型鼎 79 齐村 Z

二、青　铜　鬲

青铜鬲在周原的大量出现，一改商人的习俗，关于周原在使用鬲这一情况上，之后我们会做专门的讨论。本节主要针对周原青铜鬲的器形做类型分析。

周原共出土青铜鬲 47 件。墓葬中出土的有 13 件，窖藏出土 31 件，征集拣选的有 3 件。器形变化不大，较为明显的特征体现在耳、足上。器耳上的差异主要在口沿上有双立耳，或无耳。足上的差异不在数量上，而在造型上，不及耳部明显。因此对于青铜鬲的型式划分，我们根据器耳的明显差异，分为 A 型（直立耳鬲）、B 型（双銎耳鬲）、C 型（无耳鬲）、D 型（立兽耳鬲）四型。

A 型　10 件。从足的差异上看，有分裆袋足下再接细锥足的，有圆鼓分裆器底再接长锥足的，还有分裆圆鼓或扁鼓的。因此，据足的不同可分为三亚型。

Aa 型　2 件。直立耳，平沿，颈部不明显，腹与袋足连为一体，足底再接细锥足。标本：鬲二 72 京当 J（图 3-4，1），耳饰绚索纹，颈饰两道连珠纹中加卷云纹，腹部及袋足饰倒"V"形纹。

Ab 型　1 件。双立耳，平折沿，颈部明显，腹部分裆圆鼓，下接长锥足。标本：鬲一 72 京当 J（图 3-4，2），颈部饰两道凸弦纹，腹部饰倒"V"形纹，锥足中空。

Ac 型　7 件。器腹和足与 Aa、Ab 型差异明显，为三袋状柱足。根据颈部形态的不同，可分为二式。

Ⅰ式：6 件。颈部不明显，口沿两端有双立耳，侈口，束颈，腹分为三袋与柱足一体。标本：鬲 71 齐镇 M1（图 3-4，3），以袋状柱足的中线为界，用云雷纹分隔，饰三组象纹，象首中间有扉棱。

Ⅱ式：1 件。颈部明显，侈口，圆肩，腹部分裆与柱足一体。标本：鬲 76 云塘 M13（图 3-4，4），索状立耳，颈饰弦纹两道。

B 型　1 件。侈口，束颈，颈部两侧有双銎耳，高过口沿，腹部分裆成三袋足，下接柱足。标本：鬲 73 贺家 M6（图 3-4，5），颈部饰以目纹作间隔的云纹一周，下饰三

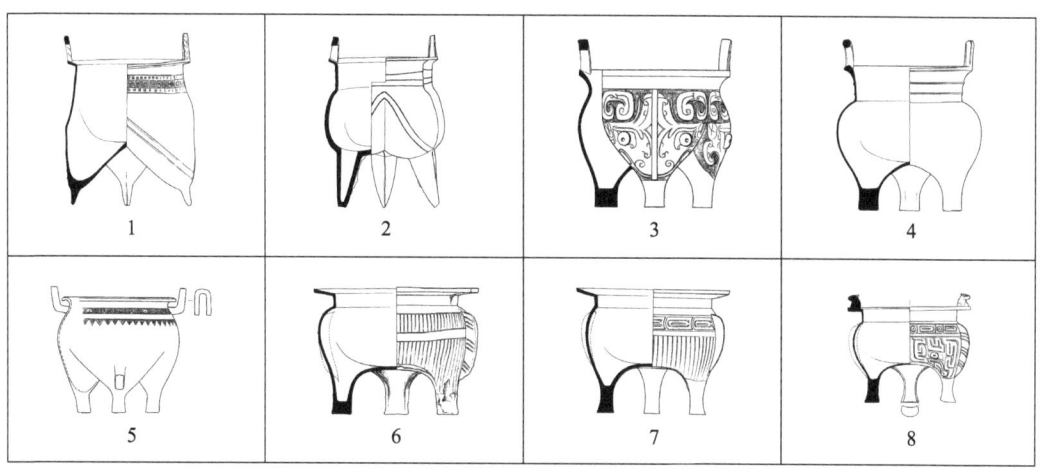

图 3-4 青铜鬲

1. Aa 型鬲二 72 京当 J   2. Ab 型鬲一 72 京当 J   3. Ac 型 I 式鬲 71 齐镇 M1   4. Ac 型 II 式鬲 76 云塘 M13
5. B 型鬲 73 贺家 M6   6. C 型 I 式鬲一 81 强家 M1   7. C 型 II 式鬲八 76 庄白 J1   8. D 型鬲一 58 齐家 J

角点纹一周,一袋足下铸接一个环形錾。

C 型　34 件。无耳,平折沿,束颈,裆近平,腹分裆与短柱足一体,有扉棱。腹分裆的间距有差异,使器物有宽窄之分,根据这一情况,可分为二式。

I 式：16 件。腹分裆及足间距较宽,从器物侧面看,足与腹底形成的斗拱较宽。标本：鬲一 81 强家 M1（图 3-4,6）,腹及分裆足均饰由横向弦纹为界的直棱纹,上有扉棱,饰斜棱纹。

II 式：18 件。分裆及足间距短于 I 式,斗拱略窄。标本：鬲八 76 庄白 J1（图 3-4,7）,肩部饰重环纹一周,腹部饰直棱纹,有扉棱。

D 型　2 件。器形与 C 型 I 式相近,口沿上铸卧兽一对,束颈,腹与足一体,平裆。标本：鬲一 58 齐家 J（图 3-4,8）,肩饰重环纹一周,腹足饰兽面纹,侧边有扉棱。

三、青 铜 甗

周原共出土青铜甗 11 件。墓葬中出土的有 5 件,窖藏出土 5 件,征集拣选的有 1 件。器形变化小,纹饰较为统一和规矩,上部甑有圆、方两种形态,对应三足鬲与四足鬲。因此,根据甗的这一形制上的差异,可分为二型。A 型为三足圆甗,B 型为四足方甗。

A 型　10 件。上部甑为圆形,下接三足鬲。甑有浅腹、深腹两种形态,下接鬲也有差异,浅腹甑下接鬲的袋足圆鼓,饰凸目纹;深腹甑下接鬲的袋足较平,饰兽面纹。根据这一特征,可分为二式。我们还可以归结甗具有这样一特征,鬲足的圆鼓程度与甑腹部深浅无关,与所饰纹饰有对应关系,即鬲袋足饰浮雕兽面者圆鼓程度轻。

Ⅰ式：5件。侈口，深腹，上半部鬲腹深远大于鬲口径的1/2，甗呈现圆形，下接三足鬲，袋足不及Ⅱ式圆鼓，上饰浮雕兽面纹。标本：甗76贺家M113（图3-5，1），甗口沿下饰卷云纹组成的兽面纹，袋足饰浮雕兽面纹。

Ⅱ式：5件。侈口，浅腹，上半部分甗腹深不足甗口径的1/2，甗呈扁形，下接三足鬲，袋圆鼓，各有一首目，又或素光。标本：甗76庄白J2（图3-5，2），甗口沿下饰弦纹，鬲袋足有椭方形目纹。

B型　1件。上部甗为方形，下接四足鬲。口微侈，腹部较深，鬲袋足与A型Ⅰ式圆鼓程度相近。标本：甗78凤雏J（图3-5，3），口沿下饰夔纹及弦纹二道，鬲袋足饰椭方形目纹。

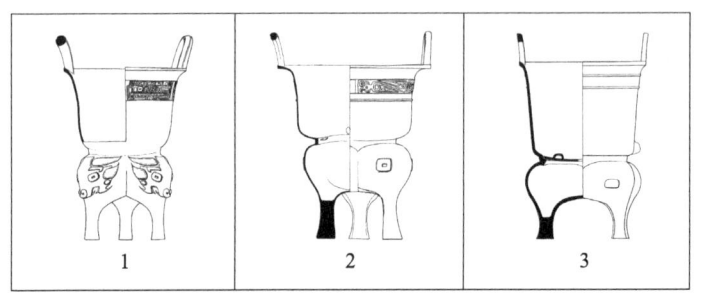

图3-5　青铜甗
1.A型Ⅰ式甗76贺家M113　2.A型Ⅱ式甗76庄白J2　3.B型甗78凤雏J

四、青　铜　簋

青铜簋在周青铜器中数量最多。周原遗址范围内共出土青铜簋91件，墓葬中出土的有31件、窖藏出土50件、征集而来的有10件，另有几处遗址单位中出土簋盖6件。器形众多，在器耳和器足上有着明显的差异，若从器耳上看，有半环状的兽首耳、半环状鸟首耳、环扣状兽首垂环耳、双鋬捉手耳、其他特殊造型耳，分型再多也不能够看清青铜簋的形制发展演变。若按器足分型则非常明确，可将青铜簋分为三型，A型为圈足簋、B型为方座簋、C型为三足簋。而后在各型簋中，根据器耳的差异分亚型，这样的类型分析法，可清楚地看出各型青铜簋发展演变的情况。

A型　35件。圈足簋是青铜簋中最常见的一型，之前的方座簋、三足簋均是在圈足簋的基础上增加附属物而来的，就器形、功用及制作工艺而言，圈足簋最为简单。因此，在周原出土的青铜簋中，数量最多，器形也最丰富。我们依照簋耳的不同，将圈足簋分为Aa型无耳圈足簋、Ab型小环耳垂环圈足簋、Ac型半环兽首耳圈足簋、Ad型鸟首耳圈足簋、Ae型双鋬捉手耳圈足簋、Af型半环耳圈足簋六亚型。

Aa型　2件。无耳圈足簋，通常我们称其为钵形簋或碗形簋，流行于殷商时期，在周原青铜器中较为少见。根据口沿及器体上的不同，可分为二式。

Ⅰ式：1件。直口，卷沿，直壁深腹，高圈足。标本：簋73贺家M1（图3-6，1），颈部饰勾连雷纹一周，由颈部凸雕牺首间隔而开，腹部饰斜方格乳钉纹，圈足饰夔纹及扉棱两条。

Ⅱ式：1件。敞口，腹壁向内弧至底，腹壁与底衔接处有明显的凸折，圈足外撇。标本：簋73美阳M（图3-6，2），颈部饰以云雷纹为地的夔纹一周，由凸雕兽首分隔，腹部饰斜方格乳钉纹，圈足饰兽面纹及扉棱六条。

Ab型 23件。耳为半环状，耳顶饰兽首，下有小珥，圆鼓腹，有敛口和侈口两种器形，敛口与Bb型簋基本一致，唯无圈足下的三足。侈口与B型方座簋一致，唯无圈足下的方座，可分为二式。

Ⅰ式：21件。多失盖，有盖者，器高隆，上有圈形捉手，器侈口，盖平放至器口之上，非子母口盖合关系。标本：簋76贺家M112（图3-6，3），盖与圈足各有四条扉棱，腹部正中有扉棱两条，颈部正中有浮雕兽首，盖面与器腹饰以云雷纹为地纹的顾首龙纹，圈足饰变形龙纹。

Ⅱ式：2件。器形与Ca型簋基本一致，但无圈足下接的三足，盖上有圈状捉手，敛口，鼓腹，双兽首半环耳下有珥，圈足外侈。标本：簋80黄堆M16（图3-6，4），盖面与器腹饰瓦棱纹，盖沿与器口沿下饰龙纹一周，器底有斜方格网状强筋线。

Ac型 2件。器身造型与Ab型Ⅰ式相近，侈口，束颈，垂腹，圈足外侈，唯器耳不同，器身两侧为竖冠立鸟形耳，造型写实逼真。标本：簋一75庄白M（图3-6，5），盖面与器身饰后垂冠卷尾大鸟纹，圈足饰三周弦纹。

Ad型 2件。器身造型与Ca型簋基本一致，唯无圈足下接的三足。标本：簋76庄白J2（图3-6，6），盖面以捉手为中心，饰瓦棱纹一周，盖瓦棱纹外圈及器身口沿下饰带目窃曲纹一周，腹部饰瓦棱纹，器底有斜方格网状强筋线。

Ae型 3件。敞口，颈部两侧有双鋬耳，高过口沿，圈足外撇。有深腹、圆腹两种形态，可分为二式。

Ⅰ式：1件。侈口，束颈，圆肩，鼓腹。标本：簋一72刘家M（图3-6，7），通体素光。

Ⅱ式：2件。敞口，深腹，器外壁由口沿内弧至器底，颈部不明显。标本：簋73刘家沟M（图3-6，8），颈部饰一周以云雷纹为地的窃曲纹。

Af型 3件。均出现在墓葬中，尺寸很小，铸造粗糙，通体素光，是青铜礼器明器化的表现。根据器形上的差异，可分为三式。

Ⅰ式：1件。侈口，微束颈，椭方形耳，浅垂腹，矮圈足。标本：簋五81强家M1（图3-6，9），通体素光。

Ⅱ式：1件。口微侈，直腹，椭方耳，矮圈足。标本：簋78齐村M（图3-6，10），通体素光。

Ⅲ式：1件。直口，斜收腹，高圈足，半环耳。标本：簋95黄堆M55（图3-6，

11），通体素光。

B型　14件。方座簋即在簋圈足之下加铸一方形器座，与青铜禁的不同之处在于方座簋的器座与簋身铸为一体，不可拆分，这样的铸造方式相信是为了突显器物本身的重要，如簋中之王"胡簋"即是周原范围内出土的一件形制独特的方座簋。除这件形制独特的胡簋之外，周原出土的其他方座簋形制均相近。标本：簋一84齐家J（图3-6，12），通身满花，盖饰波带纹、窃曲纹，颈饰窃曲纹一周，腹部饰波带纹，圈足饰斜角纹，方座饰波带纹。

C型　42件。圈足下接三足，足上多有兽首，少量出现在周原墓葬当中，形制特

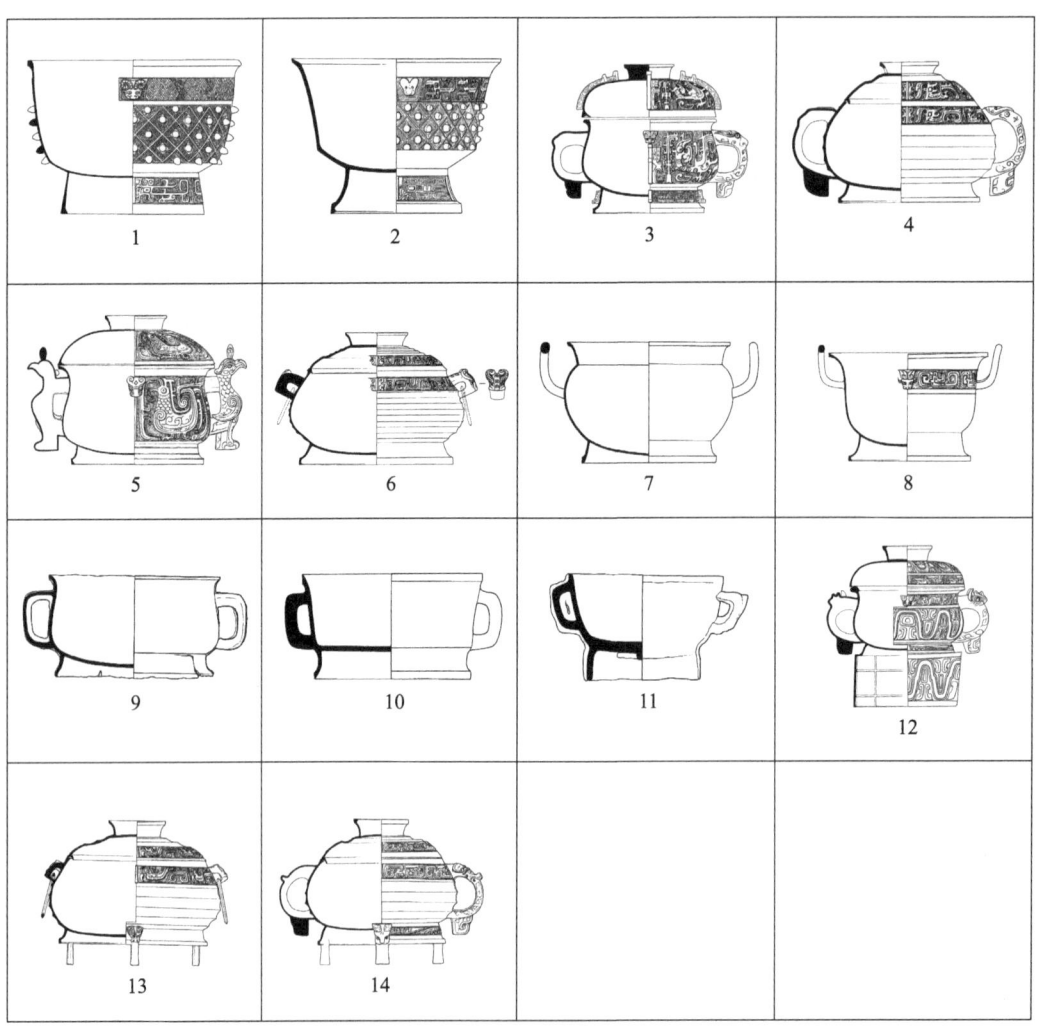

图3-6　青铜簋

1. Aa型Ⅰ式簋73贺家M1　2. Aa型Ⅱ式簋73美阳M　3. Ab型Ⅰ式簋76贺家M112　4. Ab型Ⅱ式簋80黄堆M16
5. Ac型簋一75庄白M　6. Ad型簋76庄白J2　7. Ae型Ⅰ式簋一72刘家M　8. Ae型Ⅱ式簋73刘家沟M
9. Af型Ⅰ式簋五81强家M1　10. Af型Ⅱ式簋78齐村M　11. Af型Ⅲ式簋95黄堆M55　12. B型簋一84齐家J
13. Ca型簋三81强家M1　14. Cb型簋80黄堆M1

殊。根据器耳的两种造型，可分为二亚型，Ca 型为小环兽首垂环耳簋、Cb 型为半环兽首耳簋。

Ca 型　6 件。有盖，盖上有圈形捉手，器身为敛口，与盖内沿相扣。从扣合关系看，器盖为子口，器身为母口，耳为兽首状小环扣、衔环，圆鼓腹，圈足接三兽首小足。标本：簋三 81 强家 M1（图 3-6，13），盖面围绕捉手饰瓦棱纹，盖外圈与器身口沿下，同饰后重冠尾下回卷小鸟纹，腹部饰瓦棱纹。

Cb 型　36 件。有盖，盖上亦有圈足捉手，扣合关系同为盖子器母，器耳为半环状，耳顶饰兽首，下有小珥，圆鼓腹，圈足接兽首小足三个。标本：簋 80 黄堆 M1（图 3-6，14），盖面围绕捉手饰瓦棱纹，外圈及器身口沿下饰窃曲纹一周，腹部饰瓦棱纹，圈足饰斜角云纹一周。

五、青　铜　豆

5 件。仅出现在窖藏之中，代表较高的等级。据豆足的明显差异，可分为二型。

A 型　3 件。直口，浅盘，高圈足束腰。标本：豆一 75 董家 J（图 3-7，1），盘沿饰重环纹一周，下沿饰绚索纹一周，圈足及腰身为镂空的夔纹，腰中部有凸棱一道，棱上饰重环纹。

B 型　2 件。直口，平沿，浅盘，卷足较宽。标本：豆 76 庄白 J1（图 3-7，2），盘沿饰重环纹一周，圈足饰镂空波带纹，足腰中部有凸目。

六、青　铜　盨

周原遗址范围内共出土青铜盨 14 件，属墓葬中出土的有 2 件、窖藏出土 11 件、征集 1 件，另有盖 1 件。周原地区，无论是墓葬、窖藏青铜盨均较常见，器形变化很小，差异主要在于器底与耳部的变化。根据器底不同，可分为二型，A 型为四足盨、B 型为圈足盨。此外，值得注意的是，周原出土青铜盨的扣合关系，多数是盖母口、器子口的方式，而有盖失的青铜盨，却看不到器口有子口的凸棱。

A 型　4 件。四足盨是在圈足之下铸四小足，目前周原出土的四足盨，盖均失，因此，此型器未能完整展现，我们只能根据圈足盨器盖造型，去进行想象和推测。故与 B 型分式标准相同，根据耳变化可分为二式。

Ⅰ式：2 件。口微敛，内槽为子口，器耳为半环耳，耳顶饰兽首，圈足下铸四小足。标本：盨一 76 庄白 J1（图 3-7，3），口沿下饰四足分尾鸟纹，腹部饰瓦棱纹。

Ⅱ式：2 件。敛口，无内槽，可能盖为子口，也可能原本无盖，双錾捉手耳，圈足下铸四小足。标本：盨 76 庄白 J2（图 3-7，4），口沿下饰一周重环纹，腹饰瓦棱纹。

B型　10件。圈足盨数量较多，器身呈椭方形，盖上有四矩尺形纽，腹部微鼓，圈足外侈，器耳有半环兽首耳和双銴捉手耳两种形态。根据器耳变化，可分为二式。

Ⅰ式：8件。器身略扁，鼓腹明显，耳顶兽首为凸雕。标本：盨一76云塘J（图3-7，5），盖顶中部饰大窃曲纹，盖面及腹部饰瓦棱纹，盖沿与颈部饰窃曲纹一周，圈足饰云纹。

Ⅱ式：2件。器身略高，鼓腹不太明显，耳为双銴捉手。标本：盨一78凤雏J（图3-7，6），盖、器身均饰瓦棱纹。

七、青　铜　簠

6件。窖藏出土2件，征集4件。整体造型均相同，耳与圈足略有不同，可分为二型。

A型　5件。长方体，口沿内折，方唇，腹壁向内斜收，圈足有台，外侈。标本：簠60齐家J（图3-7，7），腹部饰二圆环耳，口沿下饰重环纹，腹部饰波带纹，圈足饰垂鳞纹。

B型　1件。腹壁斜内收程度更重，圈足微侈。标本：簠76庄白J2（图3-7，8），腹部饰二半环纽，口沿下饰弦纹一道。

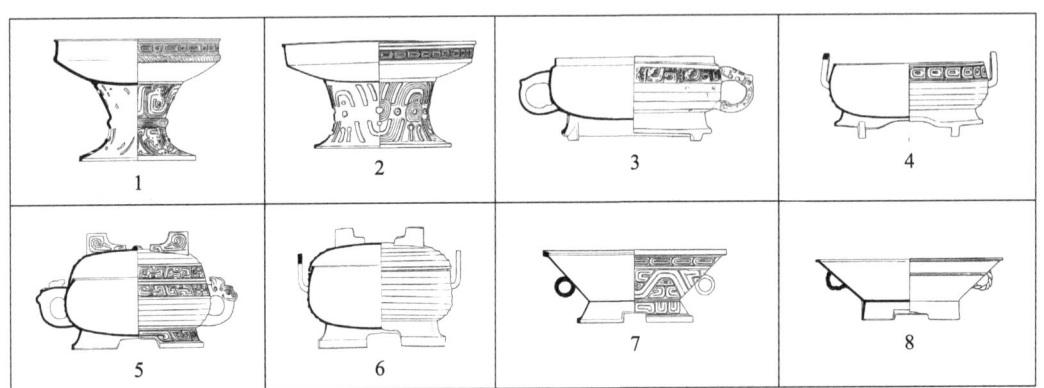

图3-7　青铜豆、盨、簠
1. A型豆一75董家J　2. B型豆76庄白J1　3. A型Ⅰ式盨一76庄白J1　4. A型Ⅱ式盨76庄白J2
5. B型Ⅰ式盨一76云塘J　6. B型Ⅱ式盨一78凤雏J　7. A型簠60齐家J　8. B型簠76庄白J2

第二节　酒　器　属

主要器形有尊、卣、壶、觯、爵、斝、罍、方彝、觥、盉、觚、瓿、角、杯，共14种器形，以尊、卣、壶形制变化较多。

一、青铜尊

共出土 13 件。属墓葬中出土的有 7 件，窖藏出土 4 件，其余 2 件为征集而来。器体形态上有三种不同的造型：一为方尊，器口、腹部截面为正方形；二为圆尊，器口、腹部截面为圆形；三为动物写实造型的尊。根据造型不同，可分为三型，A 型圆尊、B 型方尊、C 型牺尊。

A 型　11 件。圆尊数量最多，是尊的主流器形，主要为两种形态：一是圆腹，二是扁腹，这两种形态数量相当，可分为二亚型，Aa 型为圆腹圆尊、Ab 型为扁腹圆尊。另外，从时代上看，圆腹圆尊整体早于扁腹圆尊。

Aa 型　7 件。有通身满花，器身四道扉棱者，亦有仅在腹部有纹饰，无扉棱者，可分为二式。

Ⅰ 式：2 件。敞口，腹微鼓，高圈足外侈，颈、腹、足各饰四道扉棱。标本：尊二 76 庄白 J1（图 3-8，1），口沿下饰蕉叶纹八组，颈及圈足饰顾首龙纹，腹饰兽面纹。

Ⅱ 式：5 件。喇叭形敞口，腹微鼓，高圈足外侈，仅在腹部有纹饰。标本：尊 76 云塘 M20（图 3-8，2），腹部饰兽面纹，兽面纹上下各饰弦纹二道。

Ab 型　4 件。喇叭形口，束颈，扁垂腹，矮圈足，颈部有纹饰。标本：尊 78 齐家 M19（图 3-8，3），颈部饰顾首龙纹一周，纹饰中间有凸雕兽首。

B 型　1 件。圆口，方腹，方底，高圈足，器身四角有扉棱，通身满花。标本：尊 62 齐家 J（图 3-8，4），颈上部饰由变形兽面纹组成的蕉叶纹，颈与圈足饰小鸟纹一周，腹部饰兽面纹。

C 型　1 件。器体为牺形，具有牺首、身、足、尾，基本写实，造型独特。标本：尊 63 贺家 Z（图 3-8，5），器体为立姿牛形，舌为流，尾为鋬，足为器足，背开口置盖，盖上有虎形纽。盖面饰顾首夔纹，器身饰变形夔纹。

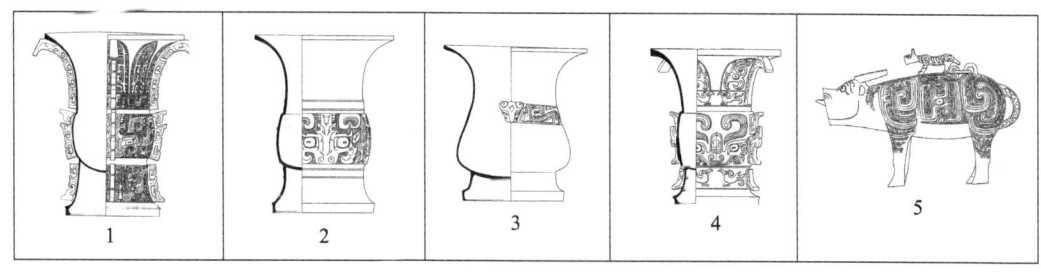

图 3-8　青铜尊
1. Aa 型 Ⅰ 式尊二 76 庄白 J1　2. Aa 型 Ⅱ 式尊 76 云塘 M20　3. Ab 型尊 78 齐家 M19
4. B 型尊 62 齐家 J　5. C 型尊 63 贺家 Z

二、青铜卣

共出土12件。属墓葬中出土的有10件，窖藏出土2件。从器体形态上看，变化不明显，可以分为圆鼓腹和扁垂腹两种形态。从器形所属时代上看，也是有先后关系的，因此，将卣分为二型，A型为圆鼓腹卣，B型为扁垂腹卣。

A型　3件。盖沿较长，器体椭圆，束颈，鼓腹，高圈足。索状提梁两端无兽首，盖与器身无扉棱；浮雕纹饰提梁两端有兽首，盖与器身均有扉棱，故分为二式。

Ⅰ式：2件。肩两端有半圆形环耳，套接兽首式提梁，盖、腹、底均有四条扉棱，通身满花。标本：卣一76庄白J1（图3-9，1），肩部纹饰带正中有凸雕兽首，盖面与器腹饰兽面纹，盖沿、肩部及圈足饰卷尾夔纹一周，提梁饰长身夔纹及方钉。

Ⅱ式：1件。盖高隆，正中有花蕾纽，肩两端有半方形环耳，套接纽索式提梁。标本：卣二73贺家M1（图3-9，2），肩部纹饰带正中有凸雕兽首，圈足有四条扉棱。盖面、肩部及圈足饰躬身夔纹，盖沿饰一周蕉叶纹。

B型　9件。盖沿较短，平直颈，扁垂腹，矮圈足。盖、腹、底有四条扉棱者较少，无扉棱但盖顶两端有角者常见，故分为二式。

Ⅰ式：2件。盖顶有圈形捉手，肩部两端有半圆环耳，套接扁提梁，两端有兽首，盖、器身、圈足，各有扉棱四条。标本：卣75召李M1（图3-9，3），肩部纹饰带正中有凸雕兽首，盖沿、颈部饰以云雷纹为地纹的涡纹，盖面和腹部饰以云雷纹为地纹的兽面纹，圈足饰龙纹，提梁饰蝉纹及方钉。

Ⅱ式：7件。盖顶有圈形捉手，两端有角，盖面、肩部有纹饰带。标本：卣78齐家M19（图3-9，4），肩部纹饰带正中有凸雕兽首，盖沿、颈部饰顾首龙纹一周，圈足有凸弦纹一道。

三、青铜壶

共出土22件。属墓葬中出土的有8件，窖藏出土13件，仅1件为征集而来。另有壶盖1件。青铜壶在周原酒器当中形制最为丰富，从执壶的方式上看，主要有提梁壶、贯耳壶、环耳壶三种器形。除此之外，还有2件器形特殊的饮壶。因此，根据壶的器形明显特点，可分为四型，A型为提梁壶，B型为贯耳壶，C型为环耳壶，D型为饮壶。

A型　4件。有盖，从盖合关系看，盖为子口，器口为母口，盖插于器口中。颈部有两半环耳，套接提梁，圆腹，圈底。周原出土提梁壶有三种形态：一是圆体提梁壶，即盖、器口、颈、腹、底的横截面均为圆形，鼓腹，圈足。二是椭圆体提梁壶，即盖、器口、腹、底的横截面均为椭圆形，鼓腹，圈足。三是橄榄体提梁壶，器体成竖状橄榄形，腹微鼓，圈足。根据形态不同，可分为三亚型。

Aa 型　2件。盖上有圈形捉手，长颈，圆鼓腹，圈足外侈。标本：壶75召李M1（图3-9，5），颈部饰顾首龙纹一周，圈足饰卷云纹一周，提梁饰目纹间隔云纹。

Ab 型　1件。盖上有小圈形捉手，口微侈，束颈，宽体鼓腹，圈足外侈。标本：壶66贺家M（图3-9，6），颈部饰顾首龙纹，器盖和圈足饰弦纹二道，提梁饰龙纹。

Ac 型　1件。盖上有圈形捉手，口微侈，束颈，腹中部略鼓，圈足与器身一体，外侈。标本：壶一72刘家M（图3-9，7），通体素光。

B 型　6件。颈两侧有贯耳一对，为绳提系，执壶方式与提梁壶属同类，周原出土的提梁壶有两种形态，一是橄榄体，另一为椭方体。根据形态不同，可分为二亚型。

Ba 型　2件。盖顶有圈形捉手，长圆腹，圈足外侈。标本：壶三75庄白M（图3-9，8），盖沿与颈部饰小鸟纹一周，腹部饰纵向四层的鳞状卷云纹，贯耳饰兽面纹。

Bb 型　4件。椭方体，盖上有圈形捉手，口微侈，束颈，垂腹，矮圈足。标本：

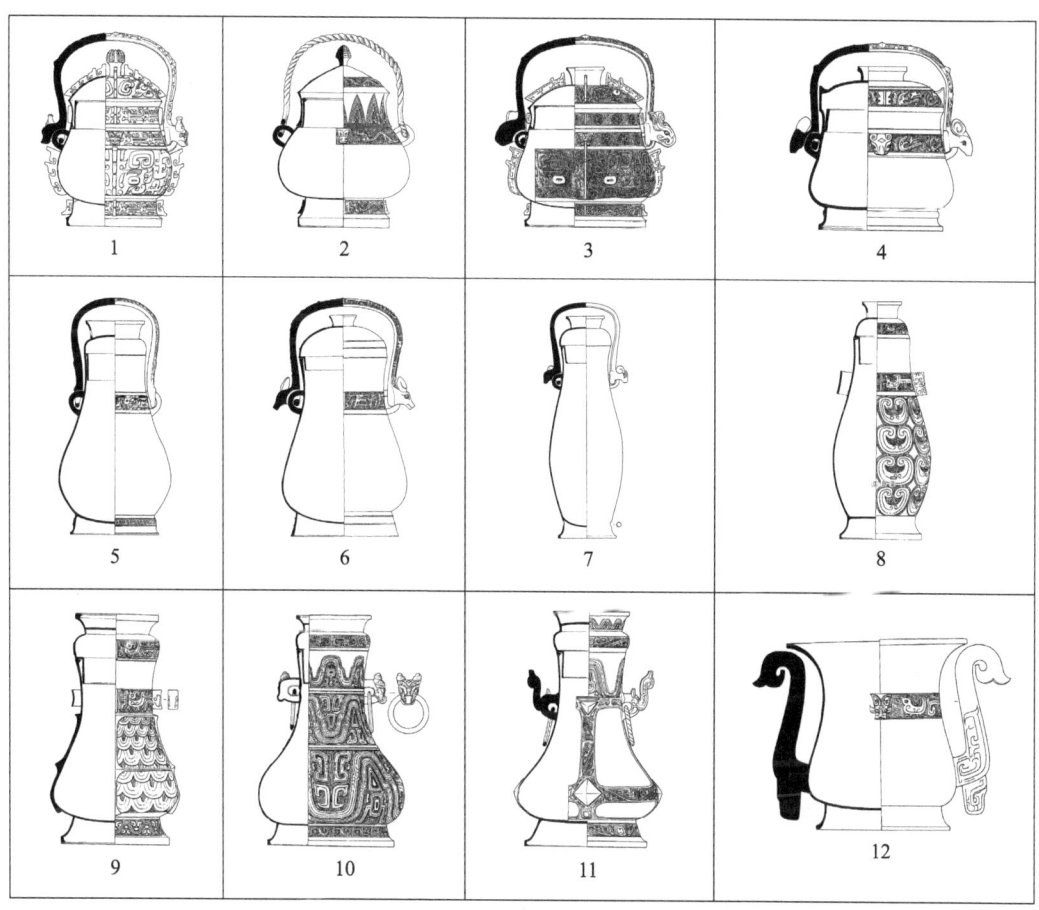

图 3-9　青铜卣、壶

1. A型Ⅰ式卣一76庄白J1　2. A型Ⅱ式卣二73贺家M1　3. B型Ⅰ式卣75召李M1　4. B型Ⅱ式卣78齐家M19　5. Aa型壶75召李M1　6. Ab型壶66贺家M　7. Ac型壶一72刘家M　8. Ba型壶三75庄白M　9. Bb型壶一60召陈J　10. C型Ⅰ式壶二76庄白J1　11. C型Ⅱ式壶一81强家M1　12. D型壶二75庄白M

壶一60召陈J（图3-9,9），盖圈形捉手内饰躬身窃曲纹，盖沿与颈部饰垂冠顾首鸟纹，腹部饰由十字凸棱纹隔开的垂鳞纹，圈足饰波带纹。

C型 10件。环耳壶，颈部两侧有环形耳，耳顶有兽首，耳内套垂环。周原出土环耳壶，均为圆体壶，根据腹部的变化，可分为二式。

Ⅰ式：2件。有盖，盖上有圈状捉手，长颈，圆鼓腹，略垂，矮圈足外侈。标本：壶二76庄白J1（图3-9，10），盖沿与圈足饰窃曲纹，壶身由二道弦纹分割成三部分，腹饰波带纹。

Ⅱ式：8件。与Ⅰ式相比变化在腹部，腹部更扁，但无垂腹。标本：壶一81强家M1（图3-9，11），耳顶兽首有上卷象鼻，腹正中有四个方钉，盖顶、圈足内饰团身鸟纹，盖捉手与器颈饰波带纹，盖沿与器身十字带纹上饰斜角纹，圈足饰三角云纹及圆圈纹。

D型 2件。器身似尊形，敞口，垂腹，矮圈足，腹部两侧接象鼻状双鋬，上卷至器口两侧。标本：壶二75庄白M（图3-9，12），颈部饰云雷纹填地的小鸟纹，正中有凸雕兽首，鋬饰云纹。

四、青铜觯

共出土15件。属墓葬中出土的有10件，窖藏出土2件，其余3件为征集而来。青铜觯在酒器中数量较多，从器体上看，可以分为喇叭口平腹、侈口圆腹两种。根据此明显区别，可分为二型。

A型 11件。喇叭口，束颈，深腹，腹底较平，矮圈足。根据器体的形态，可分为二型，Aa型为瘦腹，Ab型为宽腹。

Aa型 5件。该型觯腹内底形态略有变化，有内弧和平直两种形态，可分为二式。

Ⅰ式：3件。喇叭口，细颈，垂腹，腹底向内弧，矮圈足。标本：觯78齐家M19（图3-10，1），颈饰顾首龙纹一周。

Ⅱ式：2件。喇叭口，束颈，垂腹，腹底平直，圈足外侈。标本：觯二76庄白J1（图3-10，2），口沿下饰蕉叶纹一周，颈部饰小鸟纹。

Ab型 6件。器体略宽，腹底与Aa型相同，有内弧和平直两种形态，可分为二式。

Ⅰ式：4件。侈口，微束颈，高圈足外侈。标本：觯75召李M1（图3-10，3），通体素光。

Ⅱ式：2件。敞口，微侈，微束颈，圈足外侈。标本：觯76云塘M10（图3-10，4），通体素光。

B型 4件。根据器体形态可以分为瘦体、宽体二亚型。

Ba型 2件。瘦体。敞口，束颈，腹部圆鼓。根据鼓腹程度，可分为二式。

Ⅰ式：1件。敞口微侈，束颈，鼓腹，圈足外侈。标本：觯60齐家M8（图3-10，5），颈部饰雷纹一周，圈足饰弦纹二道。

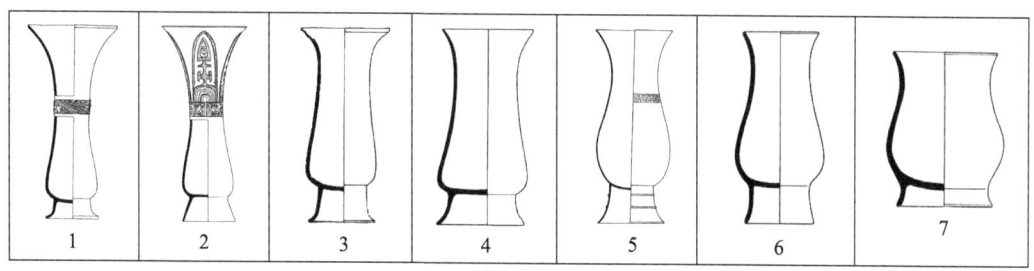

图 3-10 青铜觯

1. Aa 型 I 式觯 78 齐家 M19 2. Aa 型 II 式觯二 76 庄白 J1 3. Ab 型 I 式觯 75 召李 M1
4. Ab 型 II 式觯 76 云塘 M10 5. Ba 型 I 式觯 60 齐家 M8 6. Ba 型 II 式觯 76 贺家 Z 7. Bb 型觯 74 贺家 Z

II 式：1 件。口微侈，束颈，下腹外鼓，高圈足。标本：觯 76 贺家 Z（图 3-10，6），通体素光。

Bb 型 2 件。宽体。口微侈，束颈，胖鼓腹，圈足外侈。标本：觯 74 贺家 Z（图 3-10，7），通体素光。

五、青 铜 爵

周原共出土青铜爵 29 件。其中出土于墓葬中的有 13 件，窖藏出土 13 件，还有 3 件为征集而来。据器物造型的明显差异，可分为二型。

A 型 1 件。侈口一端为细长流，另一端为尖尾，伞状单柱位于流口，束腰，下腹外鼓，平底。标本：爵 72 京当 J（图 3-11，1），上腹与下腹各饰兽面纹一周，上下腹间饰一周连珠纹。

B 型 28 件。宽流尖尾，口上双柱近流，圆腹圆底。根据双柱形态不同，可分为二亚型。

Ba 型 22 件。伞状柱。据腹部变化，可分为二式。

I 式：10 件。腹深。三刀足略短，外撇。标本：爵二 76 庄白 J1（图 3-11，2），颈部饰后重冠鸟纹一周。

II 式：12 件。腹浅。三刀足较 I 式稍长。标本：爵一 78 齐家 M19（图 3-11，3），颈部饰顾首龙纹一周。

Bb 型 6 件。菌状柱。据腹部变化，可分为二式。

I 式：2 件。深腹。短足。标本：爵二 76 云塘 M13（图 3-11，4），颈部饰弦纹二道。

II 式：4 件。浅腹。长足。标本：爵 72 刘家 M（图 3-11，5），颈部饰兽面纹一周。

六、青 铜 斝

共 3 件。墓葬中出土 1 件，其余 2 件出自窖藏中。斝有两种明显的造型，一为平裆刀形足,另一为分裆裆足,可分为二型。

A型 2件。敞口,束颈,收腰,腹与腰形成明显的两段,口与腰铸半环状鋬,平底,下有三刀形足,外撇。根据口沿上立柱的变化,可分为二式。

Ⅰ式:1件。器口沿两端上立两菌状柱。标本:斝72京当J(图3-11,6),口沿上菌状柱饰涡纹,颈、腹饰兽面纹。

Ⅱ式:1件。口沿两端双柱上各饰一高冠凤鸟。标本:斝73贺家M1(图3-11,7),颈、腹饰简化兽面纹,各有扉棱六条。

B型 1件。平盖,盖上有半环形纽,侈口,束颈,圆肩,分裆柱足,口沿两端有伞状柱,颈、腹间铸兽首形鋬。标本:斝76庄白J1(图3-11,8),盖面饰斜角云纹与目纹一周,颈饰弦纹二道,肩部饰带状兽面纹一周,腹部有倒"V"形弦纹二道,鋬饰云纹。

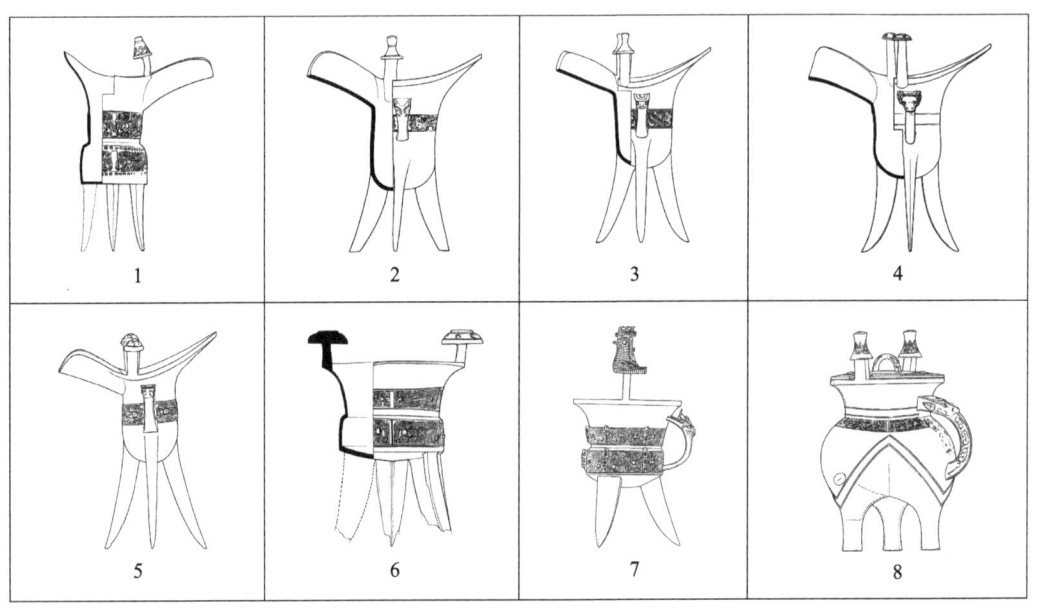

图3-11 青铜爵、斝

1. A型爵72京当J 2. Ba型爵二76庄白J1 3. Ba型爵一78齐家M19 4. Bb型Ⅰ式爵二76云塘M13
5. Bb型Ⅱ式爵72刘家M 6. A型Ⅰ式斝72京当J 7. A型Ⅱ式斝73贺家M1 8. B型斝76庄白J1

七、青 铜 罍

共9件。2件出自墓葬当中,还有3件出于窖藏,征集到周原范围内的罍有4件。罍有两种明显的造型,一为圆体罍,即器口、肩、腹、底截面均为圆形;另一为方体罍,口、肩、腹、底截面均为方形。因此,将罍分为二型。

A型 8件。器体差异不大,主要是在器底,有平底罍、圈足罍两种形态,因此分为二亚型,Aa型为平底罍,Ab型为圈足罍。

Aa型　1件。侈口，束颈，圆肩，收腹，底内凹，肩两端有半环状耳，耳顶饰兽首。标本：罍73贺家M1（图3-12，1），颈部饰弦纹二道，肩部饰凸圆涡纹，肩、腹由一道凹弦纹分隔开来，腹下部有一兽首形环錾。

Ab型　7件。器形与Aa型相近，但腹底有圈足，圈足有高、矮两种，对应的器形也略有不同。根据圈足变化，可分为二式，Ⅰ式为高圈足，Ⅱ式为矮圈足。

Ⅰ式：1件。平沿内折，方唇，束颈，宽肩，下腹内收，高圈足。标本：罍66贺家M（图3-12，2），颈饰弦纹两道，肩饰相对的涡纹四组，腹部饰兽面纹，圈足饰躬身夔纹，各纹饰均以云雷纹为地纹。

Ⅱ式：6件。直口，内折沿，折肩，腹向内收，矮圈足。标本：罍一60齐家J（图3-12，3），肩部两端有半环耳一对，耳顶饰兽首，垂索状环。颈部饰波带纹，肩饰夔纹间隔的凸涡纹，肩腹间有一道凸棱纹分隔开来，腹饰由相向的一对夔纹组成的蕉叶纹八组，圈足饰凸弦纹一道。

B型　1件。长方形口，高肩，深腹，下腹内收，方圈足。标本：罍76庄白J1（图3-12，4），颈、肩下、圈足饰凸弦纹二道，肩上部饰弦纹一道，涡纹位于弦纹间，肩正中有凸雕兽首，下腹有兽面环形錾。

八、青铜方彝

仅有2件。均出自窖藏。器形整体相近，一为方腹，另一为圆鼓腹，可分为二型。

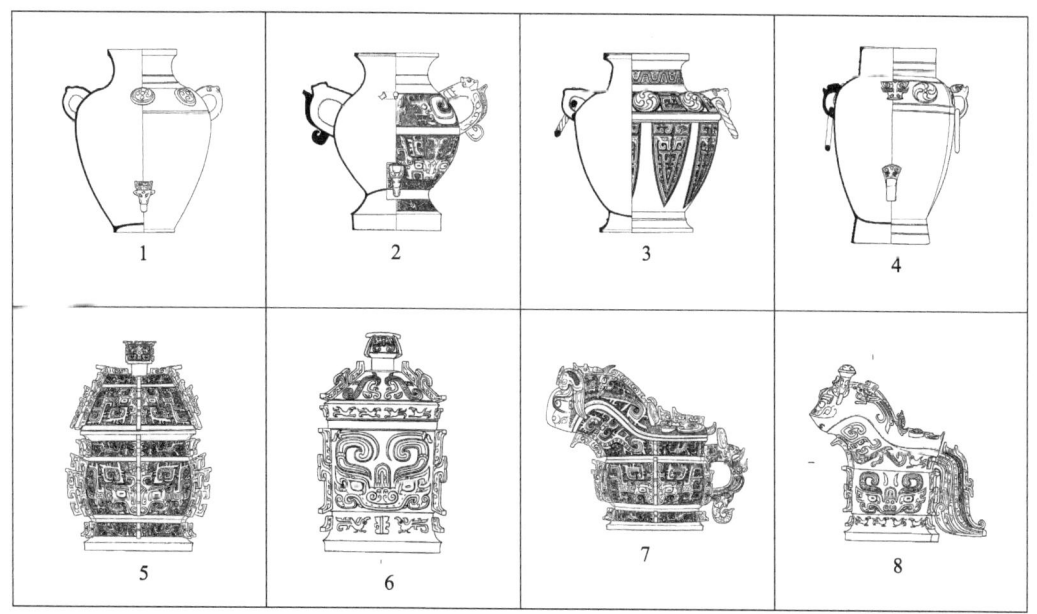

图3-12　青铜罍、彝、觥
1. Aa型罍73贺家M1　2. Ab型Ⅰ式罍66贺家M　3. Ab型Ⅱ式罍一60齐家J　4. B型罍76庄白J1
5. A型彝76庄白J1　6. B型彝62齐家J　7. A型觥76庄白J1　8. B型觥62齐家J

A 型　1 件。盖无折沿，腹部略鼓，盖及器身有扉棱六条。标本：彝 76 庄白 J1（图 3-12，5），盖面和盖钮饰倒置兽面纹，颈与圈足饰顾首夔纹，腹饰兽面纹。

B 型　1 件。器盖为庑殿四阿式，盖上饰屋顶形钮，器方体，高圈足，盖与器四角皆有扉棱。标本：彝 62 齐家 J（图 3-12，6），盖钮、器身四面饰兽面纹，盖面饰简化兽面纹，盖沿与圈足饰分尾小鸟纹一周。

九、青　铜　觥

2 件。这两件觥一为长方体，无錾，盖末接上翘弯角尾；另一腹微鼓，腹有半环形錾，盖末有一鸟形尾，可分为二型。

A 型　1 件。觥身呈长方体，盖首为羊首形，首上有下垂弯角，羊脊中起扉棱，盖末有一上翘弯角作羊尾。器身一端有流，另一端有半环形錾，流中间位置有扉棱，錾顶饰兽首，下有卷尾，器身有扉棱六道，颈、腹之间有内凹槽，矮圈足，外侈。标本：觥 76 庄白 J1（图 3-12，7），盖上部的扉棱两侧饰夔纹，盖下部及腹部饰兽面纹，器口下与圈足饰顾首夔纹。此外，盖下部饰兽面纹，有凸起的双立耳。

B 型　1 件。与方彝同出于 62 齐家 J，与方彝风格相近。盖首为兽形，兽首凸角圆目，兽脊起扉棱，兽末端有长鸟尾，器身一端有流与盖首合，流中间位置有扉棱，器身四角有扉棱，腹部与颈、圈足有明显凸起，高圈足，外侈。标本：觥 62 齐家 J（图 3-12，8），盖面饰鸟纹，流口外饰顾首夔纹，腹饰兽面纹，圈足饰小鸟纹。

十、青　铜　盉

共 7 件。墓葬中出土 5 件，其余 2 件出自窖藏。腹部有明显不同，一为分裆，另一为圆形扁体，可分为二型。

A 型　5 件。分裆，袋形足。据腹部形态差异，可分为二亚型，Aa 型为三足分裆盉，Ab 型为四足分裆盉。

Aa 型　4 件。分裆与柱足一体，器形逐渐简化。可分为三式。

Ⅰ式：2 件。敞口，束颈，腹部分裆，三袋足与柱足一体。标本：盉 75 庄白 M（图 3-13，1），腹一端有管状流，另一端饰顾首龙形錾，盖与器颈有半小圆环，由蟾蜍形环扣相接，盖面饰盘蛇纹，颈饰躬身龙纹一周，腹饰倒"V"形纹，流饰云纹。

Ⅱ式：1 件。标本：盉 81 强家 M1（图 3-13，2），盖失，口外侈，束颈，腹外鼓，半圆形裆，柱状足，半环錾上饰半环钮以连盖，短流。通体素光。

Ⅲ式：1 件。标本：盉 78 齐村 M（图 3-13，3），明器，制作粗糙，侈口，束颈，实心流，环耳錾，腹圆鼓。盖与体连铸，底空，内填泥。通体素光。

Ab型 1件。四分裆下接四柱足。标本：盉78齐家M19（图3-13，4），高隆盖上有半环形纽，侈口，束颈，鼓腹，四分裆，下接裆足，管状流，兽首鋬。盖面、颈部饰小鸟纹一周。

B型 2件。器身圆形扁体，下有四足。可分为二式。

Ⅰ式：1件。标本：盉62齐家J（图3-13，5），盖为鸟形，器口为长方形，腹圆形扁体，一端有龙首形流，尾短有顾首卷体龙形鋬，腹下有四夔首扁足。腹部中心为涡纹，重环纹围绕中心涡纹一周，再外圈饰斜角云纹一周。

Ⅱ式：1件。标本：盉95黄堆M55（图3-13，6），明器，制作粗糙。圆形扁体，中空，器底开口。实心流，尾有环耳，顶上饰"Y"状捉手为盖纽，腹下有四足。

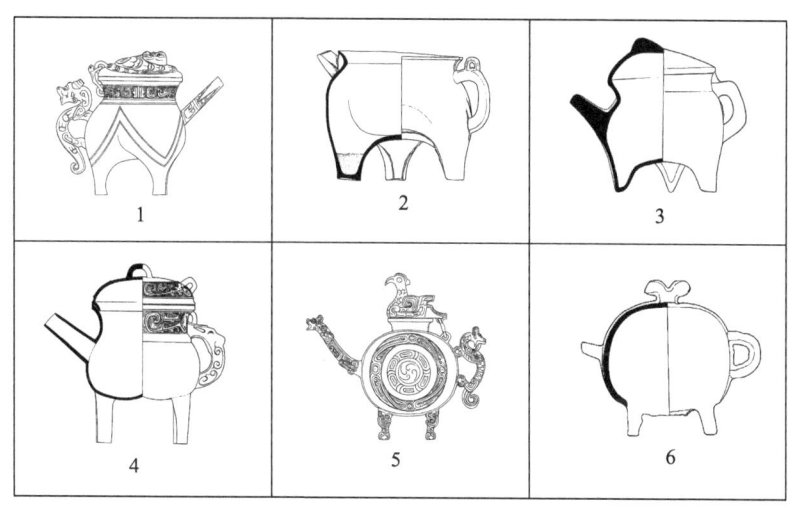

图3-13 青铜盉
1. Aa型Ⅰ式盉75庄白M 2. Aa型Ⅱ式盉81强家M1 3. Aa型Ⅲ式盉78齐村M
4. Ab型盉78齐家M19 5. B型Ⅰ式盉62齐家J 6. B型Ⅱ式盉95黄堆M55

十一、青 铜 觚

共11件。墓葬出土2件，窖藏中出土8件，还有1件为征集而来。据腹部明显的差异，可分为二型。

A型 6件。收腹。根据体宽的变化，可分为二式，Ⅰ式宽体，Ⅱ式细体。

Ⅰ式：2件。喇叭口，束腰，喇叭形圈足。标本：觚72京当J（图3-14，1），腹下部饰两道连珠纹，中间饰兽面纹，圈足有十字形镂空。

Ⅱ式：4件。大喇叭口，细腰，喇叭形圈足。标本：觚三76庄白J1（图3-14，2），圈足上、下各饰目雷纹一周，之间夹饰变形夔纹一周。

B型 5件。鼓腹，喇叭口，细颈，高圈足外侈。标本：觚一91齐家M5（图3-14，3），腹饰兽面纹，上、下各有弦纹二道。

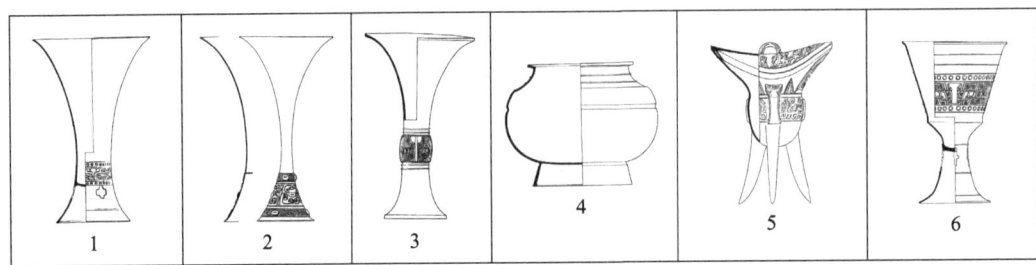

图 3-14 青铜觚、瓿、角、杯
1. A 型 I 式觚 72 京当 J　2. A 型 II 式觚三 76 庄白 J1　3. B 型觚一 91 齐家 M5
4. 瓿 73 贺家 M1　5. 角 66 贺家 M　6. 杯 73 美阳 M

十二、青铜瓿、角、杯

瓿　1件。标本：瓿 73 贺家 M1（图 3-14，4），斜平折沿，宽肩，圆腹，高圈足外撇。颈部饰弦纹三道，肩部饰弦纹两道，腹部有凹棱一周。

角　1件。标本：角 66 贺家 M（图 3-14，5），有盖，上有半环状纽，腹侧有半环形鋬。腹与盖饰双头夔纹，颈饰蕉叶纹。

杯　1件。标本：杯 73 美阳 M（图 3-14，6），侈口，斜腹，高圈足外侈。口下饰弦纹二道，器腹上、下各饰连珠纹二道、弦纹一道，中间夹兽面纹，圈足有十字镂空，上、下各饰弦纹一道。

第三节　水器属

水器类中，主要的器形有匜、盘、盂、盆、鉴 5 种，其中匜、盘器形较丰富，盂、盆、鉴器形单一。

一、青铜匜

共 5 件。均出自窖藏之中。器形变化小，宽流，瓢形腹，腹下有四足。有带盖、无盖两种器形，可分为二型。

A 型　4件。无盖。根据鋬的变化，可分为二式。

I 式：2件。夔形鋬。标本：匜 60 齐家 J（图 3-15，1），口沿下饰窃曲纹一周，流口饰夔纹，腹饰瓦棱纹。

II 式：2件。夔形鋬卷尾。标本：匜 60 召陈 J（图 3-15，2），口沿下饰雷纹一周，腹饰瓦棱纹。

B 型　1件。有盖。标本：匜 75 董家 J（图 3-15，3），虎头平盖，瓢腹下饰四蹄形足，兽首半环鋬。口沿下饰窃曲纹一周、弦纹一周。

二、青 铜 盘

共9件。墓葬、窖藏中各出土4件,征集而来的有1件。器形变化小,有圈足,或圈足下有四足,可分为三型。

A型 7件。腹部双錾高过口沿,多为圈足盘,也有流及半环錾,或圈足下有四足的器形。可分为三亚型。

Aa型 5件。圈足盘,器身无变化。根据双耳的变化,可分为二式。

Ⅰ式：2件。平沿外折,浅腹,双耳高出盘口,耳圆较粗,圈足外侈。标本：盘76庄白J1（图3-15,4）,口沿下饰垂冠分尾鸟纹一周,圈足饰窃曲纹一周。

Ⅱ式：3件。敞口,方唇,平沿外折,浅腹,耳方较细,高圈足外侈。标本：盘60齐家J（图3-15,5）,颈部饰窃曲纹一周,圈足饰弦纹二道。

Ab型 1件。敞口,方唇,直腹,圈足,附耳高于盘口,两附耳中间的盘口处有宽流,另一端有兽首环形錾。标本：盘75庄白M（图3-15,6）,口沿下饰首尾相连的顾首龙纹一周。

Ac型 1件。圈足下四跪姿负盘人形小足,耳方较粗。标本：盘62齐家J（图3-15,7）,口沿与圈足饰重环纹,四小足造型为受过刖刑裸体男子形象,双手扶膝,肩负重盘。

B型 1件。标本：盘78齐家M19（图3-15,8）,附耳低于盘口,耳圆形较粗,高圈足。口沿与圈足饰一周小鸟纹。

C型 1件。标本：盘95黄堆M55（图3-15,9）,口沿上有方立耳,高圈足,制作粗糙,为明器。通身素光。

三、青铜盂、盆、鉴

1. 青铜盂

共4件。其中3件出土于窖藏之中,另有1件为征集器。侈口,深腹,圈足。变化很小,区别仅在于耳及器身附件上,可分为二型。

A型 3件。附耳高于器口,腹中有凸雕兽首,衔环。标本：盂一58齐家J（图3-15,10）,颈及圈足饰窃曲纹,腹饰波带纹。

B型 1件。附耳低于器口。标本：盂60齐家J（图3-15,11）,侈口,深腹,高圈足,附耳。颈部和圈足有凸弦纹二道。

2. 青铜盆

共4件。墓葬中出土1件,2件出土于窖藏,还征集到1件。器形基本相近,唯器

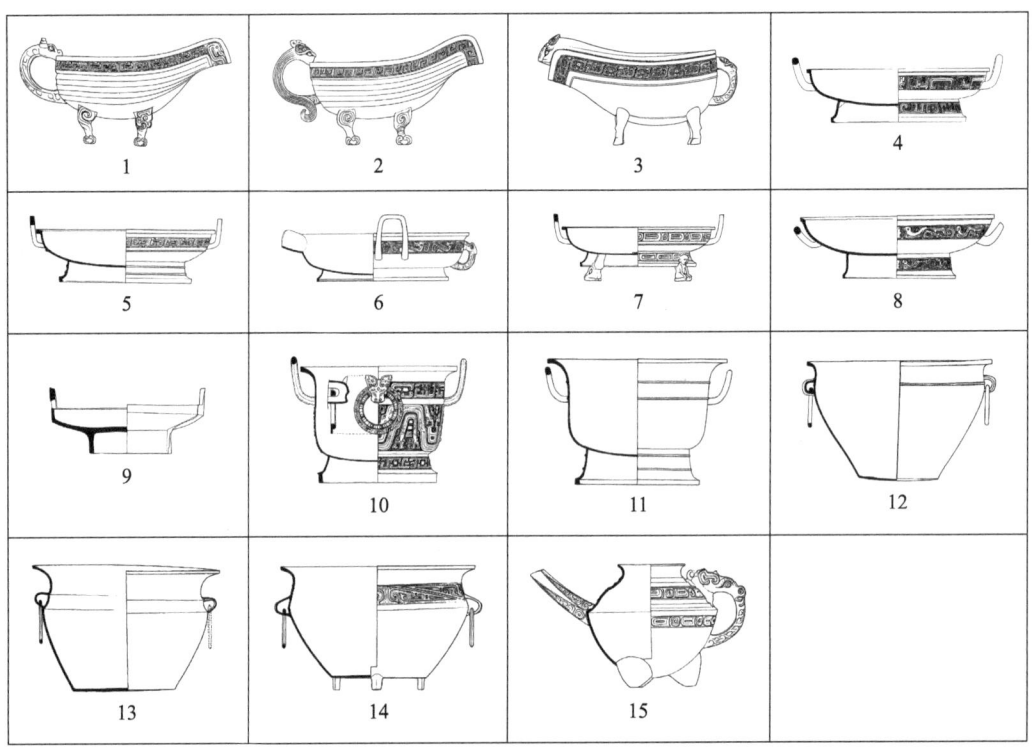

图 3-15 青铜匜、盘、盂、盆

1. A型Ⅰ式匜 60 齐家 J　2. A型Ⅱ式匜 60 召陈 J　3. B型匜 75 董家 J　4. Aa型Ⅰ式盘 76 庄白 J1　5. Aa型Ⅱ式盘 60 齐家 J　6. Ab型盘 75 庄白 M　7. Ac型盘 62 齐家 J　8. B型盘 78 齐家 M19　9. C型盘 95 黄堆 M55　10. A型盂一 58 齐家 J　11. B型盂 60 齐家 J　12. A型Ⅰ式盆一 76 庄白 J1　13. A型Ⅱ式盆 92 法门 Z　14. B型盆 91 齐家 M8　15. 鋬 75 董家 J

底、足有明显差异,一种为平底盆,另一为三足盆,可分为二型。

A型　3件。从器形上看,腹部略有变化,可分为二式。

Ⅰ式：2件。标本：盆一76庄白J1(图3-15,12),敞口,束颈,斜收腹,小平底。颈部饰弦纹一道。

Ⅱ式：1件。标本：盆92法门Z(图3-15,13),侈口,束颈,平底。通体素光。

B型　1件。平底下饰三小足。标本：盆91齐家M8(图3-15,14),颈部饰斜角云纹。

3. 青铜鋬

仅有1件。出自于窖藏之中。标本：鋬75董家J(图3-15,15),盖失,口外侈,斜肩折腰,管状流,兽首鋬,三袋形足。肩饰瓦棱纹中间夹一道重环纹,腹上部饰重环纹一道,管状流饰三角雷纹。

四、小　　结

周原青铜器我们一共收集整理出535件,其中出土429件、106件传世器。通过对周原青铜器的类型分析，我们可以看出周原出土的青铜器主要集中在食器，酒器次之，水器数量最少。共有食器370件，占周原铜器总量的69.2%，其中出土食器278件，占出土器总量的64.8%，另有传世器92件。酒器共140件，占周原青铜器总量的26.2%，其中出土128件，占出土总量的29.8%，剩余12件为传世器。水器仅有25件，占周原青铜器总量的4.7%，其中出土23件，占出土总量的5.4%，其余2件为传世器（附表5）。

单从形制上看，窖藏出土的器物，同组器物风格一致的情况较多，器形间变化小。而墓葬则完全不同，在同一墓葬中，常常出现风格完全不同的相同类器物，对周原青铜器的断代造成了很大的困扰。从器物的制作工艺上看，窖藏青铜器整体的工艺水平较高，而墓葬中品质较好的青铜器数量较少。因此，无论是墓葬、窖藏还是征集而来的器物，在器形上所表现出相近特征的青铜器，对我们的断代是有很大帮助的。随着历史时代的不断变革，文化礼制也受到了相应的影响。反映在青铜器上，一些形制相同、风格相近的器物，在流行时代上也应该是比较接近的。

第四章　周原青铜器的断代

西周青铜器中，有铭文的青铜器数量增多，其中不乏带有年、月、干支的长篇铭文器，甚至有些铭文自身便写明了其所属王世或王年。对于这一类时代可以明确的器物，学界通常称为标准器。标准器为青铜器的分期提供了较为可靠的依据。周原青铜器是西周青铜文化的核心，是西周礼制、社会文化、审美观念的缩影与诠释。理清周原青铜器各阶段的演变规律及时代特征，有助于我们掌握周原反映出的周人文化的独特性，为准确构建西周时期青铜器文化的发展脉络打下基础，对中国古代青铜器文化研究的发展历程具有重要的意义。

第一节　周原青铜器断代的研究情况与方法

古往今来，周原青铜器一直是各家研究的热点，自宋代以来，就有学者对周原青铜器做过研究。周原青铜器多数有铭文，且有不少器物铸有长篇铭文，西周金文一向是金石学家研究的重点，故周原青铜器至今仍是青铜器研究内容之一。自20世纪以来，学界对青铜器断代的研究多以金文研究的成果为基础，取得了很大的收获。周原青铜器作为西周青铜器的重要组成部分，分期断代工作的具体开展，也使得周原青铜器的变化规律逐渐明晰。

一、周原青铜器断代研究的现状

在对周原青铜器做分期研究时，首先要介绍现代学者在青铜器研究中所涉及周原青铜器分期断代的已获成果，既是我们对周原青铜器深入研究之借鉴，又可在前人研究的基础之上结合新的材料，对周原青铜器的形制、纹饰、铭文做特征性分析，从器物所示内涵信息整理、归纳，总结出对分期断代的合理说明。

现代对商周青铜器的研究中，最早运用科学方法断代分析的著作，当属郭沫若《殷周青铜器铭文研究》[①]一书，除根据铭文考证外，提出器形、纹饰对年代考定的重要性。除此之外，在《两周金文辞大系图录考释》中，附有铭文拓本或摹本，考定每件器物所属王世，虽未能对周原青铜器做分期研究，但是按照各类器物的年代先后排

---

① 运用文献资料考证有铭青铜器，还提出器物形制、纹饰对器物年代的考定十分重要。

列,当中收录的周原青铜器呈现出一个大致的发展谱系,一改传统金石学单纯的铭文考释方法,也将周原青铜器的研究带入了现代考古学的领域。

1941年,容庚《商周彝器通考》①一书,收录了50多类器形的上千幅图像,依照器物类型和时代先后顺序编排。在列举西周的典型器物中,多有出自周原的青铜器,对每类器物的器形特征及常见纹饰做了具体说明,为周原诸多传世器找到了踪迹。1950年,陈梦家连续发表《西周铜器断代》6篇②,后于2004年出版《西周铜器断代》③一书,提出西周青铜器具有的特点,并指出与商器的不同之处,按照西周青铜器的变化规律,按照王室将西周青铜器分为早、中、晚三期。其中周原青铜器占有重要的地位,并将一些器物归入王世,立定标准器。为周原青铜器的断代树立了标尺,也是我们断代研究的重要参考。

唐兰在《西周铜器断代中的"康宫"问题》④一文中,提出了凡青铜铭文中有"康宫"者,则器物年代一定在康王后。对此说法学界仍有争议,但此书提出的观点,对西周青铜器断代研究高度的提升有着启示意义。唐兰在《西周青铜器铭文分代史征》⑤中,对西周铭文断代和铭文考释方面成果的总结中,周原青铜器占有一定的分量。唐兰欲对西周青铜器做到按王世断代,但至穆王部分未写完,穆王以前各代都有一总论。此书无论是在研究角度,还是具体观点、研究方法上,都对西周青铜器的断代研究具有重要的启迪意义。

1979年李学勤发表《西周中期青铜器的重要标尺——周原庄白、强家两处青铜器窖藏的综合研究》⑥一文,以墙盘作为共王标准器,对昭、穆世青铜器做以确定,对共、懿、孝、夷世青铜器进行推定。由于懿、孝、夷在位时间很短,而周原窖藏中大部分青铜器普遍偏晚,李学勤通过庄白一号窖藏中的青铜器,对这几位王时期器物时代的推定,可谓起到标杆之用。

刘启益先后发表《西周武成时期铜器的初步清理》⑦《西周康王时期铜器的初步清理》⑧《西周昭王时期铜器的初步清理》⑨《西周穆王时期铜器的初步清理》⑩《西

---

① 容庚:《商周彝器通考》,台湾大通书局,1973年。
② 分别发表在《考古学报》1955年,第九册、第十册,1965年第1~4期。
③ 陈梦家:《西周铜器断代》,中华书局,2004年。
④ 唐兰:《西周铜器断代中的"康宫"问题》,《考古学报》1962年第1期。
⑤ 唐兰:《西周青铜器铭文分代史征》,中华书局,1986年。
⑥ 李学勤:《西周中期青铜器的重要标尺——周原庄白、强家两处青铜器窖藏的综合研究》,《新出青铜器研究》,文物出版社,1990年。
⑦ 刘启益:《西周武成时期铜器的初步清理》,《古文字研究》(第十二辑),中华书局,1985年。
⑧ 刘启益:《西周康王时期铜器的初步清理》,《出土文献研究》,文物出版社,1985年。
⑨ 刘启益:《西周昭王时期铜器的初步清理》,《出土文献研究续集》,文物出版社,1989年。
⑩ 刘启益:《西周穆王时期铜器的初步清理》,《古文字研究》(第十八辑),中华书局,1992年。

周懿王时期铜器的初步清理》①《西周夷王时期铜器的初步清理》②《西周厉王时期铜器与〈十月之交〉的时代》③《西周金文中的月相与共和宣幽纪年铜器》④等数篇西周青铜器断代学术论文。后出版《西周纪年》⑤一书，从纷繁复杂的西周青铜器中，抽绎出分期的标准，从而建立了青铜器演进的体系结构；并结合文献的记载，研究共和以前的列王年代。其中对周原青铜器时代的探讨和对器物所属王室的推断，为我们的断代研究提供了很高的价值参考。

张长寿、陈公柔、王世民合著《西周青铜器分期断代研究》⑥，此书的研究方法与以往不同，未以铭文内容来确定标准器，也没有使用考古发掘青铜器中能够确定断代的界标，而是以不同类型的西周青铜器，做形制上的分类，结合铭文、纹饰来确定器物形式的年代范围，为西周青铜器断代确定了一些标准器形，也为周原青铜器断代提供了一个很好的参考依据。

二、断代研究的方法

周原青铜器具有以下几个特点：①出土器物中多为窖藏青铜器，墓葬中器物相对较少。②完整的墓葬少，多数被盗。③除窖藏青铜器以外，墓葬出土青铜器仍存在各期器物共存的现象⑦。因此，以往学界对周原青铜器做分期断代研究时，常利用墓葬反映的时代去断定青铜器的时代，这种方法运用在周原青铜器中，显然存在着研究不合理的地方，不能准确反映出周原青铜器器形发展演变的脉络。我们在对周原青铜器做分期研究时，不能单纯地去讲求单位遗迹的所属时代，要客观上承认同一墓葬中存在不同时代器物这一现象，不能将墓葬所属时代的下限，等同于墓葬中每件器物的时代。这样会使墓葬中时代较早的器物产生歧义。所以要全面综合考究每件器物的时代，争取做到合理、准确。因此，本书运用新的方法对周原青铜器做新的审视。

第一，依照器形将周原青铜器按照器形及纹饰反映出的风格特征进行拣选，并将拣选出的青铜器分为三类：①商人铜器；②承袭殷遗风铜器；③周人铜器。第二，对三部分青铜器分别做时代推断：①周原青铜器中的商器断代；②周原青铜器承袭殷遗风青铜器断代；③周人青铜器断代。第三，将商代历史时期分为早、晚两

---

① 刘启益：《西周懿王时期铜器的初步清理》，《文史》（第三十六辑），中华书局，1992年。
② 刘启益：《西周夷王时期铜器的初步清理》，《古文字研究》（第七辑），中华书局，1982年。
③ 刘启益：《西周厉王时期铜器与〈十月之交〉的时代》，《考古与文物》1980年第1期。
④ 刘启益：《西周金文中的月相与共和宣幽纪年铜器》，《古文字研究》（第九辑），中华书局，1984年。
⑤ 刘启益：《西周纪年》，广东教育出版社，2002年。
⑥ 王世民、陈公柔、张长寿：《西周青铜器分期断代研究》，文物出版社，1999年。
⑦ 如75召李M1，中父丁壶为西周早期，伯卣、甗至少为西周中期昭穆时器。此现象虽不普遍，但实际存在。

期，早期为盘庚迁殷之前，晚期即殷墟时期。西周分为早、中、晚三期，早期为武王至昭王世，中期为穆王至夷王世，晚期为厉王至幽王世。对于西周青铜器中不能明确王世的器物，通常使用如早期偏晚、中期偏早的方式断代，说明器形风格与某王世较为接近。

具体运用的研究方法，主要是使用标准器所展示出的信息点，对相同器形、纹饰的器物进行分类，再结合器身铭文进行反证。张懋镕老师在对周原出土西周青铜器做分期断代研究时指出："用标准器来断代是十分可靠的方法……由标准器出发，去推求其他铜器的年代。"[①]

这里需要明确一个概念，周原青铜器断代中所指的器物时代，是器物在铸造时的时代，并非器物的使用或沿用时代，要把器物所属时代与器形流行时代这两个概念分开。只有说清楚器物铸造时的所属时代，才能表现出时人的审美观念及文化因素。因此，必须要注意的是，在同一墓葬中，即使出土器物中既有周人青铜器，也有符合商器特征的青铜器，我们也不能一概而论。针对这一情况，以往学界只是对几件器物的时代做相对年代的早晚推断，对于器物所属的绝对年代上，通常含糊不清。其实，对于器形、纹饰完全符合商人青铜器特征的器物，即是商人青铜器。

第二节　商器断代

周原青铜器中商器断代的目的在于，将周原青铜器中器形明显属商式青铜器者的时代明确。表4-1中的22件青铜器，可以明确为商代青铜器，出自于1个窖藏、5座墓葬，以及4件征集铜器。对这些器物没有标准器做比较，我们根据器形、纹饰的特征，将商代青铜器作为参考依据，相互推断，将周原商代青铜器的时代范围明确。由此，这22件器物的时代推断，不仅是对周原遗址出土青铜器年代范围上限的明确，更是周原出土商代青铜器时代上早晚的相对说明。

一、食　　器

1. 圆鼎

Aa型Ⅰ式鼎有鼎73美阳M、鼎73贺家M1、鼎二74贺家Z、鼎77王家咀M1。这4件鼎的器形与82小屯M1∶10相同。深腹柱足鼎，始于殷墟二期早段武丁时，流行于殷墟三期，腹部深度逐渐变浅。从纹饰上看，也符合商人特征。因此，断为商器，

---

① 张懋镕：《周原出土西周青铜器分期断代研究》，《古文字与青铜器论集》（第二辑），科学出版社，2006年，209页。

时代在商代晚期（帝乙之后）。Ad型I式鼎有鼎二80王家咀M1、鼎87王家咀Z。此2鼎，器形、纹饰完全同于商人青铜鼎，器形与殷墟GM1713：31①相同，颈部纹饰与殷墟GM874：9②相同，腹部纹饰与小屯M5：819③相同。该器形流行于殷墟二期晚段，纹饰流行于殷墟三期。因此，此二器当属商器无疑，时代断为商代晚期晚段（康丁前后）。Ag型鼎，周原出土的分裆鼎仅有鼎三66贺家M和鼎40任家J这2件，此类鼎流行于殷商时期，器形与殷墟郭家庄M160：135④分裆鼎相同，纹饰风格十分接近。可见该器与周人风格鼎差距较远，应不为周人所铸，故断为商器，时代为商代晚期晚段（武乙、文丁）。

2. 鬲

Aa型为袋足鬲，有鬲二72京当J、鬲73美阳M两件。鬲二72京当J，器形与97ZSC8ⅡT166M6：1鬲⑤相近，腹部饰倒"V"形纹，流行于商代早期。而鬲73美阳M器形与郑州张寨南街杜岭出土鬲⑥形制相近，该鬲时代在二里冈上层时期。新郑望京楼出土鬲⑦，器形与Aa型鬲相近，颈部纹饰与鬲73美阳M相同，时代在二里冈上层二期。Aa型鬲在殷墟遗址范围内未见出土，属殷墟之前流行器，时代至少在盘庚以前，二里冈上层一期前后。Ab型鬲，仅鬲一72京当J1件。颈部明显，腹部分裆圆鼓，下接长锥足，在商代早期的墓葬及窖藏中均出土此类分裆鬲，也是流行于早商时期鬲的主要形制，至殷墟时期已消失不见。与郑州二里冈上层一期出土鬲⑧一致，器足为三锥状足，流行于二里冈上层时期。可见周原出土此3鬲，时代均在早商时期。

3. 甗

A型I式甗中，甗55齐家Z上部甑，口微侈，腹略深，颈部饰兽面纹，在殷墟出土的青铜甗中较为常见。从殷墟青铜甗早晚的发展变化看，是平口向侈口、深腹向浅腹的规律，甗55齐家Z的器形与殷墟郭家庄M160⑨相近，时代在殷墟三期晚段。从器形上看，殷墟晚期甗与周原出土的青铜甗差别不大，周原出土甗上部甑

---

① 岳洪彬：《殷墟青铜礼器研究》，中国社会科学出版社，2006年，31页。
② 岳洪彬：《殷墟青铜礼器研究》，中国社会科学出版社，2006年，38页。
③ 岳洪彬：《殷墟青铜礼器研究》，中国社会科学出版社，2006年，30页。
④ 岳洪彬：《殷墟青铜礼器研究》，中国社会科学出版社，2006年，165页。
⑤ 河南省文物考古研究所：《郑州商城新发现的几座商墓》，《文物》2003年第4期。
⑥ 河南省文物研究所、郑州市博物馆：《郑州新发现商代窖藏青铜器》，《文物》1983年第3期。
⑦ 新郑县文化馆：《河南新郑县望京楼出土的铜器和玉器》，《考古》1981年第6期。
⑧ 河南省文物考古研究所：《郑州商城——1953～1985年考古发掘报告》，文物出版社，2001年。
⑨ 岳洪彬：《殷墟青铜礼器研究》，中国社会科学出版社，2006年，17页，图六十九。

的腹深有缩减，纹饰为简化的兽面纹，风格承接了商器。时代在殷墟三期，属商代晚期偏晚。

4. 簋

Aa 型 I 式，簋 73 贺家 M1。此簋无耳，为碗形簋，此类簋最早见于殷墟小屯 M5（妇好墓）中，小屯 M5：848，从器形上看与簋 73 贺家 M1 相近[①]，从纹饰上看腹部菱形方格乳钉纹流行于殷墟晚期，圈足纹饰流行于殷墟三期，与殷墟 GM1573：2 圈足纹饰相近。因此，该簋为商器，时代应在一期晚段，殷墟三期前后。Aa 型 II 式，簋 73 美阳 M。在商器中少见，器形与安阳大司空村 58M51：32 簋相近，颈部夔纹流行于商代晚期，常饰于颈、圈足之上，腹部斜方格乳钉纹同簋 73 贺家 M1，圈足饰夔纹，同于殷墟出土簋圈足纹饰，因此，我们认为此簋为商器，时代与簋 73 贺家 M1 相当，在一期晚段，殷墟三期后。

表 4-1 周原出土商人青铜器统计表

器类	型式	墓葬器	窖藏器	征集器	数量	合计
圆鼎	Aa I	鼎 73 美阳 M、鼎 73 贺家 M1、鼎 77 王家咀 M1		鼎二 74 贺家 Z	4	7
	Ad I	鼎二 80 王家咀 M1		鼎 87 王家咀 Z	2	
	Ag	鼎三 66 贺家 M			1	
鬲	Aa	鬲 73 美阳 M	鬲二 72 京当 J		2	3
	Ab		鬲一 72 京当 J		1	
甗	A I			甗 55 齐家 Z	1	1
簋	Aa I	簋 73 贺家 M1			1	2
	Aa II	簋 73 美阳 M			1	
卣	A I	卣一 73 贺家 M1			1	3
	A II	卣二 73 贺家 M1			1	
	B I	卣 73 美阳 M			1	
壶	Aa			壶 55 贺家 Z	1	1
爵	A		爵 72 京当 J		1	1
斝	A I		斝 72 京当 J		1	2
	A II	斝 73 贺家 M1			1	
罍	Aa	罍 73 贺家 M1			1	1
觚	A I		觚 72 京当 J		1	1
总计		食器：鼎 7、鬲 3、甗 1、簋 2；酒器：卣 3、壶 1、爵 1、斝 2、罍 1、觚 1				22

---

① 岳洪彬：《殷墟青铜礼器研究》，中国社会科学出版社，2006 年，57 页。

二、酒　　器

1. 卣

A 型 I 式卣共 2 件，其中卣一 73 贺家 M1（🔲卣），通身满花，内底🔲字为族徽。🔲族是殷商时期的大族，🔲族器物有很多，分布于河南①、山西②、陕西③一带。从器形上看，盖两侧有小角，在商式卣中流行于殷墟二期之后，周原出土的西周时期卣，虽器形整体风格与商式大有不同，但盖两端的角得以保留下来，成为一种普遍现象。A 型 II 式中，卣二 73 贺家 M1，器形与辉县褚丘商墓出土的青铜卣④、安阳苗圃北地 M172 卣⑤、殷墟西区 M875 卣⑥相同，流行于商代晚期早段。殷墟安阳刘家庄 M1046⑦、M50⑧、M53⑨均出土相近器形。此套接纽索状提梁，常见于商式青铜器的卣或提梁壶，可明确为周人器者已不得见，是区分商式青铜器与周式青铜器在器形上的一个条件，由此可见，卣二 73 贺家 M1 属商式青铜器无疑，时代也至少在殷墟二期以后。B 型 I 式中，卣 73 美阳 M，盖失，从器身看整体略矮，且鼓腹程度不明显，但提梁为绚索状，器身有四条扉棱，均为商式青铜器风格，腹部饰兽面纹，也具有明显的商式纹饰特点，在盘龙城、殷墟等商器中十分常见。卣 73 美阳 M 属商式青铜器无疑，时代在殷墟三期后较为合理。

---

① a. 河南安阳殷墟西区 M697 爵；b. 安阳小屯北 M17 鼎。a. 见中国社科院考古研究所安阳工作队：《1967—1977 年殷墟西区墓葬发掘报告》，《考古学报》1979 年第 1 期；b. 见中国社会科学院考古研究所安阳工作队：《安阳小屯村北的两座殷代墓》，《考古学报》1981 年第 4 期。
② 山西灵石县旌介村 M1～M3 中出土青铜器，多为🔲族器，此地可能是🔲族的方国所在。见山西省考古研究所、灵石县文化局：《山西灵石旌介村商墓》，《文物》1986 年第 11 期。
③ 除周原 73 贺家 M1 出土🔲卣外，a. 长安张家坡、b. 马王村等地均发现🔲族器。a. 见赵永福：《1961—62 年沣西发掘简报》，《考古》1984 年第 9 期；中国社会科学院考古研究所沣西发掘队：《1967 年长安张家坡西周墓地的发掘》，《考古学报》1980 年第 4 期。b. 梁星彭、冯孝堂：《陕西长安、扶风出土西周铜器》，《考古》1963 年第 8 期。
④ 齐泰定：《河南辉县褚丘出土的商代铜器》，《考古》1965 年第 5 期。
⑤ 中国社会科学院考古研究所：《殷墟青铜器》，文物出版社，1985 年，450 页。
⑥ 中国社会科学院考古研究所：《殷墟青铜器》，文物出版社，1985 年，450 页。
⑦ 中国社会科学院考古研究所安阳工作队：《安阳殷墟刘家庄北 1046 号墓》，《考古学集刊》（第 15 集），文物出版社，2004 年，359～398 页。
⑧ 中国社会科学院考古研究所：《安阳殷墟郭家庄商代墓葬——1982 年～1992 年考古发掘报告》，中国大百科全书出版社，1998 年。
⑨ 中国社会科学院考古研究所：《安阳殷墟郭家庄商代墓葬——1982 年～1992 年考古发掘报告》，中国大百科全书出版社，1998 年。

2. 壶

Aa 型壶中，壶 55 贺家 Z（㫃壶），㫃族青铜器最早见于河南安阳，陕西地区，除周原外宝鸡竹园沟①、戴家湾②、纸坊头③，武功游风乡④、陇县南村⑤、韦家庄⑥，均出土㫃族青铜器，从族属上看属于商人。壶 55 贺家 Z（㫃壶）为商式青铜器，绹索状提梁，盖、颈、圈足有三条纹饰带，均符合商式青铜器风格，时代在商代晚期晚段（殷墟三期）⑦。

3. 斝、爵、觚、罍

周原青铜器中斝、爵、觚、罍，可以明确为商器的出自 72 京当 J、73 贺家 M1 这两个单位中。A 型 I 式中斝 72 京当 J，器形与安阳小屯 M232：R2038⑧、M333：R2044⑨ 斝相近；爵与辉县琉璃阁商墓 M148：1 爵⑩、郾城孟庙乡拦河潘村出土爵⑪ 形制相近；觚的时代也早于殷墟青铜器。之前我们对鬲 72 京当 J 的时代已做说明，可见该遗迹单位中出土的 5 件礼器，时代均在二里冈上层，属商代早期器，文化属性上亦属商器。73 贺家 M1 中，斝与殷墟郭家庄 M160：174 斝形制相近、罍与殷墟戚家庄 M269：35 罍形制相近。此二器时代均在殷墟三期⑫，属商代晚期晚段。73 贺家 M1 中，鼎、簋、2 卣，前文已做了时代推断，与斝、罍的时代相合，因此，将 73 贺家 M1 的时代定在商代晚期晚段是合乎情理的。

以上可以明确的是 72 京当 J 最早，属商代早期二里冈上层遗迹。73 美阳 M 中鬲的时代最早，与 72 京当 J 相当，其余 4 器在殷墟三期，与 73 贺家 M1 的时代相当。可见，这三个单位中的器物，均属于商系青铜器。

周原商人青铜器所涉及的遗址单位。

---

① 觯，宝鸡市博物馆：《宝鸡竹园沟西周墓地发掘简报》，《文物》1983 年第 2 期。
② 觯，王光永：《陕西宝鸡戴家湾出土商周青铜器调查报告》，《考古与文物》1991 年第 1 期。
③ 何景成：《商周青铜器族氏铭文研究》，齐鲁书社，2009 年，344 页，11：6235。
④ 簋，康乐：《武功县出土商周青铜器》，《文博》1986 年第 1 期，95 页。
⑤ 何景成：《商周青铜器族氏铭文研究》，齐鲁书社，2009 年，344 页，14：8320。
⑥ 何景成：《商周青铜器族氏铭文研究》，齐鲁书社，2009 年，344 页，3：1156。
⑦ 裴书研：《中国古代青铜器整理与研究·青铜壶卷》，科学出版社，2015 年。
⑧ 石璋如：《小屯（第一本）：遗址的发现与发掘·丙编·殷墟墓葬之三——南组墓葬附北组墓补遗》，"中研院"历史语言研究所，1973 年。
⑨ 石璋如：《小屯（第一本）：遗址的发现与发掘·丙编·殷墟墓葬之五——丙区墓葬上》，"中研院"历史语言研究所，1980 年。
⑩ 中国科学院考古研究所：《辉县发掘报告》，科学出版社，1956 年，24 页。
⑪ 孟新安：《郾城县出土一批商代青铜器》，《考古》1987 年第 8 期。
⑫ 岳洪彬：《殷墟青铜礼器研究》，中国社会科学出版社，2006 年，图六十九。

墓葬：66 贺家 M、73 贺家 M1、73 美阳 M、77 王家咀 M1、80 王家咀 M1。
窖藏：72 京当 J。

第三节　商式风格青铜器的断代

周原出土青铜器中，一部分器物的形制承接了商代风格，但受周人的影响，纹饰上或多或少有所改创，融入了一些周人的元素（表 4-2）。对于这一类器物，学界向来是各抒己见，造成了混杂交错的局面，或又避而不谈。实际上，我们应该换个思路去看待商周之际这种难以界定的器物。对于整体保留商人风格的青铜器，有多少变化，就提出多少不同，这种种的不同合并在一起，即成为商器向周器演变的条条依据，这种依据也正是我们寻求的结果。

表 4-2　周原出土商式风格青铜器统计表

器类	型式	器物	窖藏器	征集器	数量	合计
圆鼎	Aa Ⅱ	鼎 76 云塘 M20			1	15
	Ac Ⅰ			鼎 92 贺家 Z、鼎一 74 贺家 Z	2	
	Ac Ⅱ			鼎 53 南作 Z	1	
	Ad Ⅰ	鼎 71 齐镇 M1、鼎 75 召李 M1			2	
	Ad Ⅱ	鼎 71 齐镇 M2、鼎（一、二）72 刘家 M			3	
	Ae		鼎（一、二）75 董家 J		2	
	Af	鼎三 75 庄白 M			1	
	Ba	鼎四 66 贺家 M		鼎 95 齐家 Z	2	
	Bb Ⅰ	鼎三 72 刘家 M			1	
方鼎	Aa	鼎（一、二）66 贺家 M			2	2
鬲	Ac Ⅰ	鬲 71 齐镇 M1、鬲 71 齐镇 M2、鬲 72 刘家 M、鬲 76 云塘 M20、鬲（一、二）91 齐家 M5			6	7
	Ac Ⅱ	鬲 76 云塘 M13			1	
甗	A Ⅰ	甗 72 刘家 M、甗 76 贺家 M113、甗 78 齐家 M19			3	3
簋	Ab Ⅰ	簋（二、三）72 刘家 M、簋 66 贺家 M、簋二 76 云塘 M20、簋 73 贺家 M5、簋 77 齐家 M1		簋 76 贺家 Z、簋 81 贺家 Z、簋 91 贺家 Z、簋 96 庄白 Z	10	10
尊	Aa Ⅰ		尊（一、二）76 庄白 J1		2	4
	Aa Ⅱ	尊 76 云塘 M20		尊礼村 Z	2	

续表

器类	型式	器物	窖藏器	征集器	数量	合计
卣	AⅠ		卣一76庄白J1		1	1
壶	Aa	壶75召李M1			1	2
	Ab	壶66贺家M			1	
觯	AbⅠ	觯三72刘家M			1	3
	BaⅠ	觯60齐家M8			1	
	Bb			觯74贺家Z	1	
爵	BaⅠ	爵（一、二）91齐家M5			2	5
	BaⅡ	爵一75庄白M、爵60齐家M8			2	
	BbⅡ	爵72刘家M			1	
斝	AⅡ		斝76庄白J1		1	1
罍	B		罍76庄白J1		1	1
觚	B	觚（一、二）91齐家M5	觚（一、二）76庄白J1	觚53礼村Z	5	5
盉	Ab	盉78齐家M19			1	1
角		角66贺家M			1	1
总计		食器：鼎17、鬲7、甗3、簋10 酒器：尊4、卣1、壶2、觯3、爵5、斝1、罍1、觚5、盉1、角1			61	

通过对周原青铜器中具有商式风格青铜器的时代推断，并整合各种信息元素，便可以构建出一张商周之际青铜器演变的信息网，也是商器向周器转化的有力证据。

一、食　　器

1. 圆鼎

鼎一75董家J（五祀卫鼎），为共王时期标准器。

Aa型Ⅱ式中鼎76云塘M20、Ac型Ⅱ式中鼎53南作Z，均无铭文，器形承接商式青铜器风格，纹饰均饰兽面纹，但有所简化变形，与商代主流纹饰相比有所变化，可以说融入了西周纹饰的元素（详见第四章），不属于商代器物。从纹饰所反映的时代上看，鼎76云塘M20在西周早期偏早，而鼎53南作Z要更晚一些，时代在西周早期偏晚。Ac型Ⅰ式中，2件征集器，鼎92贺家Z、鼎一74贺家Z，器形与商鼎比有所改变，足更细，鼎壁更显单薄。纹饰上，鼎92贺家Z，饰涡纹与四瓣目纹的组合纹饰，在商鼎上时常见到；鼎一74贺家Z，与其他器物云纹兽面纹相较也有所变形简化。此2鼎融入了较多的周器元素，时代在西周早期偏晚。Ad型Ⅰ式中，鼎71齐镇M1（冀母鼎）、鼎75召李M1，器形上承接商式风格，与殷墟晚期GM284∶1

鼎相近①，纹饰均饰简化兽面纹，风格与鼎 53 南作 Z 相近，具有明显的西周特征。而鼎 71 齐镇 M1 铭文有族徽，属商式器。综上所述，鼎 71 齐镇 M1 应为西周时期殷人所铸，时代在西周早期偏晚，鼎 75 召李 M1 与其时代相近。Ad 型 II 式鼎中，鼎一 72 刘家 M（伯鼎）器形上表现出周人青铜鼎消薄的特点，细足薄壁。纹饰上仍承接商式风格，颈部饰一周兽面纹及六扉棱、腹部饰乳钉纹，未见周人纹饰的融入，因此时代较早，至少在西周早期偏晚，不会晚到西周中期。鼎 71 齐镇 M2，腹部纹饰特殊，布局方式与商代晚期流行夔纹相同，但纹样形似躬身夔纹，却又有所变化，无地纹，似乎是周人的改创，但与西周中期纹饰又有较大区别，介于二者之间。时代断为西周早期偏晚。Af 型鼎西周中期开始流行，器形一改之前圆腹特征。其中时代较明确的是鼎三 75 庄白 M（彧鼎），对于 75 庄白 M 中彧器组的时代，学者普遍认为，彧器等铭文中出现的象伯彧和师雍父，是穆王时东征淮夷的主将。所以这些器物的年代应在穆王前后②。

Ba 型圆鼎中，鼎四 66 贺家 M、鼎 95 齐家 Z，器形与殷墟郭家庄 M160：62③ 形制风格相近，纹饰风格也保留了兽面纹。鼎四 66 贺家 M 的兽面纹中融入了鸟纹，成为一种组合图案，而鸟的形态与商代鸟纹十分接近。鼎 95 齐家 Z，器内壁铸铭"戈父己"为有日名青铜器，兽面纹地纹消失，这种无地纹的兽面纹，在殷墟青铜器中便已出现。Bb 型 I 式圆鼎，鼎三 72 刘家 M，此器形在殷墟二期出现，与殷墟小屯妇好墓 M5：816 形制接近，口沿下部饰兽面纹，其纹饰风格常见于商代青铜器之上，由于此鼎无铭文，从器形、纹饰上看，尚未融入周人元素。可以说，通过种种迹象表明，这 3 件鼎在文化属性上均承接了商式青铜器风格，属商系青铜器。器物时代在商周之际，西周早期偏早或更早。

2. 方鼎

66 贺家 M 中，方鼎器形与纹饰布局上留有殷人遗风。鼎足较商式方鼎更加细长，腹部纹饰仍保留了商代的乳钉纹，中心纹饰变为直棱纹，而直棱纹大量出现在周器的鬲腹之上。口沿已使用西周时流行的鸟纹，但在鸟的形态上又有别于西周鸟纹，属于过渡时期的特殊产物。器形上有别于中期方鼎。所以将 66 贺家 M 中的 2 件方鼎的时代，断为西周早期偏晚。

3. 鬲

Ac 型 I 式鬲，器形变化非常小，器形与殷墟 GM1102：1④ 相同。从纹饰上看，已

---

① 岳洪彬：《殷墟青铜礼器研究》，中国社会科学出版社，2006 年，8 页，图六十九。
② 张懋镕：《周原出土西周青铜器分期断代研究》，《古文字与青铜器论集》（第二辑），科学出版社，2006 年，215 页。
③ 岳洪彬：《殷墟青铜礼器研究》，中国社会科学出版社，2006 年，16 页，图六十九。
④ 岳洪彬：《殷墟青铜礼器研究》，中国社会科学出版社，2006 年，59 页。

融入周人元素，鬲 72 刘家 M 时代最早，颈部饰目雷纹，非商人铸器，时代不会早到殷墟时期。因此，只能说从器形上承接了殷人的铸造风格。宝鸡茹家庄强伯墓，也出土了形制相近的鬲，我们认为强伯鬲时代在穆王时期①。从同出器物看，器形风格均延续了商人风格，且颈部所饰目雷纹流行于商周之际，昭、穆时已消失不用，因此，鬲 72 刘家 M 时代要早于强伯鬲，时代也晚不到中期，下限至少在康王时期。鬲 71 齐镇 M1、鬲 71 齐镇 M2，颈部饰弦纹，腹部、袋足饰象目纹，要晚于鬲 72 刘家 M，为中期偏早较为合理。鬲 76 云塘 M20、鬲一 91 齐家 M5、鬲二 91 齐家 M5，从尺寸、重量上看，均缩减较大，且纹饰仅剩弦纹或通体素光，这种现象在西周中晚期较为常见，可以说，此 3 鬲时代在中期偏晚较为合理。

Ac 型 II 式中，鬲 76 云塘 M13，形制上与 Ac 型 I 式鬲相较，颈部更长，整体上看器形风格承接商人鬲，颈部饰弦纹，腹部素光，具有较晚的特征，因此，断为中期偏晚。周原出土这类风格承接商人风格的青铜鬲，时代上整体晚于殷墟鬲，由早期偏晚至三期穆王后消失不见，在尺寸、重量上逐渐缩减，纹饰也逐渐简化，凸显了西周青铜器发展变化的明显特点。

4. 甗

A 型 I 式中，甗 72 刘家 M、甗 76 贺家 M113、甗 78 齐家 M19，器形与甗 55 齐家 Z 无异，甗口沿下部纹饰有所变化，均饰云纹组成的兽面纹。这种纹饰有别于殷墟青铜器中的云纹兽面纹②，时代上也要晚于甗 55 齐家 Z，属西周早期偏晚。

5. 簋

Ab 型 I 式簋的数量众多，有 21 件。此型簋出现时间较晚，流行于殷墟四期。在周原青铜中，器形仍留有商代特征的基本无变化，簋二 72 刘家 M 的腹部纹饰为兽面纹，基本与殷墟青铜器无异，时代在商周之际，西周早期偏早。簋三 72 刘家 M、簋 76 贺家 Z、簋 81 贺家 Z、簋 73 贺家 M5，这 4 件簋均饰由云纹构成的兽面纹，纹饰图案上，簋三 72 刘家 M、簋 81 贺家 Z 的兽面纹，与上文中甗同属一型，时代也应相当。而簋 76 贺家 Z 的颈部纹饰，虽同属由云纹构成的兽面纹，但在殷墟青铜器中，这种纹饰较为多见，显然时代上也要略早一些。除此之外，簋 77 齐家 M1，颈部四瓣目纹与涡纹间隔交错，在安阳小屯 M18：30 鼎、殷墟西区 M93：4 尊上皆有见到。而涡纹流行时间较长，在周原出土的青铜罍的肩部均饰有单独的涡纹。但簋 77 齐家 M1 的四瓣目纹已线条化，这种情况在之前不曾见到，可以说是有了新的变化。

---

① 张懋镕：《古文字研究与青铜器论集》（第二辑），科学出版社，2006 年，215 页。
② 甗 72 刘家 M、甗 76 贺家 M113、甗 78 齐家 M19 的颈部纹饰，由兽目＋卷云纹＋刀形纹的纹样构成，此类纹饰在殷墟地区未见，详见本书第四章第一节。

综上所述，Ab 型 I 式簋的器形整体承接了商簋的风格，在探讨留有商式风格青铜器的这一问题上，我们更多的是凭借着纹饰上所反映出的风格特征，将纹饰中仍整体承接商代风格，却又有所变化的青铜器，看作商器向周人青铜器转变的过渡器物。这个过渡期集中在商代早期偏晚。因此，符合这一特征的青铜器，断其时代在西周早期早段更为合理可靠。

二、酒　　器

1. 壶

提梁壶，流行于商代晚期，西周早期仍有使用，但西周中期提梁壶便不再出现，即已消失不见。可见，提梁壶是商人创造的器形，在西周早期周人多沿用商代旧有器形，又或是西周时期商遗民所铸。对于流行于西周早期的这类青铜壶，是否为商人所铸，后文我们会做专门的探讨。但可以肯定的是，周人所铸青铜壶，在器形上与之前已有大的不同，在昭、穆之际，青铜壶出现了一次明显的器形更替。Aa 型壶 75 召李 M1、Ab 型壶 66 贺家 M 的时代均不会晚到西周中期。从纹饰上看，壶 75 召李 M1、壶 66 贺家 M 均饰顾首龙纹，显然在纹样上与殷墟时期青铜器差别较大，使用了周人纹饰。但壶 75 召李 M1 的圈足，仍装饰商代云纹，故从纹饰上看，仍留有商代纹饰的风格特征，只能算作周人纹饰融入了其中。因此，我们将这两件壶的时代定为西周早期偏晚。

2. 爵

爵器形变化小，菌状柱流行于殷墟青铜器中，伞状柱见于殷墟特殊器形，如后岗 M9∶10[1]，因此，在器形上，难以区分商式青铜爵与西周青铜爵的差别，只能根据器身纹饰与铭文区别开来。从殷墟流行青铜爵纹饰的布局方式与图案风格来看，具有商人风格的爵，腹部饰兽面纹或弦纹数道，可见早期单位遗迹中出土的此类纹饰的爵，仍具有商人风格特征。

3. 尊、罍、卣、罂、觥、彝

尊一 76 庄白 J1（商尊）、卣一 76 庄白 J1（商卣）有学者定为周初之器[2]，也有认为商尊与尊二 76 庄白 J1（折尊）相似，将商尊、商卣置于昭王时期[3]，时代上的出入实在太大，相差将近一百年。从器形看，商尊与折尊确实十分接近，但纹饰风格迥然不

---

[1] 岳洪彬：《殷墟青铜礼器研究》，中国社会科学出版社，2006 年，15 页，图六十九。
[2] 尹盛平：《西周微氏家族青铜器群研究》，文物出版社，1992 年。
[3] 张懋镕：《周原出土西周青铜器分期断代研究》，《古文字与青铜器论集》（第二辑），科学出版社，2006 年，224 页。

同，商尊、商卣除腹部兽面纹之外，在尊颈部和卣盖沿、颈部、圈足，均饰有双身夔纹，在殷墟西北冈 1400 号大墓中盂（R1092）①的颈部便饰有相同纹饰。实际上这种纹饰在殷墟青铜器上就已经大量使用了。从周原出土的青铜器的情况来看，双身夔纹在西周时期并没有得到发展，而是陡然减少的趋势，既然周人已不再沿用此纹饰，那么就必定是商人所为。折尊的纹饰布局虽然与商尊相同，但纹饰俨然已发生了明显改变，除腹部保留兽面纹之外，颈部及圈足纹饰均已变为繁缛的顾首龙纹，这种纹饰在商器中从未见，当是周人从斜角顾首龙纹改创而来，时代自然要晚。因此，商尊与折尊时代相当的说法自然不能成立，当然也不会早到商代。商尊、商卣虽为通身满花器，但纹饰均已无地纹。这种情况在殷墟青铜器中是十分少见的，显然也是经过了周人的改创。我们知道武王时"利簋"，即是省去地纹只留主体的兽面纹簋，想必这种纹饰风格是周人所善用。可见，尊一 76 庄白 J1（商尊）、卣一 76 庄白 J1（商卣）虽保留有商代纹饰，却也是融入了周人纹饰风格的，因此所属的时代自然是比较早，定在西周早期偏早是比较合理的。此外，庄白 J1 中的 4 件折器，同样沿袭商代器形。虽然腹部的主体兽面纹与商代流行的兽面纹基本无异，但在局部已经有所改变。之前我们提到折尊颈及圈足所饰的繁缛顾首龙纹，为西周时新出纹饰。那么即使折器不是周人所铸，至少在纹饰风格上出现了周人改创的图案。除斝 76 庄白 J1（折斝）之外，其余的 3 件尊二 76 庄白 J1（折尊）、觥 76 庄白 J1（折觥）、彝 76 庄白 J1（折方彝）均饰有繁缛的顾首夔纹。因此，我们对折器器物时代的推断，至少在西周早期偏晚时。再看折器铭文，记载的是器物主人在王十九年时的活动，显然仅有康、昭和穆王这三世符合。器主折是丰的父亲，这两组器物之间相差至少在 20 年以上，丰是墙的父亲，墙盘为共王时器，而墙在共王时已任职多年，可见墙是在穆王晚期任职。因此，丰器至少在穆王中期，不至于晚到穆王晚期。那么，折器最有可能不是穆王十九年，而在康王或昭王世。罍 76 庄白 J1（陵方罍），西周时期的方罍少见，缺乏与同期器形相互推断的依据。陵方罍的器形及纹饰与安阳刘家庄 M1046：25 青铜罍②非常接近，不同的是陵方罍的肩部略宽一些，肩部涡纹不是刻花，而是凸浮雕涡纹，从铭文的自行书体来看时代较晚。时代定在西周早期偏晚似乎较为合理。除此之外，尊 Aa 型Ⅱ式中，尊 76 云塘 M20、尊礼村 Z（凡尊），器形与纹饰都是殷商风格的延续，时代在西周早期偏晚。

4. 觯、觚、盉、角

觯三 72 刘家 M，器形与殷墟晚期刘家庄 M1046：22 带盖觯一致，属商周之际器，

---

① 梁思永、高去寻：《侯家庄（河南安阳侯家庄殷代墓地）第九本：1129、1400、1443 号大墓》，"中研院"历史语言研究所，1996 年。
② 中国社会科学院考古研究所安阳工作队：《安阳殷墟刘家庄北 1046 号墓》，《考古学集刊》（第 15 集），文物出版社，2004 年，367 页。

时代在西周早期偏早。觯 74 贺家 Z，通体素光，体宽胖，西周青铜器中此器形少见，且器形没有延续，属商式觯。殷墟四期中有同器形觯，但颈部有纹饰。觯 74 贺家 Z 的时代在商周之际，但要晚于郭家庄东南 M1：25 觯①，断为西周早期偏早较为合理。觯 60 齐家 M8，颈部饰雷纹一周，似乎要更晚一些。B 型瓿流行于商代晚期，安阳戚家庄东 M268：24 瓿②、殷墟西区 M907：10 瓿③、安阳苗圃北地 M54：2 瓿④，均属于该形瓿，西周时期却不多见，瓿（一、二）91 齐家 M5，腹部饰兽面纹；瓿 53 礼村 Z，颈部饰蛇纹，腹部饰兽面纹，均具有殷人风格，时代在周初。瓿（一、二）76 庄白 J1，颈部饰流行于西周时期的小鸟纹，因此时代上要晚于前者，断为西周早期偏晚较为合理。盉 78 齐家 M19，器形与殷墟 99ALNM1046：2 相同⑤，盖顶及颈部纹饰为小鸟纹，时代上应在穆王前后，为西周中期器。角 66 贺家 M 与 2 件方鼎，同为史遽器，时代相同。

周原商式风格青铜器涉及的遗址单位。

墓葬：60 齐家 M8、66 贺家 M、76 云塘 M20、71 齐镇 M1、71 齐镇 M2、72 刘家 M、73 贺家 M5、75 召李 M1、75 庄白 M、76 云塘 M13、76 贺家 M113、77 齐家 M1、78 齐家 M19、91 齐家 M5。

窖藏：75 董家 J、76 庄白 J1。

第四节 周器的断代

周原青铜器属商系的青铜器毕竟占少数。西周中期后，具有商式风格的青铜器皆已消失不见，被大量出现的周人青铜器所替代，新的器形开始流行。同样伴随新器形的大量使用，也新出现了表达周人思想内涵的纹饰以及长篇幅的铭文。在青铜器墓葬和窖藏之中，通常有形制相同的多件青铜器共出的情况，但也存在同一单位中，不同器类但同属一人的青铜器组。因此，在对周器断代时，我们按照每个单位中的同组器物一并探讨。首先还是依照上文中器物类型的不同进行区分。

一、周人青铜鼎

周原出土周人青铜鼎统计表见表 4-3。

---

① 岳洪彬：《殷墟青铜礼器研究》，中国社会科学出版社，2006 年，17 页，图六十九。
② 安阳市文物工作队：《殷墟戚家庄东 269 号墓》，《考古学报》1991 年第 3 期。
③ 中国社会科学院考古研究所安阳工作队：《1969—1977 年殷墟西区墓葬发掘报告》，《考古学报》1979 年第 1 期。
④ 中国社会科学院考古研究所安阳工作队：《1980—1982 年安阳苗圃北地遗址发掘简报》，《考古》1986 年第 2 期。
⑤ 岳洪彬：《殷墟青铜礼器研究》，中国社会科学出版社，2006 年，6 页，图六十九。

表 4-3 周原出土周人青铜鼎统计表

器类	型式	器物	窖藏器	征集器	数量	合计
圆鼎	Ab		鼎 82 齐家 J		1	26
	AcⅠ			鼎 92 贺家 Z、鼎一 74 贺家 Z	2	
	AcⅡ	鼎 77 齐家 M1、鼎 73 贺家 M5			2	
	AdⅠ	鼎（一、二）76 贺家 M113	鼎一 76 庄白 J1	鼎 49 贺家 Z	4	
	AdⅡ	鼎一 81 强家 M1、鼎一 80 王家咀 M1			2	
	Ae		鼎（一、二）75 董家 J	鼎 52 董家 Z	3	
	Af	鼎 78 齐家 M5、鼎（一、二）78 齐家 M19、鼎（三、四）81 强家 M1、鼎 91 齐家 M8、鼎 95 黄堆 M58、鼎 76 云塘 M13	鼎一 60 召陈 J	鼎 91 齐家 Z、鼎（一、二）57 礼村 Z	12	
	Ba		鼎四 75 董家 J		1	34
	BbⅠ		鼎 74 强家 J		1	
	BbⅡ	鼎 92 黄堆 M37、鼎二 81 强家 M1	鼎（二~五）60 召陈 J		6	
	Bc	鼎 80 刘家村 M2			1	
	BdⅠ	鼎 92 黄堆 M45		鼎 49 任家 Z、鼎 93 齐家 Z、鼎 64 柳东 Z	4	
	BdⅡ		鼎三 75 董家 J	鼎 80 刘家 Z	2	
	BeⅠ		鼎一 81 下务子 J、鼎（一、二）60 齐家 J、鼎（五~八、十三）75 董家 J、鼎 78 凤雏 J		9	
	BeⅡ		鼎二 81 下务子 J	鼎 63 庄白李 Z、鼎 78 樊村 Z、鼎 82 法门宝塔 Z、鼎 85 下务子 Z	5	
	BfⅠ		鼎（九~十二）75 董家 J		4	
	BfⅡ			鼎 72 康家 Z、	1	
	Ca	鼎 96 黄堆 M71			1	3
	Cb	鼎 95 黄堆 M55			1	
	Cd	鼎 73 刘家沟 M			1	
	独特	鼎 73 贺家 M3			1	1
方鼎	Aa	鼎（一、二）71 齐镇 M3			2	6
	Ab	鼎（一、二）75 庄白 M			2	
	B		鼎二 76 庄白 J1		1	
	C			鼎 79 齐村 Z	1	
合计			圆鼎 64、方鼎 6			70

1. 圆鼎

Bb 型 I 式中，鼎 74 强家 J（师𩛥鼎）；Ae 型中，鼎 52 董家 Z，为共王时期标准器。

A 型柱足鼎中，有 26 件鼎为周人青铜鼎。Ab 型中，鼎 82 齐家 J（鸟纹鼎），器形风格与商式青铜器已大有不同，鼎腹呈盆形，多流行于西周中晚期，口沿下饰长尾鸟纹，流行于西周中期。但从鸟的纹样上看，似乎已经有所简化，时代偏晚，断为西周中期晚段。Ac 型 II 式，鼎 77 齐家 M1（兴鼎）、鼎 73 贺家 M5（羊庚兹鼎），腹更浅，腹底更宽，呈现出底大口小的形态，足更细，器形上明显有异于商鼎。颈部饰弦纹二道，对于仅饰弦纹的青铜器，不宜用纹饰作为断代的依据。但周原青铜器中，弦纹普遍使用在西周中、晚期的器物之上，这似乎又为我们提供了些许线索。Ac 型 II 式 2 件鼎的时代定在早期偏晚。Ad 型 I 式，鼎（一、二）76 贺家 M113（弦纹鼎）、鼎 49 贺家 Z（㝬鼎）、鼎一 76 庄白 J1，鼎一 76 庄白 J1 颈部饰窃曲纹，时代至少在西周中期，其他 3 件鼎要早一些，时代在西周早期偏晚。II 式中，鼎一 81 强家 M1，腹部外鼓明显，足更细，颈部饰顾首龙纹为周人所善用，时代在西周中期偏早，鼎一 80 王家咀 M1 的时代与之相近。Ae 型中，鼎 52 董家 Z、鼎（一、二）75 董家 J 均已有明显的鼓腹现象。鼎 52 董家 Z 高大厚重，与商鼎截然不同，为周人铸器。75 董家 J 的 2 件鼎腹更浅，口沿下饰窃曲纹，时代在穆王以后，西周中期偏晚。Af 型鼎与𢆉鼎器形纹饰相近的器有鼎（一、二）78 齐家 M19、鼎 78 齐家 M5、鼎一 60 召陈 J、鼎 91 齐家 Z，时代在西周中期偏早。而鼎（三、四）81 强家 M1、鼎 91 齐家 M8、鼎 95 黄堆 M58、鼎 76 云塘 M13、鼎（一、二）57 礼村 Z 的时代要更晚一些，在西周中期偏晚。

B 型蹄足鼎中，有 34 件为周器。Ba 型中鼎四 75 董家 J，浅鼓腹，足低矮，更近西周时期流行蹄足鼎。颈部饰窃曲纹，时代在穆王时期。Bb 型中 I 式鼎，鼎 74 强家 J，器形高大，口沿饰云纹一周，是共王时标准器。Bb 型 II 式鼎，腹愈浅，足更短，中空，纹饰多为西周中期后流行的重环纹、三角云纹，时代上整体要晚。鼎（二~五）60 召陈 J（散伯车父鼎），张懋镕认为："散伯车父鼎、簋器形与颂鼎、簋接近，从铭文字形书体分析，似乎稍早一点。"[①] 对于散伯车父器的时代，大部分学者认为属厉王时器。此 4 鼎的时代定在西周晚期偏早。鼎 92 黄堆 M37、鼎二 81 强家 M1，要早一些，时代在西周中期晚段。Bc 型鼎，仅鼎 80 刘家村 M2，颈部饰斜身顾首龙纹，属穆王时器。Bd 型 I 式中，鼎 49 任家 Z 的时代最早，在西周中期偏早；鼎 92 黄堆 M45、鼎 64 柳东 Z，为中期偏晚；鼎 93 齐家 Z 要更晚一些，在西周晚期偏早。Bd 型 II 式中，鼎三 75 董家 J，浅腹，平底。蹄足中空，与 Bb 型 I 式鼎相似，时代整体

---

① 张懋镕：《周原出土西周青铜器分期断代研究》，《古文字与青铜器论集》（第二辑），科学出版社，2006 年，218 页。

要晚，至少在中期偏晚。鼎 80 刘家 Z 还要更晚一些，可以断为西周晚期偏早。Be、Bf 型鼎腹部呈盆形，器形上都有浅腹、深腹两种形式，主要流行于西周晚期。Be 型Ⅰ式中，鼎（五～七）75 董家 J 是 75 董家窖藏中时代最晚的器物，在宣王世；仲㚤父鼎（八）、庙㝬鼎（十三）的形制、时代与之相近。60 齐家 J 中，鼎一（叔㚤父鼎）、鼎二，以及鼎一 81 下务子 J（师同鼎）、鼎 78 凤雏 J（伯尚鼎），时代均在西周晚期的厉、宣时。Be 型Ⅱ式中，鼎二 81 下务子 J 的时代与师同鼎相近，其他 4 件征集青铜器，鼎 78 樊村 Z、鼎 82 法门宝塔 Z、鼎 85 下务子 Z，时代均在西周晚期偏早；而鼎 63 庄白李 Z 颈部饰窃曲纹，时代要稍早一些。Bf 型鼎中，鼎九 75 董家 J（善夫旅伯鼎）、鼎十 75 董家 J（善夫伯辛父鼎）为宣王时器，鼎（十一、十二）75 董家 J 重环纹时代与之相近。Bf 型Ⅱ式中，鼎 72 康家 Z 时代也在西周晚期偏早。

C 型锥足鼎，仅 3 件。鼎 95 黄堆 M55，简报中认为 M55 的时代上限应不超过穆王之时，下限可到西周晚期[1]。鼎 95 黄堆 M55、鼎 96 黄堆 M71、鼎 73 刘家沟 M，此 3 鼎在器形上发生了退化，这种现象在西周中期偏晚时开始出现，在周原 81 强家 M1 中，也出现这种现象。不仅如此，出土于陕西张家坡 M105：1 青铜鼎[2]、洛阳东郊西周墓 C5M1135：2 青铜鼎[3]，均出现器形向明器转变的迹象。可见这种器物退化的现象，在中期偏晚的墓葬中具有一定的普遍性。因此，我们将这一类器物的时代定在西周中期偏晚。

2. 方鼎

Aa 型中，鼎（一、二）71 齐镇 M3（不㐭方鼎），高 21.8 厘米，较之前方鼎大有缩减，纹饰变形，原型已不分辨，更似窃曲纹，时代上要晚，在西周中期偏早。Ab 型中，鼎（一、二）75 庄白 M（彧方鼎）的时代要与鼎三 75 庄白 M（彧鼎）的时代相当，当属穆王前后器。B 型，鼎二 76 庄白 J1（刖足人守门鼎），时代定在西周中期偏晚。C 型，鼎 79 齐村 Z（四鸭方鼎），时代最晚，为西周晚期。

二、周人青铜簋

周原出土周人青铜簋统计表见表 4-4。

---

[1] 周原博物馆：《1995 年扶风黄堆老堡子西周墓清理简报》，《文物》2005 年第 4 期。
[2] 中国社会科院考古研究所沣西发掘队：《1967 年长安张家坡西周墓葬的发掘》，《考古学报》1980 年第 4 期。
[3] 洛阳市文物工作队：《洛阳东郊西周墓》，《文物》1999 年第 9 期。

表 4-4　周原出土周人青铜簋统计表

器类	型式	器物	窖藏器	征集器	数量	合计
圈足簋	AbⅠ	簋（一、二）78 齐家 M19、簋（一、二）80 黄堆 M4、簋（一、二）91 齐家 M5、簋 73 贺家 M6、簋 76 贺家 M112	簋一 75 董家 J	簋 93 贺家 Z、簋 58 双庵 Z	11	23
	AbⅡ	簋 80 黄堆 M16	簋二 74 强家 J		2	
	Ac	簋一 75 庄白 M、簋 95 黄堆 M58			2	
	Ad		簋一 74 强家 J、簋 76 庄白 J2		2	
	AeⅠ	簋一 72 刘家 M			1	
	AeⅡ	簋 73 刘家沟 M、簋二 75 庄白 M			2	
	AfⅠ	簋 78 齐村 M			1	
	AfⅡ	簋五 81 强家 M1			1	
	AfⅢ	簋 95 黄堆 M55			1	
方座簋	B	簋一 76 云塘 M20	簋（一~四）84 齐家 J、簋（一~八）76 庄白 J1	簋 78 齐家 Z	14	14
三足簋	Ca	簋（三、四）81 强家 M1	簋（二~五）75 董家 J		6	42
	Cb	簋 80 黄堆 M1、簋（一、二）81 强家 M1	簋（一~八）60 齐家 J、簋（一~八）60 召陈 J、簋（一~三）61 齐家 J、簋（六~十四）75 董家 J、簋 78 凤雏 J、簋（一、二）87 庄李 J	簋（一~三）63 庄白李 Z	36	
合计			簋 79		79	

1. A 型圈足簋

Ab 型中，属周人的青铜簋有 13 件。其中簋一 75 董家 J（卫簋）的时代基本是可以明确的，铭文"隹廿又七年三月……"，我们知道，西周王世超过 27 年的只有穆、厉、宣三王。从纹饰上看卫簋的变形纹饰已脱离了商系青铜器的风格，但又与晚期几何纹饰差异明显。Ab 型Ⅰ式簋是从商人器形演变而来，西周晚期已消失不见，不会是厉、宣时期器，那么也就只有穆王器这一种可能了，并且还是在穆王晚期。80 黄堆 M4 中 2 件簋（生史簋）、簋 93 贺家 Z（梁伯敔簋）、簋 76 贺家 M112（作宝用簋）、簋（一、二）78 齐家 M19（作旅簋），颈部均饰顾首龙纹或是小鸟纹，已完全脱离了商式青铜器的纹饰风格，这两种纹饰在西周中期也较为常见。在 Ac 型簋中，簋一 75 庄白 M、簋 95 黄堆 M58 的器形与 Ab 型Ⅰ式簋基本一致，但饰一对双凤耳，西周的昭、穆时期鸟纹似乎已经作为青铜器的主要纹饰得到了全面发展。而穆王之后，鸟在青铜器上便很少出现了。因此，这些青铜簋的时代在西周中期早段是合理的。

之前在青铜鼎的断代中，我们已经讨论了西周中期后段青铜器的退化现象。这种现象在青铜簋中依然存在。在 Ab 型 I 式中，簋（一、二）91 齐家 M5（郜簋）、簋 73 贺家 M6，虽然器物高度基本没有变化，但器壁变得单薄，器物的重量大有缩减；纹饰简化为弦纹。簋 58 双庵 Z，也同样饰弦纹。而 Af 型簋均已明器化，簋 78 齐村 M、簋五 81 强家 M1、簋 95 黄堆 M55，已无纹饰，均表现出时代较晚的特点，这些器物均定于西周中期晚段。

Ab 型 II 式、Ad 型簋，腹部均饰瓦棱纹，始现于周中期，是周人创造出的器形。Ab 型 II 式中，簋 80 黄堆 M16 颈部及盖沿同饰顾首龙纹，簋二 74 强家 J 则通身饰瓦棱纹。Ad 型簋中，簋一 74 强家 J、簋 76 庄白 J2，圈形小耳垂环，流行一时，西周晚期已消失不见。这几件器物的时代，均在西周中期早段。

Ae 型簋形制与青铜盂相似，但在体量上要小很多，与簋的大小相当，故称为簋。72 刘家 M 中器物时代普遍要早，基本都属于商系青铜器。但簋一 72 刘家 M（虘簋）的形态，在商器中却不能见到。周原出土的青铜盂，属西周中期后段的器物，而这种耳也出现在中期早段的鬲上，可见确为周人铸器。由虘爵的时代，我们推断虘簋的时代在西周早期偏早。簋二 75 庄白 M，颈部饰分尾鸟纹，腹部为瓦棱纹，时代应在西周中期早段。簋 73 刘家沟 M，纹饰有所退化，则要更晚一些。

2. B 型方座簋

周原出土 14 件，仅 76 庄白 J1 中就有癲簋 8 件。

关于癲器的族属，与折、丰属同一家族，从族属上看应当是殷遗民的后裔。但 76 庄白 J 丰器之后的青铜器，在形制、纹饰、铭文等各个方面，已经完全丧失了商式青铜器的风格，在器形、纹饰等方面，俨然与周器融为一体。因此，我们从器物所具有的形制特征上，将其归为周人青铜器，为避免产生误解，特在此对这一情况做以说明。

而对于癲器时代，我们也不可一概而论。76 庄白 J1 中墙盘是共王时期的标准器，癲为墙的儿子，故癲器的上限不会超过共王时。癲器数量很多，癲任职时间也较长，可能经历几个王。从癲簋所饰的直棱纹、重环纹和弦纹可见西周中期后段纹饰已逐步向几何化转变，这也是周人所铸青铜器使用纹饰在时代上判断的一个依据。可见，簋一 76 云塘 M20、簋（一~四）84 齐家 J 的时代也在穆王之后。簋 78 齐家 Z（㝬簋），是厉王时标准器，颈部饰窃曲纹，腹部饰直棱纹。厉王是西周王朝最后三王的第一个，通常认为厉王世就已进入西周晚期。可见，窃曲纹不仅仅流行于西周中期的后段，在晚期一些重器上依然在使用，确已延续至西周晚期。

3. C 型三足簋

C 型簋的器形主体与 Ab 型 II 式、Ad 型相近，只是在圈足下加铸三足，整体的流行时间与 Ab 型Ⅱ式、Ad 型相当。在 Ca 型簋中，簋（三、四）81 强家 M1（伯几父簋）的时代在西周中期偏早；簋（二~五）75 董家 J（公臣簋）相对要晚，在中期偏晚。Cb 型中，在西周中期晚段的有簋（一、二）60 齐家 J（中友父簋）、簋（三、四）60 齐家 J（友父簋）、簋（一、二）81 强家 M1（夷伯夷簋）、簋（一~五）60 召陈 J（散车父簋）、簋 78 凤雏 J；属于西周晚期的有簋 80 黄堆 M1、簋（六~八）60 召陈 J（㱿叔山父簋）、簋（五~八）60 齐家 J、簋（一~三）61 齐家 J（周伐山父簋）、簋（六~十三）75 董家 J（此簋）、簋十四 75 董家 J（旅仲簋）、簋（一、二）87 庄李 J、簋（一~三）63 庄白李 Z。

三、周人青铜鬲、甗、豆、盨

周原出土周人青铜鬲、甗、豆、盨统计表见表 4-5。

表 4-5　周原出土周人青铜鬲、甗、豆、盨统计表

器类	型式	器物	窖藏器	征集器	数量	合计
鬲	B	鬲 73 贺家 M6			1	30
	CⅠ	鬲（一~四）81 强家 M1	鬲 60 齐家 J、鬲（一~七）76 庄白 J1、鬲（一、二）75 董家 J	鬲 72 乔家 Z、鬲 76 贺家 Z	16	
	CⅡ		鬲（八~十七）76 庄白 J1	鬲 62 召陈 Z	11	
	D		鬲（一、二）58 齐家 J		2	
甗	AⅠ	甗 75 庄白 M			1	6
	AⅡ	甗 81 强家 M1	甗（一、二）60 齐家 J、甗 76 庄白 J2		4	
	B		甗 78 凤雏 J		1	
豆	A		豆 66 齐镇 J、豆（一、二）75 董家 J		3	5
	B		豆 76 庄白 J1、豆 74 强家 J		2	
盨	AⅠ		盨（一、二）76 庄白 J1		2	14
	AⅡ		盨 82 齐家 J、盨 76 庄白 J2		2	
	BⅠ	盨（一、二）73 贺家 M3	盨（一~五）76 云塘 J	盨 50 马家 Z	8	
	BⅡ		盨（一、二）78 凤雏 J		2	
合计			鬲 30、甗 6、豆 5、盨 14			55

1. 鬲

青铜鬲在器形上变化不大，西周墓葬中出土的鬲，与商式鬲器形接近，而窖藏中出土的青铜鬲时代均晚，至少在中期晚段。B 型鬲，仅 1 件，鬲 73 贺家 M6，颈部两侧有双鋬耳，高出口沿，形制特殊。此类耳商式青铜器中不得见，流行于周人青铜器中，也是周人铸器方式改变后的产物。颈部饰目纹、云雷纹、三角点纹，流行于西周中期早段的昭、穆时期，因此，鬲 73 贺家 M6 的时代不会晚于穆王。C 型 I 式中，鬲 60 齐家 J（伯邦父鬲）、鬲（一~四）81 强家 M1、鬲（一~五）76 庄白 J1（微伯鬲）、鬲（六、七）76 庄白 J1，均为周人作鬲，器形一改之前的风格，无耳、平沿、足有扉棱；纹饰为以刻划线条为主的直棱纹，出现及流行时代较晚，时代在西周中期后段。鬲 72 乔家 Z、鬲 76 贺家 Z、鬲（一、二）75 董家 J（荣有再鬲、成伯孙父鬲），要更晚一些，在西周晚期前段。C 型 II 式中，鬲 62 召陈 Z、鬲（八~十七）76 庄白 J1（伯先父鬲），时代在西周晚期。D 型鬲时代较晚，鬲（一、二）58 齐家 J（它鬲），饰重环纹、弦纹，具有晚期特点，时代在西周晚期，幽王前后。

2. 甗

A 型 I 式甗，仅甗 75 庄白 M（戎甗）1 件。前文中，我们认为戎器的时代在穆王前后，此甗器形上虽承袭了商甗的风格特征，但纹饰简化，仅在上部甑的颈部有弦纹，下部鬲素光，制作略糙，显然要比戎器组的其他器物略晚一些，至少是在穆王晚期。A 型 II 式中，甗（一、二）60 齐家 J 时代略早于戎甗，同属穆王器；甗 81 强家 M1、甗 76 庄白 J2，饰有弦纹，下部鬲浮雕化简至仅剩目，有晚期风格，与夷王时器较为接近。B 型甗，仅甗 78 凤雏 J1 件，特征为方甑、四足，时代较晚，有西周晚期风格，厉王器。

3. 豆

周原青铜豆均出自窖藏中。A 型豆，豆 66 齐镇 J 的时代要早于厉王，与 B 型中豆 76 庄白 J1 时代相近，在夷王前后。而 75 董家 J 中的豆（一、二）、豆 74 强家 J，则为厉王时器。

4. 盨

A 型 I 式中，盨（一、二）76 庄白 J1（癞盨）的时代在穆王时期。除此之外，周原出土盨的时代均偏晚，纹饰皆为颈部饰窃曲纹或重环纹，配以腹部深痕的瓦棱纹，时代在穆、共王以后。A 型 II 式中，盨 82 齐家 J 通体饰瓦棱纹，圈足下加饰四兽首小足，时代在夷王之后。而 B 型 I 式、B 型 II 式则均为厉王时或厉王之后器。

四、周人青铜尊、卣、壶、罍

周原出土周人酒器统计表见表 4-6。

表 4-6 周原出土周人酒器统计表

器类	型式	器物	窖藏器	征集器	数量	合计
尊	AaⅡ	尊 76 云塘 M13、尊（一、二）72 刘家 M			3	9
	Ab	尊 78 齐家 M19、尊 76 云塘 M10、尊 91 齐家 M5	尊三 76 庄白 J1		4	
	B		尊 62 齐家 J		1	
	C			尊 63 贺家 Z	1	
卣	BⅡ	卣 75 召李 M1、卣 76 云塘 M20、卣（一、二）72 刘家 M、卣 78 齐家 M19、卣 76 云塘 M13、卣 91 齐家 M5	卣二 76 庄白 J1		8	8
壶	Ac	壶 72 刘家 M			1	19
	Ba	壶三 75 庄白 M	壶一 76 庄白 J1		2	
	Bb		壶（一、二）60 召陈 J、壶（一、二）60 齐家 J		4	
	CⅠ		壶（二、三）76 庄白 J1		2	
	CⅡ	壶（一、二）81 强家 M1	壶（三、四）60 齐家 J、壶（四、五）76 庄白 J1、壶（一、二）75 董家 J		8	
	D	壶（一、二）75 庄白 M			2	
罍	AbⅠ	罍 66 贺家 M			1	7
	AbⅡ		罍（一、二）60 齐家 J	罍（一、二）75 齐家 Z、罍（一、二）97 齐家 Z	6	
盉	AaⅠ	盉 75 庄白 M	盉 75 董家 J		2	6
	AaⅡ	盉 81 强家 M1			1	
	AaⅢ	盉 78 齐村 M			1	
	BⅠ		盉 62 齐家 J		1	
	BⅡ	盉 95 黄堆 M55			1	
合计			尊 9、卣 8、壶 19、罍 7、盉 6		49	

1. 尊

Aa 型Ⅱ式中，72 刘家 M 中出土 2 件尊（一、二）。72 刘家 M 中属周人青铜器的有尊二（季姒尊）、簋一（虘簋）、壶、觯一（乍中觯）、觯二（弦纹觯），以及懆季遽父器尊一、卣（一、二）共 8 件。对于懆季遽父器时代的推断，有学者认为属昭、穆时期[①]，季姒尊与懆季遽父尊风格一致，当属同时期器。而尊 76 云塘 M13 的时代要早于昭王时，

---

① 张懋镕：《周原出土西周青铜器分期断代研究》，《古文字与青铜器论集》（第二辑），科学出版社，2006 年，219 页。

颈部弦纹加云纹的纹饰组合，常见于成康时期器上。Ab 型中，尊三 76 庄白 J1（丰尊），丰器组尊 1、卣 1、爵 3，时代均在穆王时期。尊 91 齐家 M5（郜尊），郜器组中，簋 2、尊 1、卣 1，时代均要晚于丰器组，但又与厉王时期差异较大，我们认为郜器的时代定在孝、夷时期是合适的。B 型，尊 62 齐家 J（日己方尊），也是一组器形风格相近、相同纹饰、同铭的青铜器组，有尊 1、彝 1、觥 1，这 3 件铜器。日己器形制、器形与商器相比变化较大，纹饰虽仍以兽面为主体，但图案变化甚是明显，与商器兽面大有不同，而与穆王时器物也是有所区别的，因此，我们认为日己器的时代，在康、昭时期比较符合时代特点。C 型，尊 63 贺家 Z（牛尊）的特征明显，纹饰以顾首龙纹为主体，时代在穆王晚期。

2. 卣

仅有 B 型 II 式，此类卣体扁，腹垂，盖两端有犄角。卣 75 召李 M1（伯卣）的器形与商卣有较大不同，当属周人铸器，但盖仍饰有兽面纹，盖沿与颈部的涡纹在殷墟晚期的一些器物中也有使用，与昭、穆时期的流行纹饰有很大区别。时代的上限在武王之后，而下限在昭王之前，因此，我们认为，伯卣的时代在成、康时期较为合理。憎季遽父器中，卣（一、二）72 刘家 M 的纹饰风格，与憎季遽父尊相近，当属同时期器。卣二 76 庄白 J1（丰卣），与丰器组中其他器时代相同。卣 78 齐家 M19（作宝尊彝卣）和卣 76 云塘 M20（作旅彝卣）时代相近，均为穆王时期。91 齐家 M5，郜器组中卣的时代在孝、夷时，与之相近的还有卣 76 云塘 M13。

3. 壶

Ac 型壶，在商代遗址中不曾见到，在目前我国考古发掘所获得的出土青铜器中，仅壶 72 刘家 M 这一件，与其形制相近的仅有向壶[①]一件，也是周人青铜器，时代在周初。壶 72 刘家 M，通体素光，提梁两端为羊形牲首，这与商器常见的兽首有所不同，这种现象不仅出现在壶上，也出现在卣提梁两端，以及簋颈中部的牲首。因此，我们认为，壶 72 刘家 M 时代的上限至少在成王之后，下限则在穆王之前，属康、昭时器。Ba 型则较为常见，在山东[②]、北京[③]、河北[④]、河南[⑤]等地有零星出土，共 16 件之多，在传

[①] 刘雨、汪涛：《流散欧美殷周有铭青铜器集录》，上海辞书出版社，2007 年，141 页。
[②] 1969 年山东烟台上夼村出土夔凤纹壶。见齐文涛：《概述近年来山东出土的商周青铜器》，《文物》1972 年第 5 期。
[③] 1975 年北京昌平白浮村出土贯耳壶。见北京市文物管理处：《北京地区的又一重要考古收获——昌平白浮西周木椁墓的新启示》，《考古》1976 年第 4 期。
[④] 1965 年河北唐县南伏城西周青铜器窖藏中出土贯耳壶。见郑绍宗：《唐县南伏城及北城子出土周代青铜器》，《文物春秋》1991 年第 1 期。
[⑤] 1964 年河南洛阳北窑庞家沟出土考母壶。见洛阳博物馆：《洛阳庞家沟五座西周墓的清理》，《文物》1972 年第 10 期。现藏洛阳市博物馆。

世器中，与之形制相近的有 23 件[①]。周原出土的 2 件 Ba 型壶，壶三 75 庄白 M、壶一 76 庄白 J1，均饰小鸟纹，在穆王时期的青铜器上较为常见，我们认为此二壶的时代在穆王前后。Bb 型壶中，壶（一、二）60 召陈 J（散车父壶），散车父器多为厉王时器，但此二壶时代要早，有共王时器的纹饰特征，盖沿和颈部的鸟纹与十三年㝬壶十分接近，时代至少在夷、孝之前。而壶（一、二）60 齐家 J 的时代也与之接近。C 型壶中，壶（二、三）76 庄白 J1（三年㝬壶）、壶（四、五）76 庄白 J1（十三年㝬壶），同为㝬器，时代相近。之前我们认为㝬器中绝大多数是共王之后、厉王之前器，而学界对于这 4 件㝬壶所属的具体王世尚无定论。从㝬壶的纹饰看，三年㝬壶与十三年㝬壶，盖顶捉手内有形态相近的团鸟纹，且被外圈重环纹所包裹。除此之外，铭文的字形书体上也有很多相近之处，属相同王世器物的可能性更大一些。C 型 II 式壶中，器形纹饰与十三年㝬壶相近的，有壶（一、二）75 董家 J（仲南父壶），盖沿、颈部的鸟纹与十三年㝬壶同属顾首垂冠小鸟纹，可见应同为共王时器。而壶（一、二）81 强家 M1、壶（三、四）60 齐家 J（几父壶）壶身本饰鸟纹位置的图案多已几何化，相信时代更晚，在懿、孝、夷时期。D 型，壶（一、二）75 庄白 M（伯㚸饮壶），大部分学者均认为是穆王时器。

4. 罍

7 件，出自四个单位中，其中三个单位出土 2 件相同。与商罍最大的区别是圈足外撇形成小台，纹饰上垂叶纹有明显西周特征。而 97 齐家征集的 2 件罍，除肩部饰涡纹、口与圈足饰弦纹外，再无其他纹饰，器形、纹饰与殷墟戚家庄 M269：35 青铜罍相近[②]，且为征集器，没有其他可参考的信息。但从器物圈足看，西周罍与殷墟出土罍有明显区别，因此，97 齐家征集罍的时代，至少在西周中期偏早。西周罍圈足有台这一特征，也是区分商罍与周罍的一个标准。

五、周人觯、爵、觚、彝

周原出土周人酒器统计表见表 4-7。

1. 觯

周原出土周人青铜觯中，有铭文的极少，也没有可以明确时代的同组器作为参照。纹饰多为弦纹或素光，这无疑给断代增加了很多不确定性。出土青铜觯的墓葬有 7 座，其中出土器物时代普遍较早的两座墓葬 72 刘家 M、75 召李 M1 中，青铜觯的时代较早，

---

① 裴书研：《中国古代青铜器整理与研究·青铜壶卷》，科学出版社，2015 年。见 D 型贯耳壶。
② 洛阳博物馆：《洛阳庞家沟五座西周墓的清理》，《文物》1972 年第 10 期，图六十九，2 页。

表 4-7　周原出土周人酒器统计表

器类	型式	器物	窖藏器	征集器	数量	合计
觯	AaⅠ	觯78齐家M19、觯91齐家M5	觯一76庄白J1		3	12
	AaⅡ	觯75庄白M	觯二76庄白J1		2	
	AbⅠ	觯75召李M1、觯（一、二）72刘家M、觯76云塘M13			4	
	AbⅡ	76云塘M10			1	
	BaⅡ			觯76贺家Z	1	
	Bb			觯75庄白Z	1	
爵	BaⅠ		爵（一~四、七~十）76庄白J1		8	23
	BaⅡ	爵一76云塘M20、爵（一、二）78齐家M19、爵二75庄白M、爵一76云塘M13、	爵（十一、十二）76庄白J1、爵（五、六）76庄白J1	爵82齐家Z	10	
	BbⅠ	爵二76云塘M13		爵81庄白李Z	2	
	BbⅡ	爵二76云塘M20、爵60齐家M8、爵76云塘M10			3	
觚	A		觚76庄白J1		1	2
	B		觚62齐家J		1	
彝	A		彝76庄白J1		1	2
	B		彝62齐家J		1	
合计			觯12、爵23、觚2、彝2		39	

可能是康、昭时器。76云塘M10中，青铜觯的时代与之相近。78齐家M19中的多数器物的时代在穆王时期，多饰鸟纹、夔纹或顾首龙纹等，而在觯的颈部饰有顾首龙纹，时代在穆王前后，而觯75庄白M也与之相近。91齐家M5中，多数器物在共王之后，我们认为，这件青铜觯的时代也较晚，属孝、夷时器。觯76云塘M13，时代与之相近。

2. 爵

周人爵，器形上与商式爵差别不大，但多伞状柱。纹饰方面于西周早期偏晚始饰变形夔纹、简化兽面纹，中期饰鸟纹，晚期饰重环纹。

3. 觚、彝

觚、彝各有2件。76庄白J1（折器），折器中折觚、折尊、折方彝纹饰风格一致，铭文相同，为昭王十九年器。62齐家J（日己器），日己觚、日己彝，与其他日己器风格一致，纹饰、铭文相同，同属康、昭时器。

六、周人盘、匜

周原出土周人水器统计表见表4-8。

表4-8 周原出土周人水器统计表

器类	型式	器物	窖藏器	征集器	数量	合计
盘	AaⅠ		盘76庄白J1	盘黄堆Z	2	9
	AaⅡ	盘81强家M1	盘60齐家J、盘75董家J		3	
	Ab	盘75庄白M			1	
	Ac		盘62齐家J		1	
	B	盘78齐家M19			1	
	C	盘95黄堆M55			1	
匜	AⅠ		匜60齐家J、匜76庄白J2		2	5
	AⅡ		匜60召陈J、匜62齐家J、匜75董家J		3	
合计			盘9、匜5		14	

Aa型Ⅰ式盘76庄白J1（墙盘），共王时期标准器。我们注意到墙盘口沿下饰鸟纹，保留垂冠特征，但鸟身已变形，向窃曲纹图案靠拢。60齐家J中，盘、匜同为中友父器，与中友父簋风格一致，时代在共王之后，属懿、孝、夷时器。匜75董家J（朕匜）同属此时。盘75董家J、62齐家J中水器（它盘、它盉、匜）的时代要更晚一些，均在厉王之后。75庄白M盘（伯雍父盘）、盉（𩰾父盉）与78齐家M19盘、盉的纹饰为顾首龙纹和鸟纹，显然与共王之后器物差别较大，时代要早于墙盘，在穆王世。与之相似的还有盉75董家J（卫盉），风格与卫簋接近，时代在穆王晚期。

周人青铜器涉及的遗址单位如下。

墓葬：60齐家M8、66贺家M、71齐镇M1、71齐镇M2、71齐镇M3、72刘家M、73刘家沟M、73贺家M3、73贺家M5、73贺家M6、75庄白M、75召李M1、76贺家M112、76贺家M113、76云塘M10、76云塘M13、76云塘M20、77贺家M1、77齐家M1、78齐村M、78齐家M5、78齐家M19、80王家咀M1、80刘家村M2、80黄堆M4、80黄堆M16、81强家M1、91齐家M5、91齐家M8、92黄堆M37、92黄堆M45、95黄堆M55、95黄堆M58、96黄堆M71。

窖藏：58齐家J、60齐家J、60召陈J、62齐家J、66齐镇J、74强家J、75董家J、76庄白J1、76庄白J2、76云塘J、78凤雏J、81下务子J、82齐家J、84齐家J、87庄李J。

第五节　青铜器组时代说明

在周原青铜器中，多有不同器形但纹饰风格与铭文均相同的器物。这类青铜器，通常专属一人，多为同时铸造的器物，我们称之为相同风格的青铜器组。这些整组的青铜器多数出自窖藏当中，甚至一个窖藏有多组青铜器。针对这样的情况，我们有必要对青铜器组的时代进行说明，这样不仅可以对各类器物的时代更加明确，也是对窖藏中各组青铜器之间先后关系的把控。

一、墓葬中青铜器组

周原墓葬中的青铜器组如表 4-9 所示。

表 4-9　周原墓葬中的青铜器组

单位	器组	食器	酒器	水器	乐器	其他
66 贺家 M	史逨器	鼎 2（一、二）	角 1			
72 刘家 M	憻季遽父器		尊 1（一）、卣 2（一、二）			
75 庄白 M	㦸器	鼎 3（一～三）、甗 1、簋 1（一）				
	伯㦸器	簋 1（二）	壶 2（一～二）			
78 齐家 M19	作旅器	鼎 2（一、二）、簋 2（一、二）				
91 齐家 M5	郚器	簋 2（一、二）	尊 1、卣 1			

时代说明：

66 贺家 M：史逨器，宣王时标准器，宣王四十二年器。

72 刘家 M：憻季遽父器，穆王时期。

75 庄白 M：㦸器，穆王前后时期。

78 齐家 M19：作旅器，西周中期偏早，穆王早段或更早。

91 齐家 M5：郚器，孝、夷时期。

二、窖藏中青铜器组

周原青铜器窖藏中的青铜器组如表 4-10 所示。

表 4-10 周原青铜器窖藏中的青铜器组

单位	器组	食器	酒器	水器	乐器	其他
60 齐家 J	友父器	簋 4（一~四）		盘 1、匜 1		
	几父器		壶 2（三、四）			
	柞器				钟 8	
	中义器				钟 8	
60 召陈 J	散车父器	鼎 4（二~四）、簋 4（一~四）	壶 2			
	鬲叔山父器	簋 3（六~八）				
62 齐家 J	日己器		尊 1、彝 1、觥 1			
75 董家 J	公臣器	簋 4（二~五）				
	卫器	鼎 2（一、二）、簋 1（一）		盉 1		
	此器	鼎 3（五~七）、簋 8（八~十三）				
	仲南父器		壶 2			
76 云塘 J	伯公父器	盨盖 1	壶盖 1			勺 2
	伯多父器	盨（一~四）				
76 庄白 J1	商器		尊 1（一）、卣 1（一）			
	折器		尊 1（二）、觥 1、彝 1、斝 1			
	丰器		尊 1（三）、卣 1（二）、爵 3（二~四）			
	墙器		爵 2（七~八）	盘 1		
	癲器	簋 8（一~八）盨 2、豆 1	壶 4（二~五）、爵 3（十~十二）	盆 2	钟 14	匕 2
	微伯器	鬲 5（一~五）				
	先伯父器	鬲 10（八~十七）				

时代说明：

60 齐家 J：友父器，共王之后，懿、孝、夷时；几父器，懿、孝、夷时；柞器、中义器，厉王时期或更晚。

60 召陈 J：散车父器，厉王时器；鬲叔山父器，中期晚段，共王时期或更晚。

62 齐家 J：日己器，成、康时期。

75 董家 J：公臣器，西周中期偏晚；卫器，共王时期；此器，宣王世器；仲南父器，共王时期。

76 云塘 J：伯公父器，西周晚期；伯多父器，西周晚期。

76 庄白 J1：墙器中，墙盘是共王时期标准器；折器，折是丰之父，折器在昭王世，或康王世；丰器，丰是墙的父亲，穆王时期；癲器，盨为穆王时期，其他则为夷王或厉王时期；微伯器，西周中期偏晚；先伯父器，西周晚期。

三、不同单位中共同特征器组

周原不同单位中共同特征器组如表 4-11 所示。

表 4-11　周原不同单位中共同特征器组

器组	单位	食器	酒器	水器	乐器	其他
它器	62 齐家 J			盉 1、盘 1		
	58 齐家 J	鬲 2（一、二）				
周伐父器	61 齐家 J	簋 3（一~三）				
	84 齐家 J	簋盖 3（一~三）				

时代说明：

它器：62 齐家 J 出土的盉 1、盘 1，虽与 58 齐家 J 中出土的 2 件鬲铭文相同，纹饰接近，但从器铭文书体上看却相差较远，并不是同组器。当然，62 齐家 J 中 2 件它器，与日己器的时代相差还是很远的，至少要到夷王或更晚，与厉王时期器物风格接近。而 58 齐家 J 中的 2 件它鬲，时代也要晚，至少是西周中期偏晚器。

周伐父器：61 齐家 J 中出土的 3 件簋身，与 84 齐家 J 发掘的 3 件簋盖正合，盖内与器身的 4 行 25 字铭文一致。61 齐家 J 中仅出土 3 件簋，别无参照。84 齐家 J 中，还伴随同出 4 件环带纹方座簋，口沿的窃曲纹、腹部波带纹以及圈足的三角云纹，皆为动物纹饰向几何纹饰转变的过渡变形纹饰（详见本书第五章），时代至少在共王之后。而周伐父器的时代还要更晚一些，至少在厉王时。

第五章 周原青铜器的分期

学界在西周青铜器分期上，主要持有两种观点，即"两期说"和"三期说"。以郭宝钧[①]、杜乃松[②]为代表的两期说，均以穆王为界，分为前后两期。"三期说"在学界普遍采用，以陈梦家[③]、北京大学历史系考古教研室商周组[④]为代表，主要着眼于青铜器风格的承袭、演变。认为西周早期的青铜器承袭了商制，中期承前启后，晚期则是形成后逐渐衰落。曹玮曾对这两种观点做了很好的总结[⑤]。对周原青铜器做过分期研究的学者，除了两期说和三期说之外，还有其他的分期方法。

第一节 分期研究的现状

李丰利用黄河流域西周墓葬出土的青铜器群，探寻西周青铜器发展演变的规律。根据青铜器形制、纹饰和出土青铜器墓葬的层位关系等条件。将黄河流域青铜器分作六期[⑥]，对周原出土青铜器的大部分墓葬在附表当中都标明了期段。我们将其对周原墓葬的观点归纳为表 5-1。但对 55 岐山王家咀墓、71 扶风齐镇 M3、76 岐山贺家村 M112、76 岐山贺家村 M113、77 扶风齐家村 M1 这四座墓葬却未做分期，只是对墓葬中的器物做了分类。

表 5-1 李丰对周原青铜器的分期

分期	时代	墓葬			
第一期	武王初—成王早年				
第二期	成王、康王	66 岐山贺家村墓	75 扶风召李 M1	60 扶风齐家村 M8	
第三期	昭王前后	78 扶风刘家村丰姬墓、73 岐山贺家村 M5	76 扶风云塘 M20、73 岐山贺家村 M6	76 扶风云塘 M10、71 扶风齐镇 M1	76 扶风云塘 M13、71 扶风齐镇 M2

---

① 郭宝钧：《商周青铜器群综合研究》，文物出版社，1981 年。
② 杜乃松：《青铜器的分期与断代》，《故宫博物院院刊》1982 年第 4 期。
③ 陈梦家：《西周铜器断代》，中华书局，2004 年。
④ 北京大学历史系考古教研室商周组：《商周考古》，文物出版社，1979 年。
⑤ 曹玮：《周原西周铜器的分期》，《考古学研究》（二），北京大学出版社，1994 年。
⑥ 李丰：《黄河流域西周墓葬出土青铜礼器的分期与年代》，《考古学报》1988 年第 4 期。

续表

分期	时代	墓葬		
第四期	穆王前后	78 齐家村 M19	75 扶风庄白 M	
第五期	共、懿—夷、厉	57 扶风上康村 M2	73 岐山贺家村 M3	
第六期	宣、幽王			

朱凤瀚在《中国青铜器综论》[①]中，将西周铜器分为五期。第一期即武王—康王早期，第二期为康王后期—昭王，第三期为穆、共时期，第四期为懿、孝、夷时期，第五期为厉、宣、幽三世。当中涉及周原遗址中大部分墓葬，并以墓葬单位分期。我们将其中对周原青铜器墓葬分期的观点，归结为表 5-2。

表 5-2　朱凤瀚对周原青铜器的分期

西周早期		西周中期			西周晚期
武、成	康	昭	穆、共	懿、孝	夷	厉、宣、幽
第一期	第二期		第三期	第四期		第五期
60 齐家 M8、66 贺家 M、75 召李 M1、76 贺家 M112、77 齐家 M1、03 李村 M9、06 宋乡 M1	71 齐镇 M1、71 齐镇 M2、72 刘家 M、73 贺家 M6、76 贺家 M113、91 齐家 M5		75 庄白 M、78 齐家 M19、95 黄堆 M58	51 上康 M2、73 刘家沟 M1、80 黄堆 M4、80 黄堆 M16、81 强家 M1		73 贺家 M3、80 黄堆 M1、81 曹家沟 M

曹玮在《周原遗址与西周铜器研究》[②]一书中，对周原 1985 年之前出土青铜器的 26 座墓葬和 19 座青铜器窖藏的信息进行了整理；对周原西周 16 类青铜器进行了形制分析，按照周原青铜器形制特点分为 5 组；依照周原青铜器的特点，分为前后两期，以共王作为前后两期的分界点。我们将该书中对墓葬的分期总结为表 5-3，窖藏及器物的分期见表 5-4。

表 5-3　曹玮对周原青铜器的分期

西周前期			西周后期	
武、成、康、昭、穆、共			懿、孝、夷、厉、宣、幽	
一组	二组	三组	四组	五组
66 贺家 M、76 贺家 M、80 王家咀 M	72 刘家 M、60 齐家 M3、71 齐镇 M1、71 齐镇 M2、71 齐镇 M3、75 召李 M1、76 贺家 M112、76 云塘 M20	76 云塘 M13、76 云塘 M10、57 上康 M2、77 齐镇 M1、73 刘家 M、73 贺家 M5、73 贺家 M6、75 庄白 M、78 齐镇 M19、80 黄堆 M3、80 黄堆 M4、80 黄堆 M16	81 强家 M1、80 黄堆 M1	73 贺家 M3

---

① 朱凤瀚：《中国青铜器综论》，上海古籍出版社，2009 年。
② 曹玮：《周原遗址与西周铜器研究》，科学出版社，2001 年。

表 5-4　曹玮对周原西周青铜器窖藏的分期表

单位 组期	西周前期			西周后期	
	一组	二组	三组	四组	五组
58 齐家 J				环带纹盂	它盉
60 召陈 J			弦纹鼎	散车父器	虢叔山父簋、瓦纹匜
60 齐家 J			长鸟纹壶、瓦纹簋、几父壶、仲伐父甗	中友父器柞钟	犀甗、弦纹鼎、伯邦父盉、冶遗筐、叔幾父鼎
61 齐家 J					珊我父簋
62 齐家 J			日己器		它器
63 庄李 J					环带纹鼎、重环纹簋
66 齐家 J				钟	
66 齐镇 J				妄钟、用享簋	
74 强家 J			师䚄鼎、即簋	师丞钟簋、瓦纹簋	
74 贺家 J					伯下父鼎
75 董家 J			裘卫器	仲南父壶、僕匜、亚鼎	公臣器	荣有司禹盉、善夫旅伯鼎、成伯孙父盉、善夫伯辛鼎、庙犀鼎、簋、重环纹盘、旅仲簋
76 云塘 J					伯多父器、伯公父器、重环纹盨
76 庄白 J1	商器、旅父乙觥	陵罍、蕉叶纹觚、镂空目云纹觚、折器	丰器、父辛爵、鸟纹壶、墙器	疾器、刖刑奴隶鼎	伯先父盉
76 庄白 J2				窃曲纹觚	密姒筐、与仲羋父甗、瓦纹匜、仲太师盨
78 凤雏 J				窃曲纹觚	伯父多盨、伯尚鼎、夔纹甗
78 齐村 J					㱿簋、丰簋、叔簋
81 务子 J					师同鼎、弦纹鼎
82 齐家 J			鸟纹鼎	瓦纹盨	
84 齐家 J				方座簋	珊我父簋盖

张懋镕在《周原出土西周青铜器分期断代研究》①中，在标准器的基础上，提出了次标准器的概念，再由标准器和次标准器推导出年代争议不大的青铜器（表 5-5）。将部分周原青铜器划归入明确的王世之中，我们将墓葬中青铜器的分期归纳为表 5-6。

表 5-5 张懋镕对周原青铜器的分期

西周早期			西周中期			西周晚期				
武	成	康	昭	穆	共	懿	孝	夷	厉	宣	幽
		73 贺家 M5 簋	77 齐家 M1	76 黄堆 M4、76 黄堆 M16、73 刘家 M5、71 齐镇 M3、91 齐家 M2	91 齐家 M1						
73 贺家 M1		76 云塘 M20 簋、尊			58 上康 M2						
		66 贺家 M，91 凤雏 M1，72 刘家 M1:12、M1:14、M1:16		72 刘家 M1:1513							
			76 贺家 M112、73 贺家 M5 鼎	72 刘家 M1:1-11，75 召李 M1 卣、觯，76 云塘 M10、73 贺家 M6、71 齐镇 M2	78 齐家 M19			73 贺家 M3			
			72 刘家 M1:15，76 云塘 M20 鼎、鬲、卣		81 强家 M、76 黄堆 M1						
		71 齐镇 M1		75 庄白 M1、76 云塘							
		75 召李 M1 壶、76 贺家 M113		92 黄堆 M37、92 黄堆 M45							

表 5-6 张懋镕对周原青铜器断代表

王世	标准器（第一层次）	次标准器（第二层次）	参考器（第三层次）
武王	大丰簋	利簋	
成王	周公方鼎、康侯丰方鼎、小臣单觯、王莫新异鼎、臣卿鼎、臣卿簋、峻世卿尊、禽鼎、德方鼎、克罍、克盉、何尊	沫司徒簋（包括同人之器）、作册嚣鼎、德鼎、德簋、叔德簋、大保簋	保尊、保卣、犅劫尊和卣、延盘、小臣䞑鼎、莫鼎
康王	成王方鼎、作册大鼎、宜侯夨簋、鲁侯熙鬲、二十三祀盂鼎、二十五祀盂鼎	献侯鼎、勅鼒鼎、太史友甗	大保方鼎、㭔簋、繡鼎、燕侯旨鼎、穌爵、伯宪盉、宪鼎
昭王		过伯簋、𫓧驭簋、𫓧觑盖、𫓧驭簋、谈簋、蘦簋	䔿鼎、厚趠方鼎、𫔑鼎、不㫸方鼎、小臣谜簋、吕行壶、御正卫簋、师俞鼎、召尊、召卣、师旂鼎、小臣宅簋、小子生尊、作册夨令簋、中方鼎、静方鼎、𫒡尊、𫒡卣

---

① 张懋镕：《周原出土西周青铜器分期断代研究》，《古文字与青铜器论集》（第二辑），科学出版社，2006 年。

续表

王世	标准器（第一层次）	次标准器（第二层次）	参考器（第三层次）
穆王	刺鼎、鲜簋	虎簋盖，二十七年卫簋，作册折觥、斝、尊和方彝，作册睘卣，作册睘尊，相侯簋，作册丰尊和卣，墙爵	彔伯㝬卣、伯㝬簋、㝬簋、㝬方鼎、臤尊、遇甗、寏鼎、稺卣、伯雍父盘、盠方尊、盠驹尊、盠方彝、彊伯鼎等器
共王	墙盘、师虎鼎	遹簋、长由盉、七年趞曹鼎	师汤父鼎、师遽簋盖和方彝、卫盉、五祀卫鼎、九祀卫鼎
懿王		十五年趞曹鼎	疒器、欶马壶、豆闭簋、即簋、宰兽簋、谏簋、师旋簋
孝王		匡卣	
夷王			
厉王	㝬簋、㝬钟、五祀㝬钟		散伯车父器、南宫柳鼎、多友鼎、伯宽父盨、鄂攸从器、师丞钟
宣王	四十二年逨鼎、四十三年逨鼎、吴虎鼎	毛公鼎、趞鼎、逨盘等	兮甲盘、虢季子白盘、伊簋、不娶簋、此鼎、善夫山鼎、晋侯邦父器、师衰簋、南宫乎钟、梁其器、克器、函皇父器
幽王			颂鼎和壶

周原青铜器分期研究的基础目标，首先是给予周原出土青铜器在以往研究中，时代存在不合理或存在争议的器物一个可靠的推断。其次是要建立周原青铜器的发展谱系。而分期研究的最终目的，是将周人青铜器具有的独特性明确，并以周原为基点，将范围扩大，探讨商人青铜器对周人青铜器产生的影响及周人青铜器对东周时期青铜器的影响。

第二节　周原青铜器的分期

综合以上各家分期方法，依据商式青铜器在周原变化的特点。本书将周原青铜器分为四期，其中一至三期，再分为早、晚两段。周原墓葬及窖藏中的青铜器，一个墓葬中，器物间时代往往不属于同一时期，时代上存在差距较大的先后关系，故没有以出土单位进行分期，而是依照器物所反映出的早晚特点，将相同特征的器物归为同期。因此，在以下分期中，一个单位中的器物往往会涉及几个期段。

一、第　一　期

1. 早段

墓葬　73美阳M：连珠纹鬲。

窖藏　72 京当 J：弦纹鬲、云纹鬲、兽面纹爵、兽面纹斝、兽面纹觚。

涉及器形：Aa 型鬲、Ab 型鬲、A 型爵、A 型 I 式斝、A 型 I 式觚。

鬲　Aa 型鬲形制少见，袋足下接实心小足；Ab 型鬲腹部下接长锥足，与鼎相似。共同特征是体量大，腹部同饰倒"V"形刻划线。

爵　A 型爵形制独特，整个周原范围内仅此 1 件。特征是伞状单柱，颈内束，平底。上腹饰一周兽面纹，下腹为兽面纹+连珠纹的图样组合。

斝　A 型 I 式斝仅 1 件。形似爵，特征亦相似：双菌柱，内束，平底。颈内束凹陷，颈、腹均饰兽面纹。

觚　A 型 I 式 2 件。特征为腹部较粗，有镂孔。

纹饰特征：以云纹线条勾勒的兽面纹作主纹饰，无地纹。腹部线条勾勒的倒"V"纹，有早商纹饰特点。整体来看，与二里冈期纹饰风格有诸多相似。

本段青铜器均无铭文，在二里冈期与之器形相近的器形中，有铸单字铭文青铜器，可能为族徽。

2. 晚段

墓葬　66 贺家 M：尹丞鼎。

　　　73 美阳 M：兽面纹鼎、山簋、兽面纹卣、高足杯。

　　　73 贺家 M1：夔纹鼎、乳钉纹簋、￼卣、夔纹提梁卣、凤柱斝、涡纹罍、￼瓿。

　　　77 王家咀 M1：兽面纹鼎。

　　　80 王家咀 M1：乳钉纹鼎。

窖藏　76 庄白 J1：斨斝。

征集器　鼎 87 王家咀 Z、甗 55 齐家 Z、壶 55 贺家 Z。

涉及器形：圆鼎 Aa 型 I 式、Ad 型 I 式、Ag 型；斝 A 型 II 式、B 型；甗 A 型 I 式；簋 Aa 型 I 式、A 型 II 式；卣 A 型 I 式、A 型 II 式、B 型 I 式；Aa 型壶、杯、瓿。

圆鼎　Aa 型 I 式、Ad 型 I 式深腹，粗足，壁厚。Aa 型 I 式器形规整统一，高度在 20 厘米。Ag 型，腹部分裆，周原少见。共同特征是圆柱足，上粗下细，不加附浮雕兽面。

甗　体高大，上部甑深腹，下鬲浮雕兽简化。

簋　A 型（Aa、Ab 型）碗形簋，周原少见，仅此 2 件。共同特点是圈足，无耳。三层满花纹饰，颈、圈足为纹饰带，腹为方格乳钉纹。

斝　A 型 II 式，与 A 型 I 式同型，口沿双柱较高，接饰凤鸟，为周原所仅见。B 型有盖，分裆，制作精良，周原仅此 1 件。纹饰同为兽面纹带，B 型斝兽面有地纹。

卣　A 型 I 式、A 型 II 式体高、腹鼓，圈足小。A 型 II 式、B 型 I 式索状提梁，两端无牲首。A 型 I 式提梁饰有长身夔纹，盖、器体有四条扉棱。

罍　高肩，小口，瘦腹，特征明显。异于其他罍。

壶 提梁壶，圆体，腹胖，足外撇。索状提梁，周原仅此 1 件。盖、颈、圈足有三条纹饰带。

纹饰特征：以云纹构成兽面纹占多数，同一单位中的同组器物间，云纹图样相似。复层花纹出现，地纹为云雷纹。夔纹出现多作为辅助纹饰，饰于提梁圈足等位置。

有铭文青铜器出现，多为族徽，又或有日名器等。

本期青铜器，在周原青铜器中，多为独件。器形上与西周青铜器差异较大，多与商代青铜器相同或相近。早段青铜器，主要是 72 京当 J 中的青铜器，墓葬中仅有 73 美阳 M 中的连珠纹鬲。鼎、簋等主要器形没有出现。晚段中，73 美阳 M、73 贺家 M1 均出有整组的器物，同组器物之间，器形风格接近，纹饰也如出一辙。鼎、簋等主要器形出现，卣、罍、觯、瓿等酒器也伴随而出，组合方式与商墓无异。

二、第 二 期

1. 早段

墓葬　66 贺家 M：鼎四。

　　　72 刘家 M：鼎三、簋（一、二）、觯（二、三）、爵。

　　　75 庄白 M：爵一。

　　　91 齐家 M5：爵（一、二）、觚一。

窖藏　76 庄白 J1：尊一、卣一、觯一、觚（三～五）。

征集器　53 礼村 Z 爵、觚；觯 74 贺家 Z；鼎 95 齐家 Z。

涉及器形：食器，圆鼎 Ba 型、Bb 型 I 式；簋 Ab 型 I 式。酒器，尊 Aa 型 I 式；罍 B 型；卣 A 型 I 式；觥，彝，觚 A 型 I 式、A 型 II 式、Ab 型 I 式；觯 Aa 型 I 式、Ab 型 I 式、Ab 型 II 式、Bb 型；爵 Ba 型 I 式、Ba 型 II 式、Bb 型 II 式。

鼎　蹄足鼎，耳高耸，壁厚，腹深，足粗壮。共同特征是腹外扩，蹄足内收，足有装饰。与前柱足鼎相比器体高大厚重。

簋　圈足有耳，耳下垂珥，不同于一期碗形簋。Ab 型 I 式簋，在本段特征为器腹部兽面仅留主体而无地纹。纹饰布局发生改变，腹部纹饰覆盖器身，圈足纹饰得以保留。

尊　Aa 型 I 式仅在本期段见到，而后器形无延续。器体瘦长，敞口，圆腹，高圈足，四条扉棱装饰器身，器底铸有斜方格网状强筋线。纹饰特征：通身满花，纹饰布局方式分三部分，口沿至腹上沿，覆盖蕉叶纹；腹部以兽面纹为主体；圈足为顾首龙纹。

罍　B 型方罍仅 1 件，在本期段出现，器形上无延续。特征明显，瘦体，长方形口，高肩，方圈足。纹饰风格与之前无变化。

觚　有粗细两种，体量较一期明显缩减，口大底小，无镂孔。纹饰位置仍在圈足。

觯　Ab 型Ⅰ式有盖觯仅 1 件，形制特殊。共同特征是，腹底圆弧，圈足外撇。纹饰位置在颈部，多饰弦纹，也有颈部以上饰蕉叶纹的。

爵　本期段爵有 5 件，Ba 型Ⅰ式、Ba 型Ⅱ式在本期各有 2 件，Bb 型Ⅱ式有 1 件。刀形足长短有差，多数情况是宽腹足相对较短，但也存有例外。纹饰位置在颈部。

2. 晚段

墓葬　60 齐家 M8：觯、爵。

66 贺家 M：鼎（一、二）、史話簋、壶、罍。

71 齐镇 M1：鼎、鬲。

72 刘家 M：鼎（一、二）、鬲、甗、簋三、尊（一、二）、卣（一、二）、壶、觯一。

73 贺家 M5：鼎、簋。

75 召李 M1：鼎、卣、壶、觯。

76 贺家 M113：鼎（一、二）、甗。

76 云塘 M20：鼎、鬲、簋（一、二）、尊、卣、爵（一、二）。

77 齐家 M1：鼎、簋。

78 齐家 M19：甗。

窖藏　76 庄白 J1：罍、瓿、彝、觯二、爵一、觚（一、二、六、七）。

征集器　鼎 49 贺家 Z；50 礼村 Z 鼎、尊；鼎 53 南作 Z；鼎一 74 贺家 Z；觯 75 庄白 Z；76 贺家 Z 簋、觯；鼎 92 贺家 Z；簋 81 贺家 Z；爵 81 庄白李 Z；簋 91 贺家 Z；簋 96 庄白 Z。

涉及器形：食器，圆鼎 Aa 型Ⅱ式、Ac 型Ⅰ式、Ac 型Ⅱ式、Ad 型Ⅰ式、Ad 型Ⅱ式、Ag 型；方鼎 Aa 型；鬲 Ac 型Ⅰ式；甗 A 型Ⅰ式；簋 Ab 型Ⅰ式、Ac 型Ⅰ式、B 型。酒器，尊 Aa 型Ⅱ式；罍 Ab 型Ⅰ式；卣 B 型Ⅰ式、B 型Ⅱ式；壶 Aa 型、Ab 型、Ac 型；觚 A 型Ⅱ式、B 型；觯 Aa 型Ⅱ式、Ab 型Ⅰ式、Ab 型Ⅱ式、Ba 型Ⅰ式、Ba 型Ⅱ式、Bb 型；爵 Ba 型Ⅰ式、Ba 型Ⅱ式。

鼎　皆为柱足，腹变浅，足根浮雕兽首少见，器形显宽扁。纹饰多为口沿下一周，图案多以云纹构成兽面纹为主。有铭文器增多，部分器为日名器。整体上看，器形仍留有商鼎风格，纹饰略有改创。

鬲　分档明显，器形规矩，基本延续殷人鬲。纹饰的繁缛程度随体量而变。器重、容量大者，纹饰丰富，除口沿、足根和档外，通体饰兽面纹。体量小者，仅饰弦纹。不见有铭文器。

甗　上甑腹壁内收程度减轻，下鬲浮雕兽面立体清晰，器形承接上期，变化极小。

纹饰均饰于颈部，图案为云纹构成的兽面纹，保留有商器纹饰特征。

簋　数量增多，圈足略矮，体量相近。颈中有牺兽，耳下有垂珥，纹饰布局相同，纹样主要以兽面纹、夔纹为主流，器耳多饰有纹饰。部分器的外底铸有网格或斜方格纹强筋线。

尊　尊体向宽胖发展，纹饰简化。

罍　器形变化明显。宽敞口，圆肩，圆腹，高圈足有台。大环耳，下附有小珥，形似圈足簋耳。器身四层纹饰带的布局方式在所有青铜罍中少见。

卣　器形底矮，体较胖。宽口，扁腹，矮圈足。通身满花者，盖与器身仍有4条扉棱，腹部留有兽面纹，纹样与商器兽面纹有较大不同。盖、颈有纹饰带者，盖顶两端有犄角，纹饰图案多鸟纹。值得注意的是，提梁两端凸兽首已无角，更似鼠或羊首，这种情况同出现在壶上。

壶　全为提梁壶，体态上有所不同。有三种体态，Aa型最为多见，在传世器中Ab型数量也不少，Ac型则较少见到①。纹饰方面，顾首龙纹与鸟纹较为多见。

彝　仅1件，为折方彝。与76庄白J中折觥、折尊、折斝为同组器物，器形及纹饰风格也都非常接近。

觚　A型Ⅱ式觚器形上没有变化，纹饰简化为圆点，似目。B型，口径缩小，中部隆起部分增长，由口起，以下饰三周纹饰，这种纹饰布局方式与尊相近。

觯　数量增加，有平底、弧底两种形态。平底圈足低矮，弧底较高。除Aa型Ⅱ式之外，其他器形多饰弦纹或通体素光。

爵　整体风格与早段相近，Bb型菌状柱爵中也出现宽腹短足者。纹饰变化不大，兽面纹在构图上更为简化。

三、第 三 期

1. 早段

墓葬　71齐镇M2：鼎、鬲。

　　　71齐镇M3：鼎（一、二）。

　　　75庄白M：鼎（一～三）、甗、簋一、壶（一～三）、觯、爵二、盘、盉。

　　　76云塘M10：鼎、尊、觯、爵。

　　　76贺家M112：簋。

　　　78齐家M5：鼎、觚（一、二）。

---

① 此观点，笔者之前做过数量统计。见裴书研：《青铜提梁壶与卣之界定》，《考古与文物》2013年第6期。

78 齐家 M19：鼎一、簋（二、三）、卣、爵（一、二）、盘、盉。
80 黄堆 M4：鼎、簋（一、二）。
80 黄堆 M16：簋。
80 王家咀 M1：鼎一。
80 刘家村 M2：鼎。
81 强家 M1：鼎一、甗、簋（三、四）。
92 黄堆 M37：鼎。
95 黄堆 M58：簋。

窖藏　60 齐家 J：罍（一、二）。
60 召陈 J：鼎一。
62 齐家 J：尊、觥、彝。
74 强家 J：鼎、簋（一、二）。
75 董家 J：鼎四、簋一、盉。
76 庄白 J1：鼎一、盨（一、二）、尊三、卣二、壶一、爵（二~八）、盘。

征集器　鼎 49 任家 Z；鼎 52 童家 Z；尊 63 贺家 Z；罍（一、二）75 齐家 Z；鼎 91 齐家 Z；簋 93 贺家 Z；罍（一、二）97 齐家 Z。

涉及器形：食器，圆鼎 Ad 型 I 式、Ad 型 II 式、Ae 型、Af 型、Ba 型、Bb 型 I 式、Bc 型、Bd 型 I 式；方鼎 Aa 型、Ab 型；鬲 Ac 型 I 式、B 型；甗 A 型 I 式；簋 Ab 型 I 式、Ac 型、Ad 型、Ae 型 II 式、Ca 型；盨 A 型 I 式。酒器，尊 Aa 型 II 式、Ab 型、B 型、C 型；罍 Ab 型 II 式；卣 B 型 II 式；壶 Ba 型、D 型；方彝 B 型；觯 Aa 型 I 式、Aa 型 II 式；爵 Ba 型 I 式、Ba 型 II 式、Bb 型 I 式、Bb 型 II 式；盉 Aa 型 I 式、Ab 型。水器，盘 Aa 型 I 式、Ab 型、B 型。

鼎　旧有的圆腹柱足鼎，已然退化。圆鼎中新出 Af 型、Bc 型、Bd 型 I 式，Af 型为周人新创，形宽扁，口下内收，形成束颈，平底，短足。足内侧带小钩，不知为何用。Bc 型、Bd 型 I 式同为蹄足，腹部较浅，风格相近。Bd 型 I 式足内收，留有旧鼎遗风。方鼎 Ab 型新出器形，2 件同出，小短足，铸有长铭。颈部纹饰带的布局方式本期已基本确立，长铭器有增，日名多见。

鬲　腹深增加，分裆不明显，足更矮，与旧有器形大不相同。B 型鬲器体承接商式风格，耳由颈两侧伸出，高过口沿。此耳还见于簋、盉、盨的个别器形。纹饰多为弦纹，又或通体光素。

甗　上甑与下鬲连接更紧，鬲足变短，浮雕不见。甑颈部纹饰简化，多饰弦纹。A 型 II 式口更敞，颈部多饰顾首龙纹，下加饰弦纹一道。这种纹饰搭配，还常见于同期及之后的各型鼎上。

簋　数量大增，器形多样。整体上看，器底更平，圈足更矮。新出 Ab 型 II 式、Ad 型、Ca 型、Cb 型敛口有盖簋和 Ae 型 II 式敞口盂形簋。Ad 型、Ca 型器耳，前所未见，当属周人新创。小半环耳，套垂环，与早期叠耳相近。在同期及之后的青铜壶上，此类器耳也多有出现。Ab 型 I 式中有盖者，盖高隆，有扉棱。纹饰图案以鸟纹、顾首龙纹等为主流。

盨　本期始现，器形与簋相近。体更宽，腹两侧铸半环耳，圈足下铸四小足。盖合关系与簋不同，盖口大过器口，扣之。纹饰布局固定，盖沿与器口饰相同图案纹饰带。盖面与器腹饰瓦棱纹。

尊　器形宽矮，颈短，腹胖，宽圈足。纹饰布局承袭以前，分为口至颈上、颈部、腹部、圈足四段纹饰带。也有圈足纹饰消失者。图案多有变化，颈部多饰鸟纹，中心有浮雕兽首。腹部不再以兽面纹为主体，转而被垂冠大鸟纹所取代。动物形尊，造型独特，周原遗址范围内仅此 1 件。

罍　器形变化较大。口较小，平沿外侈，矮圈足外撇。三条纹饰带的布局方式，以及所饰纹样较为固定。肩饰涡纹，腹饰垂叶纹。腹下部正中的纽消失。

卣　体更矮，腹略垂，圈足更矮，整体风格与之前无大的变化。纹饰上垂冠大鸟纹饰于腹部，与簋腹相同，且出自不同的遗迹单位，不是同组器物，具有代表性和共性。

壶　贯耳壶，器形与 Ac 型壶相近，腹更胖。盖与颈部饰鸟纹一周，同样少见。D 型壶，椭方口，垂腹圈足，腹部两侧铸象鼻状双錾。形似宽体觯，故在定名上也存有争议，但却为周原独有。

盉　分档盉，有盖，一端有流，一端为錾，整体风格相近。不同之处在腹足。Aa 型 I 式三足盉，腹及圈足似 Ac 型鬲；Ab 型盉腹及圈足与 Ag 型分档鼎相似。纹饰多饰于盖沿、颈。

方彝　仅 1 件，口至底平直，颈、腹无变化。通身纹饰，有所简化，无地纹。器身饰兽面纹，角向上内卷，面宽，十分少见。

觯　细束颈 Aa 型延续，其余类型消失。I 式圆底、II 式平底，各 1 件。

爵　Ba 型伞状柱爵数量增多，其中 I 式宽腹短足爵少，II 式瘦腹长足者多。Bb 菌状柱情况相同。纹饰的共同特征是，腹部纹饰带变宽，图案也多为鸟纹。

盘　壁厚器重，形制多样。以 Aa 型为主流。Ab 型有流盘仅此 1 件；B 型短耳盘，圈足较高。后期形制均无延续发展。

2. 晚段

墓葬　73 刘家沟 M：鼎、簋。

　　73 贺家 M6：鬲、簋。

　　76 云塘 M13：鼎、鬲、尊、卣、觯、爵（一、二）。

　　78 齐家 M19：鼎二、簋、尊。

　　78 齐村 M：盉。

81 强家 M1：鼎（二～四）、鬲（一～四）、簋（一、二、五）、壶（一、二）、盘、盉。

91 齐家 M5：鬲（一、二）、簋（一、二）、尊、卣、觯。

91 齐家 M8：鼎。

92 黄堆 M45：鼎。

95 黄堆 M55：鼎、簋、盘、盉。

95 黄堆 M58：鼎。

96 黄堆 M71：鼎。

窖藏 60 齐家 J：鬲、甗一、簋（一～四）、壶（一～四）、盘、匜。

60 召陈 J：簋（一～四）、壶（一、二）、匜。

66 齐镇 J：豆。

75 董家 J：鼎（一～三）、簋（二～五）、匜（一、二）。

76 庄白 J1：鼎二、鬲（一～七）、豆、簋（一～八）、壶（二～五）、爵（九～十二）。

76 庄白 J2：簋、匜。

82 齐家 J：鼎、盨。

84 齐家 J：簋（一～四）。

87 庄白 J：簋（一、二）。

征集器 鼎（一、二）57 礼村 Z；簋 58 双庵 Z；鼎 64 柳东 Z；爵 82 齐家 Z；晨盘黄堆 Z。

涉及器形：食器，鼎 Ab 型、Ae 型、Af 型、Bb 型Ⅱ式、Bd 型Ⅰ式、Bd 型Ⅱ式、Ca 型、Cb 型、Cc 型；方鼎 B 型；鬲 Ac 型Ⅰ式、Ac 型Ⅱ式、Ca 型Ⅰ式；甗 A 型Ⅱ式；簋 Ab 型Ⅰ式、Ab 型Ⅱ式、Ad 型、Ae 型Ⅱ式、Af 型Ⅰ式、Af 型Ⅱ式、Af 型Ⅲ式、B 型、Ca 型、Cb 型；盨 A 型Ⅱ式；豆 A 型、B 型；簠 A 型。酒器，尊 Aa 型Ⅱ式、Ab 型；卣 B 型Ⅱ式；壶 Bb 型、C 型Ⅰ式、C 型Ⅱ式；觯 Aa 型Ⅰ式、Ab 型Ⅰ式；爵 Ba 型Ⅰ式、Ba 型Ⅱ式、Bb 型Ⅰ式、Bb 型Ⅱ式；盉 Aa 型Ⅱ式、Aa 型Ⅲ式、B 型Ⅱ式。水器，盘 Aa 型Ⅰ式、Aa 型Ⅱ式、C 型；匜 A 型Ⅰ式、A 型Ⅱ式、B 型；盂 A 型、B 型；盆 A 型Ⅰ式、A 型Ⅱ式、B 型。

鼎 柱足鼎全面退化，仅剩 Af 型，器形粗糙。新出 Ab 型柱足盆腹鼎。蹄足鼎中，足多有蹄形，而内空心。Bd 型腹甚浅，口颈俨然已超越了腹深。口下饰纹饰一周已然确立，纹样图案变形化、模糊化，窃曲纹较常见。弦纹、几何化纹饰也逐渐出现。

鬲 新出无耳鬲，平折沿，颈内束，三足间两两成拱形，已不分裆。腹边皆有三道薄片扉棱。同一墓葬中，形制相同的有 4 件同出的情况。窖藏中，同铭同形的为 5 件。有耳鬲数量衍生出 Ac 型Ⅱ式，器高大，颈凸起，与腹足间形成深棱，形制特殊。

纹饰方面，有耳鬲依然饰弦纹或通体素光。无耳鬲饰直棱纹两组，由两道横向弦纹分隔开，整齐规矩。

甗　甑增宽，腹略浅；鬲更圆鼓，饰有六目，似是之前兽面的缩影。纹饰多为弦纹。

簋　圈足簋中，出现明器化簋，大有衰落之势。除方座簋外，圈足簋与三足簋纹饰的布局方式已然固定。有盖者，盖面与腹部饰瓦棱纹，盖沿与口沿饰有纹样相同的纹饰带，图案多为窃曲纹。无盖者，颈部多为弦纹，明器则多为素面。

盨　数量增多，出现新器形。圈足下有小足者，耳与 Ae 型簋相近。圈足中部内凹，此种情况仅见于盨上。纹饰布局无大变化，图案以窃曲纹为主。

豆　因其铭文中自名豆，也有称其为豆者。盘下接镂空长圈足，足中间内收。A 型盘略小，足稍细。B 型盘宽扁，足宽。盘沿一周饰纹饰。镂空足，实际也是镂空的变形纹饰，形似窃曲纹。

簠　盖与器身相同，形制单一，圈足似盨，中间内凹。纹饰布局规矩，纹样统一。

尊　Aa 型 II 式器更矮，体愈宽，圈足更低。Ab 型束口愈宽，颈程度加深，垂腹，圈足底有小台。共同特征：向宽体低矮形发展，颈中部有牲首，与卣、壶等相似，更似鼠或羊。

卣　器体更显矮胖，垂腹，矮圈足。盖顶两端有犄角，颈部和提梁两端的牲首依然保留。纹饰退化，仅剩颈部弦纹。

壶　器形全面发展，数量陡增。新出方体壶、半环耳壶。Bb 型方体壶，为贯耳。C 型环耳壶，大量出现。流行于西周中期至春秋早期[①]。共同特征：墓葬及窖藏中，均成对出现，且形制、纹饰、铭文皆相同。纹饰方面：整体布局分为两种风格，一是由盖顶捉手内至圈足，共六层纹饰[②]。二是腹部饰有十字波带纹的五层纹饰。皆为周人青铜壶的主流形纹饰。

盉　实用器消失，全为明器。

觯　走向衰落，形制上无变化，纹饰退化，出现通体素者。

爵　形制上足的分化更明显，长短足之间的界限更清晰。纹饰大有改变。颈部不再饰兽面纹或鸟纹，均被重环纹或直棱纹所取代。

盘　A 型形制无变化，纹饰图案几何化明显。但也出现明器盘，C 型盘仅 1 件，制作粗糙，无纹饰。

匜　器体较为统一，不同之处在足、鋬。B 型蹄足有盖，仅 1 件。纹饰布局统一，口沿一周饰窃曲纹，腹部为瓦棱纹。

盂　器形整体相近，局部有差异。A 型盂的耳高过口沿，矮圈足。颈中部有浮雕

---

① 裴书研：《试谈商周青铜壶发展演变的基本特点》，《考古与文物》2015 年第 3 期。
② 如 76 庄白 J 中的三年瘨壶，盖顶捉手内饰团鸟纹，盖沿、口下、颈、腹、圈足均为波带纹。

大耳兽首，圈足下有小台，器形有延续。B 型盂，耳较短，圈足较高。纹饰方面，颈、腹、圈足有三层纹饰带，或仅在腹部饰弦纹。

盆　数量少，但形制不统一。共同特征是，侈口，颈内束，腹斜收，耳垂环。A 型平底盆，仅饰弦纹或素面。B 型三足盆饰窃曲纹，更显精制。

四、第 四 期

墓葬　73 贺家 M3：鼎、盨（一、二）。

窖藏　58 齐家 J：鬲（一、二）。

60 召陈 J：鼎（二～五）、簋（五～八）。

60 齐家 J：鼎（一、二）、甗二、簋（五～八）。

61 齐家 J：簋（一、二）。

62 齐家 J：盘、匜、盉。

74 强家 J：豆。

75 董家 J：此鼎（五～十三）、鬲（一、二）、豆（一、二）、簋（六～十四）、盘、鍪。

76 庄白 J1：鬲（八～十七）。

76 庄白 J2：甗、盨。

76 云塘 J：盨（一～五）。

78 凤雏 J：鼎、甗、盨（一、二）。

81 下务子 J：鼎（一、二）。

征集器　盨 50 马家 Z；鬲 62 召陈 Z；鼎、簋（一～三）63 庄白李 Z；鼎 72 康家 Z；鬲 72 乔家 Z；鬲 76 贺家 Z；鼎 78 樊村 Z；鼎 79 齐村 Z；鼎 80 刘家 Z；鼎 82 法门宝塔 Z；鼎 85 下务子 Z；鼎 93 齐家 Z。

涉及器形：食器，鼎 Bb 型Ⅱ式、Bd 型Ⅰ式、Bd 型Ⅱ式、Be 型Ⅰ式、Be 型Ⅱ式、Bf 型Ⅰ式、Bf 型Ⅱ式；方鼎 C 型；鬲 Ca 型Ⅰ式、Ca 型Ⅱ式、Cb 型；甗 A 型Ⅱ式；簋 B 型、Cb 型；盨 A 型Ⅱ式、B 型Ⅰ式、B 型Ⅱ式；豆 A 型、B 型；簠 A 型、B 型。水器，盘 Aa 型Ⅱ式、Ac 型；匜 A 型Ⅰ式、A 型Ⅱ式、B 型Ⅰ式；盂 A 型。

鼎　墓葬出土鼎仅 1 件，主要来自窖藏的柱足鼎已不见。窖藏中，蹄足鼎数量陡增，同形同铭鼎占大多数。动物纹不再出现，多饰重环纹、斜角云纹等几何纹。

鬲　有耳鬲消失，无耳鬲基本出于窖藏，器形变化小，足稍细，拱形腹宽度有差异。纹饰布局方式未变，颈部多改饰重环纹。口沿上铸兽鬲 1 件，较为特别。纹饰不同于其他鬲，形似变形兽面。

甗　上部甑更宽，鬲足增长。新出四足甗，上腹体方，更显厚重。

簋　圈足簋消失，仅剩方座与三足簋。纹饰布局与三期晚段相同，图案多为窃取纹或重环纹。

盨　腹深有所增加，通身瓦棱纹者数量增加。

豆　器形上无变化。纹饰以重环纹为主。

簠　数量增加，多为征集器，形制上无变化。B型匣出土1件，制作较为粗糙。

盘　新出现四足盘，器体与 Aa 型Ⅱ式盘相同，圈足下加铸四人形足，形制特殊，为周原仅见。纹饰方面，颈部饰排列规整的重环纹，圈足有纹饰者亦是如此。

匜　形制与三期晚段相同，纹饰布局方式未做改变。纹样上有所改变。

鎣　器形似盉，腹一端接长流，另一端为鋬。形制特殊，周原仅发现1件。

周原青铜器，第一至第四期呈现出商器向周器转化的全过程。三期始，商人的原有器形基本已消失不见，转而被更多新出现的器形所替代。第三期，是周人青铜器走向成熟的阶段，也是周原青铜器的繁盛期。周原青铜器不仅体现出了西周青铜艺术的辉煌成就，更是引领了中国古代青铜器向更高的层次继续发展。

第三节　各期年代的推定

周原出土的商代青铜器，数量较少，大量器物主要在西周成、康之后。因此，我们将商代青铜器所属的王世，分为殷墟之前和殷墟时期。西周时期的青铜器，按照王世分为三期5段。表5-7是有关期段历时与西周各王在位的年代对应表。

表 5-7　西周各王年代与分期表

王世	在世时间	在位时间	在位年数	周原各段	各段合计
武王（姬发）	前 1087～前 1043	前 1046～前 1043	在位 4 年	二期早段	26 年
成王（姬诵）	前 1055～前 1021	前 1042～前 1021	在位 22 年		
康王（姬钊）	前？～前 996	前 1020～前 996	在位 25 年	二期晚段	44 年
昭王（姬瑕）	前？～前 977	前 995～前 977	在位 19 年		
穆王（姬满）	前？～前 921	前 976～前 921	在位 55 年	三期早段	55 年
共王（姬繄扈）	前？～前 900	前 922～前 900	在位 23 年	三期晚段	45 年
懿王（姬囏）	前 937～前 892	前 899～前 892	在位 8 年		
孝王（姬辟方）	前？～前 886	前 892～前 886	在位 6 年		
夷王（姬燮）	前？～前 878	前 885～前 878	在位 8 年		
厉王（姬胡）	前？～前 841	前 877～前 842	在位 37 年	四期	108 年
共和	前？～前 827	前 841～前 828	在位 14 年		
宣王（姬静）	前？～前 782	前 827～前 782	在位 46 年		
幽王（姬宫涅）	前？～前 771	前 781～前 771	在位 11 年		

之前我们对周原青铜器各类器物的形制、纹饰、铭文等方面的特征做了总结。将周原青铜器分为四期，每期又各分为早、晚两段。这样划分期段，不仅可以清晰地看出周

原青铜器的演变规律，还可以反映出西周礼器制度及铸造工艺等方面发展的阶段性。

从各期器物总体特征来看，一期时的器类及造型与早商、殷墟青铜器一致，属商人青铜器。二期早段，在器物造型和纹饰风格上与殷墟晚期的器物非常接近，但已或多或少地融入了周人青铜器的元素，主要体现在器形的改变上（这种器形的变化却不是整体性的，只是在次要构件和部分特征上做了变化），以及纹饰图案和工艺的变化上。晚段更是形成了周人青铜器的特点，足以与商人青铜器相区别。三期早段时，酒器逐渐衰退，盘、匜、盉等水器成为青铜礼器中的一个重要部分，也体现出西周时期青铜礼器制度发生了变化。在器形上，垂腹的器物渐兴，使得器物向着低矮的方向发展，形成了周人青铜器造型风格特征。鸟纹、龙纹的盛行象征着独特西周纹饰风格艺术的确立，俨然成就了周人青铜器纹饰的第一股新风潮，具有明显的时代特征和代表性。晚段，商人常用的酒器组合全面瓦解，仅剩壶作为酒器的代表成对出现，且在器形上发生了大的改变，出现了新的器形构造。这一点据有广泛性，食器鼎、簋、鬲等均出现了器形更替的现象。不仅如此，盨、盆、簠等新器形的大量出现，使得这一阶段水器的地位得以确立。变形动物纹的盛行，推动了纹饰向几何化发展的进程，新的纹饰主题出现，成就了四期截然不同的纹饰形式与风格，也是另一个周人青铜器纹饰具有代表性的阶段。下面对各期、段的年代范围进行讨论。

一、第一期青铜器的年代范围

1. 早段

周原出土青铜器，时代最早的属 73 美阳 M 中的青铜鬲，此型鬲常见于二里冈时期，至殷墟已不见。可见，周原青铜器的上限超越了殷墟青铜器，在早商时期。因此，一期早段的时代范围是商代早、中期。

2. 晚段

周原一期晚段器物的器形、纹饰，与殷墟时期青铜器的器形相近、纹饰风格相同。这一类青铜器，明显区别于商代早期青铜器，但又与殷墟青铜器没有差别，且尚未融入任何周人青铜器的元素，具有典型的商器特征。一期晚段的时代范围即商代晚期。

二、第二期青铜器的年代范围

1. 早段

二期早段器物主要是承接商器的过渡期，也就是说商代晚期的青铜器有些实际已延续到了周初，而这类青铜器，通常与商器的形制、纹饰相同，很难区分。实际从周原的情况看，二期早段与殷墟出土的青铜器在器形上产生了一些变化，圆鼎 Aa 型 Ⅰ 式、Ag 型，鬲 Aa 型、Ab 型，簋 Aa 型等器形均已不再见到，同时在卣中出现了垂腹的形式。因此，我们将具有武王、成王世标准器特征的这一类器物，与殷墟青铜器区分开来。二期早段有武王征商后的 4 年，以及成王世的 22 年时间。历时虽短，但与殷墟时期青铜器在纹饰上还是有所变化的，却又与康、昭时期青铜器不同。二期晚段的上限为武王初年，下限为成王末年。

2. 晚段

二期晚段在器类与形制上和殷墟出土青铜器拉开了根本性的距离，周人青铜器的独特风格开始树立。部分在早段中流行的器形在本期本阶段继续沿用，还出现了圆鼎 Ac 型，方鼎 Aa 型，鬲 Ac 型 Ⅰ 式，壶 Ab 型、Ac 型等较多新器形。在卣、壶等器的提梁两端，不再饰以有角的兽首，由面容温顺、圆耳的牲首（亦有称鼠首）替代。商器流行的饕餮兽面纹，特别是简化兽面纹，在这一阶段的鼎上仍较多见。但也有不少器物仅饰弦纹，或为素面，从而开启了一种新的简明、素淡的修饰风格。可见周人崇尚素朴的情节，此时就已经得到了彰显。本期晚段上限接一期为康王初，下限昭王世末。

三、第三期青铜器的年代范围

1. 早段

三期早段大量新器形出现，基本已脱离了商器的影响。新现器形中，有腹部倾垂、腹壁与腹底近乎构成锐角的鼎，如圆鼎 Af 型、Bc 型，以及口内敛、腹低垂的簋，如簋 Ab 型 Ⅱ 式、Ad 型、Cb 型，且圈足下加铸小足的情况多见。纹饰中最常见的是对称成组排列的鸟纹、顾首龙纹，并以垂冠大鸟纹为穆王时期的典型代表。一期中出现的弦纹、素面等，表现周人崇尚质朴之风的青铜器得以继续发扬。而一期中仍常见的扉棱装饰风格，在本段中已极少见到，更加突出了周人素朴的文化特性。总体来看，本期以通身满花的繁缛纹样（繁缛顾首龙纹、垂冠大鸟纹）为典型代表。加之大量布局规整、典雅，图案生动的各类小鸟纹、长尾鸟纹、顾首龙纹构成特性，共同体现出穆王世青铜器风格，以及周人青铜器较高的艺术水准。这一阶段的上限在穆王世初，下限为穆王世末。

2. 晚段

晚段开始流行以腹宽浅、足内空为特征的鼎，如圆鼎 Bd 型 Ⅱ 式；平沿鬲，如鬲 Ca 型 Ⅰ 式等。新出现的环耳壶替代了殷商的旧有器形，成为西周时期的主流。除壶以外的酒器，本段之后已很少见到。晚段的又一典型的特征是，明器化现象普遍出现。

纹饰的总体风格，一方面是由动物纹饰向几何纹饰演变的全过程。例如，在共王晚期时的器物颈部纹饰，所饰垂冠小鸟纹的构图，已出现向窃曲纹靠近的情况；而顾首龙纹，也多像三角云纹这种几何化图案转变。这一阶段流行的波带纹，也可以明显看出是由龙纹演变而来。另一方面，部分器形承继了本期早段的简朴之风，大多数器物均采用纹饰带形式。瓦棱纹、直棱纹的出现和大面积的使用，更是纹饰简化的体现。而仅饰弦纹或通体素光的器物也占有一定的比例。总而言之，第三期是周人青铜器从商器分离后，逐渐形成周人青铜器风格的演变过程。而本阶段，无论是在器形还是纹饰上，周人青铜器质朴的特征得以彰显。我们将上限定为共王世，经历了懿王、孝王二世，下限定为夷王世。

四、第四期青铜器的年代范围

本期青铜器风格以素朴为主流特征。和三期相比本期最大的不同是只剩食器和水器，并且器形变化小。纹饰类型也很少，重环纹、波带纹、窃曲纹的全面流行，更加明确地彰显出质朴之风的盛行。即使在高级别贵族所制的重器之上（如毛公鼎），也仅仅是在口沿下饰有一周重环纹。可见，周人的质朴之风并非受社会经济、器主地位等方面的限制，而是周人审美观念的一种转变，规整质朴的纹饰风格，是一种肃穆庄重的表现，更是时代特征的完美诠释。本期器物主要集中在厉、宣二世。

周原青铜器分期研究中，各阶段器形、纹饰变化较为鲜明，各类功用属性青铜器的流行与消亡时期分界明显（表5-8）。可以看出，食器在周原一直处于最为重要的位置，而酒器至共王世后基本消失不见。水器于穆王中、晚期开始流行，逐渐成为一类重要的随葬礼器。这种功用属性器类上的更替现象，也是后文墓葬中青铜器组合研究的重点之一。

表 5-8　各器类流行及消亡时代表

器类	一期	二期	三期						四期
			早段		晚段				
	商	武、成、康	昭	穆	共	懿	孝	夷	厉、共和、宣、幽
食器									
酒器									
水器									

第六章 周原青铜器纹饰研究

自宋《考古图》始，青铜器纹饰已作为青铜器研究的一部分，研究者不仅对纹饰给予名称或称谓，且论其内涵及用意，其中很多纹饰的名称，如云雷纹、蝉纹、饕餮纹等沿用至今。清以后对青铜器纹饰的定名更为全面，对东周时期青铜器上的细密纹饰给予蟠虺纹、蟠螭纹等称谓，亦沿用至今。周原纹饰的分类，主要根据纹饰图案表达的内容，大致分为动物纹、抽象变形纹、几何纹三个大的部分。每部分纹饰中，又可以根据纹样的局部特征分为若干类。

第一节 纹饰研究的意义

从目前关于青铜器的专著和考古报告中，青铜器纹饰的名称基本采用了《商周彝器通考》《殷周青铜器通论》等著作中对纹饰的称呼。当然，近些年随着对青铜器研究的不断深入，一些学者对部分青铜器纹饰给予了新的名称，相比传统纹饰的称谓则更为贴切一些，这也是我们在对周原纹饰定名时要遵从的一个原则，尽可能地通过纹饰的名称，在文字上对各类纹饰得以区分。许多沿用已久的纹饰称谓，成为一种约定俗称的纹饰统称，在对纹饰分类研究中未必妥当，会造成很多误解。

各类纹饰自身本就存在有很多变化，而这种变化又具有明显的时代性、地域性特征，却在纹饰统称中得不到体现。不能直观地从称谓上更进一步区分。因此，我们在传统纹饰分类称谓的基础上进一步细化，可以更加准确细致地表现出纹饰图案间的差异。"青铜器纹饰是先秦时期人们对美认知的表现"[①]，通过纹饰内在含义去认识和定名，这也关系到当时人们的审美观念、意识形态、艺术观念等诸多方面的问题，更是值得我们深入探讨和研究的。

一、青铜器纹饰的分类定名

通常学界对于纹饰分类的概称，如兽面纹中的一类称为"简化兽面纹"，这样分类

---

① 裴书研、陈昱洁：《楚系青铜器发展的社会背景及特征性研究》，《西北大学学报（哲学社会科学版）》2015年第2期。

有些笼统，在青铜器纹饰的研究中，未能从真正意义上起到对纹饰分类的作用，使得相同名称间的纹饰概念过于宽泛，如我们常说兽面纹由商代早期延续至西周晚期，而兽面纹这样广阔的流行时代范围，对于我们深入研究青铜器的工作似乎毫无帮助，更不用说是用纹饰来分期断代了。

周原青铜器纹饰的分类，不仅仅是对纹饰的分类、变化做分析，更要提出不同类型器物所饰的相同纹饰、同类型器物的相同纹饰之间的共性与差异。还要结合器物纹饰的位置或纹饰布局方式，全面地看待每类纹饰发展变化的情况，尤其是早期的动物纹样，在不同器类，或不同位置所表现出的文化内涵也不应相同，还是应该分开来看，更为合理可靠。

其实，同一类纹饰有着自身发展演变的规律，也就是说不同时期、不同地域的青铜器纹饰，有共性也有不同，如能够从这些共性中找寻延续的因素，从不同种发现新的信息，就可以明确纹饰发展演变的规律，这便是我们亟待解决的问题。因此，在给予纹饰准确定名时不免与前人研究有所更易，不足之处望各位专家予以批评指正。

按照纹样属性的区别，我们将周原青铜器纹饰分为动物纹、抽象变形纹、几何纹三属。再根据图案上的差异进一步划分。将动物纹饰分为兽面纹、夔纹、龙纹、鸟纹、其他动物纹五类；将变形纹分为目纹、蕉叶纹、斜角纹、窃曲纹、波带纹五类；将几何纹饰分为长线条纹、圈点纹、云雷纹、重环纹、重鳞纹、涡纹、直棱纹、瓦棱纹。由此可见，周原青铜器纹饰的复杂性。当中不仅包含商式青铜器纹饰，也存在大量的西周几何纹。对于这种杂乱不清的情况，我们在后文中展开论述。

二、周原青铜器纹饰的研究意义与方法

1. 周原青铜器纹饰的研究意义

青铜器纹饰是反映青铜器价值，传递青铜器文化特征的一个重要组成部分。周原青铜器纹饰的研究，有助于我们更加准确地了解周原各阶段青铜器流行的特征性，在周原青铜器研究中具有极其重要的意义。

之前，在器物断代中对于周原青铜器纹饰已经有所认识。因此，对于纹饰的研究主要集中在以下几个方面：一是纹饰的布局方式及纹饰位置的演变；二是商式青铜器与周人青铜器纹饰的区分；三是周人青铜器纹饰的发展变化规律。

纹饰布局方式的研究，反映出周原各类器物花纹布局的规律，同类器物在不同时期，纹饰布局或位置发生的改变，是各期段器物的特征性反映，使周原青铜器演变的线条更加清晰。另外，纹饰位置发生改变，纹样也随之发生变化，综合来看是商周文化变迁缩影的写照。

周原青铜器中商式青铜器纹饰与周人青铜器纹饰之间存在的差异明显。商式青铜器纹饰的纹样主要以动物形态为主，而在西周早、中期的青铜器中也有以动物纹饰为主体的情况存在，使得商周青铜器在纹饰界定上不够明朗。因此，寻找这种划分界限的依据是十分关键的。

西周中期早段始，周原青铜器纹饰逐渐简化、抽象化、几何化，这也是西周青铜器纹饰发展变化的缩影，做好周原西周青铜器纹饰的演变研究，即是以西周核心区青铜器纹饰演变的具体实例来勾勒西周青铜器纹饰变化的主线。

2. 周原青铜器纹饰的研究方法

周原青铜器纹饰布局及位置演变的研究，首先将周原出土青铜器按器形分类，其次对各类器物纹饰的布局方式做描述并归类统计，最后从各器形不同期段纹饰位置的变化中找寻规律，构建演变发展的谱系。

周原青铜器纹饰的分类研究，按照花纹纹样，分为动物纹饰、变形纹饰、几何形纹饰。如果将三类纹饰中的殷人风格青铜器纹饰与周人风格纹饰划分成两部分，并按照时代先后对纹饰形态上明显变化做先后排列，可以清晰地看出纹样演变的情况。

周原青铜器纹饰的发展及演变规律的研究，分为两个部分，不但要找寻周原青铜器中商式风格的纹饰与周人青铜器纹饰在各类型器中更替的阶段，还要对西周青铜器中纹样的更替及演变规律做以研究。

第二节　周原青铜器纹饰的布局方式

周原青铜器纹饰与器类、器形有着密切的关联，各类器物所饰纹饰均不相同（表6-1）。也就是说，不同属性器物之间，纹饰也是完全不同的，如方格乳钉纹、直棱纹常用于食器腹部，在酒器中却很少见到①。且各类器物均有自己所属的专用纹饰，如十字带纹仅用于青铜壶腹部。但也存在共用的情况，如涡纹饰于簋颈部，也饰于罍肩部。因此，呈现出难以辨明的混乱局面。正因周原青铜器90%以上都饰有纹饰，并且每件青铜器不单饰有一种纹饰，如壶一81强家M1，1件器物上就饰有8种不同纹饰。而大多数器物的盖、颈、腹、圈足的纹饰通常也都有所不同，这使得周原青铜器纹饰的分类更加难。对于周原青铜器纹饰存在复杂性这个问题，学界探讨的还不够清楚，无全面的列举就不能得出可靠的结论。因此，各家也都避而不谈，均不愿过多论及，只能将这种混乱的情况留存至今。

---

① 在青铜禁、连禁卣、𤼎爵等酒器上，也饰有直棱纹，但数量与食器相较较为稀少。

表 6-1　周原青铜器纹饰布局方式表

器类	纹饰位置（食器）	布局	数量	器类	纹饰位置（酒器）	布局	数量	器类	纹饰位置（水器）	布局	数量
圆鼎	通身	鼎 wb1	1	尊	颈+腹+圈足	尊 Wb1	6	盘	口+圈足	盘 wb1	5
	颈+腹	鼎 wb2	27		颈+腹	尊 Wb2	1		口	盘 wb2	2
	颈	鼎 wb3	63		腹	尊 Wb3	2	匜	口+腹	匜 wb	5
方鼎	口+腹	方鼎 wb1	1		颈	尊 Wb4	3	盆	颈	盆 wb	4
	颈	方鼎 wb2	6	觚	口沿+圈足	觚 Wb1	3				
	通身	方鼎 wb3	6		腹	觚 Wb2	3				
甗	颈+足	甗 wb1	7		圈足	觚 Wb3	5				
	颈	甗 wb2	3	觯	颈	觯 Wb1	5				
鬲	颈+腹+足	鬲 wb1	27		口沿+腹	觯 Wb2	3				
	颈+腹	鬲 wb2	4	爵	口沿+腹	爵 Wb1	2				
	颈	鬲 wb3	4		颈	爵 Wb2	6				
	腹	鬲 wb4	10		腹	爵 Wb3	21				
有盖簋	盖+颈+腹+圈足	簋 wb1	35	罍	颈+肩+腹+足	罍 Wb1	5				
	盖+颈+腹	簋 wb2	13		颈+肩+足	罍 Wb2	4				
	盖+颈	簋 wb3	1	卣	盖+沿+颈+腹+圈足	卣 Wb1	5				
	盖+颈+足+座	簋 wb4	1		盖+颈+圈足	卣 Wb2	3				
无盖簋	盖+颈+腹+足+座	簋 wb5	13		盖+颈	卣 Wb3	4				
	颈+腹+圈足	簋 wb6	9	壶	盖+沿+颈+腹+圈足	壶 Wb1	13				
	颈+足	簋 wb7	7		沿+颈+腹+圈足	壶 Wb2	2				
	颈	簋 8	8		沿+颈+腹	壶 Wb3	1				
盨	口沿+腹	盨 wb1	6		沿+颈+腹	壶 Wb4	2				
	口沿+腹+圈足	盨 wb2	5		颈+圈足	壶 Wb5	1				
	除圈足外整体饰瓦棱纹	盨 wb3	3		颈	壶 Wb6	2				
豆	口+圈足+豆柄	豆 wb	5	盉	盖+颈	盉 wb1	3				
					盖+腹	盉 wb2	1				

一、食器纹饰的布局方式

食器当中鼎、簋数量最多，流行时间长，纹饰的布局方式变化界限明显，且器形具有代表性，因此，作为食器主干重点探讨。其他食器纹饰布局与鼎、簋的方式相近，在探讨过程中多参考而论。

1. 鼎

周原出土的 93 件圆鼎中，除鼎 96 黄堆 M71、鼎 95 黄堆 M55 无纹饰，其余 91 件鼎均饰有纹饰。从布局上看分为三种方式：第一种布局方式为整体满花，即一幅图案覆盖器表，没有分割。这种纹饰布局方式占极少数，如鼎三 66 贺家 M。第二种布局方式为颈、腹均有纹饰，即颈部为纹饰带，腹部饰斜方格乳钉纹或垂叶纹。第三种布局方式，仅在颈部饰纹饰带或弦纹。我们将纹饰布局方式简化为，鼎 wb1：通身、鼎 wb2：颈＋腹、鼎 wb3：颈[①]，方便阅读。

除此之外，周原出土的 12 件方鼎的纹饰布局方式与圆鼎较为接近，方鼎器形特殊，颈部纹饰位置容易使人混淆。口下，即口沿之下的纹饰位置称谓相对准确，为我们所使用。方鼎，纹饰布局方式与圆鼎相同，分三种，不同的是布局方式的相对时代。口下＋腹部有纹饰者，器形上看时代相对较早。腹部纹饰逐渐消失，仅颈有纹饰的布局方式，时代上相对较晚。而通身满花者，时代最晚。

2. 鬲

周原出土的 47 件鬲中，除 91 齐家 M5 鬲（一、二）无纹饰，其余 45 件均饰有纹饰。布局方式分四种：一是颈、腹、足均饰有纹饰；二是颈、腹部饰纹饰；三是仅颈部有纹饰；四是仅腹部有纹饰。鬲的纹饰布局方式虽不复杂，早晚变化却无明显规律，如第一种布局方式，从纹样上看时代较早的连珠纹、云纹饰于颈部，腹部饰倒"V"形纹[②]。而同样的布局方式也伴随时代较晚的纹饰出现在器物上，如肩部饰重环纹，腹部饰直棱纹[③]。对于青铜鬲纹饰的时代，从布局方式上看还不能妄下结论，要根据具体的纹样具体分析。

[①] 见"表 6-1 周原青铜器纹饰布局方式表"。说明：wb 为纹饰二字的简称。后 1、2、3 的序号，是按照器形的先后予以给定，也代表了纹饰布局方式的先后关系，但在此我们先不对纹饰布局方式的演变进行过多讨论。

[②] 如鬲二 72 京当 J、鬲 73 美阳 M 等。

[③] 如鬲八 76 庄白 J、鬲一 75 董家 J 等。

3. 甗

周原出土甗 11 件，有纹饰的 10 件，仅 1 件素光。青铜甗器形特殊，器形分由上甑+下鬲两部分组成。而纹饰仅饰于上甑的颈部和下鬲的足顶圆裆处，纹饰布局的方式有两种：一是颈+足的组合方式，二是仅在颈部有纹饰。

4. 簋

周原出土的 91 件青铜簋中，除簋一 72 齐家 M、簋五 81 强家 M1、簋 95 黄堆 M55，这 4 件无纹饰（明器）以外，其余 87 件均有纹饰。其中 A 型（圈足簋），有盖簋纹饰布局方式有三种：一是盖、颈、腹、圈足均饰有纹饰；二是盖、颈、腹饰纹饰；三是盖、颈饰纹饰，纹饰带的多寡与时代先后有正向关系，纹饰带越多、纹饰越丰富则时代越早。无盖簋情况大致相同，布局方式有三种：一是颈、腹、圈足均饰纹饰；二是颈、圈足有纹饰；三是仅颈部有弦纹。可以看出，A 型有盖簋与无盖簋，器身纹饰在布局方式上是有所不同的，有盖簋颈+腹，而无盖簋则为颈+足，这种纹饰的布局情况值得我们注意和重视。方座簋，由于簋下增加了一个方座，为了不产生纹饰位置称谓上的混淆，我们依旧按照圈足簋的盖、颈、腹、圈足的方式，再增加一个"方座"的纹饰位置称呼。因此，有盖方座簋的纹饰布局方式有两种：一是盖+颈+圈足+方座；二是盖+颈+腹+圈足+方座。

5. 盨

周原出土盨 14 件，均有纹饰。青铜盨器形与簋相近，西周中期后出现，流行时间短、数量少。盨均为通身满花，口沿饰重环纹一周，除圈足外，其余皆饰瓦棱纹；也有通身饰瓦棱纹的情况。因部分盨的器盖遗失，对盖上纹饰的判断有所影响，但从有盖盨的情况看，盖的纹饰与器身相同。也就是说，器身口沿有纹饰一周的，盖口沿也有。器身为通身瓦棱纹的，盖也无其他纹饰。因此，盖与盨器身的纹饰布局相同，将其作为参考。由此将盨纹饰的布局方式，归结为以下三种：一是口沿+腹；二是口沿+腹+圈足；三是器身除圈足外整体饰瓦棱纹。

6. 豆

周原出土青铜器中豆数量很少，豆盘口沿饰纹饰一周，豆柄（圈足）则为镂空花纹。在纹饰布局方式上无变化。只有一种口沿+圈足+豆柄的布局方式。

二、酒器纹饰的布局方式

酒器中，依照各类器物的形制特征、在纹饰中的变化规律，分成两组：一组为尊、觚、觯、爵一类的敞口器，另一组为罍、卣、壶、盉等有盖器。

（一）第一组

从纹饰布局方式看，尊、觚相近，纹饰均布局在三处位置，一是口沿下至腹部以上部分，二是腹部正中，三是腹部至圈足。可将尊、觚合并看作相同的纹饰布局方式，觯、爵作为相同的纹饰布局方式。

1. 尊

周原出土尊 13 件，除尊 63 贺家 Z 异形牛尊外，其余 12 件均有纹饰，其中 A 型圆尊、B 型方尊纹饰布局方式相近，纹饰布局方式有四种：一是颈部饰蕉叶纹，腹部配以兽面纹（Aa 型 II 式、B 型尊），圈足饰兽面纹或小鸟纹；二是颈、腹有纹饰，圈足无；三是颈部无纹饰，腹部饰兽面纹或弦纹（Aa 型 II 式尊）；四是仅在颈部饰纹饰带一周（Ab 型尊）。C 型牺尊仅 1 件，造型特殊，通身满花，从纹饰布局方式上看，可以归结两点，即牲腹素光，背脊满花；小腿素光，大腿满花。这一布局方式，之后在地域比较当中再详细研究，这里暂不做过多论述。

2. 觚

周原出土觚 11 件，均有纹饰，布局方式分三种：一是口沿下至腹部以上饰蕉叶纹，圈足饰兽面纹或鸟纹；二是仅腹部有纹饰；三是腹部以下圈足饰纹饰。

3. 觯

15 件青铜觯中，有纹饰 8 件，其余 7 件为素光，纹饰布局方式有两种：一是仅在颈部有纹饰一周；二是口沿下至腹部之上饰垂叶纹。

4. 爵

29 件青铜爵，均有纹饰，纹饰位置统一，大部分在腹部，仅有几件在颈部，或口沿下有蕉叶纹。纹饰布局方式有三种：一是口沿下、腹部饰有纹饰；二是仅在颈部有纹饰；三是仅腹部有纹饰。

（二）第二组

第二组有盖器中，各类器形均不同，故纹饰所饰位置没有完全相同，分开论述。

1. 罍

9 件，其中盖失者有 4 件，纹饰位置有 4 处，即颈、肩、腹、足。布局方式有两种：一是颈、肩、腹、足均饰有纹饰；二是颈、肩、足有纹饰，腹部素光。颈部多为弦纹、波带纹，肩多夔纹、涡纹等，详见表 6-1。

2. 卣

12件，均有纹饰，器盖纹饰位置有2处：盖顶一周、盖外沿，器身纹饰位置3处：颈、腹、圈足，提梁饰纹饰或绚索状提梁。纹饰布局方式有三种：一是盖、沿、颈、腹、圈足，五处皆有纹饰，呈通身满花状；二是盖、颈、圈足有纹饰带；三是盖、颈有纹饰带。

3. 壶

22件，除72刘家M出土壶通身素光，其余21件皆有纹饰，器盖纹饰位置2处：盖顶圈形着手内（简称盖）、盖沿一周（简称沿）。器身纹饰位置3处：颈、腹、圈足。提梁壶有绚索状提梁或饰有纹饰。纹饰整体布局方式有六种：一是盖、沿、颈、腹、圈足；二是沿、颈、腹、圈足；三是沿、颈、腹；四是沿、颈、圈足；五是颈、圈足；六是仅颈有纹饰一周。

4. 盉

周原出土的7件盉，其中3件素光无纹饰，其余4件均有纹饰。A型盉与B型盉差别大，针对这一情况，将青铜盉的纹饰布局分开来看，A型盉纹饰的布局方式，盖、颈各一周，而B型盉的纹饰构成较为复杂，鸟状器盖通体饰纹饰，腹部呈圆饼状，两端接满花，可以说A型盉纹饰布局为盖、颈，B型盉纹饰布局为盖、腹。

除此之外，其他酒器纹饰布局方式较为统一，2件方彝、2件觚均通身满花，唯有纹样的差异，无布局的不同。

三、水器纹饰的布局方式

周原出土水器时代均晚，纹饰位置统一固定，布局规整，相同器形间纹饰位置相同，布局方式稍异。

1. 盘

9件，除盘95黄堆M55无纹饰、盘60召陈J信息不详外，其余7件均饰有纹饰。纹饰的位置分布在两处，即盘口下一周、圈足一周。布局方式有两种：一是口沿一周、圈足一周均有纹饰；二是仅口沿下一周有纹饰。

2. 匜

5件，均有纹饰，纹饰位置及布局方式相同，口沿下饰纹饰一周，腹部饰瓦棱纹。另外，其他水器纹饰布局较为统一，其中4件盆纹饰在颈部。

第三节　纹饰的分类研究

古往今来，纹饰都是青铜器研究中非常重要的一个部分。在没有铭文的青铜器中，通常根据纹饰对器物定名，再结合器形、纹饰予以断代。也就是说，在周原青铜器研究中，对纹饰整体性的全面探讨，不单停留于对器物本身价值的说明。更多的是通过对纹饰的分类，来明确周原青铜器纹饰的使用规律，再回归到纹饰发展演变的情况中去，找出商系与周系青铜器纹饰上的差异，总结纹饰上的演变特点。这样一来，周原青铜器在文化属性的区分上就多了一条参考标准，更加有力地成为区分商、周两系的依据。

一、动物纹饰

将动物纹饰分为六类。下面我们再根据每类纹饰中纹样图案的细小变化，细分如表 6-2 所示。

表 6-2　周原青铜器动物纹饰分类表

兽面纹	1. 云纹兽面纹	（1）兽目＋卷云纹＋刀形纹	（2）兽目＋卷云纹	（3）兽目＋ひつ云纹	（4）其他云纹兽面
	2. 有地纹兽面纹	（1）繁缛阴刻	（2）主体线条勾勒		
	3. 无地纹兽面纹				
夔纹	1. 直身夔纹				
	2. 躬身夔纹				
龙纹	1. 简化顾首龙纹	（1）斜身	（2）躬身	（3）分身	（4）双首独身
	2. 繁缛顾首龙纹	（1）独身	（2）双身		
鸟纹	1. 小鸟纹	（1）后垂冠	（2）前垂冠		
	2. 大鸟纹				
	3. 团鸟纹				
其他动物纹	1. 蜗纹				
	2. 蛇纹				
	3. 蝉纹				

（一）兽面纹

周原青铜器中，有兽面纹的器物数量最多，主要为鼎、簋等食器。兽面纹在周原流行的情况可以分为以下两种：一是由云纹构成的兽面纹；二是主体兽面纹。这里值得更进一步的说明，第一类由云纹构成的兽面纹，是指由细密云纹组合构成的兽面纹样。而第二类主体兽面纹是指以线条勾勒构成的明确兽面纹，有目、有耳、有口，此兽面纹还可以进一步细化为有地纹、无地纹二型。

1. 云纹兽面纹

以云纹或细密线条拼合而成的兽面纹，除有明确的目以外，兽耳、口等均由云纹或细密纹饰组成。此类纹饰的构成方式特殊，并没有纹样图案完全相同的情况。虽然此类纹饰细密繁杂，但若将纹饰分解开来看却清晰明了，可分为四种情况。

（1）兽目＋卷云纹＋刀形纹

兽目＋卷云纹＋刀形纹的云纹兽面纹，常用在圆鼎Ac型Ⅰ式、Ac型Ⅱ式、Ad型Ⅰ式、Ad型Ⅱ式，簋Ab型Ⅰ式，甗A型Ⅰ式，壶Aa型中。在圆鼎Ac型Ⅱ式中鼎53南作Z（图6-1，1）的颈部纹饰带；Ad型Ⅰ式中鼎75召李M1（图6-1，2）的颈部纹饰带，云纹兽面纹可拆分为上、中、下三行，上行由雷纹、刀形纹构成，中行由兽目雷纹、羽纹构成，下行由雷纹、兽牙等构成。各类花纹围绕中心兽目展开，线条细密，排列规矩，界限清晰。与此相近的纹饰还有，簋81贺家Z（图6-1，3）、甗78齐家M19（图6-1，4）、鼎71齐镇M1（图6-1，5）、鼎二72刘家M（图6-1，6）、簋三72刘家M（图6-1，7）、甗72刘家M（图6-1，8）的颈部纹饰带。壶55贺家Z的盖面、颈也饰此纹饰（图6-1，9）。除此之外，在鼎一74贺家Z（图6-1，10）的颈部，此纹饰在线条排列上更为简化。

这种兽目＋卷云纹＋刀形纹组成的云纹兽面纹带，仅用于食器中鼎、甗、簋、壶四类器形的颈部，可以说是早期器物的专属纹饰。结合器形看，均反映出明显的商式青铜器特征。进一步可以将兽目＋卷云纹＋刀形纹的这种纹饰，归为周原青铜器中鼎、甗、簋、壶。此纹饰所饰位置均在器物颈部，器形所反映出的时代皆早。

（2）兽目＋卷云纹

在甗76贺家M113（图6-1，11）、簋81贺家Z（图6-1，12）中，颈部纹饰可拆分为三行，目在中行，围绕目纹的构成图案均由卷云纹组成。簋的圈足也常饰此纹饰，如簋三72刘家M（图6-1，13）、簋73美阳M（图6-1，14）、簋73贺家M5（图6-1，15）均有此纹饰。此外，爵60齐家M8（图6-1，16）、爵72刘家M（图6-1，17）、爵一91齐家M5（图6-1，18）的颈部也同样饰此纹饰。兽目＋卷云纹组成的云纹兽面纹，在鼎当中不见，仅饰于甗、爵颈部及簋颈部和圈足。

（3）兽目＋σπ云纹

簋76贺家Z的颈部纹饰（图6-1，19）和圈足纹饰（图6-1，20），由三行σπ云纹构成，围绕中行目纹展开。与之相近的还有斝72京当J（图6-1，21）的颈、腹纹饰，杯73美阳M（图6-1，22）的口沿纹饰。此纹饰和之前两种纹饰都具有商代青铜器纹饰的特征。这类青铜器的时代在周原青铜器中属最早的一类。

（4）其他云纹兽面

在簋二 76 云塘 M20（图 6-1, 23）、觚一 91 齐家 M5（图 6-1, 24）、斝 73 贺家 M1（图 6-1, 25）的腹部所饰兽面纹，有别于之前的云纹兽面纹。

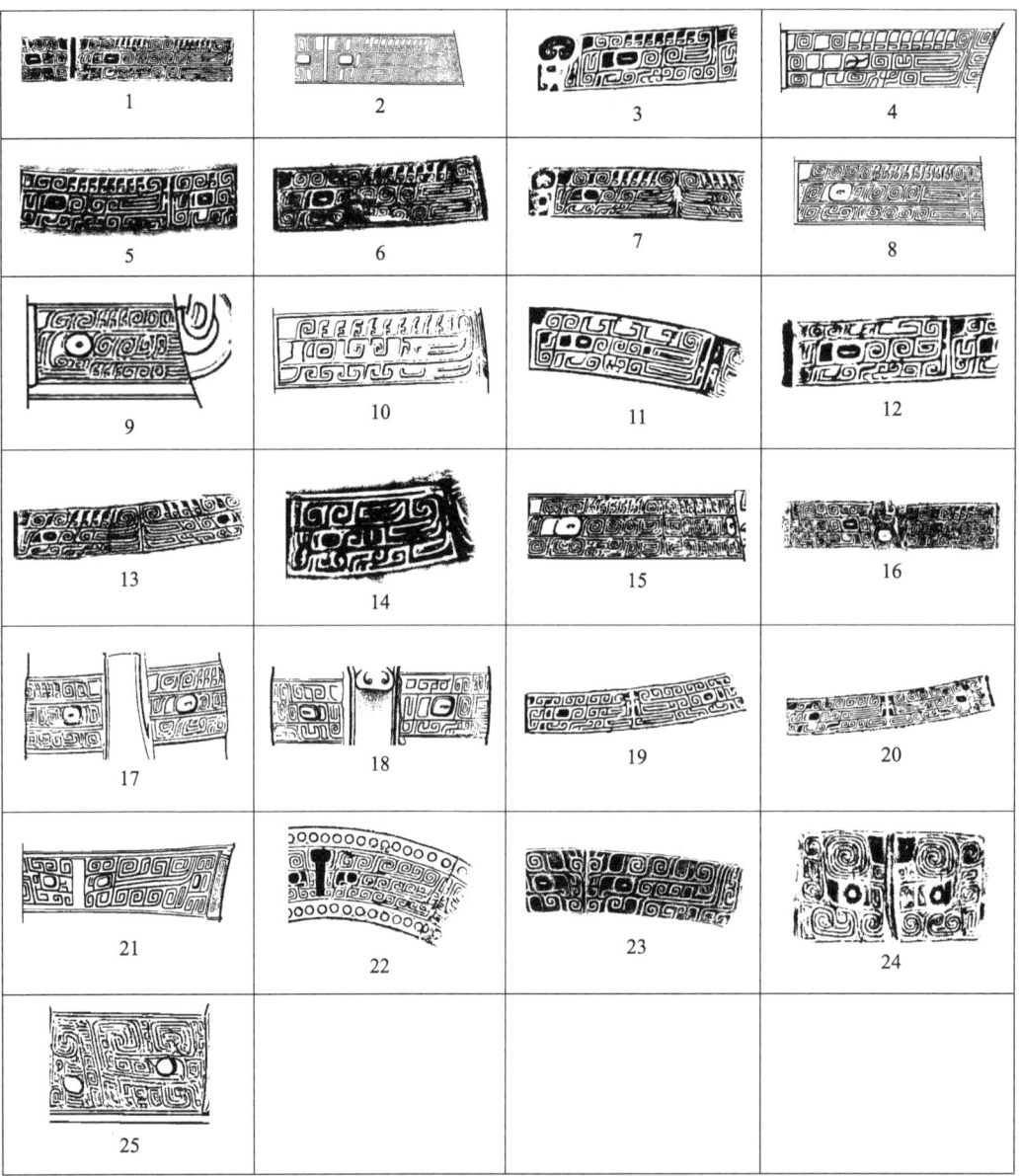

图 6-1　云纹兽面纹

1. 鼎 53 南作 Z　2. 鼎 75 召李 M1　3. 簋 81 贺家 Z　4. 甗 78 齐家 M19　5. 鼎 71 齐镇 M1　6. 鼎二 72 刘家 M
7. 簋三 72 刘家 M　8. 甗 72 刘家 M　9. 壶 55 贺家 Z　10. 鼎一 74 贺家 Z　11. 甗 76 贺家 M113　12. 簋 81 贺家 Z
13. 簋三 72 刘家 M　14. 簋 73 美阳 M　15. 簋 73 贺家 M5　16. 爵 60 齐家 M8　17. 爵 72 刘家 M　18. 爵一 91 齐家 M5　19. 簋 76 贺家 Z（颈）　20. 簋 76 贺家 Z（圈足）　21. 斝 72 京当 J　22. 杯 73 美阳 M　23. 簋二 76 云塘 M20
24. 觚一 91 齐家 M5　25. 斝 73 贺家 M1

商式青铜器中，这种由云纹构成的兽面纹，与有地纹兽面纹有着共同使用和发展的情况，因此从传承关系上看，我们不去制约从属关系，或谁由谁发展而来，而是找寻各自的发展轨迹，只有这样才可以更加准确地知道兽面纹的发展演变情况。从周原出土的青铜器看，有地纹的兽面纹数量少于云纹兽面纹数量。因此，从相对的时代关系上看，云纹兽面纹出现及使用年代，整体上先于有地纹兽面纹。

2. 有地纹兽面纹

有地纹的兽面纹，纹饰位置在器物颈、腹、圈足三处，是商代青铜器中的流行纹饰。在周原青铜器时代较早的器物中延续使用，根据纹样的不同可以分为繁缛阴刻、主体线条勾勒两种。多饰于颈部、腹部、圈足及盖面之上。

（1）繁缛阴刻

颈部纹饰带以兽面纹为主体纹饰，地纹为云雷纹。在圆鼎中有两种不同形态：一种较为繁缛，如鼎四66贺家M（图6-2，1），鼎三72刘家M（图6-2，2），由主体凸兽面纹和细密地纹共同构成，主体兽面纹之上有阴刻花纹。一周四组，朝向四面，兽面中间有凸起扉棱。耳、目、口清晰可辨。在觯二76庄白J1（图6-2，3）颈部纹饰中，图案有所简化。

腹部纹饰为兽面纹+地纹的组合方式，是商代青铜器最常见的一种纹饰。在周原青铜器中，这种图案在早期的器物中得到了延续，在早期食器的鼎、鬲腹部，酒器尊、罍、觚、彝腹部也多有沿用。从器形上看，也具有商代青铜器特征。与颈部纹饰相同的是，腹部为地纹+兽面纹的组合方式中，主体兽面纹也存在有无刻花的情况。兽面有明显刻花的情况占多数，用在同组酒器中，如尊二76庄白J1（图6-2，4）、觚76庄白J1（图6-2，5）、方彝76庄白J1（图6-2，6）。与之类似的纹饰还有罍66贺家M（图6-2，7）。尊76云塘M20（图6-2，8）、卣一73贺家M1（图6-2，9）的腹部纹饰，兽目圆睁，变形简化。而瓯53礼村Z的腹部纹饰（图6-2，10），也可以看到图案明显的变形和简化。圈足的兽面纹（图6-2，11），已有伸出的象鼻。食器中，如鬲一71齐镇M1（图6-2，12）的主体兽面纹上皆有刻花。

从纹饰构图上看，76庄白J1的3件器物，兽面两侧附有兽爪和身躯，具有商代纹饰风格特征。而在尊76云塘M20、罍66贺家M、鬲一71齐镇M1这三组纹饰中，兽身逐渐简化，兽面凸显。纹饰图案上的改变，说明周人在沿用商代纹饰的基础之上已有所创新。这种只留有兽面的纹饰图案，通过周人的创新和改造，逐渐演变成铺首形式，大量出现在东周青铜器中[①]。

（2）主体线条勾勒

兽面纹由粗线条勾勒而成，线条之上无阴刻花纹，纹样有所简化。在鼎三66贺家

---

① 东周时期，青铜壶中兴起铺首衔环式壶，这与周人对兽面纹形态风格的改变存在着密切的关系。

M（图6-2，13）中，主体兽面纹的兽目、角、齿清晰可辨，但面已简化表现，且兽面纹上刻化已消失不见，但兽面的主体两侧仍附有粗线条来表示兽身的存在。与之相近的还有鼎76云塘M20的颈部纹饰（图6-2，14）、爵一76云塘M20的器身纹饰（图6-2，15）。鼎91齐家Z（图6-2，16），颈部纹饰的兽面是以线条勾勒并且有地纹。此纹饰带宽幅窄，仅兽目清晰可辨，其他像兽角、齿、爪、身等部位均已用粗线条简化表现。与前者有演变关系，时代上也存在先后关系。

在爵二76云塘M20器身的纹饰带上（图6-2，17），与之前看到的云纹兽面纹有一共同特征，兽面纹样分为等距的三层，主体以线条勾勒出兽面轮廓，空处地纹以云雷纹填补。此爵时代虽在二期晚段，但此类纹饰应从商式纹饰演变而来。从斝76庄白

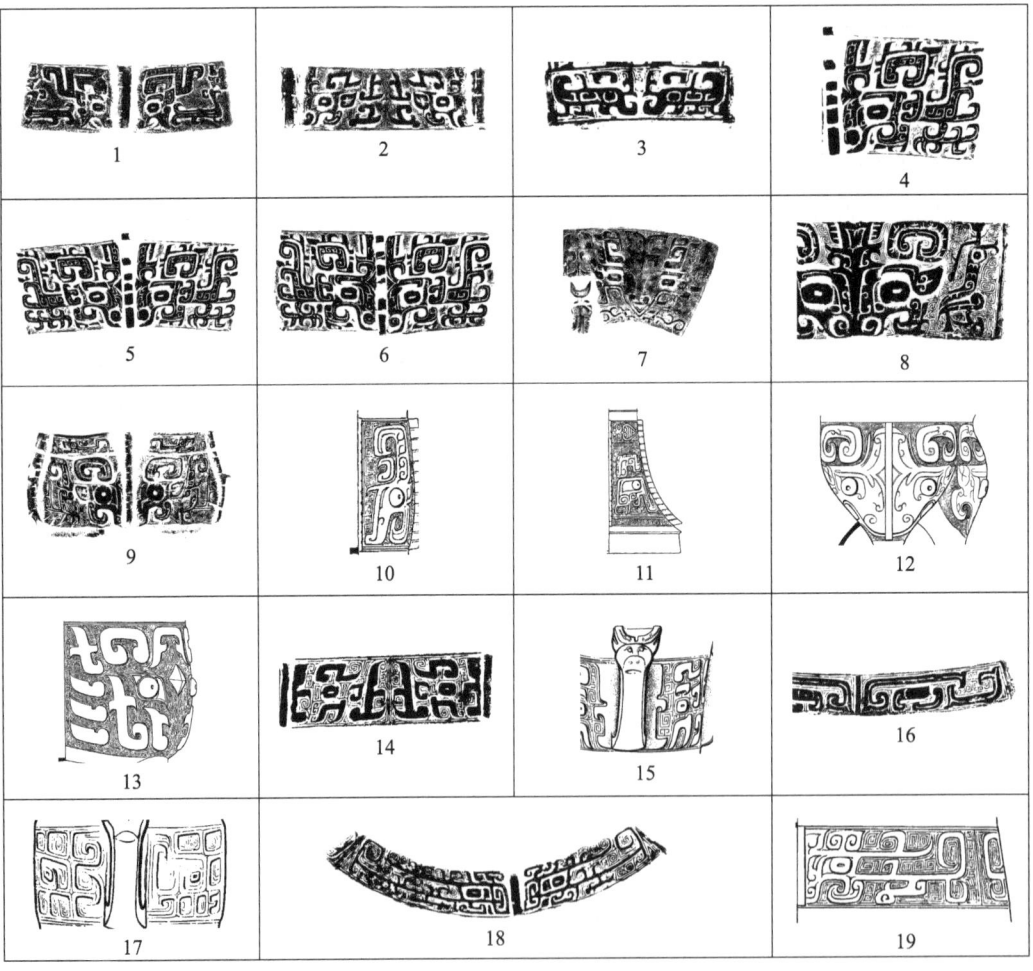

图 6-2 有地纹兽面纹

1.鼎四66贺家M 2.鼎三72刘家M 3.觯二76庄白J1 4.尊二76庄白J1 5.觚76庄白J1 6.方彝76庄白J1 7.罍66贺家M 8.尊76云塘M20 9.卣一73贺家M1 10.觚53礼村Z（腹） 11.觚53礼村Z（圈足） 12.鬲一71齐镇M1 13.鼎三66贺家M 14.鼎76云塘M20 15.爵一76云塘M20 16.鼎91齐家Z 17.爵二76云塘M20 18.斝76庄白J1 19.簋73贺家M1

J1 的肩部纹饰带（图 6-2，18）看，纹饰风格与爵二 76 云塘 M20 接近，构图特征与此爵相同，且时代同为二期晚段。簋 73 贺家 M1（山簋）为商器是可以明确的，其圈足为夔纹所构成的纹饰带（图 6-2，19）的兽面，目、齿、爪均清晰可辨，而图案整体风格与斝 76 庄白 J1 十分接近，足以见得此类纹饰的演变乃由商器而来。

3. 无地纹兽面纹

无地纹兽面纹饰的使用规律清晰，无论纹饰使用何种布局方式，无地纹器物的纹样始终统一，不会出现与有地纹纹饰混用的情况，是一种规矩的纹样图案。以此类纹饰装饰的器物，制作精良、等级较高。用在食器的鼎的颈部，仅发现鼎 95 齐家 Z 一件（图 6-3，1），一周四组兽面构成，分别朝向四面。纹样特点是角内卷，突出兽面，兽身简化。而在器腹饰此纹饰则为多见，食器中见于簋腹的有簋 66 贺家 M（图 6-3，2）、簋二 72 刘家 M（图 6-3，3）。酒器尊中，有 76 庄白 J1 中（商器）尊一（图 6-3，4）、卣一（图 6-3，5）；62 齐家 J 中的日己器组（三期早段），尊（图 6-3，6）、觚（图 6-3，7）、方彝（图 6-3，8）的腹部纹饰。可以看出，簋 66 贺家 M、簋二 72 刘家 M、尊一 76 庄白 J1 这三件器物腹部兽面纹中，除兽面本体之外，伴随兽面两侧有兽身和兽爪等附属纹饰，且兽角内卷，这种纹饰承接了商式纹饰风格。尤其是尊一 76 庄白 J1（商尊），其圈足所饰兽面纹（图 6-3，9），兽角有"S"形弯折，这类兽角流行于殷墟晚期。这种与腹部兽面纹的内回卷角同在一器之上的情况，当属同时期共存的流行纹饰风格。

图 6-3　无地纹兽面纹
1. 鼎 95 齐家 Z　2. 簋 66 贺家 M　3. 簋二 72 刘家 M　4. 尊一 76 庄白 J1　5. 卣一 76 庄白 J1
6. 尊 62 齐家 J　7. 觚 62 齐家 J　8. 方彝 62 齐家 J　9. 尊一 76 庄白 J1

从这点上看，此二类兽面纹都承接了商式风格。而 62 齐家 J 的尊、觥、彝的兽面纹样，仅剩兽面，已省略兽身，且兽角上扬，一改之前兽面纹风格，与殷商纹饰有了明显的改变，是周人创新的纹饰。

（二）夔纹

夔纹，学界对此类纹饰颇有争议，亦有称其弯角鸟纹者。对于这一情况，为避免歧义，笔者在此做些许浅论，不足之处还望专家指正。

持鸟纹观点的学者认为，此类纹饰的形态与鸟纹十分相似。马承源提出，"弯角鸟纹，在鸟的后脑有一弯角，角根较宽，向下弯曲，角尖向上。弯角鸟纹盛行于商末周初"①，将其视作鸟纹。陈佩芬于《夏商周青铜器研究·西周篇》中，在对兽面纹卣的器形描述时，将此纹饰认作弯角鸟②。当然，持此类纹饰为夔纹观点的学者，也有不同的看法。容庚在《商周彝器通考》中，就将此类纹饰作为夔纹③。

首先，我们从这两种动物具有的特征看。鸟作为可以飞翔的动物，其表现出与爬行类动物的区别，主要在羽翼之上。在 76 庄白 J1 中，青铜器所饰的垂冠大鸟纹，便可清晰地分辨出层层鸟羽和翅膀。可见，鸟纹图案在鸟的肢体构造上，会突显出其可飞翔的本能。因此，我们认为鸟纹即使在做图像变形或肢体省略时，构图上其最具象征性的部分是予以保留的，绝不会省略飞翔时所用的羽翅，倘若鸟没有了翅膀又如何称其为鸟？其次，从小鸟纹饰的构图看，鸟足在翅下，由很细的线条勾勒，且向外张开，而在鸟的身后，所表现出内收的并非为足，而是其尾羽做内卷状。与此夔纹形态相近的鸟纹，还有由翅膀处起，身体就分两作上下两段的鸟纹，但即使是这种形态的鸟纹，也都表现出了鸟的翅膀所在。

夔纹图案的表现重点在于有角、无翅、单足。因此，鸟纹与夔纹的判定的重点，是在角、翅膀和足上。而在周原这类纹饰中，即无鸟翅膀，也无细鸟足。若要强作"弯角鸟纹"或"弯角鸟"来讲，实有不妥。除此之外，此类纹饰虽在其头部与鸟纹有相似之处，但躯干与鸟纹也有本质不同。其躯干平直，前后一致，也没有鸟纹所表现出的那种前部饱满、逐渐向尾部收缩的体态特征，且在胸部也是平直的，与小鸟纹那种凸显圆润饱满的胸腹部相差很远。而其头后的弯角，是夔本该具有的角。综上所述，将此类纹饰视作夔纹，显然更为合理妥当。

张懋镕在《关于中国青铜器大型图录书的订正意见》里讲到鸟纹与夔纹的区别："主要在身躯而不在头部。鸟纹身躯的特点是前胸凸出，尾部呈尖状，即身躯的前一部分丰腴，至后一部分逐渐收束。而夔龙之类纹饰的身躯是前后基本一致粗细，胸部平

---

① 马承源：《中国青铜器》，上海古籍出版社，1988 年，324 页。
② 陈佩芬：《夏商周青铜器研究·西周篇》，上海古籍出版社，2004 年，183 页。
③ 容庚：《商周彝器通考》（上册），台湾大通书局，1973 年，108 页。

直不凸出，尾部上卷或下垂。"① 这种纹饰的确与鸟纹有很多相似点，头部与鸟纹十分相近且尾上扬，但实际上是不可以当作鸟纹来看的，应该作夔纹。

总体上看，周原青铜器的夔纹中，夔兽的变化不明显，但夔身差异较大。因此，我们依照夔身所表现的不同体态，对周原青铜器中的夔纹图案进行分类。将夔纹分为直身和躬身两类，直身夔纹形态较多，有独身和双身两种纹样；躬身夔纹的变化较小。

1. 直身夔纹

直身夔纹顾名思义，夔的身躯是平直的，这是相对躬身夔纹而言的。见于二期早段的商式鼎、簋、卣、罍这四类器之上。多饰于颈部纹饰带；盖、圈足的纹饰带亦有使用，张口、瞠目、头后有一弯角、身尾部有一足、卷尾，地纹为云雷纹。作为主体纹饰带，一周为四组，两两相向排列，中间由扉棱隔开。在体型较大的鼎上，一周的四组为四条夔，且纹饰带的周长要大于簋、卣等器，故夔身就拖得很长。例如，鼎二80 王家咀 M1（图6-4，1）、鼎 87 王家咀 Z（图6-4，2）的口沿下纹饰。实际上这种长身的成因，与纹饰图案的演变并无先后关系，只是为了遵循纹饰的布局原则而刻意为之。食器簋、酒器尊等体形小、横径小的器物，颈部或圈足纹饰带的周长短，且为一周四组八条夔，为了遵循图案布局的原则，夔的躯体也要短很多。除此之外，在纹样上有所区别，有独身和双身两种图案，在簋 73 美阳 M（图6-4，3）的颈部，簋二72 刘家 M（图6-4，4）的圈足等部位的纹饰带，使用了这种纹饰。在卣一 73 贺家 M1 的盖沿（图6-4，5）、颈（图6-4，6）部的纹饰带，夔的尾部有上卷和上折下卷的两种形态，这种变化出现在同一件器之上，颈部夔纹这尾部上折再下卷的夔纹图案，夔的躯体更长。我们认为这也是为了遵循纹样布局统一的原则所做的刻意变化。不同于前者的是出现在窖藏中的青铜器，夔纹由线条勾勒而成，显得更加简化，夔身为两条横线勾勒，至尾部上线上回卷，下线下钩，呈分尾状。多作为辅助纹饰，如尊一 76 庄白 J1 的颈部（图6-4，7），卣一 76 庄白 J1 口、颈、圈足纹饰带（图6-4，8），这种夔纹与之前所言有较大变化，首先是作为辅纹出现，而非主体纹饰。其次纹饰带很短、双体夔纹更短、更宽，可占满纹饰带的宽幅，且分尾使夔纹整体更显平衡。可见其变化也是为了遵循纹饰图案布局的原则。

2. 躬身夔纹

躬身夔纹的纹饰带，均为一周四组四条夔的图案布局方式。同样是饰于体形较大器上，如饰于鼎口下一周的有鼎 73 贺家 M1（图6-4，9），罍圈足一周的有罍 66 贺家 M（图6-4，10）。这种身躯上躬尾回卷的夔躯，与直身夔纹的流行时间是相近

---

① 张懋镕：《关于中国青铜器大型图录书的订正意见》，《文博》2006年第2期。

的，卣一73贺家M1的盖、颈部纹饰为直身夔纹，而圈足则饰躬身龙纹（图6-4，11），我们认为这种通身满花的卣，是为了避免纹饰图案的重复，刻意做了变化，才使这件器三组加在主体纹饰中的夔纹纹饰带的形态均不同。而就在同一墓葬中，卣二73贺家M1的盖面、颈、圈足的纹饰带（图6-4，12），夔的图案均相同。这三条夔纹纹饰带便是该器的主体纹饰，与通身满花的卣一73贺家M1相比，在器形上已有所简化。

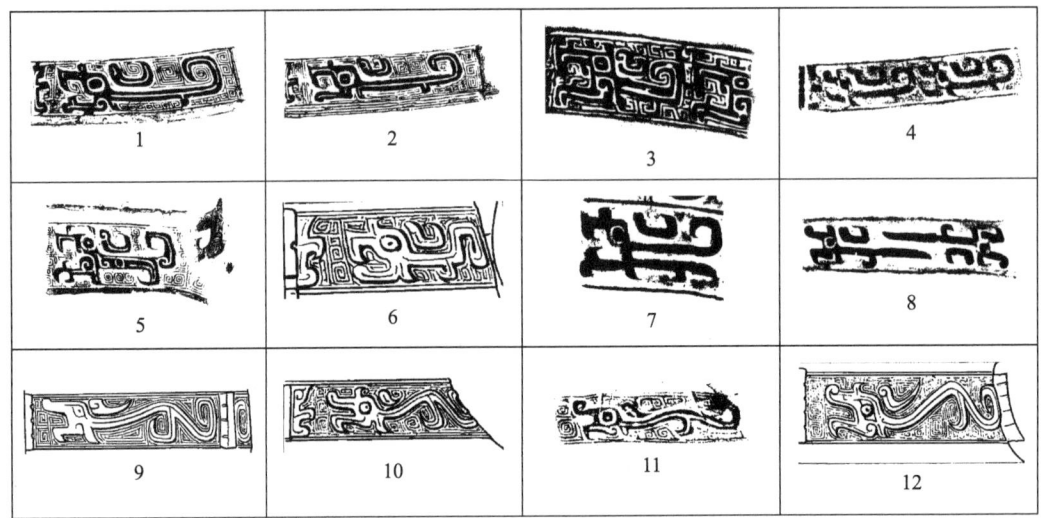

图6-4 夔纹

1. 鼎二80王家咀M1 2. 鼎87王家咀Z 3. 簋73美阳M 4. 簋二72刘家M 5. 卣一73贺家M1（盖沿） 6. 卣一73贺家M1（颈） 7. 尊一76庄白J1 8. 尊一76庄白J1 9. 鼎73贺家M1 10. 甗66贺家M 11. 卣一73贺家M1 12. 卣二73贺家M1

（三）龙纹

龙纹在商周青铜器纹饰中流行时间最长，地位非常重要。从青铜器上龙纹的使用情况看，是商人开创的青铜艺术表现的一大主题形式，反映出人们对龙这种幻化之物的尊崇。龙纹在周原青铜器上的演变，也表现出商人、周人对神物的崇拜的改变，以及审美观念上产生的变化。

周原青铜器上的龙纹图案，皆为顾首龙纹这一种形式。尽管整体造型一致，但器类众多，图案繁复，纹饰变化的界限难寻，也难以界定。我们先不去顾及饰有龙纹的器物的时代，仅按照龙纹图案的差异做图像上的分类。再与器物反向推敲，不仅可以重新审视断代中忽略的细节，还可构建出周原青铜器龙纹的演变谱系。按照龙纹图案上的差异，可以分为简化顾首龙纹和繁缛顾首龙纹两类，简化偏重于写意，繁缛则重于写实。

1. 简化顾首龙纹

此类龙纹做回首状，多两两相背，由中轴对称分布在颈部一周，常作为主体纹饰带出现。此类纹饰的称谓较多，有称"顾龙纹"①"回首龙纹"②等，也有将其归于夔纹属的。这种简化的顾首龙纹主要使用在食器上，根据体态的不同，分为斜身、躬身、分身、双首独身四种体态。

（1）斜身

斜身龙纹的表现形式较为统一，龙首垂冠，变化不大。龙身呈对角线状斜接首尾。龙尾回收，尾部为锥状三角形。有的与尾相连接，有的则分开。在鼎一75庄白M（图6-5，1）、鼎80黄堆M4（图6-5，2）、鼎80刘家村M2（图6-5，3）、鼎49任家Z（图6-5，4）、甗一60齐家J（图6-5，5）、簋93贺家Z（图6-5，6）、尊78齐家M19（图6-5，7）的尾部，锥状三角形与尾相接，是斜身顾首龙纹的主流形式。在鼎三75庄白M（图6-5，8）、觯78齐家M19（图6-5，9）、爵一78齐家M19（图6-5，10）③、卣78齐家M19的盖沿及颈部（图6-5，11）④、盘75庄白M口下（图6-5，12）的纹饰带，龙纹的尾部为回钩尖状内卷，与锥状三角断开不连，且有明显的分界，但整体图案风格仍十分接近。

壶一、二81强家M1的颈部三角几何纹饰（图6-5，13），可以看出纹饰退化的现象，龙首已简化不可辨，但身躯的构图仍保留，并且在顶端有向下的小钩，图案向几何纹饰转变。由甗78凤雏J的颈部纹饰（图6-5，14），不难看出龙纹这一演变的痕迹。

（2）躬身

躬身龙纹，与斜身龙纹最明显的区别在于，龙身躯中间向上弓起，尾部下落后上扬回卷。垂冠向上卷起与尾呼应。这种纹饰在食器当中不见，仅饰于水器颈部，有盉75庄白M（图6-5，15）、盂73庄白刘家Z（图6-5，16），从图案上看，躬身龙纹的垂冠与斜身龙纹中簋93贺家Z相同，之间有相互关系。之前提到周原青铜器中，青铜鼎、簋的数量最多，流行时间最长，纹饰大变化多数在这两类器形中首先发生。饰斜身龙纹的器物出土于不同单位之中，代表了一定的流行共性，在簋93贺家Z中出现垂冠增大的情况，这或许是纹饰产生变化的起点。从器形上看，斜身龙纹使用更为广泛，且涉及各类器形。从源流关系上看，躬身龙纹的使用范围没有斜身龙纹广泛，器形也不及其丰富。因此，我们相信，其极有可能是从斜身龙纹中派生出来的一类纹饰。

（3）分身

分身龙纹的龙首与斜身龙纹差异不大，回首垂冠。区别主要在身躯和尾部。之所以称其为分身龙纹，正是因为龙纹身躯与尾部是分段相连接的，身上扬，后接尾并回

---

① 朱凤瀚：《中国青铜器综论》，上海古籍出版社，2009年，548页。
② 张光直：《商周青铜器与铭文的综合研究》，《"中央研究院"历史语言研究所专刊之六十二》，"中央研究院"历史语言研究所，1973年。
③ 是爵纹饰布局中（wb2）。
④ 是卣纹饰布局中（wb3）。

卷。饰于簋、盉之上。簋均饰在颈部，有簋 66 贺家 M（图 6-5，17）、簋 80 黄堆 M16（图 6-5，18）、簋一 81 强家 M1（图 6-5，19）。为四组八条两两相对的布局，顾首龙长口，垂冠，长身下回卷尾。卣 76 云塘 M20 的盖面、颈部纹饰带（图 6-5，20），龙纹尾部有差异，下垂不卷，无地纹，龙身亦无阴刻线，而最大的变化在龙的躯体多反向倒钩，这种情况在商器中是从未见到的，显然是周人的新创。在盉 75 董家 J 的颈（图 6-5，21）、盖（图 6-5，22）饰有相同的龙纹，均为一周四组的排列方式。与夔纹情况相同，盉盖纹饰带的周长大于颈部，纹饰图案也受到影响，故盖上的龙身要长于颈部，且在身中间空白处增添一钩状尾羽，也是为了遵循图案的布局而加，是表现形式相同的纹样图案。

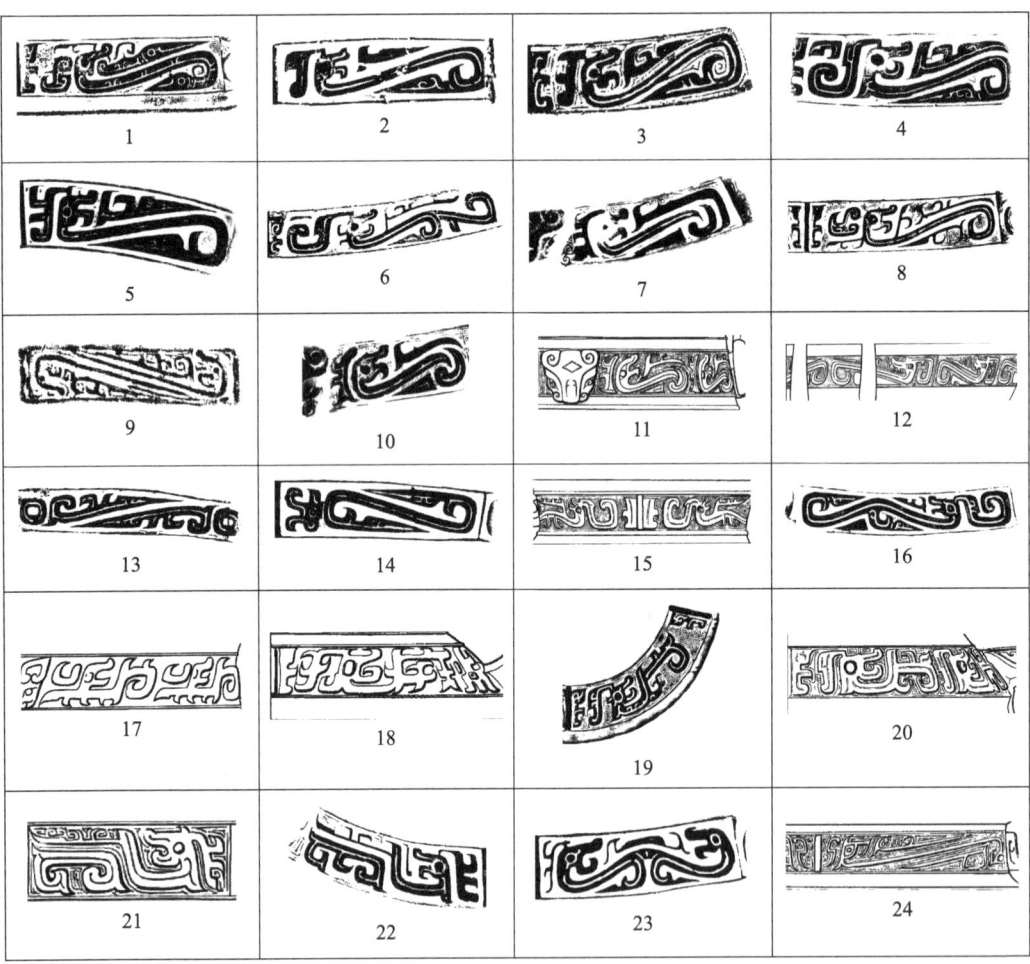

图 6-5 龙纹

1. 鼎一 75 庄白 M 2. 鼎 80 黄堆 M4 3. 鼎 80 刘家村 M2 4. 鼎 49 任家 Z 5. 甗一 60 齐家 J 6. 簋 93 贺家 Z 7. 尊 78 齐家 M19 8. 鼎三 75 庄白 M 9. 觯 78 齐家 M19 10. 爵一 78 齐家 M19 11. 卣 78 齐家 M19 12. 盘 75 庄白 M 13. 壶一、二 81 强家 M1 14. 甗 78 凤雏 J 15. 盉 75 庄白 M 16. 盉 73 庄白刘家 Z 17. 簋 66 贺家 M 18. 簋 80 黄堆 M16 19. 簋一 81 强家 M1 20. 卣 76 云塘 M20 21. 盉 75 董家 J（颈） 22. 盉 75 董家 J（盖） 23. 鼎一 81 强家 M1 24. 卣 75 召李 M1（圈足）

可见这一现象不单出现在夔纹之上，龙纹也再次证明，在颈部的主体纹饰中，依然遵循一周四组的图形排列方式，而纹饰的长度与器物周长有关。为符合纹饰排列的方式，有些纹饰的身躯被刻意延长，这也就不难解释，之前夔纹中长身夔纹常饰于体型较大器物颈部的现象。

（4）双首独身

单体双首，似双首共用同一躯体，实则有首、有尾，两顾首龙仅躯体相连，用作鼎颈部纹饰，以斜身、躬身顾首龙纹为原型，在这两型龙纹的基础上演变而来。躬身有鼎一81强家M1（图6-5，23），斜身有卣75召李M1的圈足纹饰（图6-5，24）。

2. 繁缛顾首龙纹

（1）独身

卷身龙纹，饰于簋、尊、方彝之上，且在同一件器物上不止一处使用此纹饰。在76庄白J1的折器组中，折方彝的盖（图6-6，1）、颈（图6-6，2）均饰此纹饰，尊二（折尊）的颈（图6-6，3）、圈足（图6-6，4）也饰此纹饰。在商器中，此纹饰从未出现，可以说是在周人影响下创新的纹饰，流行于穆王时期。不仅窖藏中的青铜器饰此纹饰，还出现在簋76贺家M112的腹部（图6-6，5），该墓葬仅出土簋一件，其时代应与折器相近，同为穆王时期。

（2）双身

有双体、双首两型。是完全分开的两条龙纹构成的一组图案，用在器物颈部，如鼎52

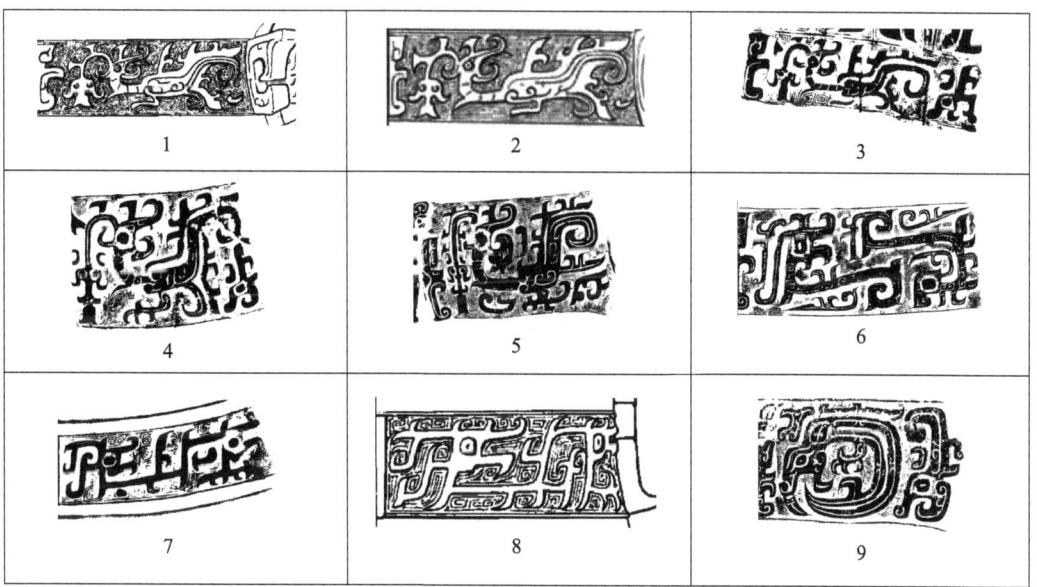

图 6-6　龙纹

1. 彝76庄白J1（盖） 2. 彝76庄白J1（颈） 3. 尊二76庄白J1（颈） 4. 尊二76庄白J1（圈足）
5. 簋76贺家M112 6. 鼎52童家Z 7. 壶75召李M1 8. 壶66贺家M 9. 簋95黄堆M58

童家Z（图6-6,6）、壶75召李M1（图6-6,7）、壶66贺家M的颈部纹饰（图6-6,8）。

除此之外，团身龙纹也出现在个别器物的腹部。图案中的龙身躯卷成一团，龙冠、目、口、爪清晰可辨，在周原青铜器中，仅在簋95黄堆M58的腹部（图6-6,9）出现，作为主体纹饰，替代了兽面纹。

（四）鸟纹

鸟纹在商代中期就已经出现，流行至商代晚期，在殷墟青铜器中，如安阳小屯妇好墓出土偶方彝、簋等器物上都饰有清晰的鸟纹。但与周原青铜器上所饰鸟纹大有不同，商代青铜器上的鸟纹是作为辅助纹饰存在的，且鸟无冠羽，钩喙特长，尾下垂，虽有鸟形却失了灵性，呈现出一种重实感。周原青铜器上的鸟纹，多是作为主体纹饰或纹饰带出现在器物的颈、腹之上，当然也有饰于圈足作为辅助纹饰的情况。从图案造型上看，周原青铜器上的鸟纹，生灵活现、体态多样，尤其是垂冠大鸟纹，鸟羽可见，繁缛逼真。这些都是商代青铜器上鸟纹所无法比拟的。鸟纹是在进入西周时期后开始逐渐繁盛的，这与周民族神话传说中凤鸟的重要地位息息相关。朱凤瀚认为："西周重凤鸟纹饰或可能是与周人视凤鸟为神奇的吉祥之物有关。"① 周原青铜器中，鸟纹广泛出现在周人的各类器物之上，这也成为区分商系与周系青铜器的一个较好依据。对于周原青铜器鸟纹的分类，我们根据鸟冠的不同，分为小鸟纹、大鸟纹、团鸟纹三大类。

1. 小鸟纹

装饰小鸟纹的器物数量最多，小鸟纹在形态上也有所不同，最为明显的区别主要是鸟冠的不同及鸟尾的差异。因此，进一步将小鸟纹分为后垂冠、前垂冠两类。

（1）后垂冠

后垂冠小鸟纹，即鸟冠垂于脑后，这种鸟纹装饰在食器鼎、簋，酒器壶、尊、盉，水器的盘等器物之上，流行范围非常广泛，所含器类十分丰富。这些器物上的后垂冠小鸟纹，鸟首、鸟身基本相同，但尾部有变化，大致可以分为鸟尾下回卷和上回卷两种形态。

尾下回卷的小鸟纹，鸟身存在不同形态，图案看上去也有所差异。这种现象的出现主要原因是，纹饰位置的差异。也就是说，作为主体纹饰的此类鸟纹，体态丰富，饰于器物的颈部，如簋三81强家M1（图6-7,1）、壶三75庄白M（图6-7,2）、鼎一66贺家M（图6-7,3）、爵二76庄白J1（图6-7,4）；或器盖之上，如壶一76庄白J1（图6-7,5）、壶二75庄白M（图6-7,6）、簋二75庄白M（图6-7,7）、觥62齐家J（图6-7,8）。而饰于圈足，或作为辅助纹饰的鸟纹，就显得简单粗糙。例如，同是觥62齐家J这件器物，其圈足所饰小鸟纹（图6-7,9）的形态与器盖上的相比，虽然鸟的形态神似，但省略了鸟冠和鸟身可刻纹。类似的情况还有尊62齐家J的颈部

---

① 朱凤瀚：《中国青铜器综论》，上海古籍出版社，2009年，559页。

（图 6-7，10）和圈足（图 6-7，11）、觚一 76 庄白 J1 颈部（图 6-7，12）。这种纹饰简化的现象与纹饰的退化无关，因此，我们要把这种因主次关系而简化纹饰的现象，与纹饰退化的现象区分开来。

尾上回卷的小鸟纹，多作为主体纹饰，饰于器物盖、颈部，出现在 75 庄白 M 壶一的颈部（图 6-7，13）、壶三盖沿（图 6-7，14），78 齐家 M19 鼎一的颈部（图 6-7，15）、簋一的颈部（图 6-7，16）、盉盖面（图 6-7，17）和颈部（图 6-7，18）、盘口（图 6-7，19）和圈足（图 6-7，20）中，以及簋一 80 黄堆 M4 的颈部（图 6-7，21）。尾上回卷鸟纹尾羽较长，长过鸟的身体，此类纹饰集中出现在几个单位中，因此不具

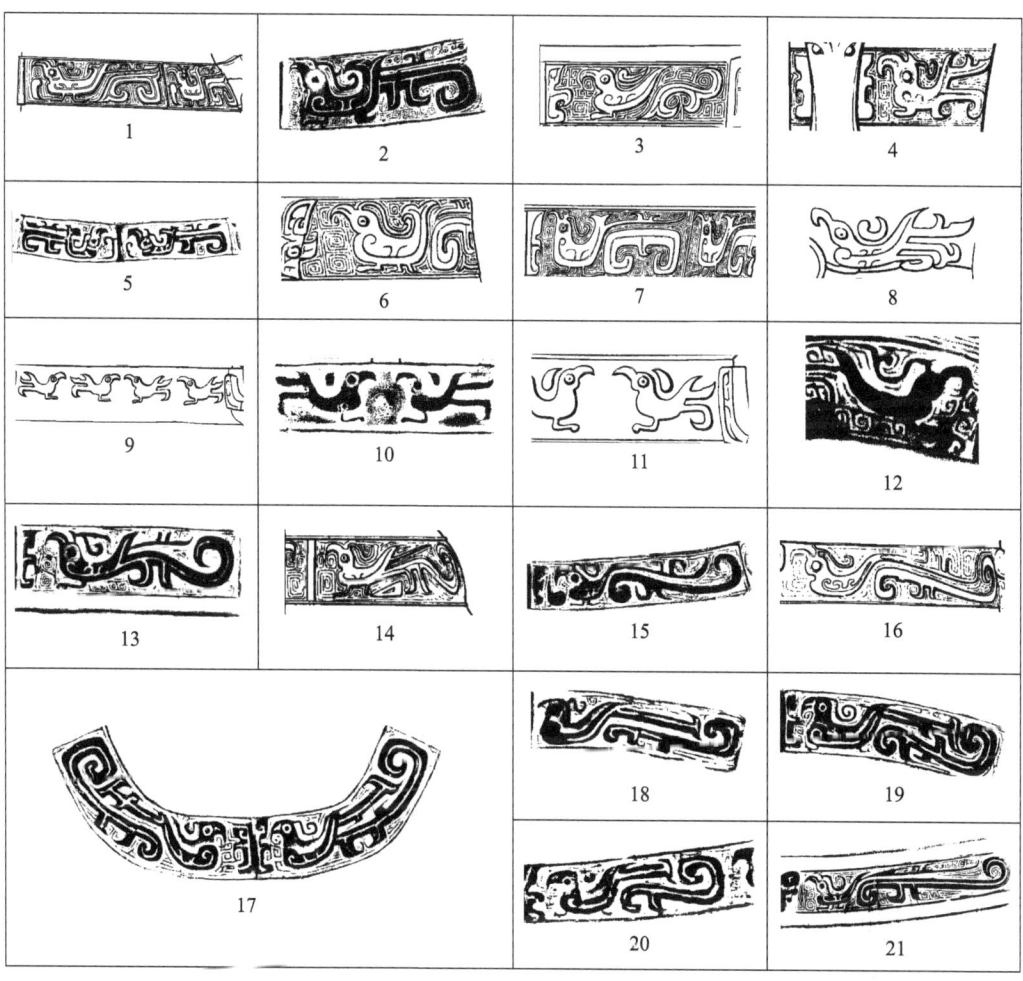

图 6-7　小鸟纹

1. 簋三 81 强家 M1　2. 壶三 75 庄白 M　3. 鼎一 66 贺家 M　4. 爵二 76 庄白 J1（颈）　5. 壶一 76 庄白 J1　6. 壶二 75 庄白 M　7. 簋二 75 庄白 M　8. 觚 62 齐家 J　9. 觚 62 齐家 J（圈足）　10. 尊 62 齐家 J（颈）　11. 尊 62 齐家 J（圈足）　12. 觚一 76 庄白 J1　13. 壶一 75 庄白 M　14. 壶三 75 庄白 M　15. 鼎一 78 齐家 M19　16. 簋一 78 齐家 M19　17. 盉 78 齐家 M19（盖）　18. 盉 78 齐家 M19（颈）　19. 盘 78 齐家 M19（盘口）　20. 盘 78 齐家 M19（圈足）　21. 簋一 80 黄堆 M4

有流行的广泛性,是周原青铜器鸟纹的一个构成部分。

（2）前垂冠

前垂冠鸟纹,即鸟冠不在脑后而垂于身前,此类鸟纹均出自窖藏当中,从鸟的体态上可以分为仰首、顾首两种形态。

仰首前垂冠小鸟纹,冠垂于鸟首前,身躯上扬,尾平直下回卷,均饰于窖藏中的青铜器上。在76庄白J1中的丰器组、墙器组上均饰前垂冠鸟纹。丰器组上,如尊三的颈部纹饰（图6-8,1）、卣二76庄白J1颈部纹饰（图6-8,2）,鸟纹的图案相同,鸟体态更接近商式小鸟纹,身肥尾细,四组八只,相向排列。而3件丰爵,虽铭文内容相同,但所饰鸟纹各不相同,仅爵三76庄白J1（图6-8,3）,是前垂冠鸟纹,其余2件均为后垂冠。窖藏的墙器中,墙盘口沿下的一周纹饰（图6-8,4）,鸟尾与身分离,平直内卷,同样是四组八只的布局,故鸟尾很长。墙爵（图6-8,5）,同样饰此纹饰,鸟尾与墙盘相较要短,与丰爵鸟纹几乎无异。除此之外,窖藏中爵六76庄白J1（图6-8,6）,鸟尾不分,向下内卷,纹饰与丰爵十分接近。可见这种前垂冠仰首鸟纹主要流行于穆王晚期至共王时。在鼎82齐家J（图6-8,7）颈部的纹饰带,鸟冠与首不连,鸟冠更大并与鸟尾相互平衡,这种形态产生的变化说明其时代要更晚一些。

顾首前垂冠小鸟纹均饰于青铜壶上。从伴出纹饰来看,时代上均晚。可见这类顾

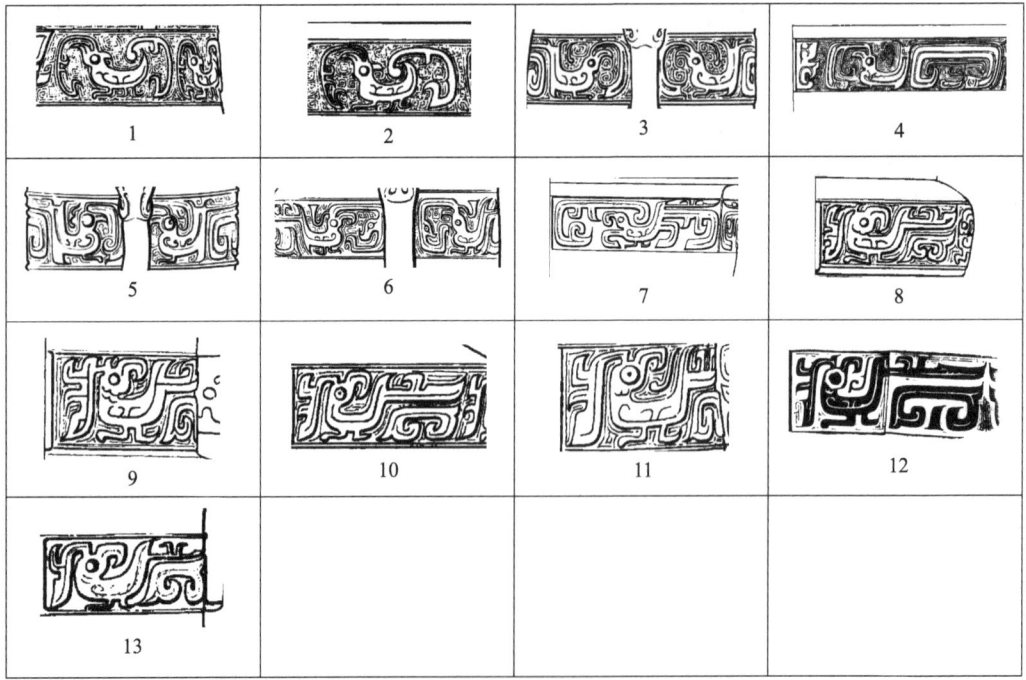

图6-8 小鸟纹

1. 尊三76庄白J1 2. 卣二76庄白J1 3. 爵三76庄白J1 4. 盘76庄白J1 5. 爵七76庄白J1（颈） 6. 爵六76庄白J1（颈） 7. 鼎82齐家J 8. 壶一60召陈J（盖） 9. 壶一60召陈J（颈） 10. 壶一60齐家J（盖） 11. 壶一60齐家J（颈） 12. 壶四76庄白J1 13. 壶一75董家J

首的小鸟纹是有异于其他鸟纹的，至少在流行时代上是最晚的。壶 Bb 型，60 召陈 J 出土的散车父器组中，铜壶的盖沿（图 6-8，8）、颈部（图 6-8，9）饰此纹饰，与腹部垂鳞纹、圈足波带纹同时出现；60 齐家 J 中，2 件青铜壶（一、二）的形制与散车父壶相同，且盖（图 6-8，10）、颈（图 6-8，11）部的鸟纹也十分接近，腹部饰十字带纹、圈足为垂鳞纹，76 庄白 J1 中十三年瘐壶（四、五）虽属 C 型壶，但在盖、颈部纹饰带，同样饰此纹饰（图 6-8，12）。虽然器形不同，C 型壶整体上晚于 Bb 型壶，但这共同的纹饰，可见此二型壶在此时是有所交集的。如果不是共同使用，那便是器形演变而纹饰沿用的情况了。在 75 董家 J 中，2 件仲南父壶的颈部纹饰（图 6-8，13）同为此类鸟纹，腹部十字带纹由重环纹构成，但与厉王时重环纹还是有所差异的，但显然与十三年瘐壶相较是要更晚一些了。

2. 大鸟纹

大鸟纹即鸟体较大，纹饰复杂程度与繁缛龙纹相似，多作为主题纹饰于器盖、腹部。周原青铜器上所饰的大鸟纹，正是大鸟纹兴盛之时。在簋一 75 庄白 M（图 6-9，1）腹部的大鸟纹，鸟脖有羽，生动逼真。尊三 76 庄白 J1（图 6-9，2）、卣二 76 庄白 J1（图 6-9，3）腹部的大鸟纹，则略有简化。另外，在卣二 76 庄白 J1 盖面（图 6-9，4）的大鸟纹，鸟的形态与器身不同，为回首，鸟身更细，省去了鸟冠，以蛇纹代替。这或许正显示出，在周人的意识中，鸟、蛇均有一种吉祥的寓意。

3. 团鸟纹

团鸟纹是周原青铜器中独有的一种纹饰。饰于青铜壶盖顶圈形捉手内，纹饰图案大同小异，将鸟纹卷作一团，其中鸟冠、喙、目、翅、身、足、尾均清晰可辨，具有神韵色彩。例如，壶（二、三）76 庄白 J1（图 6-9，5）、壶（四、五）76 庄白 J1（图 6-9，6）、壶（一、二）81 强家 M1（图 6-9，7）。此类纹饰乃周人所创，是区分周人青铜器与商人作器的又一条凭据。

（五）其他动物纹

1. 蜗纹

流行于西周早期，除周原范围之外，宝鸡、泾阳、灵台等地出土的青铜器也有饰此纹饰者。纹饰定名上，又称其团龙纹、卷体龙纹、卷体夔龙纹等，总之称谓未能统一。从纹饰图案所表示出的各种特征看，似乎更近蜗牛[①]，给予蜗纹的称谓是符合情理的。周原遗址范围饰蜗纹的青铜器较为少见，在 66 贺家 M 中，罍的肩部饰此纹饰（图 6-9，8）。

---

① 有关蜗纹定名的探讨参见，任雪莉：《蜗纹的相关问题及研究意义》，《宝鸡文理学院学报（社会科学版）》2007 年第 4 期。

2. 蛇纹

蛇纹在商周青铜器中较为少见，周原青铜器饰蛇纹的2件器物均出自征集器。从蛇纹的图案上看，蛇首冲下，目圆瞪，蛇身中部向下弯折，尾上卷，蛇身上有圈点或线条，以示意蛇鳞。在簋96庄白Z的颈部和圈足纹饰带上，蛇纹与涡纹交错排列（图6-9，9），觚53礼村Z（图6-9，10）的颈部纹饰带，蛇纹则饰于云雷纹之上。

3. 蝉纹

周原青铜器所饰蝉纹承袭商器，纹饰细密，蝉双目圆瞪，躯作心形，腹上有细条纹，无羽。仅在觚53礼村Z（图6-9，11）上出现这种纹饰。

图6-9　大鸟纹和其他纹饰

1.簋一75庄白M　2.尊三76庄白J1　3.卣二76庄白J1　4.卣二76庄白J1 盖　5.壶二76庄白J1　6.壶四76庄白J1　7.壶一81强家M1　8.罍66贺家M　9.簋96庄白Z（足）　10.觚53礼村Z　11.觚53礼村Z

二、变形纹饰的分类

变形纹饰即是在动物纹饰的基础上，进行的简省或简略变化而成的一类纹饰。通过对原有纹饰的部分保留，并加之形变，成为新的抽象、简洁的纹饰。在周原，这种纹饰流行于三期晚段，延续至四期早段的一些器物之上。图案上逐渐向四期主流几何纹饰靠近，可以说是动物纹饰向几何纹饰演变的过渡。对于这类纹饰，我们将其归为以下几类（表6-3）。

表 6-3　周原青铜器变形纹饰分类表

目纹	1. 云纹目纹	2. 四瓣目纹	3. 圆点形目纹	4. 椭方形目纹	
蕉叶纹	1. 动物图案	2. 几何图案			
斜角纹	1. 龙身变体	2. 线条勾勒			
窃曲纹	1. 带目窃曲纹	（1）垂冠	（2）半身	（3）躬身	（4）反身
	2. 无目窃曲纹	（1）U形	（2）∽形		
波带纹					

（一）目纹

目纹最常见的有三种：一是圆点形，二是椭圆形，三是椭方形。均凸于青铜器表面，在椭圆和椭方形的目纹中间，常有印刻的横线或凹点，与兽面纹的兽目非常接近。在纹饰构图上，也可分为两种形式：一是与其他纹饰组合构成，二是单独使用。组合图案构成的目纹均为椭方形，而单独使用的目纹则有圆点形和椭方形两种。根据这一情况，我们将第一种形式的目纹分为云纹目纹、四瓣目纹；另一分为圆点形目纹、椭方形目纹。

1. 云纹目纹

是兽目与云纹组成的变形纹饰。在 Ad 型 II 式中鼎—72 刘家 M 颈部纹饰带（图 6-10，1），云纹环绕目纹四周，横向可列为三行，与云纹兽面纹的图案布局相近，目纹位于中间行，且兽处于纹饰正中。簋 76 贺家 M112 的圈足纹饰（图 6-10，2），正中有目，横向有两道平直线条，末端上下回卷，近三等分处上下有回钩，地纹为云纹。该簋腹部及盖均饰繁缛顾首龙纹，圈足这种云纹目纹少见，且时代要晚。

在鬲颈部的纹饰带，云纹排列在目纹的两侧，与目纹间隔出现，如鬲 73 贺家 M6 口沿下的纹饰带（图 6-10，3）。也有云纹呈斜三角形对称排列，中间以目纹间隔，如鬲 72 刘家 M 口沿下的纹饰带（图 6-10，4），这种目纹的纹饰带很细，带宽与目纹的宽度基本保持一致，仅在二期及之前的青铜鬲见到，属商式青铜器纹饰，较为少见。

2. 四瓣目纹

由兽目与花瓣结合而成的变形纹饰。单独的兽目居中，周围有四只等大花瓣朝向四角，花瓣呈现中间内凹的双岔形。主要流行于商代中、晚期，在殷墟妇好墓[①]、小屯 M18[②] 等墓出土的器物上较为常见。周原青铜器中，鼎 92 贺家 Z 颈部（图 6-10，5）、簋 91 贺家 Z 的圈足纹饰带（图 6-10，6）饰有此纹，与安阳小屯 M18：30 青铜鼎的颈

---

① 小屯 M5：783（觯），盖面、腹部均饰此纹饰。
② 安阳小屯 M18：30（鼎），颈部饰有涡纹与四瓣目纹间隔的纹饰带。

部纹饰相同，同为涡纹与四瓣目纹间隔的图案组合。而在觚三 76 庄白 J1（图 6-10，7）的圈足上，这种四瓣目纹似乎已发生形变，但从图案的整体形态看，还是可以分辨出的。

3. 圆点形目纹

此纹饰在周原较为少见，与其他纹饰不同，兽面纹仅留有兽目，其他部分均简省，如鼎 77 王家咀 M1 的颈部纹饰（图 6-10，8）、甗 55 齐家 Z 上部甑的颈部纹饰带（图 6-10，9）。这类纹饰在安阳殷墟的一些中、晚期墓葬中较为常见，且同饰于鼎、甗等器物之上，如安阳小屯 M17：4 青铜鼎、安阳大司空村 M539：27 青铜甗、郭家庄 M26：38 青铜甗、殷墟西区 M2579：10 青铜甗等，所表现出的纹饰特征均与周原相同。在延安甘泉县下寺湾阎家沟商代墓葬中出土的 3 件青铜鼎，与周原 77 王家咀 M1 出土鼎形制、纹饰近乎相同。我们对这种圆点形目纹的源流有了一个大致的范围认识。

4. 椭方形目纹

椭方形目纹与圆点形目纹的区别，不仅在目纹点的形态上，在纹饰的排列布局方式上也与圆点形目纹有着很大的不同。在周原鼎、簋、爵等器上所饰的这种纹饰，是以一种等距的布局方式排列而成。在鼎上仍保留有中间分隔纵线，如鼎二 74 贺家 Z 的颈部纹饰（图 6-10，10）。而在簋一 76 云塘 M20（图 6-10，11）盖、颈部纹饰带，爵二 75 庄白 M（图 6-10，12）颈部纹饰带中分隔的纵线消失不见。从这种变化上看，目纹的纹样虽得以变形沿用，但这种规矩排列的形式便具有了周人纹饰的风格特征，可以清楚地看出，这种纹饰不再是以简化兽面的目纹作为表达方式，从而打破了商代器物纹饰以简省的兽面目纹为基础的表现形式。

除此之外，在甗下部的鬲足饰有椭方形目纹，椭方形目纹饰于袋足正中等距排列，纹饰图案的布局方式，与鼎、簋的规矩排列性质相同，并非是兽面纹中兽目的简化纹饰。并且这种简省目纹的甗，均出自周原地区的窖藏之中，如甗二 60 齐家 J（图 6-10，13）、甗 76 庄白 J2（图 6-10，14）、甗 78 凤雏 J（图 6-10，15），这些窖藏及同出青铜器的文化属性，也与商人无关，加之在殷墟出土的青铜器中是不曾见到的。由此可见，这类纹饰与简化兽面纹无关，属周人文化影响下产生变形纹样的新形式。

（二）蕉叶纹

蕉叶纹为纵向纹饰，纹样轮廓与蕉叶相似，图形如三角形。在尊、觚、觯等酒器的颈部，蕉叶纹双腰边较长，近尖顶处腰边弧线内收，故也有称其为"立三角纹"者。在鼎、罍之上，蕉叶纹的顶角冲下，整体倒置，故有称其为"倒三角纹"的情况。周原青铜器上这两种形态的蕉叶纹轮廓内的图案有明显的差异，可以分为动物图案、几何图案两种。

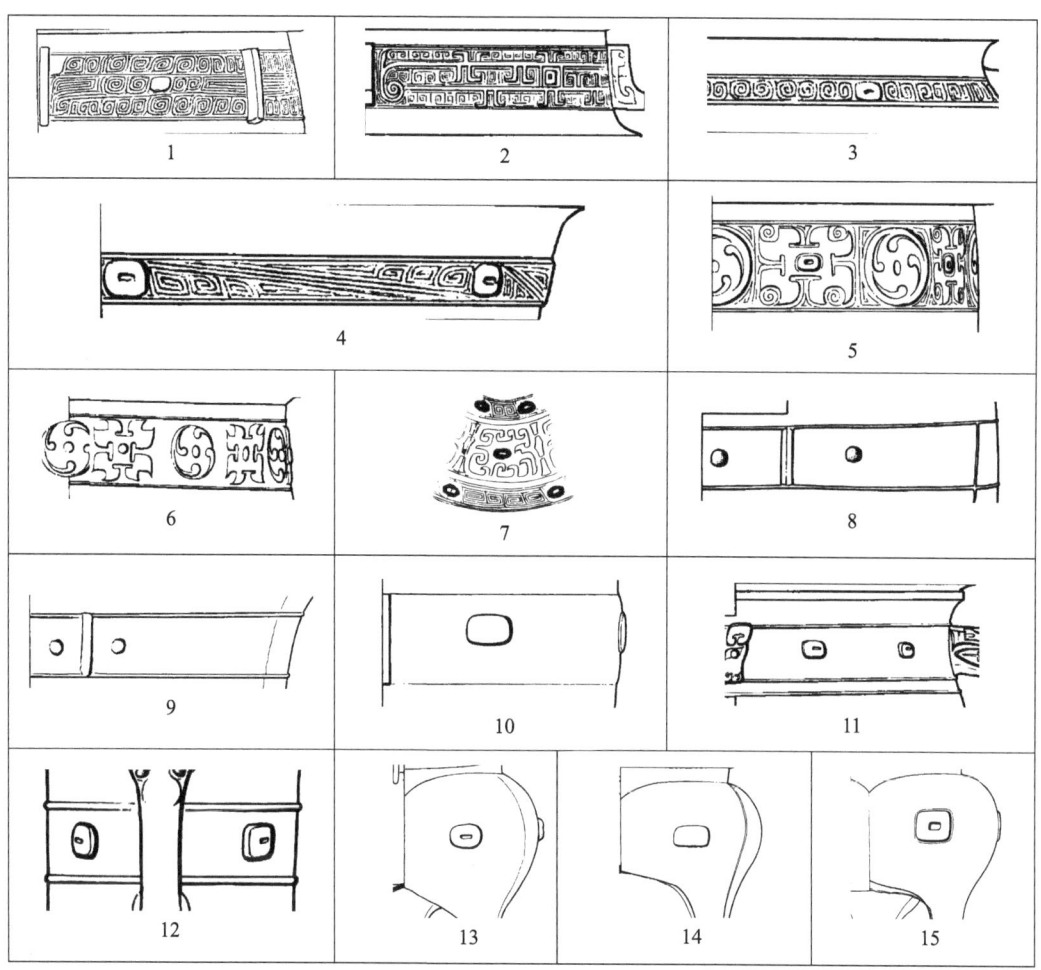

图 6-10 目纹

1. 鼎一 72 刘家 M 2. 簋 76 贺家 M112 3. 鬲 73 贺家 M6 4. 鬲 72 刘家 M 5. 鼎 92 贺家 Z 6. 簋 91 贺家 Z 7. 瓿三 76 庄白 J1 8. 鼎 77 王家咀 M1 9. 甗 55 齐家 Z 10. 鼎二 74 贺家 Z 11. 簋一 76 云塘 M20 12. 爵二 75 庄白 M 13. 甗二 60 齐家 J 14. 甗 76 庄白 J2 15. 甗 78 凤雏 J

1. 动物图案

动物图案的蕉叶纹，可以明显看到在蕉叶纹的轮廓之中，存有动物造型的纹样。在 76 庄白 J1 中的三件铜尊，其颈部的蕉叶纹的构图，就是由不同的动物图案构成的。尊一 76 庄白 J1 颈部纹饰（图 6-11，1），可以看到明显的变形兽面纹。尊 62 齐家 J 颈部的变形纹饰（图 6-11，2），也更似兽面的变形纹饰。尊二 76 庄白 J1 颈部的蕉叶纹（图 6-11，3），图案与龙纹的构图相近；尊三 76 庄白 J1 则为鸟纹（图 6-11，4），但与主流鸟纹相较，身上翘，尾平直下回卷，且省略了鸟冠，显然是为了满足蕉叶的轮廓而特制的鸟纹图案。如果说尊一 76 庄白 J1、尊 62 齐家 J 的纹饰承接有商人纹饰的特征，那么尊三 76 庄白 J1 的鸟纹图案，则已完全脱离了商器纹饰的旧有风格，是周人开创的新的纹饰形式。

在罍 60 齐家 J 的腹部（图 6-11，5），蕉叶纹叶尖冲下，图案由变形兽面纹构成，一周八片叶，等距排列，每片叶之间有一定距离作为间隔。罍一 75 齐家 Z（图 6-11，6）同样饰有这种兽面纹蕉叶纹。

2. 几何图案

蕉叶纹轮廓内由几何图案构成，几何线条随同蕉叶纹外轮廓的形态，饰于觚、觯的颈部上。在 76 庄白 J1 中，觚（一、二）的口沿下（图 6-11，7）、觯二的口沿下（图 6-11，8），觯 75 庄白 M 的口沿下（图 6-11，9）皆为几何线条勾勒的蕉叶纹。觚（一、二）76 庄白 J1 为阔口器，因此四片蕉叶纹依颈部至口沿变化而布，显得更为开散，这也正说明了纹饰的布局是最重要的。在卣二 73 贺家 M1（图 6-11，10）的盖沿饰有一周蕉叶纹，由等距的细线三角形平行排列，这种几何图案的构图方式规矩细致实为少见，无论从纹饰的局部还是纹样的构图上，都与商器有本质的差别。

鼎三 72 刘家 M（图 6-11，11）腹部纹饰，蕉叶纹内的主体线条随蕉叶轮廓，但由主体线条延伸出多条曲卷短线，整体看似变形的动物纹饰，但缺乏兽首、兽目、兽爪等一些动物纹饰的典型特征。而更近觚、觯等几何图案的蕉叶纹，可以看作动物纹饰几何化期间的过渡产物。

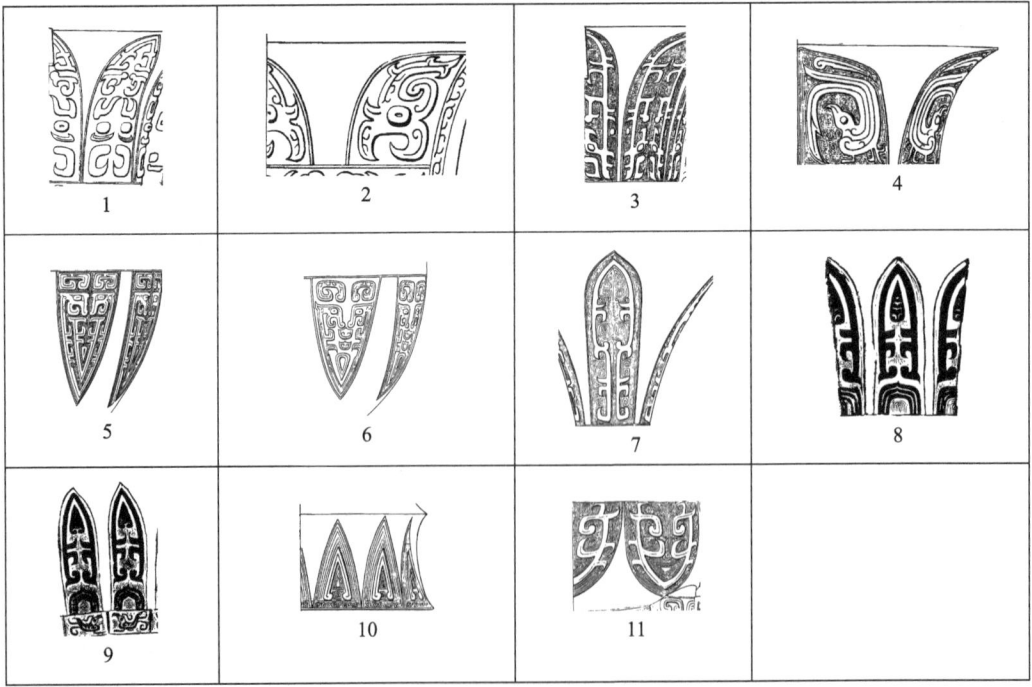

图 6-11 蕉叶纹

1. 尊一 76 庄白 J1 2. 尊 62 齐家 J 3. 尊二 76 庄白 J1 4. 尊三 76 庄白 J1 5. 罍 60 齐家 J 6. 罍一 75 齐家 Z
7. 觚一 76 庄白 J1 8. 觯二 76 庄白 J1 9. 觯 75 庄白 M 10. 卣二 73 贺家 M1 11. 鼎三 72 刘家 M

（三）斜角纹

由两个斜三角形相合构成一个图形单元，这种纹饰最早见于二里冈上层时期的青铜鼎上，因器形与T形、S形云纹有共点，故称为斜角云纹。而周原青铜器的情况则完全不同，纹饰的源起和演变方式有质的差异，断不可笼统地归为同一类纹饰，而在过去学界通常是将这两者混为一谈的。其实在周原青铜器的纹饰中，尚未发现有承接商式风格斜角云纹的器物。而周原青铜器上常见的斜角纹均是由动物纹饰演变而来的，其原型绝不可等同于二里冈时期的斜角云纹。这一类纹饰即代表了周原纹饰独特的一面。

1. 龙身变体

之前在斜身顾首龙纹中，谈到斜角纹与龙纹的关系和两种纹饰演变的轨迹。而这种由龙纹变形而成的斜角纹本身变化不大，除了纹饰的走向有对掉，纹饰带的宽、窄幅度不同之外，其余细节基本一致，而这些纹饰，都包含有一个共同的细节特征，即在身中部有向两侧撇开的钩角。与甗78凤雏J（图6-12，1）、壶（一、二）75董家J（图6-12，2）颈部纹饰同向的还有簋一84齐家J（图6-12，3）圈足纹饰，而在簋78凤雏J（图6-12，4）的颈部纹饰带，两组斜角纹中加附有一圆圈作为分隔。这种图案的组合在反向的斜角纹中也常有见到，如壶（一、二）81强家M1盖沿（图6-12，5）和器身十字带上的纹饰，壶（一、二）75董家J颈部的圈足纹饰带（图6-12，6）也同样由圆圈作为分隔。鬲62召陈Z口沿下的纹饰（图6-12，7），顶端三角为空心，而在76庄白J1中，鬲六颈部的纹饰（图6-12，8），在顶角端有朝向中心的回钩，这两组纹饰足以看出这一变化的过程。当然，这种说法尚且缺乏明确的证据，只是一种对于纹饰演变可能性的推测。该窖藏中鬲七口下的纹饰（图6-12，9）就简省了许多。作为辅助纹饰，斜角云纹也常常饰于圈足上，在簋一87庄李J（图6-12，10）、簋80黄堆M1（图6-12，11）的圈足，斜角纹也有不同程度的简化。

2. 线条勾勒

由线条构成的斜角纹整体风格承接龙身变体斜角纹。饰于盆91齐家M8的纹饰（图6-12，12）与鬲六76庄白J1口沿下纹饰的图案如出一辙，只是方向和构成的线条上有差异。簋95黄堆M58的颈部纹饰（图6-12，13）与之相同，在一些细节略有变化。而鼎80刘家Z颈部纹饰（图6-12，14）已成为几何形图案，只有三角与半圆回钩的组合，鼎92黄堆M37的颈部纹饰（图6-12，15）同是如此，通过这组纹饰，可以进一步了解周原青铜器的变化规律，也足以证明周原青铜器中斜角纹与商器上的斜角云纹看似相近，但却属于两个完全不同的演变体系，二者之间不存在承继或演变的直接关系。

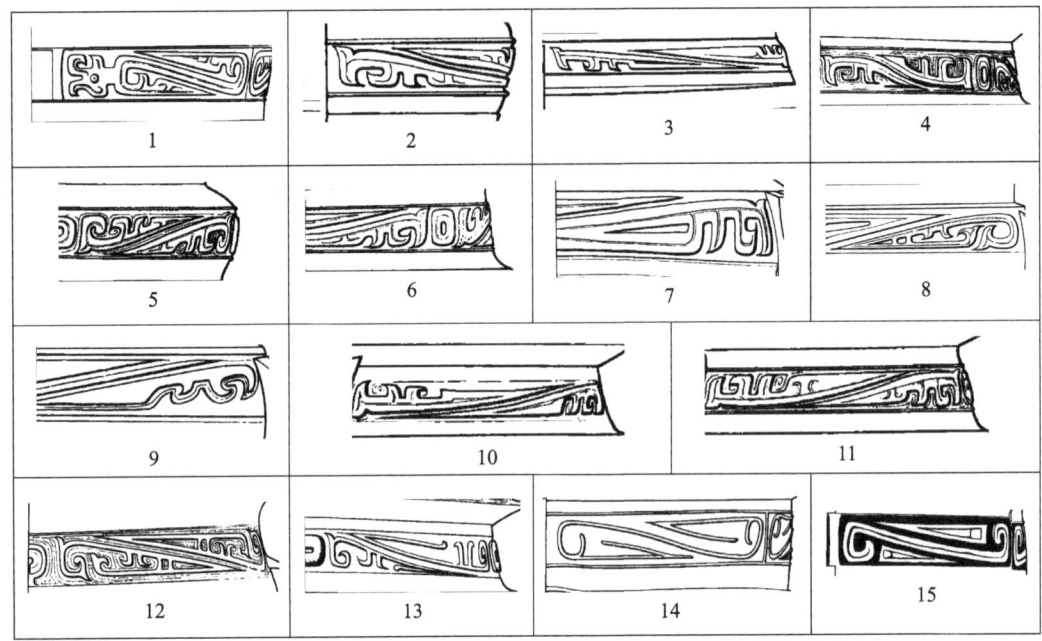

图 6-12 斜角纹

1. 甗 78 凤雏 J 2. 壶一 75 董家 J 3. 簋一 84 齐家 J 4. 簋 78 凤雏 J 5. 壶一 81 强家 M1 6. 壶一 75 董家 J 7. 鬲 62 召陈 Z 8. 鬲六 76 庄白 J1 9. 鬲七 76 庄白 J1 10. 簋一 87 庄李 J 11. 簋 80 黄堆 M1 12. 盆 91 齐家 M8（颈） 13. 簋 95 黄堆 M58 14. 鼎 80 刘家 Z 15. 鼎 92 黄堆 M37

（四）窃曲纹

周原青铜器中饰有窃曲纹的器物数量很多，这种纹饰不仅形式复杂，图案变化也较大，似无规律可循，但却有着共同的特征。纹饰带的构成主体是细长的卷曲线条，成组同向排列的布局，用于鼎、簋的颈部纹饰带。根据图案形态的明显差异，将窃曲纹分成带目窃曲纹、无目窃曲纹两类。其中带目窃曲纹的数量较多，由图案形态的演变，可进一步细分为垂冠、躬身等形式。

1. 带目窃曲纹

顾名思义有动物的目出现在图案之中，或作为主体，又或成为点缀。将带目的窃曲纹单独提出，是依从了纹样演变的根本和来源。在带目窃曲纹的图案中，依然可以寻到动物纹饰的原型，足以见得窃曲纹是由动物纹演变出的一种变形纹饰。而无目窃曲纹，虽在整体的纹样上仍留有带目窃曲纹的图案特征，但缺少了"目"的纹饰，失了画龙点睛之笔，就更近了几何图案的纹饰。因此，过去将窃曲纹纯粹划归动物纹类或几何纹饰类的做法，不但难以服众，也没有遵循纹饰自身的演变特点，是不合理的。

在周原带目窃曲纹数量多，占饰窃曲纹器物的四分之三以上，我们依据纹饰演变的原型图案，将其分为垂冠、半身、躬身、反身四种形式。

（1）垂冠

之所以称为垂冠带目窃曲纹，是因为这种变体纹饰由前垂冠小鸟纹演变而来，在簋73刘家沟M的颈部纹饰带（图6-13，1），纹样图案显然是一只变形后的前垂冠小鸟纹，有变形的鸟首，上有目，前有垂冠，中有喙钩，首后有上挑弯角，身平直，尾上回卷。一周八组，依次排列。纹饰的整体布局、纹样特征都符合鸟纹的特点。可见，是在鸟纹的基础之上变化而来的一种纹饰。

在簋78凤雏J的颈部纹饰带（图6-13，2），虽没有整体线段来彰显鸟的躯体，但在分隔线段中，左部有目，围绕目上为冠，下为喙钩，右部上为首后弯角，下为直身上卷尾。与之相近的同类纹饰还有簋一60齐家J（图6-13，3），簋80黄堆M1（图6-13，4），簋五60齐家J（图6-13，5），60召陈J中鼎二（图6-13，6）、鼎四（图6-13，7），75董家J中鼎三（图6-13，8）、鼎四（图6-13，9）、匜（图6-13，10），簋一87庄李J（图6-13，11）、盂一58齐家（图6-13，12）等。这种窃曲纹如单看，似难与鸟纹联

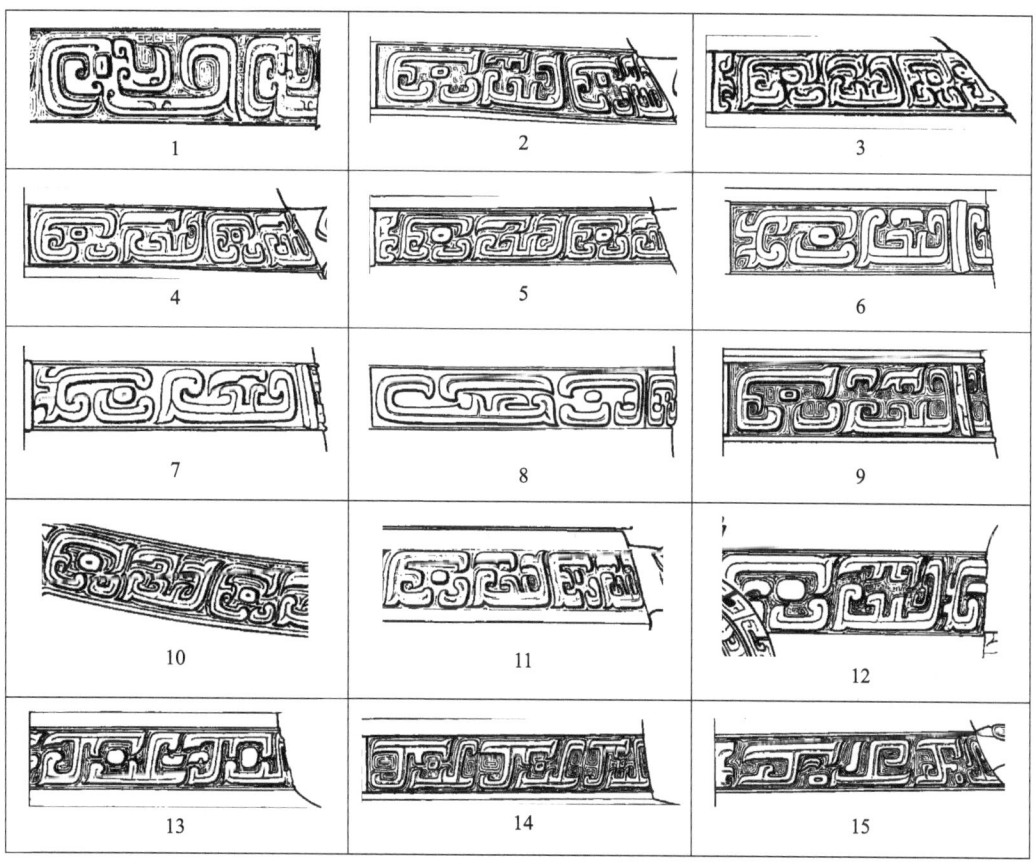

图6-13　窃曲纹

1.簋73刘家沟M　2.簋78凤雏J　3.簋一60齐家J　4.簋80黄堆M1　5.簋五60齐家J　6.鼎二60召陈J　7.鼎四60召陈J　8.鼎三75董家J　9.鼎四75董家J　10.匜75董家J　11.簋一87庄李J　12.盂一58齐家　13.盂一58齐家　14.盘黄堆Z　15.簋二75董家J

系起来，但变体纹饰都是在原型的基础之上变化而来的，因此只要符合原型纹饰的表现内容和构图特征的情况，这种变形纹饰的演变规律也就浮现而出了。

（2）半身

盂一 58 齐家的圈足纹饰带（图 6-13，13），在周原是一种较为少见的窃曲纹。与垂冠带目窃曲纹相较，图案几何化更加明显。目更近图案中心位置，垂冠向下前回卷，身躯近乎省略，尾上回卷，与后组窃曲纹的首部正好构成一个相对面的空间，但却似无意之举。这种简化后的纹饰，线条间的夹角更加明显，从图案上看，已明显向几何线条的纹饰靠近。盘黄堆 Z 的口沿下和圈足纹饰带（图 6-13，14），均饰此纹饰。而簋二 75 董家 J 的圈足纹饰带（图 6-13，15），兽目紧贴纹饰带下沿，从纹样构图上看，与半身带目窃曲纹是相吻合的，自然属同类纹饰。

（3）躬身

在 60 召陈 J 中 2 件青铜壶（一、二）的盖顶圈形捉手内（图 6-14，1），饰有双龙首的躬身窃曲纹。图案整体为∽形，中心为一圆目，上线反向延伸出双龙躯体，顶端为内卷龙首；同样的纹饰还见于 76 云塘 J 伯公父盨盖的顶上纹饰（图 6-14，2）。而在 76 云塘 J 伯公父壶盖（图 6-14，3）、壶（一、二）75 董家 J 盖顶的圈形捉手内（图 6-14，4）的躬身窃曲纹，龙首已作简化。在壶（二、三）76 庄白 J1 盖沿的纹饰带（图 6-14，5），双身带目窃曲纹环饰一周，虽然纹饰的构图相同，但显然变体更加几何化，已看不出是以动物纹样作为原型的变形纹饰，成为几何图案纹饰。相近的纹饰，还使用在盂 73 庄白刘家 Z（图 6-14，6）、簋一 75 董家 J（图 6-14，7）的颈部纹饰带。75 董家 J 中鼎（一、二）的颈部纹饰（图 6-14，8、9），线条虽与中心目断开，但从纹饰的演变规律和构图看，所表达的内容是相同的，当属同一类纹饰。

（4）反身

在 60 召陈 J，簋一（图 6-14，10）、簋四（图 6-14，11）颈部纹饰带，窃曲纹卷曲成长环状，目在中间，纹样正反倒置为一组，故称为反身带目窃曲纹。同样的纹饰还饰于盨一 76 云塘 J 的盖沿（图 6-14，12）一周。这种反身带目窃曲纹，在形态上更接近躬身带目窃曲纹，并且在图案的构成线条上是相近的，只是纹样的走向不同，此类纹饰多饰于通身瓦棱纹的器皿，也有少量与腹部波带纹相结合，有一定的纹样布局组合规律可循。

2. 无目窃曲纹

单纯由几何线条构成的窃曲纹，纹样基本沿用了带目窃曲纹的构图方式，但简省了圆目，成为几何化的纹饰。据纹样线条在构图上的差异，分为∪形、∽形两种形态。

（1）∪形

主线条靠近底边，两端上扬内卷，中间有双凸起小回钩，上有一似鸟爪形线条。在鼎二 81 强家 M1（图 6-14，13）、鼎一 71 齐镇 M3（图 6-14，14）的颈部纹饰带，皆有此纹饰。

（2）∽形

在76庄白J1中壶（一、二）的圈足纹饰带（图6-14，15），∽形与上文中的躬身带目窃曲纹相近，唯简化了中心圆目。而这种纹饰，在盘、匜等水器上却又有了更大的变化，在76庄白J1中墙盘的圈足纹饰带（图6-14，16），即饰∽形窃曲纹，且有双回钩，线条规整，纹样特殊，具有明显的几何化图案。而盘60齐家J（图6-14，17）颈部、匜60齐家J（图6-14，18）口沿下所饰的纹饰，整体看同为∽形纹饰，但扭曲的线条更似

图6-14 窃曲纹

1. 壶（一、二）60召陈J 2. 盨盖76云塘J 3. 壶盖76云塘J 4. 壶（一、二）75董家J 5. 壶（二、三）76庄白J1 6. 盂73庄白刘家Z 7. 簋一75董家J 8. 鼎一75董家J 9. 鼎二75董家J 10. 簋一60召陈J 11. 簋四60召陈J 12. 盨一76云塘J 13. 鼎二81强家M1 14. 鼎一71齐镇M3 15. 壶（一、二）76庄白J1 16. 盘76庄白J1 17. 盘60齐家J 18. 匜60齐家J

动物的身躯，可见周原青铜器中，一些∽形无目窃曲纹，仍未能从动物纹饰中完全脱离出来，即使已具有了某些几何纹饰的特征，但整体风格还保留了动物纹饰的感觉。

（五）波带纹

波带纹的称谓有很多，常见的有波曲纹、环带纹等。在周原青铜器上出现在三期晚段共王世及之后，主要作为主纹饰装饰在器物的腹部，也有作辅助纹饰饰于颈、圈足一周的情况。其形似一条或多条宽带，呈波形上下起伏构成，而在波峰与波谷间的空缺之处，填有抽象的变形动物纹或图形规矩的几何纹。盂一58齐家J的腹部纹饰（图6-15，1），在波带纹的一端有龙首，其主体的波带便是由龙躯构成，这也是周原地区最具典型特征的波带纹图案。可以看出，虽然波带纹也应归属为几何纹饰，而波带纹在发展成熟阶段，确已成为排列规矩、格式统一的几何纹饰，但究其源头是由这种变体的龙纹演变而来，在依照纹饰演变发展的前提下，属于由动物纹演变而来的一种变形纹饰，因此不能笼统地将波带纹划归几何纹饰。

壶（二、三）76庄白J1的腹部波带纹（图6-15，2），在波谷的填充纹中，上方的一组纹饰依然留有兽目，而在波峰的中心兽目也得以保留，可见波带纹向几何图案更进一步的转变。簋一84齐家J（图6-15，3）腹部波带纹纹样形式虽变化不大，但无地纹只留有主纹饰，细节部分已明显简化，可以说已基本脱离了动物纹饰的影响。而簋60齐家J（图6-15，4）的腹部波带纹、波带及波峰、谷的填充纹饰均已粗线条化，布局简洁规矩，完全看不出动物纹饰的痕迹，显然已完全演变成为几何化图案。

壶（一、二）81强家M1的盖捉手一周纹饰带（图6-15，5），只有波峰内填充有字母"A"形纹饰。与之类似的盂73庄白刘家Z却是在波谷内填有"吊"字形纹饰（图6-15，6），与之类似的半填充纹的情况还有很多。这种纹饰流行的原因，并不是位置受限所致，自然与布局方式无关，也并非简化省略，更似一种刻意为之的纹饰风格。

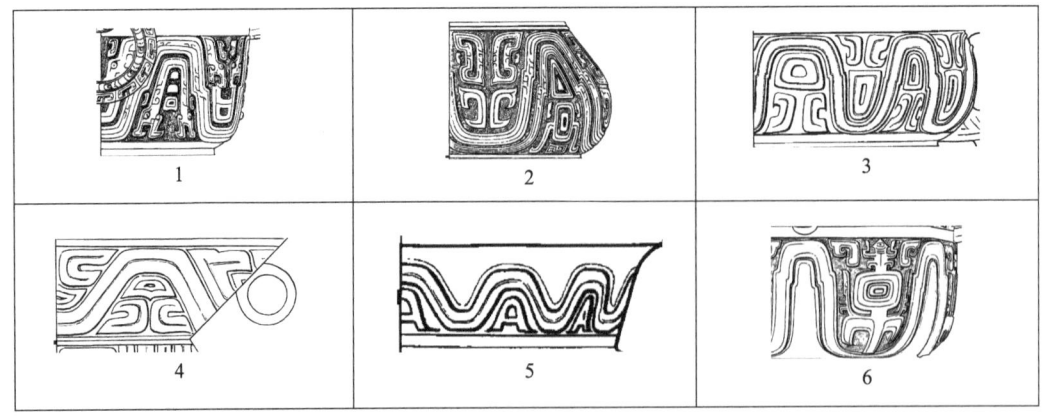

图6-15 波带纹

1. 盂一58齐家J 2. 壶（二、三）76庄白J1 3. 簋一84齐家J 4. 簋60齐家J
5. 壶（一、二）81强家M1 6. 盂73庄白刘家Z

三、几何形纹饰的分类

新石器时代的陶器上出现的刻划线条，已开启了运用几何形纹饰装饰器物的方法，这种高度抽象化的纹饰，在使用之初表现出人类对日常事务和现实生活的融合。在早期青铜器中，几何形纹饰在构图上多以线、点、圈等几何形图案集合构成，这种承接陶器的几何形纹饰，时至今日已难以究其根本，也无法理解其所要表达和传递出的信息，只能从艺术的层面上作以欣赏。进入西周之后，朝代的更替、社会制度的变迁等一系列问题，使时人在审美上发生了改变，流行于商代的动物纹饰逐渐被几何形纹饰取代。周原地区的青铜器，所涉及的时代较长，可以从这一阶段的演变过程中，探究新出现的几何形纹饰的本源和演变规律，也是对古人制度、文化、审美观念等问题的诠释。因此，将周原青铜器上的几何形纹饰，分为以下几类（表6-4）。

表 6-4　周原青铜器动物纹饰分类表

长线条纹	1. 倒"V"形纹	2. 弦纹	3. 十字带纹
圈点纹	1. 连珠纹	2. 三角点纹	3. 斜方格乳钉纹
云雷纹	1. 雷纹	2. 卷云纹	
重环纹			
垂鳞纹			
涡纹			
直棱纹			
瓦棱纹			

（一）长线条纹

由单独或平行的长线条勾勒成纹饰，有倒"V"形纹、弦纹、十字带纹。其中倒"V"形纹是商器饰于腹部的常见纹饰，同样运用在周原的商式青铜器中，均饰于早期分裆器的腹裆之上。周原青铜器饰弦纹的器物很多，器类是以食器为主，并作为主体纹饰，而在酒器罍的颈部，则均饰有弦纹。十字环带纹则主要用在青铜壶之上，作为腹部的主体纹饰。由此可见，在周原青铜器中，即使是简单的长线条纹饰，也并不是随意而使用的，都遵循着自己独有的装饰规矩，有着专属的器类和固定的位置。

1. 倒"V"形纹

72京当J中的2件分裆青铜鬲（图6-16，2），倒"V"形纹根据分裆的变化，饰于腹和袋足之上。盉75董家J（图6-16，3）、盉75庄白M（图6-16，4），同为分裆足，而纹饰开口方向同样是依据器形的变化而做。可见，这种倒"V"形纹饰的构图，是为了配合器形而特意为之，正好说明了其是分裆器的一种特定纹饰。

2. 弦纹

以弦纹为主的器类主要是鼎、甗、簋，个别出现的器类还有爵、盂等。在60齐家J中，鼎二（图6-16，5）、盂二（图6-16，6）均饰二道平行的凸弦纹，以此作为主体纹饰。鼎五75董家J（图6-16，7），也是在口沿下饰相同纹饰。甗二60齐家J（图6-16，8）、甗76庄白J2（图6-16，9）弦纹的位置，则同样是在上部敞口甑的口沿下，饰平行的凸弦纹二道。墓葬青铜器中，簋73贺家M6（图6-16，10）、簋一91齐家M5（图6-16，11），颈部饰弦纹两道。酒器方面，在爵九76庄白J1（图6-16，12）、爵二76云塘M13、觯二72刘家M（图6-16，13）的颈部，饰平行弦纹二周，以上器物均为仅饰弦纹者。

在罍76庄白J1（图6-16，14）的颈部、肩下、圈足这三处，各饰有凸弦纹二周，显然罍的主纹饰是饰于肩部的涡纹，而弦纹成了辅助纹饰。在圈足饰弦纹的器物，最常见的为铜簋，簋一75庄白M、簋一80黄堆M4等器的圈足皆饰弦纹。可见，这种一器多处弦纹的情况也较为常见，为了遵循纹饰所饰的位置和布局方式，用弦纹来填充器身上的空缺，都体现出纹饰布局依从了器类本身纹饰的规律。

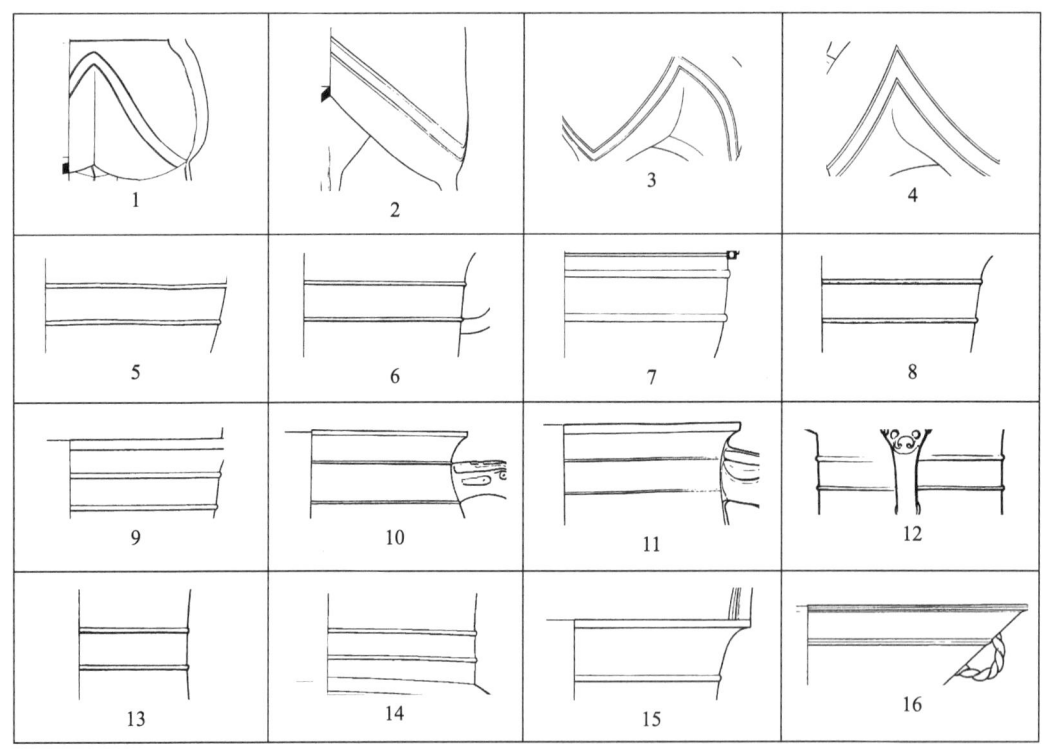

图6-16　倒"V"形纹和弦纹

1. 甗一72京当J　2. 甗二72京当J　3. 盂75董家J　4. 盂75庄白M　5. 鼎二60齐家J　6. 盂二60齐家J　7. 鼎五75董家J　8. 甗二60齐家J　9. 甗76庄白J2　10. 簋73贺家M6　11. 簋一91齐家M5　12. 爵九76庄白J1　13. 觯二72刘家M　14. 罍76庄白J1（颈）　15. 甗75庄白M　16. 簋76庄白J2

除此之外，周原青铜器还有饰单道弦纹的器物，在甑 75 庄白 M 上部甑（图 6-16，15）、簋 76 庄白 J2（图 6-16，16）的口沿下，仅饰单道弦纹一周。这种单道的弦纹在周原青铜器中十分少见，虽然仅省去了一道弦纹，但却具有一定的特殊性。

3. 十字带纹

周原青铜器中的十字带纹，皆饰于青铜壶腹部。纵向宽带取壶的中线，横向宽带则略高于腹部的中线，两宽带交错皆有菱形钉扣，而宽带之上又饰有不同的纹饰，均为几何纹饰。在 81 强家 M1 出土的 2 件壶（一、二）（图 6-17，1），十字带纹之上饰有相对的斜角纹。76 庄白 J1 中的壶（四、五）（图 6-17，2）、75 董家 J 中的壶（一、二）（图 6-17，3）的十字带纹之上均饰重环纹。60 齐家 J 壶（一、二）（图 6-17，4）的十字带纹，实有重叠的凸起纹饰，显示出了十字带纹的立体感。以上这些十字带纹之上还饰有纹饰的器物，在十字纹饰外的空缺的区域均无纹饰。而未对十字带纹本身做进一步装饰的器物，则在空缺的区域填充了其他纹饰。在壶（一、二）60 召陈 J（图 6-17，5）的颈、腹满饰垂鳞纹，而十字带却未做任何装饰，仅用线条作以勾勒。

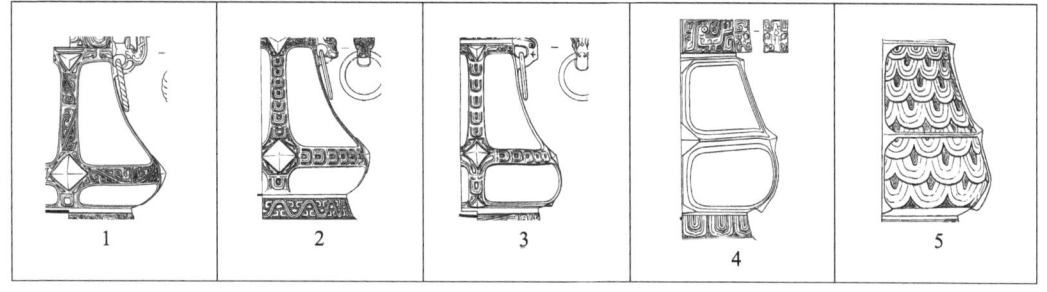

图 6-17　十字带纹
1.壶（一、二）81 强家 M1　2.壶（四、五）76 庄白 J1　3.壶（一、二）75 董家 J（腹）
4.壶（一、二）60 齐家 J　5.壶（一、二）60 召陈 J

（二）圈点纹

在周原青铜器中由圈点构成的纹饰，主要见于一期的器物之上。可以分为连珠纹、三角点纹、斜方格乳钉纹三种。

1. 连珠纹

作为辅助纹饰，连珠纹常饰于二里冈上层时期的青铜器之上。周原范围内的青铜器，鬲二 72 京当 J（图 6-18，1）、鬲 73 美阳 M（图 6-18，2）、甗 72 京当 J（图 6-18，3）、爵 72 京当 J（图 6-18，4）等器，在主体纹饰的上下两边均饰有成排的连珠纹。

2. 三角点纹

规矩的三角形依次排列，每个三角轮廓内各有 6 个圆点，从顶边至底角成 3、2、1 的方式排列。在周原三角点纹仅见于鬲 73 贺家 M6（图 6-18，5）之上，成为一种独特风格纹饰。

3. 斜方格乳钉纹

菱形或称斜方格，中心有凸起的实心圆点做乳状，故称"斜方格乳钉纹"，呈网状规矩分隔排列。最早出现在二里冈下层偏早的器物之上，流行于商代晚期。在周原青铜器中，出现在一期至二期早段的商器或承接商式风格器物之上，如鼎一 72 刘家 M（图 6-18，6）、鼎 73 贺家 M1（图 6-18，7）、簋 73 美阳 M（图 6-18，8）均饰此纹饰。

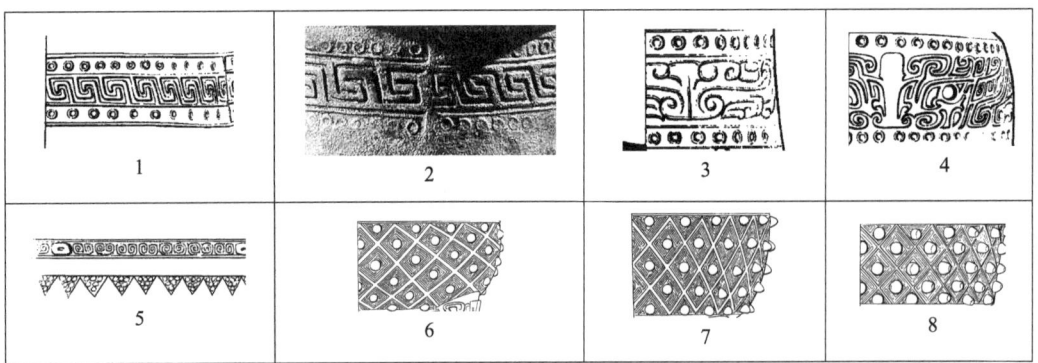

图 6-18　连珠纹、三角点纹、斜方格乳钉纹
1. 鬲二 72 京当 J　2. 鬲 73 美阳 M　3. 瓿 72 京当 J　4. 爵 72 京当 J　5. 鬲 73 贺家 M6
6. 鼎一 72 刘家 M　7. 鼎 73 贺家 M1　8. 簋 73 美阳 M

（三）云雷纹

在周原青铜器中，云纹和雷纹是早期青铜器所饰的几何形纹饰，图像较为抽象。对于这二者的区别，学界通常认为，卷曲线条构成连续的螺旋图案，其螺旋形呈圆角的，称为云纹，而方形就称为雷纹。但这种界定的原则在部分方、圆图形共用的器物上，就难以区分了，因此，多将这二者并称为云雷纹。为了依从青铜器纹饰的定名原则，清楚翔实地对周原青铜器纹饰进行深入研究，有必要将雷纹、卷云纹分开来探讨。

1. 雷纹

也有著作将其称为回纹，这种称谓的来源与字形本身有关，取自"雷"的古文字形。最明显的特征就是卷角或弯折处皆呈方形，通常作为主纹饰使用。鬲 73 美阳 M 上下连珠纹中间的主纹饰（图 6-19，1），为依次排列的雷纹。卣 76 云塘 M13 颈部的

▣形纹饰（图 6-19，2），与云纹兽面纹中"兽目＋⊙⊙云纹"是有明显差别的。而在匜 60 召陈 J 口沿下的纹饰（图 6-19，3），均为直角与⌒形纹饰。

2. 卷云纹

卷云纹的图案大致与雷纹相近，多见于酒器之上。鬲二 72 京当 J 颈部纹饰（图 6-19，4），虽外圈的轮廓纹均为直角，但中心线条卷曲，此纹饰的重点是为了凸显出中心的卷云纹，因此还是应该称这类纹饰为云纹。壶 75 召李 M1 圈足纹饰（图 6-19，5），同样是外轮廓的线条直硬，而内部中心的线条要柔和得多，所以这种外圈带有雷纹的线条的纹饰绝非个例，是部分存在的。尊 76 云塘 M13（图 6-19，6）、觯 76 云塘 M13（图 6-19，7）的颈部纹饰同为圆形卷云纹，上下两层，与壶 75 召李 M1 圈足纹饰阴纹的反 S 形相较，这两件纹饰的阳刻纹饰呈反 S 形，有共性也有差异。壶三 75 庄白 M，通身饰这种大片卷云纹（图 6-19，8），这种图案不仅在周原青铜器中仅见，在目前所见到的青铜器中也是唯一一件。这种纹饰的构图，整体呈云纹，但云纹之上的细线刻划纹与鸟纹之上的刻划纹相近，可以说是云纹与动物纹饰的一种融合图案。

图 6-19 雷纹、卷云纹
1. 鬲 73 美阳 M 2. 卣 76 云塘 M13 3. 匜 60 召陈 J 4. 鬲二 72 京当 J 5. 壶 75 召李 M1
6. 尊 76 云塘 M13 7. 觯 76 云塘 M13 8. 壶三 75 庄白 M

（四）重环纹

重环纹也称方形环纹，一端内凹一端半圆，内凹面上下各形成一角。一环为一组，等距排列构成纹饰带，环绕青铜器一周。整体看呈几何形图案，但也有学者认为是由垂鳞纹演变而来。虽然重环纹的纹样与垂鳞纹有相似之处，但从流行时代看，二者同期共存，且多有在同一件器并用的情况[①]，因此，这种由垂鳞纹演变之说实难成立。周原青铜器中重环纹依照图案可以分两种：一是仅以重环纹排列一周，二是重环纹之间有圆圈作为间隔。

在75董家J中，鼎十一（图6-20，1）、鬲一（图6-20，2）的颈部纹饰，盘口沿一周（图6-20，3），环体的长度适中。而60齐家J鼎一（图6-20，4）颈部、簋五（图6-20，5）圈足的重环纹，明显要短一些，这种短环形在周原显然是主流。76庄白J1中，鬲八（图6-20，6）、爵十一（图6-20，7）均饰短环。鼎78凤雏J（图6-20，8）、簋四60召陈J（图6-20，9）重环纹饰带中皆为短环。除饰于鼎、簋等食器之外，重环纹还饰于匜的口沿下，与腹部的瓦棱纹组合，如匜62齐家J（图6-20，10）、匜76庄白J2（图6-20，11）。簋60齐家J（图6-20，12）、簋52庄白Z（图6-20，13）口沿下的重环纹，显然环体较长，按照长宽的比例计算，其一环的长度相当于短环的2倍余。这种长环的重环纹，在同样周长的纹饰带上，环形图案的数量就减少了一半，制作显然要更简单，也省去了一半的功力，是一种步向简化的写照。

同在75董家J中，鼎九（图6-20，14）、鬲二（图6-20，15）的颈部重环纹饰带，由重环和圆圈纹间隔共同组成纹饰带。这样组合的重环纹在周原各类器物上均较常见，均饰于颈肩部或口沿下，如鬲一58齐家（图6-20，16）、簋六60召陈J（图6-20，17）、它盘62齐家J（图6-20，18）、簋81齐镇Z（图6-20，19）等。在周原青铜器中重环纹还是青铜豆的专用纹饰，在周原出土的5件青铜豆，豆76庄白J1、豆74强家J、豆（一、二）75董家J、豆66齐镇J，口沿均饰重环纹。

（五）垂鳞纹

有部分学者认为，垂鳞纹是取自龙或蛇身之鳞片，重复排列组合而成的纹饰。这种说法显然缺乏依据，青铜器上的龙纹从来无类似的鳞片，龙身多刻以云纹饰之，而蛇纹更是无稽之谈。倒是在垂冠鸟纹上颈部的鸟羽毛更似鳞片，但实际形态与垂鳞纹差距太远，而且是繁缛的鸟纹中的一小部分，是特定的装饰纹饰，不具有演变的可能性，至少否定了垂鳞纹的源起并不是出于动物纹饰。而对于垂鳞纹到底从何而来，这一问题仍需要进一步的发现和研究。

周原青铜器中的垂鳞纹多为几何图案，在鼎79齐村Z（图6-21，1）的器体之上双层排列。该鼎口大底小，壁呈斜线，垂鳞纹上下层在排列时，下排与上排并不是完全对齐，而是取上排两组垂鳞的间隙，形成一种错落感。簋60齐家J的圈足（图6-21，2），饰有与鼎79齐村Z器体相同的垂鳞纹。而在壶（一、二）60召陈J腹部的重环纹（图6-21，3）则为半圆形。壶（一、二）60齐家J的圈足（图6-21，4），

---

① 在簋52庄白Z、簋60齐家J、簋77云塘Z等器，口沿下饰有重环纹，圈足则饰垂鳞纹。

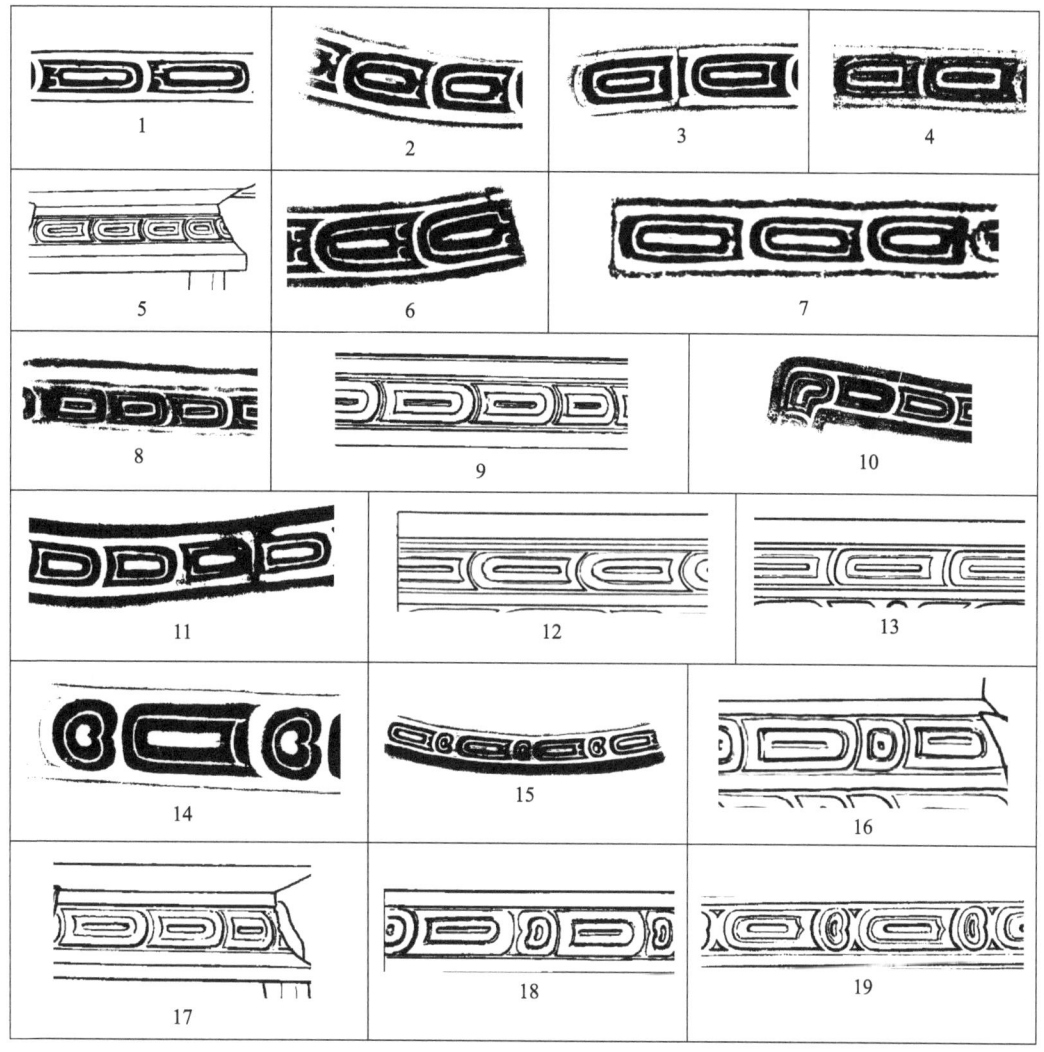

图 6-20　重环纹

1. 鼎十一 75 董家 J　2. 鬲一 75 董家 J　3. 盘 75 董家 J　4. 鼎一 60 齐家 J　5. 簋五 60 齐家 J　6. 鬲八 76 庄白 J1　7. 爵十一 76 庄白 J1　8. 鼎 78 凤雏 J（颈）　9. 簋四 60 召陈 J　10. 匜 62 齐家 J　11. 匜 76 庄白 J2　12. 簋 60 齐家 J　13. 簋 52 庄白 Z　14. 鼎九 75 董家 J　15. 鬲二 75 董家 J　16. 鬲一 58 齐家　17. 簋六 60 召陈 J　18. 它盘 62 齐家 J　19. 簋 81 齐镇 Z

垂鳞纹顶端有尖，这种有尖的垂鳞纹在周原青铜器中，几乎成为簋的专属纹饰。在4件征集来的铜簋的圈足均饰有尖的垂鳞纹，簋 52 庄白 Z（图 6-21，5）、簋 77 云塘 Z（图 6-21，6）、簋 81 齐镇 Z（图 6-21，7）、簋 81 任家 Z（图 6-21，8）。

（六）涡纹

涡纹在青铜器上容易分辨，在圆形的凸面圆扣之上，中心有圆点或圆圈，围绕着中心的圈点，有4条弧线呈旋转状环绕。因形似水涡，故以涡纹称之。当然在学界还有不同的看法，称其为囧纹或火纹，而对于这种称谓的解释实属牵强，因此学界普遍沿用旧称。在周原青铜器中，涡纹在食器中较为少见，饰于鼎、簋之上，与四瓣目纹交错排列。例如，鼎92贺家Z口沿下的纹饰带（图6-21，9），簋77齐家M1颈部纹饰带（图6-21，10），簋91贺家Z颈部（图6-21，11）、圈足纹饰带（图6-21，12）。而在酒器中，罍的肩部基本都饰有涡纹（图6-21，13～16）。卣75召李M1的盖沿和颈部纹饰带（图6-21，17）涡纹与云纹交替出现，而云纹也可以说是涡纹的地纹。

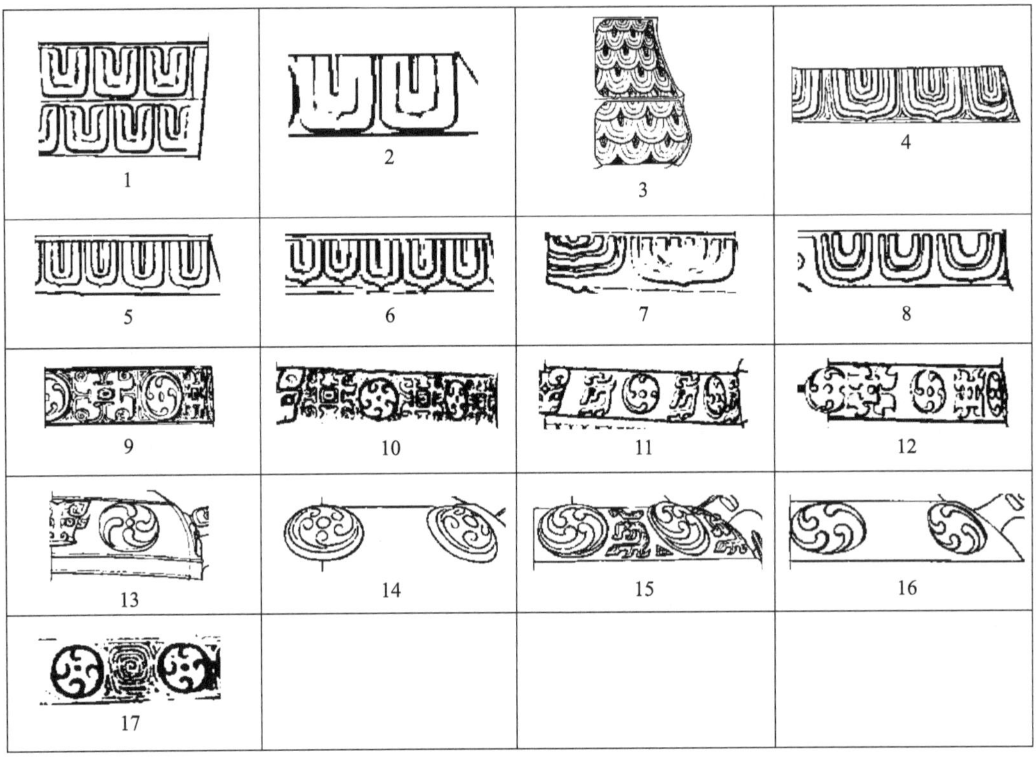

图6-21 垂鳞纹

1. 鼎79齐村Z 2. 簋60齐家J 3. 壶一60召陈J 4. 壶一60齐家J 5. 簋52庄白Z 6. 簋77云塘Z 7. 簋81齐镇Z 8. 簋81任家Z 9. 鼎92贺家Z 10. 簋77齐家M1 11. 簋91贺家Z（颈） 12. 簋91贺家Z（足） 13. 罍76庄白J1 14. 罍73贺家M1 15. 罍一75齐家Z 16. 罍一97齐家Z 17. 卣75召李M1

（七）直棱纹

饰有直棱纹的器物类较为单一，主要为鬲、簋两类器物。集中在76庄白J1、75董家J这两个遗迹单位之中，以及几件征集器上。75董家J中饰有直棱纹的鬲有2件（图6-22，1、2），76庄白J1中的17件鬲，全部饰直棱纹（图6-22，3～6），鬲76贺家Z同饰直棱纹（图6-22，7），可以说Ca型鬲基本都饰直棱纹，足以说明直棱纹是晚期鬲的专属纹饰。76庄白J1中8件癫簋（簋一～八）的腹部（图6-22，8）和方座（图6-22，9），均饰有直棱纹。爵五的腹部正中（图6-22，10），同饰有直棱纹。

（八）瓦棱纹

周原青铜器中出现的瓦棱纹均饰于簋、盨、匜之上，有些器物通身饰瓦棱纹（图6-22，11），也有与窃曲纹、重环纹等纹饰组合搭配的（图6-22，12、13）。周原出土的青铜匜几乎都饰有瓦棱纹（图6-22，14~17），可以说是青铜匜最为重要的装饰纹饰。瓦棱纹跟随着器体的变化而改变，在簋上周身浑圆的瓦棱纹直至圈足，而在青铜匜上，流口上翘，瓦棱纹依据口沿的变化而饰，而匜的腹部为弧形故器底空出。总体上看，瓦棱纹在图案上没有变化，作为青铜器的一种纹饰，在不同器类上，其所产生的装饰效果也有所不同。

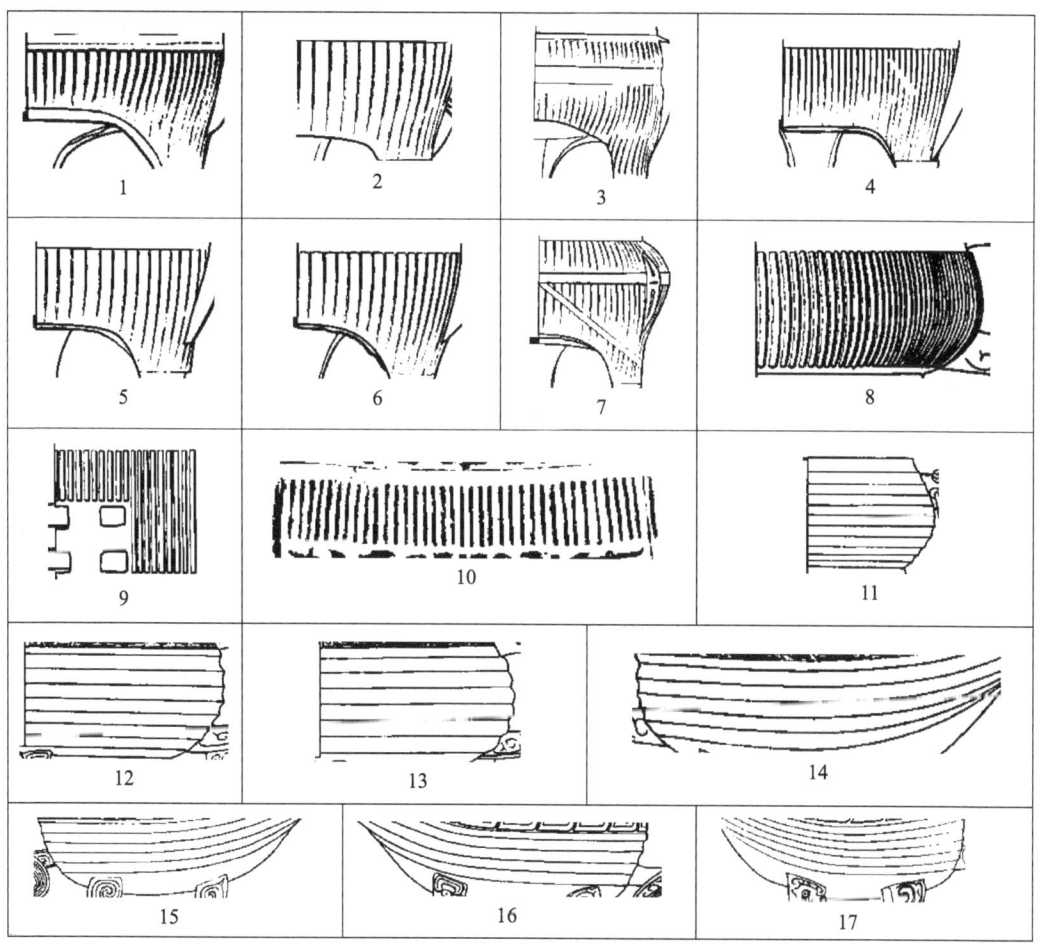

图6-22　直棱纹、瓦棱纹

1. 鬲一75董家J　2. 鬲二75董家J　3. 鬲一76庄白J1　4. 鬲六76庄白J1　5. 鬲七76庄白J1　6. 鬲八76庄白J1　7. 鬲76贺家Z　8. 簋一76庄白J1（腹）　9. 簋一76庄白J1（方座）　10. 爵五76庄白J1　11. 簋一74强家J　12. 簋一60齐家J　13. 簋五60齐家J　14. 匜60齐家J　15. 匜60召陈J　16. 匜62齐家J　17. 匜76庄白J2

四、小　　结

（一）兽面纹演变的浅见

对于此类纹饰的来源，有学者认为，这种由云纹图案构成的兽面纹，是在地纹之上演变而来的。这种观点，我们不赞同，首先从纹样上看，云纹兽面纹纹饰的位置均在器物颈部。周原青铜器的简单兽面纹与二里冈时期较为接近。因此，从文化属性上看，与殷人有很大关系。而在殷墟地区，此类纹饰在商代晚期（殷墟三期）就已消失不见[①]。在除周原以外的西周遗存中，此类纹饰也有零星出现，如山东滕州前掌大M128∶2 青铜鼎[②] 的纹饰即是由云纹组合构成的兽面纹，虽时代要晚于殷墟时期青铜器，但文化属性上仍应属商器。从周原出土的这类云纹兽面纹的构成图案看，与城固龙头镇[③] 出土青铜器相近，种种信息均反映出这一类纹饰的文化属性，均与商系青铜器有密切的关系。因此，周原青铜器中这类云纹兽面纹，在文化属性上应属商系青铜器，所属时代相对较早。

简单兽面（二里冈）→浮雕兽面＋地纹（商周之际）→浮雕兽面（西周早期）

　　　　　　　　　　　　　　　　　　　　　　　→云纹兽面（西周早期）

云纹兽面　　　　→浮雕兽面＋地纹（商周之际）→浮雕兽面（西周早期）

（二）纹饰布局演变的意义

鼎纹饰的布局方式，演变特点非常明显，整体上遵循通身纹饰向局部纹饰演变的规律。从青铜鼎器形和纹饰布局方式结合来看，我们可以大致推断出三种布局形式的相对早晚关系。满花者的时代要早于其他两种。而颈、腹均饰纹饰的时代也整体早于仅颈部纹饰带者。形制较早的青铜鼎，通身纹饰的现象常出。通身满花的整体图案与颈＋腹的组合图案时代相当。随着器形的演变，纹饰布局方式也发生了变化。腹部纹饰逐渐退化，不再出现，仅剩颈部的一条纹饰带，时代上也相对较晚。纹饰布局的演变，是对纹饰布局的变化进行探讨，不去谈及纹样和图案的变化。这样做可以将周原青铜器纹饰的位置分开，更能清楚地构建出纹饰演变的特点，为纹饰的研究勾勒出清晰的线条。

---

① 此类纹饰在河南安阳殷墟早期墓葬的青铜器上有所发现，至殷墟二期晚段后便消失不见，出现此类纹饰的墓葬有 YM232∶R2039 等。详见岳洪彬：《殷墟青铜礼器研究》，中国社会科学出版社，2006 年，198 页。
② 朱凤瀚：《中国青铜器综论》，上海古籍出版社，2009 年，1065 页。
③ 赵丛苍：《城洋青铜器》，科学出版社，2006 年。

第七章　周原出土青铜器的墓葬及组合关系

周原遗址已发简报或各类通过报道已知的青铜器墓有46座。其中经考古发掘，墓葬形制、器物组合完整的墓葬有14座[①]；3座墓葬属于墓葬信息不全[②]，但青铜器的组合完整；群众耕作偶然发掘出青铜器，后经过考察为墓葬的有12座[③]；还有经盗扰器物组合不完整的墓葬有18座[④]。

完整墓葬的墓室面积、葬式、葬具、随葬器物等信息清楚全面（附表1），在研究中最为重要和关键。遭盗扰的墓葬，随葬器物损失程度不一，严重被盗的墓葬铜器基本尽失，根本无法谈及组合关系，无法作为材料使用。而群众偶然发掘出的墓葬铜器，虽然墓葬信息多已无从获知，但铜器基本都被完整地保留下来了，这对研究器物组合是很好的材料。

第一节　周原出土青铜器墓葬的属性

中国古代陵寝墓葬向来遵循着严格的等级制度，在商、周时期的墓葬中，就已经有了较为明确的体现。俞伟超、高明就墓葬中随葬青铜鼎的情况，分析了西周的用鼎制度，用以探讨周代的等级制度[⑤]。赵化成从墓葬中棺椁的使用情况，研究了周代的等级制度[⑥]。也有根据墓室面积，来对墓葬等级进行划分的。对于西周时期的墓葬，通常认为是5平方米以下的墓葬为小型墓，5~20平方米为中型墓，而20平方米以上的则认为是大型墓。

---

① 墓葬形制、器物组合完整的墓葬有60齐家M8、73贺家M5、73贺家M6、75台李M1、76云塘M10、76云塘M13、76云塘M20、77齐家M1、78齐家M5、78齐家M19、80黄堆M1、81强家M1、91齐家M5、03庄李M9。
② 墓葬信息不全的有72刘家M、73刘家沟M1、73美阳M。
③ 群众耕作偶然发掘经考察为墓葬的有66贺家M、71齐镇M1、71齐镇M2、71齐镇M3、75庄白M、77王家咀M1、78齐村M、80黄堆M16、80刘家村M2、96庄白M1。
④ 经过盗扰器物组合不完整的墓葬有73贺家M1、73贺家M3、76贺家M112、76贺家M113、80黄堆M3、80黄堆M4、80王家咀M1、91齐家M1、91齐家M2、91齐家M8、92黄堆M37、92黄堆M45、95黄堆M55、95黄堆M58、95黄堆M60、96黄堆M71、02齐家M4、02齐家M16。
⑤ 俞伟超、高明：《周代用鼎制度研究》，《北京大学学报（哲学社会科学版）》（上）（中）1978年第1期、第2期，1978年第1期。
⑥ 赵化成：《周代棺椁多重制度研究》，《国学研究》（第五卷），北京大学出版社，1998年。

周原墓葬的情况十分复杂，有部分随商族先周墓葬，但形制与器物组合器形又有所区别，且这种影响是较为深远的。加之周原地区的墓葬时代整体偏早，用鼎制度在这一阶段也尚未确立。而稍晚的墓葬被盗扰的情况又十分严重，也使得用鼎制度在周原出土青铜器的墓葬中无法得以明确。也就是说，在周原地区有关用鼎制度的理论与实际的发掘状况，难以成为合理适用的标准。

从墓葬面积看，出土青铜器的墓葬中，尚未发现有20平方米以上的大墓。77刘家M1，是唯一一座带墓道的墓葬，而墓室面积却不清楚。当中虽未发现有青铜器，但相信是目前已知周原地区等级最高的一座墓葬。而出土青铜器的墓葬面积均在20平方米以下，5~10平方米的墓葬较多，10~15平方米的墓葬也有部分发现。而这两类墓葬，棺椁使用的情况相同，同为一棺一椁，且面积稍大的墓葬时代要晚，在器物组合方式上也发生了变化。从这点上看，周原的墓葬在等级区分上是有所缺失的，高等级青铜器墓的资料十分缺乏，还需要日后有新的材料做以填补。

一、周原地区的族群构成

周原族属、族群的构成情况，一直以来都是考古学界未能形成共识的问题。从考古发现所获的实物资料来探讨这一问题，是一项困难且充满挑战的研究。在同一地域统治阶级发生更易的影响下，不同文化属性的族属获取政权，使得旧有的各族群在各个方面向统治阶级靠拢，逐渐丧失自己原本的文化属性，这种影响和变化也是具有复杂性和多样性的。因此，在周原有关这一问题的讨论中，我们按照时间的纵线，将同一时间段内，所反映出的不同特征的墓葬，可能存在的族属差异问题进行探讨，并按其形制归类。暂时不去涉及族群的源流等方面的讨论。

在周原，从出土墓葬所反映出的情况看，无论是先周时期还是进入西周后，此地人群的族群构成情况都是非常复杂的。若从文化属性上大体分类的话，可以分为殷遗民与周人两类。从地域层面上看，周原先周时期（一期）墓葬中出土的青铜器，与商文化中王统区所出土青铜器一致。即使进入西周后，在漫长的一段时间内，大部分墓葬中出土的青铜器，仍未能脱离商式青铜器的风格，使得器主人在身份及族属问题上存在诸多疑惑。因此，墓葬属性的判定就显得尤为重要。

1. 先周族群构成的初探

学术界对先周文化族群构成的讨论从未停歇过，周原作为周人发祥地，更是讨论的中心和重点。从出土青铜器的情况判断，周原遗址中早于西周时期（一期）的墓葬，主要有73美阳M、73贺家M1、77王家咀M1三处。这里对于青铜器所属时代不再复述。从贺家、王家咀两地出土的早期陶器看，王家咀早期陶器所反映出的时代，相当于商文化墓葬中的陶器所反映的时代。这种典型的商式陶鬲，属于商文化中的一个地方类型，邹衡称其为京当型商文化①。随后这两个地点墓葬中的随葬陶器，发生了较为明显的变化，随葬陶罐的情况十分常见，成为随葬陶器组中不可或缺之物，与之搭配的还有高领袋足鬲。这类陶器形制与周原北部泾河流域一带，先周遗址中的陶器较为接近。在碾子坡类型的墓葬中，竖穴土圹墓和壁龛等均较为常见，相信与周原先周墓葬存在一定的联系。在周原刘家墓地，一部分先周墓葬常有随葬多件高领袋足鬲、折肩罐的情况。在北方地区常见的三联泡等器物，此处也有出土。这种情况，与周原遗址西部地区的先周遗址有所关联，在宝鸡石嘴头②等地，出现的相同类型的墓葬年代要更早一些，学界称其为刘家文化③。

据此，我们推测周原遗址先周时期的人群构成，与三处文化类型相关。最早出现的是具有商文化特征的京当类型墓葬，但从延续性上看存在断层。可以说被随后出现的泾河流域碾子坡文化、宝鸡地区刘家文化取代。

2. 西周族群构成的探讨

西周时期，从出土青铜器的风格特征看。部分青铜器虽融入了周人青铜器的一些特点，但整体上尚未脱离商式青铜器的风格特征。也有墓葬中出土的青铜器，无论形制与纹饰，都完全与商式青铜器毫无瓜葛，有着自己的造型风格。由此可见，周原族群的构成情况也并不是单一的。相信这些保留有殷商风格特征的青铜器，与西周时期的殷遗民是有很大关系的，甚至可以说，有些墓葬反映出的墓主人的族属就是殷人后裔。因此，我们认为周原遗址出土青铜器的西周时期墓葬，从族属上可以划分为两类，即殷遗民属性的墓葬和周人属性的墓葬。

有关殷遗民这一问题，张政烺④、陈梦家⑤从史学研究的角度，从西周统治者对殷遗民的政策，探讨了殷遗民的流迁、氏族组成、社会地位等问题。张懋镕则以青铜器铭文中的日名和族徽作为殷遗民与周人的判定标准⑥。朱凤瀚将文献、铭文与考古资料结合起来，对西周封建政治下的殷遗民中各宗族的五种境况分别做了探讨，研究的重点是殷遗民的各家族状况，以及周人对殷遗民统治与管理的方式问题⑦。除此之外，全国各地殷遗民的问题，学界都有关注和讨论。韩巍从殉人与殉牲的角度，对殷遗民与周

---

① 邹衡：《论先周文化》，《夏商周考古学论文集》，科学出版社，2001年。
② 高次若：《宝鸡石嘴头发现西周早期墓葬》，《文物》1993年第7期。
③ 陕西周原考古队：《扶风刘家姜戎墓葬发掘简报》，《文物》1984年第7期。
④ 张政烺：《古代中国的十进制氏族组织》，《历史教学》1951年第9、10、12期。
⑤ 陈梦家：《西周文中的殷人身份》，《历史研究》1954年第6期。
⑥ 张懋镕：《周人不用族徽说》，《考古》1995年第9期；张懋镕：《周人不用日名说》，《历史研究》1993年第5期；张懋镕：《再论"周人不用日名说"》，《文博》2009年第3期。
⑦ 朱凤瀚：《商周家族形态研究》（增订本），天津古籍出版社，2004年，259~290页。

人丧葬习俗等方面进行了讨论[①]。任伟从青铜器铭文、腰坑、殉人殉牲、随葬器物组合方式等方面，结合墓葬等级，对琉璃河地区殷遗民墓葬的情况进行了讨论[②]。而对于琉璃河和曲阜鲁故城的殷遗民墓葬，印群从墓向、殉人殉牲、器用制度等方面进行了讨论，重点分析了墓地制度中的各项文化因素发展变化的非均衡性[③]。可以说，学界从大的范围上看，对于西周时期殷遗民的问题是有较多意见的。但对于周原地区从考古资料和已获得的研究成果看，不够系统和全面，还存在很多需要探讨的地方。因此，本书以周原青铜器为基础，结合周原出土墓葬的具体情况，尽可能地从更多更广的角度就殷遗民这一问题进行论述。

周人属性的墓葬，仅从青铜器的表现形式上看，就可有一个较为清楚的判断。只是在周原范围出土周人风格青铜器的墓葬数量少，且大多数保留都不完整，这为我们的推断增加了一些不确定因素，还需要等待新的考古资料的出现来填补。

二、腰坑的相关探讨

腰坑墓葬俗自新石器时代晚期肇起，盛行于黄河流域的商墓当中。在二里冈上层时期的早商墓中，腰坑即已普遍流行开来。商早期时，腰坑主要是存在于等级较高的墓葬之中。随着时间的推移，腰坑一直呈增长状态。至殷墟阶段时，即使在低等级墓葬中，使用腰坑比例也是不减反增。因此，一些学者认为，使用腰坑是商人的一种葬俗，也以此来作为殷遗民墓葬的一条推断依据。这种说法，是具有一定合理性的。

在西周时期的墓葬中，有腰坑的也不在少数。而这些墓葬凡是可以确定身份者，绝大多数是殷遗民。可以确定为姬姓的周人墓，尤其是高等级墓葬中，基本没有使用腰坑的情况。这种情况是普遍现象，即使存在几例反证，也不能颠覆主流的现象。所以总体来说，腰坑是可以作为判断商文化特征的依据的，也是商人的一种流行习俗。

在周原墓葬中的腰坑，与商墓中的腰坑在形制上是有所不同的。周原墓葬中的腰坑从形态上看，已不再是单纯地追求形状的周正比例、尺寸的协调。圆形、椭圆形、圆形圜底、圆角方形，甚至是一些不规则形状也较为常见，占近半数。显然与殷商时期墓葬中腰坑的单一形态（正方形或长方形）相比，还是有明显改变的。商代墓葬的一大特征，即是高等级墓葬中腰坑内的殉人现象。而周原先周墓葬或许是因为等级所限，并未见有殉人的现象。而西周时一些较高级墓葬的腰坑中，保留有殉狗的情况，在小型墓葬中，这种情况最为常见。从出土青铜器的窖藏情况看，殷遗民在周原地区

---

① 韩巍：《西周墓葬的殉人与殉牲》，北京大学硕士学位论文，2003年。
② 任伟：《从考古发现看西周燕国殷遗民之社会状况》，《中原文物》2001年第2期。
③ 印群：《由墓葬制度看殷遗民文化特色嬗变之不平衡性》，《中国历史文物》2004年第4期。

是普遍存在的主流人群。这种小墓中使用腰坑，说明此时腰坑的作用已不再是凸显统治阶级贵族身份的一种象征，只是殷遗民对殷人葬俗的一种传承，是对殷商贵族腰坑葬流行形式的效仿。

在周原墓葬中，我们可以将腰坑作为殷遗民墓葬和周人墓葬区分的依据，结合出土青铜器构成一些判定标准。毕竟使用腰坑的墓葬，是殷遗民的可能性非常大。如果这个判断可以成立，那么在腰坑比例较高的墓地，为殷遗民家族墓地的可能性就比较大。经初步统计，周原遗址中有腰坑的墓葬有100余座，其中呈长方形的腰坑占半数以上，圆形占近4成，其余为不规则形状。出土青铜器的墓葬占比不足2成。从分期的角度上看，有腰坑的墓葬主要集中在二期晚段至三期晚段。实际上，从各期墓葬的数量上看，由于一期至二期早段，以及四期墓葬的数量很少，因此，并不能说周原在二期晚段至三期晚段时，墓葬中的腰坑盛行，只是由于已发掘墓葬数量少的缘故。

以腰坑作为判断依据看，周原西周时期的墓葬，按照腰坑数量明显分为两类，其中贺家和黄堆两地腰坑墓的比例很低，在贺家附近发掘的墓葬没有一座有腰坑。而在庄白、刘家、云塘等地发掘的墓葬，有腰坑的比例却非常高。而在这些地区有腰坑墓葬的数量，占墓葬数的总比与殷墟地区的商墓相当。在李家、齐家的较高等级墓葬中，腰坑比例也是相当高的，从这点上看，与殷墟地区的高等级商墓中的情况十分接近。因此，我们认为周原这些区域所居住和埋葬的人群，是构成周原殷遗民的主体。

三、墓葬属性的分类

在本书第三章中，我们将周原青铜器按照器物的族属风格，分为商人青铜器、商式风格青铜器和周人青铜器三类。从青铜器分期看，我们认为商人青铜器均属先周时期。从族属上看，商式风格青铜器的主人即为殷遗民。而周人青铜器的器主为周人。再结合墓葬使用腰坑的情况，对墓葬的属性做以区分。

76云塘M13，有腰坑。从出土青铜器看，虽然青铜鼎、卣在形制、纹饰风格上都向周器靠近，时代都较晚，但唯独爵一饰兽面纹，显然与商式青铜器相近。从器物组合看，为食器与酒器的组合方式，在器用制度上与周人墓也有不同，符合同等级墓中常用的器组。可见，这处墓葬当属殷遗民墓。73贺家M5、M6，此2墓无腰坑。同出鼎1、簋1，形式上看M5簋饰兽面纹，似商式青铜器，但该墓葬出土青铜戈弯折，似有"毁兵"现象。加之簋与鼎并非青铜组器，从鼎的时代看，簋似乎要早很多，除簋以外，所有信息均指向墓主为周人的可能，据此，我们认为该墓中的簋亦有可能为昔时商人所赐，或是强夺商人而获。其余墓葬属性见附表12~附表15，此处不再一一赘述。

第二节　周原青铜器的器用制度

食器在墓葬的青铜器组合中是最主要的器形。鼎、簋或鼎、鬲的配用，是最基本的组合方式，这种食器组在周原几乎成了墓葬中固定的搭配。一期至三期早段，酒器一直占有重要位置。这一阶段的墓葬中成组的酒器占多数，常见的酒器组合，尊、卣较为固定，同出还常伴随有觚、爵，或觯、爵的组合方式。这种酒器组合在商墓中较为常见，而在周原却是较为少见的。周原地区墓葬中的酒器，器类并不及安阳殷墟商墓中那样丰富，器类显然也有所削减。至三期早段时，水器逐渐丰富，形成盘、盉的固定组合，与酒器组合共存，而至晚段时，盘、盉这种水器组合保留了下来。而酒器组合基本已瓦解殆尽，消失不见。至此，周原三期晚段之后，水器成为青铜器墓中较为常见的器类。而食器无减反增的现象，更能证明并不是西周时器用制度整体退化。因此，这种器用类型的更换，也显示出周人对酒的排斥和抵触。

一、完整墓葬中的器物组合

14座完整的墓葬均为竖穴土坑墓的周墓，墓葬的长宽比较为固定，长度超过4米的墓葬有2座，均为三期时墓葬，4米以下的有12座。其中78齐家M5、80黄堆M1这两座墓葬仅出土1件青铜器，没有形成器物组合。剩余的12座墓葬，器物组合方式可以分作三类。

1. 食器＋酒器＋水器的组合

周原完整墓葬中，可以明确为食器＋酒器＋水器组合的墓葬有2座，器物情况如表7-1所示。

表7-1　完整墓葬中食器＋酒器＋水器组合器物表

墓葬名称	出土青铜器
78齐家M19	鼎2、甗1、簋2、尊1、卣1、爵2、觯1、盉1、盘1
81强家M1	鼎4、鬲4、甗1、簋5、壶2、盉1、盘1

78齐家M19墓底长4.2、宽2.6、深7.6米；81强家M1墓底长4.86、宽3.08、深6.2米，墓底长度均超过4米，深度在6米以上，同样为一棺一椁的仰身直肢葬。埋藏深度在6米以上的完整铜器墓，周原就仅此2座，同样也是完整墓葬中墓室面积最大的两座。在78齐家M19、81强家M1的随葬器物中，三类功用不同的青铜器，构成完整的器物组合，墓主人的身份等级是相近的，从这点看，也符合当时的随葬礼制和器

用制度。但在这两座墓葬中出土的青铜礼器,虽说同为食器+酒器+水器的组合方式,但这2座墓葬的器物组合有相同点,也存有很大的差异。

在78齐家M19中,鼎一、簋(二、三)、卣、爵(一、二)、盘、盉,这8件器物在昭、穆时期,鼎二、甗、尊,要更晚一些,但至多在共王世,不会更晚。显然在这一阶段,酒器在墓葬中仍然占有重要的位置,形成一尊、一卣和一觯、二爵的两组固定搭配,而这种大件盛酒器间的固定搭配和觯、爵这种小件饮酒器的搭配,又共同构成了一组较为完整的酒器组合。但在81强家M1中,情况就完全不同了,除鼎一、甗、簋(三、四),这4器的时代可能早至穆世,其余14件青铜器至少在共王之后。显然酒器在这一阶段已全面退化,酒器组中仅剩2件青铜壶。这里要说明的一点是,在西周酒器全面退化的过程当中,青铜壶由于器形更替,得以保留,不仅在墓葬中的地位上升,也成为酒器组中仅存的酒器,在西周中期后的大部分墓葬中使用,并且成对出现[①]。

食器组在数量上同样存在较大差异,时代较早的78齐家M19,食器组中有2鼎、1甗、2簋,5件青铜器。而81强家M1中有4鼎、4鬲、1甗、5簋,14件的数量将近前者的3倍。从这点也不难看出西周中期后段在器用制度上发生的变化,食器的数量大量增加,而酒器则急剧缩减。而这种重食器轻酒器的现象在西周中晚期是具有普遍性的。从水器组合看,二墓中盘、盉的搭配组合方式和数量是完全相同的,这也更加明确了并非是墓葬等级间存在不同而致使器用制度上产生差异。

此外,在伴出陶器方面,78齐家M19中,有陶鬲4、簋2、尊1、卣1、爵2、觚2、觯1、盉1、盘1、豆2、罐24,显然是一组完整的组合,其中陶簋、爵、觯、盘、盉等器均与青铜器重复,不存在替代的可能性,自然不会是作为仿青铜陶器使用。81强家M1中陶器有鬲2、罐1、豆2,数量上看似有退化的现象,实际上周原青铜器墓中的陶器虽在器类上较为固定,但数量上的变化波动很大,并不伴随时代的前进而递增或递减。关于这一点,学界尚无统一的观点。

2. 食器+酒器组合

周原完整墓葬中,有酒器的均在三期晚段共王世之前,至孝、夷世时酒器基本上消失不见。可以说,在周原遗址墓葬中,这种食器+酒器的组合方式在共王时就开始逐步瓦解了,由于周原范围内属四期的墓葬仅有一处,因此,周原墓葬中器物组合的演变,更多的是在经历这种更替的过程,而没有展现出更替后的结果。

周原完整墓葬中,可以明确为食器+酒器组合的墓葬有5座,器物情况如表7-2所示。

---

① 这一观点具体参见,裴书研:《中国青铜器整理与研究·青铜壶卷》第七章,科学出版社,2015年。

表 7-2 完整墓葬中食器+酒器组合器物表

墓葬	出土青铜器
75 召李 M1	鼎 1、卣 1、壶 1、觯 1
76 云塘 M10	鼎 1、尊 1、爵 1、觯 1
76 云塘 M13	鼎 1、鬲 1、尊 1、卣 1、爵 2、觯 1
76 云塘 M20	鼎 1、鬲 1、簋 2、尊 1、卣 1、爵 2
91 齐家 M5	鬲 2、簋 2、尊 1、卣 1、爵 2、觯 1、觚 2

在食器+酒器组合的 5 座墓葬中，76 云塘发掘的 M10、M13、M20 的这三座墓葬，器类较为接近，食器组的中心为鼎，盛酒器为尊，饮酒器则为爵。食器组为鼎、鬲，和鼎、鬲、簋这两种形式的固定搭配。酒器组中盛酒器为尊、卣，饮酒器为爵、觯的固定搭配。而在 91 齐家 M5 的酒器组合中，尊、卣与爵、觯的固定搭配同样存在。这些墓葬，又与之前 78 齐家 M19 中同出一辙，这也代表了周原在器用制度发展改变之前，酒器组合中这种固定搭配是等级较高墓葬中的普遍规律，当然这种固定的组合方式本身也表现出一种使用规律，也可以视作周原酒器的一种器用制度。

二、其他墓葬中的器物组合

1. 随葬多件青铜器的墓葬

在其余的 32 座墓葬中，仍存有器物组合的有 18 座。在这 18 座墓葬中，只有 7 座是由多件器物构成的器物组合，其余 11 座墓葬，都是 2 件器物间的固定搭配。这 7 座墓中出土青铜器情况如表 7-3 所示。

表 7-3 其他墓葬中器物组合表

墓葬	出土青铜器	墓葬情况
72 刘家 M	鼎 3、鬲 1、甗 1、簋 3、尊 2、卣 2、壶 1、爵 1、觯 3	信息不全
73 美阳 M	鼎 1、鬲 1、簋 1、卣 1、高足杯 1	信息不全
66 贺家 M	鼎 4、甗 1、簋 1、壶 1、罍 1、角 1、勺 1	群众发掘
75 庄白 M	鼎 3、甗 1、簋 2、壶 3、爵 2、觯 1、盂 1、盘 1	群众发掘
73 贺家 M1	鼎 1、簋 1、卣 2、斝 1、罍 1、瓿 1、斗 1	被盗掘
95 黄堆 M55	鼎 1、簋 1、盘 1、盂 1	被盗掘
02 齐家 M4	鼎 1、鬲 1、簋 1、尊 1、卣 1、爵 2、觯 1	被盗掘

73 美阳 M、73 贺家 M1 为商墓，可能是出土器物不完整的原因，除食器鼎、簋的组合方式固定以外，酒器中并没有出现较为固定的组合。但卣这类器形，均在两墓中同出，依然可以体现出卣在酒器中的地位和重要性。72 刘家 M、02 齐家 M4 同为

食器+酒器的组合。食器组中同为鼎、鬲、簋的组合；酒器中也同样是由盛酒器组尊、卣，与饮酒器组爵、觯共同构成。

在75庄白M中，食器为鼎、甗、簋，酒器为觯、爵，水器为盘、盉。均是功用器类中的固定搭配。95黄堆M55，虽被盗严重，但残余之中，仍留有食器+水器的组合，食器组鼎、簋，水器组盘、盉的两组固定搭配，构成一组食器+水器的基本组合形式。然而这4件器物均已明器化，即使如此，它们所反映出的器用制度仍是符合时代规律的。

2. 随葬仅2件（类）青铜器的墓葬

在只有2件（类）青铜器的11座墓葬中，有10座墓葬是鼎与其他各型器物同出的情况，其中搭配食器的有鼎、簋组合的有3座（另外完整组合中，还有两座墓葬为鼎、簋组合），可见鼎与簋组合一直是墓葬中的一种固定搭配，不仅用于商代，也贯穿了整个西周王朝，遍布在周原地区的墓葬之中。鼎、鬲组合有2座，鼎、甗和鼎、盨的组合各1座，鼎与水器盆组合的墓葬3座。而这与鬲、甗做组合的时间段相近，整体上偏晚。与水器盆的组合，在三期晚段才出现。盨则为四期，也是周原地区独一处较为可靠的晚期青铜器墓。下面重点探讨一下鼎、盆的组合方式，出土鼎、盆的3座墓葬，情况如表7-4所示。

表7-4 出土鼎、盆的墓葬表

墓葬	出土青铜器	墓葬情况
91齐家M1	鼎1、盆1	被盗掘
91齐家M2	鼎1、盆1	被盗掘
91齐家M8	鼎1、盆1	被盗掘

在周原14座完整墓葬中，食器与水器组合出现在三期晚段的孝、夷之世。91齐家M8出土1鼎、1盆，周原出土有鼎的墓葬占7成以上，在一些等级不高的墓葬中，多有鼎、簋，鼎、鬲这种食器固定搭配的组合方式。在战国早期时，鼎、壶这种食器与酒器的组合方式在一些等级不高的墓葬当中多见到，成为不同功用器形中的代表。而91齐家M8中，鼎、盆这种组合方式在周原并非个例，虽然其他以鼎、盆为组合方式的墓葬经过盗扰，但这种现象仍是部分存在的。由此，可见盆在西周三期晚段之后，俨然成为水器之中的代表，在水器中的地位应与鼎相当。

三、小　结

以上我们对周原地区发掘的墓葬情况进行了研讨，随着时代的变化，青铜礼器组合形式也随之发生变化。这种变化并不是单一的，不仅在功用器类（酒器与水器的交替）上有大的改变，在器物类型间也存有各种替代的现象（壶成为酒器类的替代）。可见，周原青铜器在器用制度上发生着变革，而这种变革又使得墓葬中青铜器组合不断发生变化，器类之间的相互交错、更替的演变过程，也反证出周原地区当时墓葬中的用器观念。由此，还应从器物组合的演变规律中探讨周原器用制度的变革。

第三节 周原青铜器组合的演变

要了解青铜器组合演变的根本，需要将墓葬按等级区分开来。在等级较高的墓葬中，随葬青铜器的数量较多，器类也丰富。西周时通常按照随葬青铜鼎的数量来判断墓主人的地位等级。而在周原，高等级墓葬很少，绝大多数都是小型墓。在这些小型的青铜器墓葬中，青铜器数量少，器类单一，符合随葬器物规格跟随墓主身份而同向变化这一原则。正因等级低的墓葬受以限制，其中随葬品才正是礼制中不可或缺，也是最具代表性的器物。这些低等级墓葬中出土的青铜礼容器，正是随葬品中的核心器。

周原的墓葬主要集中在二、三期，属一期的墓葬有3座，四期仅1座。从墓葬的属性看，73美阳M、73贺家M1、77王家咀M1这3座墓葬，可以明确为商墓。其余43座均为周墓（或存有商器的周墓）。

在被盗墓葬中，青铜器多数丢失，因此除18座被盗墓葬之外，还有剩余的14座完整墓葬，以及12座农民挖出和1座信息不完整的墓葬。这27座墓葬中的青铜器均可用以研究组合的演变。

周原的大部分墓葬中，都有早晚器物共出的情况，也就是说，同一墓葬中可能出土两件形制、风格完全不同的器物。80王家咀M1虽然被盗严重，但从该墓葬中仅存的两件青铜鼎看，属于不同风格，鼎一（䜌父丁鼎），为圆鼎Ad型Ⅱ式，口沿下饰弦纹。而鼎二（乳钉纹鼎），为圆鼎Ad型Ⅰ式，口沿下饰夔纹，腹部饰斜方格乳钉纹。这两件鼎在时代上也相差较远，从鼎一的铭文看，至少在昭王世，为周器。而鼎二与殷墟三期鼎无异，为商器。这种情况在周原较为常见（附表10），而这一类墓葬，青铜器组当中虽有商器，但器物组合关系以及器用制度仍依从周制。由此，推测在周原范围内，进入西周后的这些商族后裔的墓葬，一方面器物本身受周制的影响而改变；另一方面，在随葬制度上也跟随周人不断演变。这样的两支不同文化属性的器用制度相互交织演进，并逐步走向统一的过程，便是周原器物组合演变的一种呈现。

一期虽无完整墓葬，但从3座构成组合的墓葬看（表7-5），食器＋酒器组合的方式固定。食器组以鼎为中心，盛酒器为卣，饮酒器为杯。鼎作为食器组的核心，这一现象同样常见于殷墟墓葬中。在周原从一期始，鼎就一直是墓葬中不可或缺之器。高足杯在周原则仅仅出现在一期的商墓之中，二期爵出现后，杯即消失不见，因此，器形上并无延续。而卣在一期墓葬中，作为盛酒器的核心，在等级较高的墓葬中同样是酒器组中不可或缺之器。不仅在二期墓葬中使用，随着器形的不断改变，直至三期晚段的一些商裔墓葬中仍有使用（表7-6）。

表 7-5　一、二期构成器物组合的墓葬

墓葬	食器	酒器	期段	墓葬情况
73 美阳 M	鼎1、鬲1、簋1	卣1、高足杯1	一期	信息不全
77 王家咀 M1	鼎1	高足杯1	一期晚段	群众发掘
73 贺家 M1	鼎1、簋1	斝1、罍1、卣2、瓿1、斗1	一期	被盗掘
60 齐家 M8		爵1、觯1	二期晚段	完整
73 贺家 M5	鼎1、簋1		二期晚段	完整
77 齐家 M1	鼎1、簋2		二期晚段	完整
75 召李 M1	鼎1	卣1、壶、觯1	二期晚段	完整
76 云塘 M20	鼎1、鬲1、簋2、	尊1、卣1、爵2	二期晚段	群众发掘
66 贺家 M	鼎3、簋1	壶1、罍1	二期晚段	群众发掘
71 齐镇 M1	鼎1、鬲1		二期晚段	群众发掘
72 刘家 M	鼎3、鬲1、甗1、簋3	尊2、卣2、壶1、爵1、觯3	二期	信息不全
76 贺家 M113	鼎2、甗1		二期晚段	被盗掘

表 7-6　三、四期构成器物组合的墓葬

墓葬	食器	酒器	水器	期段	墓葬情况
76 云塘 M10	鼎1	尊1、爵1、觯1		三期早段	完整
71 齐镇 M2		鼎1、鬲1		三期早段	群众发掘
75 庄白 M	鼎3、甗1、簋2	壶3、爵2、觯1、盉1	盘1	三期早段	群众发掘
80 黄堆 M4	鼎1、簋2			二期早段	被盗掘
73 贺家 M6	鬲1、簋1			三期晚段	完整
76 云塘 M13	鼎1、鬲1	尊1、卣1、爵2、觯1		三期晚段	完整
78 齐家 M19	鼎2、甗1、簋2	尊1、卣1、爵2、觯1、盉1	盘1	三期晚段	完整
81 强家 M1	鼎4、鬲4、甗1、簋5	壶2、盉1	盘1	三期晚段	完整
91 齐家 M5	鬲2、簋2	尊1、卣1、爵2、觯1、觚2		三期晚段	完整
78 齐村 M		簋1	盉1	三期晚段	群众发掘
73 刘家沟 M1	鼎1、簋1			三期晚段	信息不全
91 齐家 M1	鼎1		盆1	三期	被盗掘

续表

墓葬	食器	酒器	水器	期段	墓葬情况
91 齐家 M2	鼎 1		盆 1	三期	被盗掘
91 齐家 M8	鼎 1		盆 1	三期晚段	被盗掘
95 黄堆 M55	鼎 1、簋 1	盉 1	盘 1	三期晚段	被盗掘
95 黄堆 M58	鼎 1、簋 1			三期	被盗掘
73 贺家 M3	鼎 1、盨 2			四期	被盗掘

二期构成器物组合的墓葬中，青铜器的下限均已至晚段时。墓葬中青铜器功用的组合形式与一期相同，都是由食器与酒器构成的。食器组中，鼎仍为核心器，鼎与簋的组合较为常见。酒器组中，青铜壶出现，与尊、卣、罍形成新的盛酒器组合。觯在二期作为饮酒器，与爵形成组合，可能是一期中高足杯的替代[①]。

在高等级墓葬中，如 72 刘家 M 中，食器组鼎、鬲、甗、簋形成一套较为完整的食器组合，且鼎与簋数量同为 3 件。酒器中，盛酒器组尊 2、卣 2、壶 1 的组合足以见其主人地位尊贵，饮酒组器中，同样是爵 1、觯 3 的组合方式。在周原三期的墓葬中，饮酒器爵 2、觯 1 的情况常见，且爵的数量通常多于盛酒器的数量，72 刘家 M（丰姬墓）这一现象有异常类，由于墓葬信息不完整，发掘简报也未曾发表，具体情况就不得而知了，还有待我们进一步了解。76 云塘 M20 食器组中鼎 1、簋 2，虽与完整墓葬 77 齐家 M1 相同，但这座墓葬是由群众在耕作时偶然发现的，可能器物保留不全。与之情况相同的还有 66 贺家 M，食器组中鼎 3、簋 1 搭配方式，使这种食器组合间的组合方式无法进一步得以证明。整体上看，二期墓葬器物组合形式与一期接近，并未出现大的改变。

三期墓葬构成的器物组合中，水器出现。食器组中，核心器仍为鼎。鼎、簋的组合相对固定，甗、鬲出现在一些等级较高的墓葬中。酒器中，盛酒器组尊、卣相对固定。壶只出现在食器组有多鼎、簋和甗、鬲的高等级墓葬中，且器形已发生更替，不再是商式的提梁（A 型壶）或贯耳壶（B 型壶），转而成为由周人所开创流行于西周中期后的环耳壶（C 型壶）。可以说，壶在器形上的变化与组合方式的改变是同步而行的。爵饮酒器组中，爵、觯成为固定搭配，在等级不高的墓葬中为爵 1、觯 1，等级较高的墓葬中则为爵 2、觯 1，形成特定的规律。

在 75 庄白 M 中，即已出现食器＋酒器＋水器三种不同功用属性的器物组合。器物整体的时代，尤其是水器盘，当属早段穆王世。78 齐家 M19 中盘的时代，与 75 庄白 M 中的盘相当。也就是说穆王世时，水器盘就已经出现。显然盘的出现，打破了周原早期墓葬中的器物组合关系。75 庄白 M 中器物的时代下限即穆王晚期。而 78 齐家 M19 中，鼎二、簋等器物的时代较晚，至少在共王或更晚。因此，墓葬的时代至少到

---

① 详见本书 157 页附：组合中青铜杯的替代现象。

了三期晚段。由此可见，这一变化过程的确立，是经历了一个阶段的。在穆王晚期至共王这一阶段，墓葬随葬礼器的器用制度发生了改变。

91齐家M1、M2、M8，同为鼎1、盆1的食器＋水器构成的组合，虽然墓葬被盗，但从出土的器物形制看，这3座墓葬的等级较高。从窖藏的情况看，只有出土器物最多的76庄白JH中，有铜盆2件。也就是说，盆流行的时代相对较晚，且只出现在高等级的墓葬或窖藏单位中。

四期墓葬仅73贺家M3一座，并且被盗严重，从残余中清理出鼎1、盨2。我们看到周原的青铜盨，在窖藏中，时代稍早的口沿饰窃曲纹，更晚一些的饰重环纹，腹部则饰瓦棱纹，三期及以前的墓葬的食器组中，未出现随葬盨的情况。根据窖藏中出土盨的时代来看。我们相信盨在周原，至少应在共王以后的墓葬中才会使用，而厉王后盨在窖藏中的配量甚至多于鼎，可见其已经作为一种常规食器，成为墓葬中不可或缺的器类。虽然73贺家M3被盗掘，并没有更多的证据加以证明，但我们相信，这样的论点是经得起验证和推敲的。

附：组合中青铜杯的替代现象

杯在周原仅见于商墓之中，这一情况值得探讨。或许是杯与爵功用相同的原因，之间存在替代性，致使有杯的墓葬无爵，由于墓葬信息的不完整，也有可能是因为墓葬的级别低，而未能享有爵作为随葬礼器。在殷墟苗圃北地M172这座完整的墓葬中，食器组为鼎1、簋1，酒器组为卣1、觚1、爵1[①]。其墓葬等级、组合形式皆与73美阳M相近。除此之外，殷墟郭家庄M1[②]，食器为鼎1、簋1，酒器为爵1、觚1。单从这种现象看，周原73美阳M中的杯，显然不但替代了爵，而且替代了殷墟墓葬中的觚、爵组合。

在殷墟小屯M17中，随葬青铜礼器为鼎1、爵1、觚1[③]；薛家庄东南M3[④]的随葬礼器与之相同。同样觚、爵这种酒器间的搭配组合，对应了周原77王家咀M1中的高足杯。看来周原商墓中有杯无爵的现象，与墓葬级别关系不大。确实是一种器形间的替代现象。在殷墟西区M875[⑤]中，墓葬等级和随葬礼器皆与周原73贺家M1相近。只可惜

---

① 中国社会科学院考古研究所：《殷墟青铜器》，文物出版社，1985年，450页。
② 中国社会科学院考古研究所：《安阳殷墟郭家庄商代墓葬——1982年～1992年考古发掘报告》，中国大百科全书出版社，1998年。
③ 中国社会科学院考古研究所安阳工作队：《安阳小屯村北的两座殷代墓》，《考古学报》1981年第4期。
④ 中国社会科学院考古研究所安阳工作队：《安阳薛家庄东南殷墓发掘简报》，《考古》1986年第12期。
⑤ 食器组为鼎1、簋1，酒器组为斝1、爵1、觚1、卣1、斗1。见，中国社会科学院考古研究所：《殷墟青铜器》，文物出版社，1985年，450页。

73 贺家 M1 被盗掘，剩余的器物之中不见杯，亦无爵、觚，无法成为更加有力的证据。

虽目前尚无定论，但这一情况的提出，是周原商墓中的青铜器组合区别于殷墟墓葬最为直接的证据，也是周原商墓中独有的现象。这种器物替代器组的现象，不再是政权更替后，社会制度的变革致使礼制与文化发生转变，影响到青铜器器用制度的变化[①]。这种青铜器替代器组的现象，同样可以在同一时代下，由地域、族属及文化间的差异而产生。对于这一现象的确立，还需要有新的材料出现，再做更进一步的探讨。

---

① 三期晚段后，酒器组中的壶成为酒器组的替代器。先前我们认为是由于商至西周的政权更替，致使文化制度等发生改变，周人不再重视酒器，因此，壶即成为替代酒器组的青铜器。而这种器物替代青铜器组的现象，是受时间的影响而出现的。

第八章 结 语

一、周原青铜器在学术研究中的价值

在本书的绪论部分，我们首先对周原的基本情况做以概述，从周原的遗址范围展开探讨，将周原分为广义与狭义两个层面，而狭义的周原正是出土青铜器的核心区所在地，也是我们研究的重点所在。探讨了周原青铜器在周邑性质研究中的作用，通过梳理过去学者以青铜器作为研究周邑的证据，我们对周原青铜器的作用有了新的认识。从青铜器铭文探讨古代社会制度的贡献，简述各家在这一研究中的种种观点，对西周社会制度的构架有了一个基本的呈现。对周原青铜器断代工作的简述，是青铜器研究成果的又一处体现，由青铜器所推断出的历史时期，填补了文献中西周史的空白之处。最后，我们就周原开展考古工作以来的情况按时间做了整理，并对21世纪周原考古工作的新进展，以及近年在周原考古工作所获得的新收获予以叙述。

二、周原青铜礼器的历史沿革

本书的第二章是做好研究的基础所在。周原出土青铜器的历史沿革，不同于其他地方，早在汉代文献中就有对周原青铜器的记载，至宋时周原青铜器以摹本的形式出现在金石学家的著作当中，而后则愈加丰富。这些情况的掌握，使我们对周原出土的传世青铜器有了较全面的了解。至中华人民共和国成立后的考古学发掘阶段，周原出土了大量的青铜器，在1957~2003年，有关周原出土青铜器的报道不下百余篇，而这些周原范围内出土青铜器的获取方式（或来源）也是各种各样，而这些内容，全都交织混杂在各类简报和报道介绍当中，这为我们的研究工作带来了极大的不便。因此，本书第二章主要是对周原青铜器进行整理分类，将周原出土青铜器整体分为三类：一是古文献记载但器物遗失（汉—宋）；二是流散各地或海外（清—民国）；三是考古发掘或捐献征集（中华人民共和国成立后）。在这三种存在形式中，前两种当属传世范畴，第三种按照来源方式，分为墓葬和窖藏两种不同性质出土遗迹单位，并简述了发掘情况。除此之外，还将群众劳作时偶然发现的青铜器，归为征集器物，并简述了发掘经过。还将一些由废品收购站中拣选而来，但出土情况不明的青铜器，列表整理。搞清楚了研究的对象，才可以方便后面的深入探讨。

三、周原青铜器的类型学分析

第三章是对周原青铜器建立起空间构架。经过第二章的整理，共收集整理出周原出土青铜礼容器 429 件，另有传世器 106 件，总计 535 件。我们将周原出土的青铜礼容器，按照其功用的属性分为食器、酒器、水器。其中食器属的数量最多，共 278 件，占出土器总量的 65%；另有传世食器 92 件，食器总计 370 件，占周原器物总数的 69.2%（酒器、水器见附表 7）。将各属青铜器按照器形分类，食器属分为鼎、甗、鬲、簋、豆、盨、簠 7 类；酒器属分为斝、尊、罍、卣、壶、彝、觥、盉、瓿、觚、觯、爵、角、杯 14 类；水器属分为匜、盘、盂、盆、鉴 5 类。食器属中青铜鼎的数量最多，共出土 104 件，占出土器物总量的 24.2%，另有传世器 38 件；青铜簋在数量上与鼎相当，共出土 91 件，占出土器物总量的 21.2%，另有传世器 25 件（其他各器见附表 7）。在 104 件鼎当中，有 44 件出土于墓葬，占墓葬出土器物总量的 27.4%；26 件出土于窖藏，占窖藏出土器物总量的 13%，还有 34 件为征集而来，占征集器物总量的 48.7%（其他各器见附表 8）。显然周原出土青铜器中，食器的分量最重。接下来我们进一步对器物做型式划分，由于鼎的数量最多，形制复杂多样，将鼎先分为圆鼎、方鼎两类，再分型式。根据各类器物器形间的明显区别分型，依照器物局部的差异再分亚型。同型（或亚型）中，时代特征有明显变化的则分式。将圆鼎分为 A、B、C 三型，其中 A 型分七个亚型，而 Aa 亚型，分为 I、II 式（占比见附表 9）。

四、周原青铜器断代

周原出土青铜器中，存在一些时代明确的标准器，尤其在 76 庄白窖藏中，有着时代较为明了的青铜器组。因此我们以标准器作为蓝本，结合器物的形制、纹饰、铭文等方面，对周原出土的青铜器中，有明显时代特征的器物的年代进行推断。这种青铜器间相互比较的断代方式，并不是要脱离墓葬、共出陶器等可以确定考古学文化分期的信息，而是因为周原墓葬中随葬青铜器的方式十分特殊，在同一墓葬会有不同族属、不同风格的青铜器共同出现。这一情况在窖藏中得以明确，在周原出土的青铜器窖藏，往往在同一窖藏中的器物间的时代相距较远。由此可见，在周原若以出土单位所反映出的时代去推断器物年代的这种做法，是非常不合乎情理的。

首先是从器物所反映出的风格特征着手，以器形、纹饰、铭文所反映出的商人青铜器风格特征，将周原出土青铜器分为商人青铜器、承袭殷遗风青铜器和周人青铜器三类。通过对这三类青铜器时代的推断，基本明确了周原青铜器中，商人青铜器与周人青铜器之间存在的差异，以及商人青铜器逐步向周人青铜器演变的全过程。而对于殷遗风青铜器的提出，不但解决了有关商末周初青铜器在形制界限上的分隔，也为学界长期以来难以定论的商末周初器物的断代问题找到新的方法和思路。在窖藏出土的青铜器中，我们认为纹饰风格一致、铭文内容相同或相近的同组器物，其所属时代也相同。而风格完全一致的器物，更具体地说是出自同一工匠之手，先后的时代自然不会相差太久。这样成组的青铜器，我们称为窖藏中的青铜器组。在周原的墓葬和窖藏中，我们对这些成组器物时代做了推断。而这些青铜器组时代的明确，不仅可以明晰窖藏中各组青铜器之间的先后关系，也为周原之外各类器物，在时代的推断上建立了可靠的标尺。

五、周原青铜器的分期

分期研究是建立周原青铜器发展演变谱系的标尺和纲目。第三章类型学分析，为周原青铜器构架起了空间结构；第四章周原青铜器的断代，为青铜器填入时间体系。至此，青铜器形制上随时间的变化已经十分明了。我们将周原青铜器总体上分为四期，一期为商代，二至四期为西周。其中一至三期分早、晚两段。认为一期早段的周原青铜器，要先于殷墟青铜器；晚段则相当于殷墟青铜器。二期早段相当于西周早期的武、成时期，晚段相当于康、昭二世。三期早段等同于穆王世，晚段等同于共、懿、孝、夷四世，四期则为厉王世及以后的宣、幽二世，并对西周各期的年代进行推定，对各王世在位年数予以明确。

通过对各阶段青铜器流行风格的确立，分期后为周原各类青铜器建立了发展演变谱系（附表1）。在青铜器谱系的演变过程中，将同一时期不同型（亚型、式）的器物横向排列，可以体现出同期器物之间的共存关系。而同一型（亚型、式）器物以纵向排列，可以看出同型器物间的早晚变化与演进情况。通过建立周原青铜器发展演变的谱系，可以清楚地看到周原青铜器整体上经历的共存和消亡的变化过程。在同一类器物中，还可以明确地看出其演变、传承或更替的现象。而各类器物的发展脉络的总和，即构成了周原青铜器的演变谱系。

各阶段青铜器流行风格的确立，分期并建立发展演变谱系。以青铜器在时代演进中器形、纹饰明显的演变特点为界限，将周原青铜器分四期。结合各期段器物的特征，建立周原青铜器的发展演变谱系。在谱系演变中，同一时期不同类别的器物横向排列，可以体现出同期器物的共存关系。同型、式器物纵向排列，可以看出器物型式早晚变化和演变情况。用这种纵横交错的类型分析的方法划分周原青铜器，不但能明确各类器物的共存和消亡的时代，构筑起各类器物的发展脉络，也使得同一类器物中各型式青铜器传承、演变、更替的现象更加清晰。

六、周原青铜器的纹饰

周原出土的青铜器，大多数都饰有纹饰。纹饰的演变较器形的变化更为明显，所反映出的文化内涵也更为具体。基于纹饰整体发生演变的主线，我们对各类器物纹饰的布局方式情况做了分类。通过分类，我们可以清楚地看到，同类青铜器纹饰布局方式的不同阶段的演进规律。按照纹饰变化的阶段性特征，我们将周原青铜器纹饰分为动物纹饰、变形纹饰和几何形纹饰。而在周原，青铜器纹饰整体的演进过程，是由动物纹饰向几何形纹饰逐渐转变的过程。而当中的变形纹饰，正是动物纹饰向几何形纹饰转变的过渡阶段的纹饰。我们重点分析探讨了变形纹饰中的波带纹、窃曲纹、三角云纹等与相应动物纹饰之间的演进关系，以及与几何形纹饰的对应关系。这也是青铜器研究中，关于纹饰演变新的研究方式和线索。

纹饰布局方式的改变，以及纹样图案的演进与更替，能够深刻地反映出当时人们的思想理念。特别是青铜器纹饰中图案的改变，是基于人们思想认识、审美观念之上的改变，是认知力与精神世界发生了变化。而这种变化是与统治阶级息息相关的。政权的更替、新的统治阶级的族属与文明间的差异，使礼制与社会制度等方面发生改变，并逐渐影响到社会的每个层面，以至于人们的思维方式和对美好事物的认知发生改变。通过对周原青铜器纹饰的研究，我们发现纹饰图案的变化与礼制的演进，是相互作用和并行的关系。

七、周原出土青铜器的墓葬与组合关系

周原出土青铜器墓葬的属性十分复杂，总的特点是"无大墓、多小墓、被盗多、完整少"。因此，在墓葬的类型划分上十分困难，不能简单地以墓室面积进行分类，故很难看出墓葬的等级。要探讨周原出土青铜器墓葬的属性问题，就要先搞清楚周原地区的族群构成。我们分别对周原地区的先周、西周时期的族群构成进行了探讨，确立了周原地区族属的构成，将周原地区的墓葬分为先周商人墓、西周商遗民墓、周人墓三类。对周原墓葬中有腰坑的墓葬进行了整理统计，并将腰坑密集的墓地与较为少见的墓地，分归相应的族属葬区。认为腰坑是区别殷遗民墓葬与周人墓葬的参考条件。

鉴于周原完整墓葬的数量少，在墓葬青铜器组合关系上，我们将非科学发掘，但可以构成青铜器组的单位纳入研究范围。在完整的14座墓葬中，墓葬长度超过4米的，仅有2座。青铜器的组合方式，均为食器＋酒器＋水器的组合。在食器组中，核心器为鼎；酒器组中，核心器为尊、卣。另外5座完整墓葬中，均为食器＋酒器组合方式，核心组器与之相同。而在其他存有器物组合的18座墓葬中，这种情况同样得以验证。在水器组合中，盘为器组核心，地位与鼎相当。即便是在青铜器已完全明器化的墓葬当中，也遵循着相同的规律。

以墓葬器物所属时代的下限看，早期周原器组由食器＋酒器组合的方式构成。随着水器的出现，酒器数量逐渐减少，直至消失不见，从而转变为食器＋水器的组合方式。而这种组合方式的变化，也正是周原器用制度的变迁。

八、结 束 语

书中还存在一些不足之处，没有对周原青铜器的铭文做专向研究，也没有涉及铸造冶炼等方面。前者由于自身学术水平的限制，在现有的铭文研究成果上，无法提出新的认识；后者所涉及的学科跨度较广，目前实不具有创新研究的条件与能力。这些也是今后研究中亟待加强和填补的地方。

通过以上对周原出土青铜礼容器的综合研究，不仅为周原青铜器建立起发展演变谱系，提出了商人青铜器、殷遗民青铜器、周人青铜器间存在的差异和界限。明确了周原青铜器纹饰的演变方式和规律，以及产生这种变化的社会因素。从周原的族群构成，结合器物属性和腰坑等信息，探讨墓葬的族属问题。从器物的组合方式及演变规律，为西周器用制度找寻可靠依据。以上研究中存在的不足之处，还望专家批评指正。

参考文献

专 著

一、历 史 学

［1］（汉）司马迁．史记［M］．北京：中华书局，1982．
［2］（汉）班固．汉书［M］．北京：中华书局，1962．
［3］（梁）沈约．宋书［M］北京．中华书局，1974．
［4］（清）吴卓信．汉书·地理志补注［M］．清道光二十八年泾县包氏刻本．
［5］周振甫．诗经译注［M］．北京：中华书局，2002．
［6］杨宽．西周史［M］．上海：上海人民出版社，1999．

二、文 字 考 释

1. 宋—清

［1］（宋）王俅．啸堂集古录［M］．涵芬楼影印本，民国十一年（1922）．
［2］（清）梁诗正．西清古鉴［M］．内府刻本，乾隆二十年（1755）．
［3］（清）端方．陶斋吉金录［M］．石印本，光绪三十四年（1908）．

2. 民国

［1］王国维．三代秦汉两宋金文著录表［M］．墨缘堂影印本，民国三年（1914）．
［2］王国维，罗福颐．国朝金文著录表［M］．上虞罗氏雪堂丛刻本，民国四年（1915）．
［3］邹寿祺．梦坡室获古丛编［M］．影印本，民国十六年（1927）．
［4］容庚．宝蕴楼彝器图录［M］．北平内政部古物陈列所，民国十八年（1929）．
［5］孙壮．澂秋馆吉金图［M］．北平商务印书馆分馆石印本，民国十九年（1930）．
［6］罗振玉．贞松堂集古遗文［M］．1930年蝉隐庐石印本．
［7］方浚益．缀遗斋彝器款识考释［M］．1935年涵芬楼影印本．
［8］刘体智．小校经阁金文拓本［M］．1935年庐江刘氏小校经阁影印本．

［9］柯昌济. 金文分域编［M］. 1937年铅印本.

［10］方浚益. 缀遗斋彝器款识考释［M］. 1935年涵芬楼影印本.

3. 1949年后

［1］于省吾. 商周金文录遗［M］. 北京：科学出版社，1957.

［2］郭沫若. 殷周青铜器铭文研究［M］. 北京：科学出版社，1961.

［3］邹安. 周金文存［M］. 台北：台联国风出版社影印本，1978.

［4］罗振玉. 三代吉金文存［M］. 北京：中华书局，1983.

［5］严一萍. 金文总集［M］. 北京：艺文印书馆，1983.

［6］吴镇烽. 陕西金文汇编［M］. 西安：三秦出版社，1989.

［7］郭沫若. 两周金文辞大系图录考释［M］. 上海：上海书店出版社，1999.

［8］刘雨，卢岩. 近出殷周金文集录［M］. 北京：中华书局，2002.

［9］王献唐. 国史金石志稿［M］. 青岛：青岛出版社，2004.

［10］于省吾. 商周金文录遗［M］. 北京：中华书局，2009.

三、图　　录

［1］容庚. 武英殿彝器图录［M］. 燕京大学哈佛燕京学社影印本，民国二十三年（1934）.

［2］〔日〕嘉纳治兵卫. 白鹤吉金集［M］. 小林写真制版所珂罗版影印，昭和九年（1934）.

［3］容庚. 海外吉金图录［M］. 考古学社专集第三种影印本，民国二十四年（1935）.

［4］刘体智. 小校经阁金文拓本［M］. 庐江刘氏小校经阁，民国二十四年（1935）.

［5］郭沫若. 两周金文辞大系图录［M］. 上海：上海书店出版社，民国二十四年（1935）.

［6］容庚. 善斋彝器图录［M］. 燕京大学哈佛燕京学社影印本，民国二十五年（1936）.

［7］黄濬. 尊古斋所见吉金图［M］. 珂罗版印，民国二十五年（1936）.

［8］于省吾. 双剑誃古器物图录［M］. 影印本，民国二十九年（1940）.

［9］陕西省博物馆，陕西省文物管理委员会. 青铜器图释［M］. 北京：文物出版社，1960.

［10］中国科学院考古研究所. 美帝国主义劫掠的我国殷周铜器集录［M］. 北京：科学出版社，1962.

［11］上海博物馆. 上海博物馆藏青铜器［M］. 上海：上海人民美术出版社，1964.

［12］陕西省考古研究所，陕西省文物管理委员会，陕西省博物馆. 陕西出土商周青铜器（一）［M］. 北京：文物出版社，1979.

［13］陕西省考古研究所，陕西省文物管理委员会，陕西省博物馆. 陕西出土商周青铜器（二）［M］. 北京：文物出版社，1980.

［14］陕西省考古研究所，陕西省文物管理委员会，陕西省博物馆. 陕西出土商周青铜器（三）［M］. 北京：文物出版社，1980.

［15］陕西省考古研究所，陕西省文物管理委员会，陕西省博物馆. 陕西出土商周青铜器（四）［M］. 北京：文物出版社，1984.

［16］上海博物馆青铜器研究组. 商周青铜器纹饰［M］. 北京：文物出版社，1984.

［17］李学勤. 中国美术全集·工艺美术编5·青铜器［M］. 北京：文物出版社，1986.

［18］上海博物馆《商周青铜器铭文选》编写组. 商周青铜器铭文选（一）［M］. 北京：文物出版社，1986.

［19］国家文物局. 中国文物精华大辞典·青铜卷［M］. 上海辞书出版社，香港商务印书馆，1995.

［20］李学勤，艾兰. 欧洲所藏中国青铜器遗珠［M］. 北京：文物出版社，1995.

［21］《中国青铜器全集》编辑委员会. 中国青铜器全集·西周（一）［M］. 北京：文物出版社，1996.

［22］故宫博物院. 故宫青铜器［M］. 北京：紫禁城出版社，1999.

［23］樊文龙. 世界美术全集［M］. 北京：光明日报出版社，2003.

［24］陈佩芬. 夏商周青铜器研究［M］. 上海：上海古籍出版社，2004.

［25］曹玮. 周原出土青铜器［M］. 成都：巴蜀书社，2005.

［26］锺柏生，陈昭容，黄铭崇，等. 新收殷周青铜器铭文暨器影汇编［M］. 台北：艺文印书馆，2006.

［27］刘雨，汪涛. 流散欧美殷周有铭青铜器集录［M］. 上海：上海辞书出版社，2007.

［28］上海博物馆，香港中文大学文物馆. 首阳吉金——胡盈莹、范季融藏中国古代青铜器［M］. 上海：上海古籍出版社，2008.

四、青铜器研究

1. 综合研究

［1］张光直. 商周青铜器与铭文的综合研究［M］. 台北："中央研究院"历史语

言研究所，1973.

［2］容庚. 商周彝器通考［M］. 台北：台湾大通书局，1973.

［3］郭宝钧. 商周铜器群综合研究［M］. 北京：文物出版社，1981.

［4］马承源. 中国古代青铜器［M］. 上海：上海人民出版社，1982.

［5］容庚. 殷周青铜器通论［M］. 北京：文物出版社，1984.

［6］马承源. 中国青铜器［M］. 上海：上海古籍出版社，1988.

［7］唐兰. 西周青铜器铭文分代史征［M］. 北京：中华书局，1986.

［8］尹盛平. 西周微氏家族青铜器群研究［M］. 北京：文物出版社，1992.

［9］陈方全，陈敏. 周原［M］. 北京：文物出版社，2007.

2. 专题研究

［1］王世民，陈公柔，张长寿. 西周青铜器分期断代研究［M］. 北京：文物出版社，1999.

［2］刘启益. 西周纪年［M］. 广州：广东教育出版社，2002.

［3］陈梦家. 西周铜器断代［M］. 北京：中华书局，2004.

［4］朱凤瀚. 商周家族形态研究（增订本）［M］. 天津：天津古籍出版社，2004.

［5］尹盛平. 周原文化与西周文明［M］. 南京：江苏教育出版社，2005.

［6］岳洪彬. 殷墟青铜礼器研究［M］. 北京：中国社会科学出版社，2006.

［7］何景成. 商周青铜器族氏铭文研究［M］. 济南：齐鲁书社，2009.

［8］裴书研. 中国古代青铜器整理与研究·青铜壶卷［M］. 北京：科学出版社，2015.

五、集 成 索 引

［1］中国社会科学院考古研究所. 殷周金文集成［M］. 北京：中华书局，1984—1994.

［2］吴镇烽. 商周青铜器铭文暨图像集成［M］. 上海：上海古籍出版社，2012.

六、地 方 志

罗西章. 扶风县文物志［M］. 西安：陕西人民教育出版社，1993.

七、考 古 报 告

［1］陕西省博物馆，陕西省文物管理委员会. 扶风齐家村青铜器群［R］. 北京：

文物出版社，1963.

［2］中国社会科学院考古研究所. 殷墟妇好墓［R］. 北京：文物出版社，1980.

［3］中国社会科学院考古研究所. 安阳殷墟郭家庄商代墓葬——1982年～1992年考古发掘报告［R］. 北京：中国大百科全书出版社，1998.

［4］中国社会科学院考古研究所. 张家坡西周墓地［R］. 北京：中国大百科全书出版社，1999.

［5］河南省文物考古研究所. 郑州商城——1953～1985年考古发掘报告［R］. 北京：文物出版社，2001.

［6］赵丛苍. 城洋青铜器［R］. 北京：科学出版社，2006.

论　文

一、期刊杂志

1. 简报

［1］陕西考古所渭水队. 陕西凤翔、兴平两县考古调查简报［J］. 考古，1960（3）.

［2］陕西省文物管理委员会. 陕西岐山、扶风周墓清理记［J］. 考古，1960（8）.

［3］陕西省文物管理委员会. 陕西扶风、岐山周代遗址和墓葬调查发掘报告［J］. 考古，1963（12）.

［4］史言. 扶风庄白大队出土的一批西周铜器［J］. 文物，1972（6）.

［5］洛阳博物馆. 洛阳庞家沟五座西州墓的清理［J］. 文物，1972（10）.

［6］陕西省博物馆，陕西省文物管理委员会. 陕西岐山贺家村西周墓葬［J］. 考古，1976（1）.

［7］岐山县文化馆，陕西省文管会. 陕西省岐山县董家村西周铜器窖穴发掘简报［J］. 文物，1976（5）.

［8］罗西章、吴镇烽、尚志儒. 陕西扶风县召李村一号周墓清理简报［J］. 文物，1976（6）.

［9］陕西周原考古队. 陕西扶风庄白一号西周青铜器窖藏发掘简报［J］. 文物，1978（3）.

［10］陕西周原考古队. 陕西扶风县云塘、庄白二号西周铜器窖藏［J］. 文物，1978（11）.

［11］中国社会科学院考古研究所安阳工作队. 1969～1977年殷墟西区墓葬发掘报告［J］. 考古学报，1979（1）.

［12］陕西周原考古队. 陕西扶风齐家十九号西周墓［J］. 文物, 1979（11）.

［13］陕西周原考古队. 陕西岐山凤雏村西周青铜器窖藏简报［J］. 文物, 1979（11）.

［14］中国社会科学院考古研究所扶风考古队. 一九六二年陕西扶风齐家村发掘简报［J］. 考古, 1980（1）.

［15］徐锡台. 岐山贺家村周墓发掘简报［J］. 考古与文物, 1980（1）.

［16］陕西周原考古队. 扶风云塘西周墓［J］. 文物, 1980（4）.

［17］中国社会科学院考古研究所沣西发掘队. 1967年长安张家坡西周墓葬的发掘［J］. 考古学报, 1980（4）.

［18］中国社会科学院考古研究所安阳工作队. 安阳小屯村北的两座殷代墓［J］. 考古学报, 1981（4）.

［19］新政县文化馆. 河南新郑县望京楼出土的铜器和玉器［J］. 考古, 1981（6）.

［20］宝鸡市博物馆. 宝鸡竹园沟西周墓地发掘简报［J］. 文物, 1983（2）.

［21］河南省文物研究所, 郑州市博物馆. 郑州新发现商代窖藏青铜器［J］. 文物, 1983（3）.

［22］陕西周原考古队. 扶风刘家姜戎墓葬发掘简报［J］. 文物, 1984（7）.

［23］周原扶风文管所. 扶风齐家村七、八号西周铜器窖藏清理简报［J］. 考古与文物, 1985（1）.

［24］巨万仓. 陕西岐山王家嘴、衙里西周墓葬发掘简报［J］. 文博, 1985（5）.

［25］中国社会科学院考古研究所安阳工作队. 1980~1982年安阳苗圃北地遗址发掘简报［J］. 考古, 1986（2）.

［26］陕西周原考古队. 扶风黄堆西周墓地钻探清理简报［J］. 文物, 1986（8）.

［27］中国社会科学院考古研究所安阳工作队. 安阳薛家庄东南殷墟墓发掘简报［J］. 考古, 1986（12）.

［28］周原扶风文管所. 陕西扶风强家一号西周墓［J］. 文博, 1987（4）.

［29］孟新安. 郾城县出土一批商代青铜器［J］. 考古, 1987（8）.

［30］王光永. 陕西宝鸡戴家湾出土商周青铜器调查报告［J］. 考古与文物, 1991（1）.

［31］安阳市文物工作队. 殷墟戚家庄东269号墓［J］. 考古学报, 1991（3）.

［32］高次若. 宝鸡石嘴头发现西周早期墓葬［J］. 文物, 1993（7）.

［33］罗红侠. 扶风黄堆老堡三座西周残墓清理简报［J］. 考古与文物, 1994（3）.

［34］罗红侠. 扶风黄堆老堡西周残墓清理简报［J］. 文博, 1994（5）.

［35］洛阳市文物工作队. 洛阳东郊西周墓［J］. 文物, 1999（9）.

［36］周原考古队. 陕西扶风县云塘、齐镇建筑基址1999~2000年度发掘简报［J］. 考古, 2002（9）.

［37］周原考古队. 2002年周原遗址（齐家村）发掘简报［J］. 考古与文物, 2003（4）.

［38］河南省文物考古研究所. 郑州商城新发现的几座商墓［J］. 文物, 2003（4）.

［39］周原考古队. 陕西周原遗址发现西周墓葬与铸铜遗址［J］. 考古, 2004（1）.

［40］周原考古队. 陕西周原七星河流域2002年考古调查报告［J］. 考古学报, 2005（4）.

［41］周原博物馆. 1995年扶风黄堆老堡子西周墓清理简报［J］. 文物, 2005（4）.

［42］周原博物馆. 1996年扶风黄堆老堡子西周墓清理简报［J］. 文物, 2005（4）.

［43］陕西省考古研究所. 陕西扶风云塘、齐镇建筑基址2002年度发掘简报［J］. 考古与文物, 2007（3）.

［44］周原博物馆. 周原遗址刘家墓地西周墓葬的清理［J］. 文博, 2007（4）.

2. 报道与介绍

［1］梁星彭, 冯孝堂. 陕西长安、扶风出土西周铜器［J］. 考古, 1963（8）.

［2］赵学谦. 陕西宝鸡、扶风出土的几件青铜器［J］. 考古, 1963（10）.

［3］长水. 岐山贺家村出土的西周铜器［J］. 文物, 1972（6）.

［4］罗西章. 扶风新征集了一批西周青铜器［J］. 文物, 1973（11）.

［5］吴镇烽, 雒忠如. 陕西省扶风县强家村出土的西周铜器［J］. 文物, 1975（8）.

［6］扶风县文化馆, 陕西省文管会. 陕西扶风出土伯（冬戈）诸器［J］文物. 1976（6）.

［7］罗西章. 扶风美阳发现商周铜器［J］. 文物, 1978（10）.

［8］罗西章. 陕西扶风发现西周厉王㝬簋［J］. 文物, 1979（4）.

［9］罗西章. 陕西周原新出土的青铜器［J］. 考古, 1999（4）.

［10］魏兴兴, 李亚龙. 陕西扶风齐镇发现西周炼炉［J］. 考古与文物, 2007（1）.

3. 器物研究

［1］盛张. 岐山新出㝬匜若干问题探索［J］. 文物, 1976（6）.

［2］罗西章. 阳燧［J］. 寻根, 1996（3）.

［3］马今洪. 大克鼎［J］. 中国文物世界（第138卷）, 1997.

［4］罗西章. 西周王盂考——兼论京地望［J］. 考古与文物, 1998（1）.

［5］裴书研. 青铜提梁壶与卣之界定［J］. 考古与文物, 2013（6）.

4. 文字考证

［1］陈梦家. 西周文中的殷人身份［J］. 历史研究, 1954（6）.

［2］徐中舒. 西周墙盘铭文笺释［J］. 考古学报, 1978（2）.

［3］裘锡圭. 史墙盘铭解释［J］. 文物, 1978（3）.

［4］李学勤. 何尊新释［J］. 中原文物, 1981（1）.

［5］张懋镕. 周人不用日名说［J］. 历史研究, 1993（5）.

［6］张懋镕. 再论"周人不用日名说"［J］. 文博, 2009（3）.

5. 断代分期

［1］陈梦家. 西周铜器断代（一—六）［J］. 考古学报, 9、10册, 1956（1-4）.

［2］唐兰. 西周铜器断代中的"康宫"问题［J］. 考古学报, 1962（1）.

［3］刘启益. 西周厉王时期铜器与《十月之交》的时代［J］. 考古与文物, 1980（1）.

［4］杜乃松. 青铜器的分期与断代［J］. 故宫博物院院刊, 1982（4）.

［5］李丰. 黄河流域西周墓葬出土青铜礼器的分期与年代［J］. 考古学报, 1988（4）.

［6］张懋镕. 周原出土西周青铜器分期断代研究［C］//张懋镕. 古文字与青铜器论集（第二辑）. 北京：科学出版社, 2006.

［7］裴书研. 试谈商周青铜壶发展演变的基本特点［J］. 考古与文物, 2015（3）.

6. 综合研究

［1］李学勤. 青铜器与周原遗址［J］. 西北大学学报（哲学社会科学版）, 1981（2）.

［2］张懋镕. 殷周青铜器埋藏意义考述［J］. 文博, 1985（5）.

［3］尹盛平. 周原遗址与西周青铜器［J］. 上海文博论丛, 2004（4）.

［4］雷兴山. 由周原遗址陶文"周"论"周"地与先周文化［J］. 古代文明研究通讯, 2007（33）.

［5］裴书研, 陈昱洁. 楚系青铜器发展的社会背景及特征性研究［J］. 西北大学学报（哲学社会科学版）, 2015（2）.

7. 族属与方国

［1］张政烺. 中国古代的十进制氏族组织［J］. 历史教学, 1951（9）, 1951（10）, 1951（12）.

［2］朱凤瀚. 从周原出土青铜器看西周贵族家族［J］. 南开大学学报（哲学社会科学版）, 1988（8）.

［3］辛怡华, 刘宏岐. 周原——西周时期异姓贵族的聚居地［J］. 文博, 2002（5）.

8. 制度与文化

［1］林甘泉. 对西周土地关系的几点新认识——读岐山董家村出土铜器铭文［J］.

文物，1976（5）.

［2］俞伟超，高明. 周代用鼎制度研究（上）（中）［J］. 北京大学学报（哲学社会科学版），1978（1），1978（2）.

［3］赵光贤. 从裘卫诸器铭看西周的土地交易［J］. 北京师范大学学报（社会科学），1979（6）.

［4］黄盛璋. 卫盉、鼎中"贮"与"贮田"及其牵涉的西周田制问题［J］. 文物，1981（9）.

［5］张懋镕. 周人不用族徽说［J］. 考古，1995（9）.

［6］曹玮. 散伯车父器与西周婚姻制度［J］. 文物，2000（3）.

［7］任伟. 从考古发现看西周燕国殷遗民之社会状况［J］. 周原文物，2001（2）.

［8］印群. 由墓葬制度看殷遗民文化特色嬗变之不平衡性［J］. 中国历史文物，2004（4）.

9. 历史研究

［1］史念海. 周原的变迁［C］// 史念海、河山集（二集）. 北京：生活·读书·新知三联书店，1981.

［2］史念海. 周原的历史地理与周原考古［J］. 西北大学学报（哲学社会科学版），1978（2）.

二、论集收录

［1］刘启益. 西周夷王时期铜器的初步清理［C］// 四川大学历史系古文字研究室. 古文字研究（第七辑）. 北京：中华书局，1982.

［2］陕西周原考古队. 陕西岐山贺家村西周墓发掘报告［C］// 文物编辑委员会. 文物资料丛刊8. 北京：文物出版社，1983.

［3］周法高. 论金文月相与西周王年［C］// 国际中国古文字学研讨会. 古文字学论集（初编）. 香港：香港中文大学，1983.

［4］刘启益. 西周金文中的月相与共和宣幽纪年铜器［C］// 中国古文字研究会，中华书局编辑部. 古文字研究（第九辑）. 北京：中华书局，1984.

［5］刘启益. 西周康王时期铜器的初步清理［C］// 文化部文物局古文献研究室. 出土文献研究. 北京：文物出版社，1985.

［6］刘启益. 西周武成时期铜器的初步清理［C］// 中国古文字研究会，中华书局编辑部. 古文字研究（第十二辑）. 北京：中华书局，1985.

［7］张懋镕. 周原铜器与西周世族［C］// 西北大学学报编辑部. 周秦汉唐考古与文化国际学术会议论文集. 西北大学学报，（哲学社会科学版），1988（增刊）.

[8] 刘启益. 西周昭王时期铜器的初步清理[C]//文化部文物局古文献研究室. 出土文献研究续集. 北京：文物出版社, 1989.

[9] 李学勤. 西周中期青铜器的重要标尺——周原庄白、强家两处青铜器窖藏的综合研究[C]//李学勤. 新出青铜器研究. 北京：文物出版社, 1990.

[10] 朱凤瀚. 周原考古发现所见西周世族制度与贵族家族之聚落形态[C]//朱凤瀚. 商周家族形态研究. 天津：天津古籍出版社, 1990.

[11] 刘启益. 西周穆王时期铜器的初步清理[C]//中国古文字研究会, 中华书局编辑部. 古文字研究（第十八辑）. 北京：中华书局, 1992.

[12] 刘启益. 西周懿王时期铜器的初步清理[C]//中华书局编辑部. 文史（第三十六辑）. 北京：中华书局, 1992.

[13] 李零. 西周金文中的土地制度——《金文制度考》之一[C]//考古学研究编委会. 考古学研究——纪念陕西省考古研究所成立三十周年. 西安：三秦出版社, 1993.

[14] 伊藤道治. 周原出土金文和西周政治法律制度[C]//考古学研究编委会. 考古学研究——纪念陕西省考古研究所成立三十周年. 西安：三秦出版社, 1993.

[15] 曹玮. 周原西周铜器的分期[C]//北京大学考古系. 考古学研究（二）. 北京：北京大学出版社, 1994.

[16] 邹衡. 论先周文化[C]//邹衡. 夏商周考古学论文集. 北京：科学出版社, 2001.

[17] 张恩贤. 西周王朝的发祥地——周原[C]//徐天进. 吉金铸国史. 北京：文物出版社, 2002.

[18] 周原考古队. 2001年度周原遗址（玉家嘴、贺家地点）发掘简报[C]//北京大学中国考古学研究中心, 北京大学震旦古代文明研究中心. 古代文明（第2卷）. 北京：文物出版社, 2003.

[19] 曹玮. 西周时期的赗赙制度[C]//中国文物学会. 商承祚教授百年诞辰纪念文集. 北京：文物出版社, 2003.

[20] 罗西章, 罗芳贤. 论西周时期的赗赙制度[C]//段德新. 周秦文明论丛（第一辑）. 西安：陕西人民出版社, 2006.

[21] 周原考古队. 2001年度周原遗址调查报告[C]//北京大学中国考古学研究中心, 北京大学震旦古代文明研究中心. 古代文明（第2卷）. 北京：文物出版社, 2003.

[22] 徐天进. 西周王朝的发祥之地——周原——周原考古综述[C]//北京大学考古文博学院. 考古学研究·五·庆祝邹衡先生七十五寿辰暨从事考古研究五十年论文集. 北京：科学出版社, 2003.

[23] 周原考古队. 2003年秋周原遗址（ⅣB2区与ⅣB3区）的发掘[C]//北京大学中国考古学研究中心, 北京大学震旦古代文明研究中心. 古代文明（第3卷）. 北

京：文物出版社，2004.

［24］曹玮. 卫盉铭文与西周土地制化［C］//曹玮. 周原遗址与西周铜器研究. 北京：科学出版社，2004.

［25］曹玮. 周原的非姬姓家族与虢氏家族［C］//曹玮. 周原遗址与西周铜器研究. 北京：科学出版社，2004.

［26］刘军社. 卜辞中的"周"［C］//朱亮，宋镇豪，郭引强，等. 西周文明论集. 北京：朝华出版社，2004.

［27］中国社会科学院考古研究所安阳工作队. 安阳殷墟刘家庄北1046号墓［C］//《考古》杂志社. 考古学集刊（第15集）. 北京：文物出版社，2004.

［28］徐天进. 周原考古与周人早期都邑的寻找［C］//程德和. 青铜文化研究. 合肥：黄山书社，2005.

［29］尹盛平. 周原遗址为什么大量发现青铜器窖藏——兼论周原遗址的性质［C］//段德新. 周秦文明论丛. 西安：陕西人民出版社，2006.

三、报　　纸

［1］梓溪. 毛公鼎［N］. 人民日报，1960-3-1.

［2］张懋镕. 西周青铜器分期断代［N］. 中国社会科学报，2012-8-10（4）.

［3］徐天进. 周公庙遗址考古调查的缘起及其学术意义［N］. 中国文物报，2004-7-2.

附 表

附表 1 周原青铜器分期表

A 型 柱足圆鼎分期表

期段		Aa 型		Ab 型	Ac 型		Ad 型		Ae 型	Af 型	Ag 型
		I 式	II 式		I 式	II 式	I 式	II 式			
三期	晚段			3					12	14	15
	早段		2						11	13	
二期	晚段				4	5	8	10			
	早段						7	9			
一期	晚段	1					6				

1. 鼎 77 王家咀 M1 2. 鼎 76 云塘 M20 3. 鼎 82 齐家 J 4. 鼎一 74 贺家 Z 5. 鼎 53 南作 Z 6. 鼎 87 王家咀 Z 7. 鼎 71 齐镇 M1 8. 鼎一 76 庄白 J1 9. 鼎一 72 刘家 M 10. 鼎一 81 强家 M1 11. 鼎 52 童家 Z 12. 鼎一 75 童家 J 13. 鼎三 75 庄白 M 14. 鼎三 81 强家 M1 15. 鼎三 66 贺家 M

B 型 蹄足圆鼎分期表

期段		Ba 型	Bb 型		Bc 型	Bd 型		Be 型		Bf 型	
			Ⅰ式	Ⅱ式		Ⅰ式	Ⅱ式	Ⅰ式	Ⅱ式	Ⅰ式	Ⅱ式
四期	晚段									15	16
	早段							13	14		
三期	晚段			6	7	8, 9, 10	11, 12				
	早段		4	5							
二期	早段	2	3								

1. 鼎四 66 贺家 M　2. 鼎四 75 董家 J　3. 鼎三 72 刘家 M　4. 鼎 74 强家 J　5. 鼎 92 黄堆 M37　6. 鼎二 60 召陈 J　7. 鼎 80 刘家村 M2　8. 鼎 49 任家 Z　9. 鼎 64 柳东 Z
10. 鼎 93 齐家 Z　11. 鼎三 75 董家 J　12. 鼎 80 董家 J　13. 鼎十三 75 董家 Z　14. 鼎二 81 下务子 J　15. 鼎十 75 董家 J　16. 鼎 72 康家 Z

C型 锥足圆鼎、方鼎、豆分期表

期段		圆鼎 C 型（锥足）			方鼎			豆	
		Ca	Cb	Cc	Aa	Ab	B	C	A	B
四期		1	2	3				9	11	13
三期	晚段				6	7	8		10	12
三期	早段				5					
二期	晚段				4					
二期	早段									

1. 鼎 96 黄堆 M71 2. 鼎 95 黄堆 M55 3. 鼎 73 刘家沟 M 4. 鼎 50 云塘 Z 5. 鼎一 66 贺家 M 6. 鼎一 71 齐镇 M3 7. 鼎一 75 庄白 M 8. 鼎二 76 庄白 J1 9. 鼎 79 齐村 Z 10. 豆 66 齐镇 J 11. 豆 75 董家 J 12. 豆 76 庄白 J1 13. 豆 74 强家 J

青铜鬲分期表

期段	Aa	Ab	Ac I式	Ac II式	B	C I式	C II式	D
四期 晚段							10	11
四期 早段						9		
三期 晚段			5	6	7	8		
三期 早段			4					
二期 晚段			3					
二期 早段		2						
一期 晚段								
一期 早段	1							

1. 禹二 72 京当 J 2. 禹一 72 京当 J 3. 禹 71 齐镇 M1 4. 禹 76 云塘 M20 5. 禹二 91 齐家 M5 6. 禹 76 云塘 M13 7. 禹 73 贺家 M6 8. 禹一 81 强家 M1 9. 禹一 75 董家 J
10. 禹八 76 庄白 J1 11. 禹一 58 齐家 J

青铜甗分期表

期段		A I式	A II式	B
四期			6	7
三期	晚段		5	
三期	早段	3	4	
二期	晚段	2		
二期	早段			
一期	晚段	1		
一期	早段			

1. 甗 55 齐家 Z   2. 甗 72 刘家 M   3. 甗 75 庄白 M   4. 甗一 60 齐家 J   5. 甗二 60 齐家 J   6. 甗 76 庄白 J2
7. 甗 78 凤雏 J

A型　圈足簋分期表

期段		Aa		Ab		Ac	Ad	Ae		Af			III式
		I式	II式	I式	II式			I式	II式	I式	II式	III式
三期	晚段			6					12	13	14	15
	早段			5	7	8	9		11			
二期	晚段			4								
	早段			3				10				
一期	晚段	1	2									
	早段											

1. 簋 73 贺家 M1　2. 簋 73 美阳 M　3. 簋二 72 刘家 M　4. 簋 66 贺家 M　5. 簋一 78 齐家 M　6. 簋一 91 齐家 M5　7. 簋 80 黄堆 M16　8. 簋一 75 庄白 M　9. 簋 76 庄白 12
10. 簋一 72 刘家 M　11. 簋一 75 庄白 M　12. 簋 73 刘家沟 M　13. 簋 78 齐村 M　14. 簋五 81 强家 M1　15. 簋 95 黄堆 M55

附表

B 型 方座簋、C 型三足簋、铜盨分期表

期段	簋			盨			
	B	Ca	Cb	A		B	
				I 式	II 式	I 式	II 式
四期 晚段	3		7		10	12	13
三期 早段	2	5	6		9	11	
二期 晚段	1	4		8			
二期 早段							

1. 簋一76 云塘 M20　2. 簋一84 齐家 J　3. 簋 78 齐村 Z　4. 簋三 81 强家 M1　5. 簋二 75 董家 J　6. 簋一 60 齐家 J　7. 簋五 60 齐家 J　8. 盨一 76 庄白 J1　9. 盨一76 庄白 J2　10. 盨 82 齐家 M3　11. 盨一73 贺家 J　12. 盨一76 云塘 J　13. 盨一78 凤雏 J

青铜卣、壶、方彝分期表

期段		卣				壶							方彝	
		A		B		Aa	Ab	Ac	Ba	Bb	C		D	A	B
		I式	II式	I式	II式						I式	II式			
三期	晚段				8										
	早段				7										
二期	晚段			5	6	10	11	12	13	14	15	16	17	18	19
	早段		3	4		9									
一期	晚段	2		1											

1. 卣一73贺家M1　2. 卣一76庄白J1　3. 卣一73贺家M　4. 卣73美阳M　5. 卣75召李M1　6. 卣76庄白J1　7. 卣二76云塘M20　8. 卣二76庄白J1　9. 壶55贺家Z
10. 壶75召李M1　11. 壶66贺家M　12. 壶一72刘家M　13. 壶一76庄白M　14. 壶一60召陈J　15. 壶一76庄白J1　16. 壶一75董家J　17. 壶一75庄白M　18. 方彝76庄白J1
19. 方彝62齐家J

青铜觯、爵分期表

期段		觯						爵				
		Aa		Ab		Ba		Bb	A	Ba		Bb	
		Ⅰ式	Ⅱ式	Ⅰ式	Ⅱ式	Ⅰ式	Ⅱ式			Ⅰ式	Ⅱ式	Ⅰ式	Ⅱ式
三期	晚段	3		8						19	23	25	28
	早段	2	5		10	11	12			18	22	24	27
二期	晚段	1	4	7	9			14		17	21		26
	早段			6				13		16	20		
一期	早段								15				

1. 觯一 76 庄白 J1　2. 觯二 78 齐家 M19　3. 觯 91 齐家 M5　4. 觯二 76 庄白 J1　5. 觯 75 庄白 M　6. 觯二 72 刘家 M　7. 觯 75 召李 M1　8. 觯 76 云塘 M13　9. 觯二 72 刘家 M
10. 觯 76 云塘 M10　11. 觯 60 齐家 M8　12. 觯 74 贺家 Z　13. 觯 76 贺家 Z　14. 觯 75 庄白 Z　15. 爵 72 京当 J　16. 爵一 91 齐家 M5　17. 爵一 76 庄白 J1　18. 爵 76 庄白 J1
19. 爵十 76 庄白 J1　20. 爵一 75 庄白 M　21. 爵一 76 云塘 M20　22. 爵一 78 齐家 M19　23. 爵十一 76 庄白 J1　24. 爵 81 庄白 Z　25. 爵二 76 云塘 M13　26. 爵 72 刘家 M
27. 爵二 76 云塘 M20　28. 爵 76 云塘 M10

青铜觚、斝、罍分期表

期段		觚			斝		罍		
		A		B	A		B	Aa	Ab	B
		I 式	II 式		I 式	II 式				
三期	早段								12	13
二期	晚段		4	6				11		
	早段		3	5			9	10		
一期	晚段					8				
	早段	1	2		7					

1. 觚 72 京当 J 2. 觚四 76 庄白 J1 3. 觚三 76 庄白 J1 4. 觚六 76 庄白 J1 5. 觚一 91 齐家 M5 6. 觚一 76 庄白 J1 7. 斝 72 京当 J 8. 斝 73 贺家 M1 9. 斝 76 庄白 J1 10. 罍 73 贺家 M1 11. 罍 66 贺家 M 12. 罍 60 齐家 J 13. 罍 76 庄白 J1

附 表

青铜盘分期表

期段		Aa		Ab	Ac	B	C
		Ⅰ式	Ⅱ式				
四期	晚段	2	4		6		8
	早段	1	3				
三期				5		7	

1. 盘 76 庄白 J1 2. 盘黄堆 Z 3. 盘 60 齐家 J 4. 盘 75 董家 J 5. 盘 75 庄白 M 6. 它盘 62 齐家 J 7. 盘 78 齐家 M19 8. 盘 95 黄堆 M55

青铜匜、盉分期表

期段		匜				盉				
		A		B		Aa		Ab	B	
		Ⅰ式	Ⅱ式	Ⅰ式	Ⅱ式	Ⅰ式	Ⅱ式	Ⅲ式	Ⅰ式	Ⅱ式
四期	早段	1	3	5			7	8		
	晚段	2	4		6				10	11
三期									9	

1. 匜 60 齐家 J 2. 匜 60 召陈 J 3. 匜 76 庄白 J2 4. 匜 62 齐家 J 5. 匜 75 董家 J 6. 盉 75 董家 J 7. 盉 81 强家 M1 8. 盉 78 齐村 M 9. 盉 78 齐家 M19 10. 盉 62 齐家 J 11. 盉 95 黄堆 M55

青铜盂、盆、簠、鋆分期表

期段	盂 A	盂 B	盆 A I式	盆 A II式	盆 B	簠 A	簠 B	鋆
四期	2	3	4	5	6	8	9	10
三期 晚段	1					7		

1. 盂 73 庄白刘家 Z 2. 盂一 58 齐家 J 3. 盂 60 齐家 J 4. 盆一 76 庄白 J1 5. 盆 92 法门 Z 6. 盆 91 齐家 M8 7. 簠 81 任家 Z 8. 簠 77 云塘 Z 9. 簠 76 庄白 J2 10. 鋆 75 董家 J

青铜尊分期表

期段		尊				
		Aa Ⅰ	Aa Ⅱ	Ab	B	C
四期						
三期	晚段		4	6		
	早段			5	7	8
二期	晚段		3			
	早段	1	2			
一期						

1. 尊二 76 庄白 J1   2. 尊一 72 刘家 M   3. 尊 76 云塘 M20   4. 尊 76 云塘 M13   5. 尊三 76 庄白 J1   6. 尊 78 齐家 M19   7. 尊 62 齐家 J   8. 尊 63 贺家 Z

附表 2 周原出土青铜器墓葬统计表

序号	墓葬名称	出土时间及地点	墓（长×宽×深）/米	葬式	葬具	腰坑	青铜礼乐器组合	共存陶器	车马、工具、兵	玉、铅、石等	资料来源	备注
1	60齐家M8	1960.7齐家东壕	口3.02×1.46 底3.02×1.66 ↓3.93	竖穴	单椁	有	爵1、觯1	簋1	铜戈	玉3、兵1	《考古》1963.12	
2	66贺家M	1966.12贺家村西	4.1×2↓5.5	不详	不详	不详	鼎4、瓿1、簋1、罍1、角1、勺1		兵器及车马器百件	贝币	《文物》1972.6	农民挖
3	71齐镇M1	1971.9齐镇	不详	不详	不详	不详	鼎1、鬲1				《陕铜三》54、55	农民挖
4	71齐镇M2	1971.9齐镇	不详	不详	不详	不详	鼎1、鬲1				《陕铜三》56、57	农民挖
5	71齐镇M3	1971.9齐镇	不详	不详	不详	不详	鼎2		剑1、戈2		《陕铜三》58、59	农民挖
6	72刘家M	1972.4刘家村	不详	不详	不详	不详	鼎3、鬲1、甗1、簋3、尊1、爵1、觯3	鬲、罐、簋		铅盘1、铅卣1、玉鱼、玉兔、玉蝉、玛瑙	《陕铜三》35、60	
7	73刘家沟M1	1973.10刘家沟水库	不详	不详	不详	不详	鼎1、簋1		銮铃4、铃2		《陕铜三》51，《考古与文物》1980.4	
8	73美阳M	1973美阳村	不详	不详	不详	不详	鼎1、鬲1、簋1、卣1、高足杯1		斧1、铧1、凿1		《文物》1978.10	农民挖

续表

序号	墓葬名称	出土时间及地点	墓（长×宽↓深）/米	葬式	葬具	腰坑	青铜礼乐器组合	共存陶器	车马、工具、兵	玉、铅、石等	资料来源	备注
9	73贺家M1	1973冬贺家村西	口4.1×2.9↓3.9	不详	不详	无	鼎1、簋1、罍1、甗1、斗1		戈4、镞11、斧1、铧1、弓形器1、策柄1、銮铃2、铜饰1、铜泡3、兽面具1	石磬、蚌泡	《考古》1976.1	被盗
10	73贺家M3	1973冬贺家村西	4.9×3↓6.85	不详	不详	无	鼎1、盉2			石贝6	《考古》1976.1	被盗
11	73贺家M5	1973冬贺家村西	3.4×2.55↓5.7	不详	一棺一椁	无	鼎1、簋1		戈1、衔4、镳8、当片	漆盾残片	《考古》1976.1	被盗
12	73贺家M6	1973冬贺家村西	3.1×1.95↓4.5	不详	不详	无	鬲1	鬲1、豆1、罐1、釉陶豆1			《考古》1976.1	
13	75召李M1	1975.3召李村西北	2.8×1.4↓3.6	朽毁	一棺一椁	有	鼎1、卣1、觯1	鬲2、簋1、豆1	戈2、车马58	玉1	《文物》1976.6	
14	75庄白M	1975.3庄白村西南	↓0.5	不详	不详	不详	鼎3、簋2、壶1、爵2、盉1、盘1	鬲1、簋1、罐1	兵4		《文物》1976.6	农民挖
15	76贺家M112	1976.5贺家村西	口3.6×2.26↓3.6	不详	一棺一椁	无	簋1			玉树形器、玉装饰品、蚌泡、蚌壳	《文物资料丛刊》8	被盗
16	76贺家M113	1976.5贺家村西	3.95×2.77↓8.43	不详	一棺一椁	无	鼎2、瓶1	鬲、盉、豆、罐		玉器、骨器1、蚌泡32、石管	《文物资料丛刊》8	被盗

续表

序号	墓葬名称	出土时间及地点	墓（长×宽↓深）/米	葬式	葬具	腰坑	青铜礼乐器组合	共存陶器	车马、工具、兵	玉、铅、石等	资料来源	备注
17	76云塘M10	1976云塘村南	3.5×1.9↓1.2	不详	单棺	有	鼎1、尊1、爵1、觯1	鬲6、簋4、罐8		蚌泡、骨锥、卜骨	《文物》1980.4	
18	76云塘M13	1976云塘村南	3.2×1.5↓1.33	不详	一棺一椁	有	鼎1、尊1、卣1、爵2、觯1	鬲4、簋4、罐6		砺石、骨簪	《文物》1980.4	
19	76云塘M20	1976云塘村南	口3.5×1.75↓4 底3.95×2.6	不详	一棺一椁	有	鼎1、鬲1、卣1、簋2、爵2	甑2、鬲4、罐4	戈1	蚌饰、贝、漆器	《文物》1980.4	
20	77齐家M1	1977齐家村	口3.2×1.56↓1.4	仰身直肢	一棺一椁	无	鼎1、簋2		戈1	穿孔蛋形器、贝、蚌壳	《陕铜一》118、119，《扶风》94	
21	77王家咀M1	1977王家咀	不详	不详	不详	不详	鼎1		斧2		《陕铜一》96	农民挖
22	78齐家M5	1978.9齐家村东南	底1.92×0.8↓不详	不详	一棺一椁	有	鼎1	高足杯1			《文物》1979.11	
23	78齐家M19	1978.9齐家村东南	底4.2×2.6↓7.6	仰身直肢		有	鼎2、尊1、瓠1、卣1、觯1、盉1	簋2、鬲1、爵2、盉1、罐5		玉、木匕		
								鬲4、尊2、卣1、爵2、觯1、盉1、盘1、豆2、罐24		玉钺1、玉琮1、玉束1、玉饰1、玉鸟2、玉鱼17		
24	78齐村M	1978齐村	不详	不详	不详	不详	簋1、盉1				《周青》8.1547	农民挖

续表

序号	墓葬名称	出土时间及地点	墓（长×宽×深）/米	葬式	葬具	腰坑	青铜礼乐器组合	共存陶器	车马、工具、兵	玉、铅、石等	资料来源	备注
25	80王家咀M1	1980 王家咀	口3.64×2.2↓5.4 底2.55×1.7	不详	一棺一椁	无	鼎2	鬲4、罐24、豆2	銮铃、铜泡	贝蚌180	《文博》1985.8	被盗
26	80黄堆M1	1980.8 黄堆乡南	口3.3×2.3↓4.94	仰身直肢	一棺一椁	无	簋1	鬲1、罐1	戈1、环2、策柄2、马冠饰2、虎形镳2、銮铃4、铜泡2、辖2、节约4	玉圭1、玉饰1、骨质扣带2、蚌鱼1、海贝4	《文物》1986.8	
27	80黄堆M3	1980.8 黄堆乡南	口4.3×2.9↓3.2	仰身直肢	一棺一椁	有	钟1	鬲1、罐1	戈1、辖2、扣带4、铜环2	玉佩1、玉璋1、玉璜1、玉饰1、玉刀1、玉珠3、贝5	《文物》1986.8	被盗
28	80黄堆M4	1980.8 黄堆乡南	口4.2×3.05↓5.2 底同	不详	不详	无	鼎1、簋2、钟1	鬲1	戈1、辖4、銮铃2、马衔2、方络扣2、铜泡2、铜环2	玉束1、玉圭1、蚌蠃3	《文物》1986.8	被盗
29	80黄堆M16	1980.8 黄堆乡南	不详	不详	不详	不详	簋1		辖2、铜泡1、方络扣1、马衔2		《文物》1986.8	农民挖

续表

序号	墓葬名称	出土时间及地点	墓（长×宽↓深）/米	葬式	葬具	腰坑	青铜礼乐器组合	共存陶器	车马、工具、兵	玉、铅、石等	资料来源	备注
30	80刘家村M2	1980.12刘家村	底3.2×1.6	不详	不详	不详	鼎1	鬲2、罐2、簋1		玉鱼、串饰	《扶风》99	农民挖
31	81强家M1	1981强家村西崖	口4.3 底4.86×3.08↓6.2	仰身直肢	一棺一椁	无	鼎4、鬲4、甗1、簋5、壶2、盘1	鬲2、罐1、豆2	兽2、辖2、马镳4、衔2、节约3、铜泡2、方扣2、当卢2、牌饰2、鸟形马镳3	玉550、料珠、贝串、珍珠	《文博》1987.4	
32	91齐家M1	1991齐家村东壕	不详	不详	不详	不详	鼎1、盆1				《考古》1999.4	被盗
33	91齐家M2	1991齐家村东壕	不详	不详	不详	不详	鼎1、盆1				《考古》1999.4	被盗
34	91齐家M5	1991齐家村东	口3.4×1.6↓2.9	仰身直肢	一棺一椁	有	鬲2、簋2、尊1、觯1、瓠2	鬲10、尊1、簋2、罐11	铜饰1	玉柄形器1、玉圭1	《周青》9.1877	
35	91齐家M8	1991齐家村东	口3.3×1.6↓2.48	不详	一棺一椁	无	鼎1、盆1	鼎、豆、爵、簋、鬲			《周青》9.1921	被盗
36	92黄堆M37	1992黄堆乡政南	口3.34×2↓4.1 底3.36×2.04	不详	一棺一椁	无	鼎1	罐	马衔2、铜环2、铜鱼14	玉铲1、残玉器4、蚌泡、漆皮	《文博》1994.5	
37	92黄堆M45	1992黄堆乡政南	口3×1.9↓2.5	不详	一棺一椁	有	鼎1	鬲1、罐		玉饰1、贝4	《文博》1994.5	被盗

续表

序号	墓葬名称	出土时间及地点	墓（长×宽↓深）/米	葬式	葬具	腰坑	青铜礼乐器组合	共存陶器	车马、工具、兵	玉、铅、石等	资料来源	备注
38	95黄堆M55	1995黄堆乡乡政南	口4.2×2.88↓6 底4.06×2.76	不详	一棺一椁	不详	鼎1、簋1、盉1	釉陶豆1	铜鱼25	玉玦2、玉珠3、玉贝63、玉管15、残玉器8、玉饰10、铜鱼2、玉佩1、残石21、石鱼14	《文物》2005.4	被盗
39	95黄堆M58	1995黄堆乡乡政南	口3.5×2.4↓5	不详	一棺一椁	不详	鼎1、簋1			石泡2	《文物》2005.4	被盗
40	95黄堆M60	1995黄堆乡乡政西南	口3.5×1.9↓8.5	仰身直肢	不详	不详	阳燧1			玉璧、玉钺	《文物》2005.4	被盗
41	96黄堆M71	1996.黄堆乡乡政西南	口2.9×1.8↓4	不详	一棺一椁	不详	鼎1	陶罐1		玉圭	《周青》1999.9	被盗
42	02齐家M4	2002.9齐家村北	口2.8×(1.36~1.39) 底3.2×(1.47~1.73)↓4.4	仰身直肢	一棺一椁	有	鼎1、簋1、尊1、卣1、觯1	鬲5、簋3、罐6		玉戈1、玉璧1、玉蝉2、蚌、石片、卜骨2	《考古与文物》2003.4	被盗
43	02齐家M16	2002.9齐家村北	口2.6×(1.2~1.27) 底2.86×(1.47~1.5)		一棺一椁	有	鬲1	鬲3、簋4、豆3、罐4		玉戈、石圭、蚌饰	《考古与文物》2003.4	被盗
44	03庄李M9	2003.5庄李西谷场	口3.44×(2.2~2.4) 底3.57×(2.25~2.4)↓4.55	仰身直肢	一棺一椁	无	鼎3、簋2、甗1、卣1、爵1、盉1、尊1、罍1	鬲1、罐1、甑1	铜刀1	瓷豆2、骨匕1、骨镞1、蚌泡24、贝2、绿松石、玛瑙	《学报》2008.12	

附表3 周原出土青铜器窖藏统计表

序号	单位名称	出土时间及地点	鼎	鬲	甗	簋	盨	豆	爵	觯	觚	斝	尊	罍	罋	觥	盉	壶	盆	盂	盘	匜	勺	钟	其他	合计	藏处	资料来源	备注
1	58齐家J	1958.1齐家村东南		2																2						4	陕历博	《文物》1959.11	征集
2	60召陈J	1960春召陈村西南	5			8												2		1	1	1	2			20	陕历博	《文物》1972.6	征集
3	60齐家J	1960.10齐家村东南	2	1	2	8											1	4		1	1	1		16		39	陕历博	《文物》1961.7	
4	61齐家J	1961.3齐家村东南				3																				3	陕历博	《考古》1963.10	
5	62齐家J	1962.12齐家村东南			1									1			1			1	1	1				6	陕历博	《考古》1963.8	
6	63庄李	1963.1庄李	1			4																				5		《文物》1963.9	
7	66齐家J	1966秋齐家村北											1											2		2		《考古与文物》1980.4	
8	66齐镇J	1966冬齐家村东							1															2		3		《文物》1972.7	
9	67贺家J	1967.3贺家村东北																							牛尊	6		《文物》1972.6	
10	72京当J	1972.1京当村麦场		2					1		1										1			1	戈1	6	宝鸡博、岐山博	《文物》1977.12	征集
11	74强家J	1974.12强家村西	1			2																			簋盖2	7	陕历博	《文物》1975.8	

续表

序号	单位名称	出土时间及地点	鼎	鬲	甗	簋	盨	簠	豆	爵	觯	觚	斝	尊	卣	彝	罍	觥	盉	壶	盆	盘	匜	勺	钟	其他	合计	藏处	资料来源	备注
12	74贺家J	1974.12 贺家	1																										《陕铜三》5、6	
13	75董家J	1975.2 董家村西	13	2		14			2										2	2									《文物》1976.5	
14	76云塘J	1976.1 云塘村南				5														2			1			盨盖1、盖1			《文物》1978.11	
15	76庄白J1	1976.12 庄白村南	1	17	1	8	2	1	2	12	3	7	1	3	2	1	1	1		5		1		1	21	斗7、匕2、铃7	106		《文物》1978.3	
16	76庄白J2	1976.12 庄白村西北			1	1	1																						《文物》1978.11	
17	78凤雏J	1978.9 凤雏村西	1		1	1	2		1		1						1					1							《文物》1979.11	
18	78齐村J	1978.5 齐村南				2																							《文物》1979.4	
19	81下务子J	1981.12 下务子东南		2																									《文物》1982.12	
20	82齐家J	1982.3 齐家村西	1				1																						《考与文》1985.1	
21	84齐家J	1984 齐家村东南				4																				簋盖3			《考与文》1985.1	
22	87庄李J	1987 庄李村北				2																					簋盖1	3		《扶风》P82	

附表 4 周原出土器物统计表

一、墓葬出土青铜器

60齐家M8

序号	器名	代号	出土时间及地点	出土器物号	馆藏号	铭文字数①位置②	出处	藏处	其他
1	父丁爵	爵60齐家M8	1960.7 齐家东壕	无	总六〇434	①2②鋬内	《考古》1963.12，《周青》6.1075，《陕金》1.477，《陕铜》3.13，《考古》1963.12. P657 图9.2，《集成》07921，《总集》3450，《青集》07598	陕历博	
2	父己觯	觯60齐家M8	1960.7 齐家东壕	无	总六〇435	①2②圈足内	《考古》1963.12，《周青》6.1077，《陕金》1.521，《陕铜》3.14，《考古》1963.12. P657 图9.1，《集成》06121，《总集》6360，《综览》96，《青集》10256	陕历博	
3	戈	戈60齐家M8	1960.7 齐家东壕	无	总六〇437	无	《考古》1963.12，《周青》6.1079	陕历博	

66贺家M

序号	器名	代号	出土时间及地点	出土器物号	馆藏号	铭文字数①位置②	出处	藏处	其他
1	史速方鼎	鼎一66贺家M	1966.12 贺家村西	无	总七二199	①2行6②内壁	《文物》1972.6. P28，《周青》6.1082，《陕铜》1.154，《陕金》1.103，《总集》0821，《集成》02164，《综览·方鼎》，《青集》01641	陕历博	
2	史速方鼎	鼎二66贺家M	1966.12 贺家村西	无	总七二192	①2行6②内壁	《文物》1972.6，《周青》6.1085，《陕金》1.104，《集成》02165，《总集》0822，《青集》01642	陕历博	

附　表

续表

66 贺家 M

序号	器名	代号	出土时间及地点	出土器号	馆藏号	铭文字数①位置②	出处	藏处	其他
3	尹丞鼎	鼎三 66 贺家 M	1966.12 贺家村西	无	总七二 202	① 1 行 12 ②内壁	《文物》1972.6，P25，《周青》6.1089，《陕铜》1.153，《陕金》1.088，《综览·鬲鼎》80，《集成》01351，《总集》0279，《青集》00676	陕历博	
4	兽面纹鼎	鼎四 66 贺家 M	1966.12 贺家村西	无	总七二 200	无	《文物》1972.6，《周青》6.1093	陕历博	
5	史陷簋	簋 66 贺家 M	1966.12 贺家村西	无	总七二 193	① 4 行 23 ②内底	《文物》1972.6，《周青》6.1095，《陕铜》1.348，《陕金》1.152，《铜全》5.51，《集成》04030，《总集》2587，《综览·簋》151，《铭文选》352，《辞典》79 甲，《青集》04986	陕历博	
6	夔纹壶	壶 66 贺家 M	1966.12 贺家村西	无	总七二 195	无	《文物》1972.6，《周青》6.1099	陕历博	
7	史速角	角 66 贺家 M	1966.12 贺家村西	无	总七二 201	① 2 行 6 ②内壁	《文物》1972.6，《周青》6.1103，《陕铜》1.156，《陕金》1.510（盖），《铜全》5.93，《集成》09063，《总集》4237，《青集》08783	陕历博	
8	夔纹罍	罍 66 贺家 M	1966.12 贺家村西	无	总七二 194	无	《文物》1972.6，《周青》6.1107	陕历博	
9	兽面纹斗	斗 66 贺家 M	1966.12 贺家村西	无	总七二 196	无	《文物》1972.6，《周青》6.1112	陕历博	《周青》为勺误
10	调色器	调 66 贺家 M	1966.12 贺家村西	无	总七二 197	无	《文物》1972.6，《周青》6.1115	陕历博	

续表

序号	器名	代号	出土时间及地点	出土器号	馆藏号	铭文字数①位置②	出处	藏处	其他
71齐镇M1									
1	窦母鼎	鼎71齐镇M1	1971.9扶风齐镇	71FQM1：1		①2行6②内壁	《考与文》1980.4,《周青》6.1121,《陕铜》3.54,《陕金》1.105,《集成》02146,《总集》0836,《青集》01620	扶风博	
2	象纹鬲	鬲71齐镇M1	1971.9扶风齐镇		总0051	无	《考与文》1980.4,《周青》6.1124	扶风博	
71齐镇M2									
1	夔纹鼎	鼎71齐镇M2	1971.9扶风齐镇		总0052	无	《考与文》1980.4,《周青》6.1129	扶风博	
2	象目纹鬲	鬲71齐镇M2	1971.9扶风齐镇		总0050	无	《考与文》1980.4,《周青》6.1130	扶风博	
71齐镇M3									
1	不省方鼎	鼎一71齐镇M3	1971.9扶风齐镇		总0053	①4行34②内壁	《考与文》1980.4,《周青》6.1135,《陕铜》3.58,《陕金》1.155,《集成》02735,《总集》1235,《青集》02361	扶风博	
2	不省方鼎	鼎二71齐镇M3	1971.9扶风齐镇		总0054	①4行34②内壁	《考与文》1980.4,《周青》6.1137,《陕铜》3.59,《陕金》1.154,《三代补》903,《集成》02736,《总集》1236,《青集》02362	扶风博	
3	人面纹短剑	剑71齐镇M3	1971.9扶风齐镇		总0146	无	《考与文》1980.4,《周青》6.1140	扶风博	
4	戈	戈71齐镇M3	1971.9扶风齐镇		总0147	无	《考与文》1980.4,《周青》6.1142	扶风博	
5	戈	戈71齐镇M3	1971.9扶风齐镇		总0148	无	《考与文》1980.4,《周青》6.1144	扶风博	

续表

72 刘家 M

序号	器名	代号	出土时间及地点	出土器号	馆藏号	铭文字数①位置②	出处	藏处	其他
1	伯鼎	鼎一 72 刘家 M	1972.4 刘家村	M1:15	总九—2180	①1行3②内壁	《陕铜》3.48,《周青》6.1149,《陕金》1.76,《集成》01725,《总集》0488,《青集》01002	陕历博	
2	兽面纹鼎	鼎二 72 刘家 M	1972.4 刘家村		总九—2175	无	《周青》6.1151	陕历博	
3	兽面纹鼎	鼎三 72 刘家 M	1972.4 刘家村		总九—2181	无	《周青》6.1153	陕历博	
4	目雷纹鬲	鬲一 72 刘家 M	1972.4 刘家村		总九—2174	无	《周青》6.1157	陕历博	
5	兽面纹甗	甗 72 刘家 M	1972.4 刘家村		总九—2182	无	《周青》6.1159	陕历博	
6	虐簋	簋一 72 刘家 M	1972.4 刘家村		总九—2176	①2行6②内底	《周青》6.1164,《陕铜》3.43,《陕金》1.297,《集成》03520,《总集》2232,《综览·簋》194,《山东成》292.2,《青集》04281	陕历博	
7	兽面纹簋	簋二 72 刘家 M	1972.4 刘家村		总九—2177	无	《周青》6.1166	陕历博	
8	兽面纹簋	簋三 72 刘家 M	1972.4 刘家村		总九—2236	无	《周青》6.1168	陕历博	
9	憪季遽父尊	尊一 72 刘家 M	1972.4 刘家村		总九—2245	①2行10②内底	《周青》6.1171,《陕铜》1.553,《陕金》1.297,《综览·觚形尊》74,《集成》05947,《青集》11731	陕历博	
10	季怂尊	尊二 72 刘家 M	1972.4 刘家村		总九—1270	①2行9②内底	《周青》6.1173,《陕铜》1.552,《陕金》3.38,《集成》05940,《总集》4816,《青集》11715	陕历博	
11	憪季遽父卣	卣一 72 刘家 M	1972.4 刘家村		总九—2238	①2行10-2行10②盖内·器底	《周青》6.1177,《陕铜》1.579,《陕金》3.35,《综览·卣》78,《集成》05357,《总集》5441,《青集》13248	陕历博	

续表

72 刘家 M

序号	器名	代号	出土时间及地点	出土器号	馆藏号	铭文字数①位置②	出处	藏处	其他
12	憧季遽父卣	卣二72刘家M	1972.4 刘家村		总九—2179	①2行10-2行10 ②盖内·器底	《周青》6.1181，《陕金》1.580，《陕铜》3.36（盖），《集成》05358，《总集》5442，《青集》13249	陕历博	
13	虞爵	爵72刘家M	1972.4 刘家村		总九—2196	①1-3 ②柱上·鋬内	《周青》6.1185，《陕金》1.495，《陕铜》3.42，《综览·爵》190，《集成》08952，《山东成》574，《青集》08438	陕历博	
14	乍中觯	觯一72刘家M	1972.4 刘家村		总九—2194	①2 ②肉底	《周青》6.1187，《陕金》1.522，《陕铜》3.40，《综览·觯》116，《集成》06194，《总集》6398，《青集》10282	陕历博	
15	弦纹觯	觯二72刘家M	1972.4 刘家村		总九—2195	无	《周青》6.1189	陕历博	
16	带盖觯	觯三72刘家M	1972.4 刘家村		总九—2193	无	《周青》6.1190	陕历博	
17	提梁壶	壶一72刘家M	1972.4 刘家村		总九—2178	无	《周青》6.1191	陕历博	

73 美阳 M

序号	器名	代号	出土时间及地点	出土器号	馆藏号	铭文字数①位置②	出处	藏处	其他
1	兽面纹鼎	鼎73美阳M	1973 美阳村		总0030	无	《文物》1978.10，《周青》6.1200	扶风博	
2	连珠纹甗	甗73美阳M	1973 美阳村		总0026	无	《文物》1978.10，《周青》6.1201	扶风博	
3	乳钉纹簋	簋73美阳M	1973 美阳村		总0029	无	《文物》1978.10，《周青》6.1202	扶风博	
4	兽面纹卣	卣73美阳M	1973 美阳村		总0028	无	《文物》1978.10，《周青》6.1204	扶风博	
5	高足杯	杯73美阳M	1973 美阳村		总0027	无	《文物》1978.10，《周青》6.1205	扶风博	

附　表

续表

73刘家沟M

序号	器名	代号	出土时间及地点	出土器号	馆藏号	铭文字数①位置②	出处	藏处	其他
1	弦纹鼎	鼎73刘家沟M	1973 刘家沟水库		总0031	无	《考与文》1980.4,《周青》6.1213	扶风博	
2	伯簋	簋73刘家沟M	1973 刘家沟水库		总0032	①1行4②内底	《考与文》1980.4,《周青》6.1215,《陕铜》3.51,《陕金》1.280,《集成》03352,《总集》2039,《综览·小型盂》79,《国史金》1570,《青集》04124	扶风博	

73贺家M1

序号	器名	代号	出土时间及地点	出土器号	馆藏号	铭文字数①位置②	出处	藏处	其他
1	夔纹鼎	鼎73贺家M1	1973.冬 贺家村西	M1:5	总七五24	无	《考古》1976.1,《周青》6.1227	陕历博	
2	山簋	簋73贺家M1	1973.冬 贺家村西		总七五19	①1②内底	《考古》1976.1,《周青》6.1229,《陕铜》1.28,《陕金》1.248,《集成》03032,《总集》1763,《综览·小型盂》26,《青集》03562	陕历博	
3	𢆉卣	卣一73贺家M1	1973.冬 贺家村西		A［I］017	①1②内底	《考古》1976.1,《周青》6.1233,《陕金》1.564,《陕铜》1.24,《综览·卣》53,《集成》04718,《总集》50124,《故宫文物》月刊2000.210.P126图7.1,《青集》12612	岐山博	
4	夔纹提梁卣	卣二73贺家M1	1973.冬 贺家村西		七五14	无	《考古》1976.1,《周青》6.1237	陕历博	
5	凤柱斝	斝73贺家M1	1973.冬 贺家村西		七五13	无	《考古》1976.1,《周青》6.1242	陕历博	
6	涡纹罍	罍73贺家M1	1973.冬 贺家村西		七五15	无	《考古》1976.1,《周青》6.1246	陕历博	
7	𢆉甗	甗73贺家M1	1973.冬 贺家村西		七五23	①1②内底	《考古》1976.1,《周青》6.1249,《陕金》1.23,《陕铜》1.669,《集成》09947,《总集》5586,《综览·甗》30,《青集》13954	陕历博	
8	夔纹斗	斗73贺家M1	1973.冬 贺家村西		七五17	无	《考古》1976.1,《周青》6.1251	陕历博	

续表

73 贺家 M3

序号	器名	代号	出土时间及地点	出土器号	馆藏号	铭文字数①位置②	出处	藏处	其他
1	荣有司再鼎	鼎 73 贺家 M3	1973. 冬贺家村西	M3：1	总七五 20	① 3 行 12 ②内壁	《考古》1976.1. P34，《周青》6.1287，《陕铜》1.164，《陕金》1.123，《集成》02470，《总集》1010，《青集》01971	陕历博	
2	伯车父盨	盨一 73 贺家 M3	1973. 冬贺家村西		总七五 21	① 2 行 12 ②内底	《考古》1976.1，《周青》6.1290，《陕铜》1.166，《陕金》1.439，《集成》04382，《总集》3023，《青集》05559	陕历博	
3	伯车父盨	盨二 73 贺家 M3	1973. 冬贺家村西		总七五 22	① 2 行 12 ②内底	《考古》1976.1，《周青》6.1293，《陕铜》1.165，《陕金》1.438，《考古》1976.1. P34，《集成》04383，《总集》3022，《综览·盨》3，《青集》05560	陕历博	

73 贺家 M5

序号	器名	代号	出土时间及地点	出土器号	馆藏号	铭文字数①位置②	出处	藏处	其他
1	羊庚兹鼎	鼎 73 贺家 M5	1973. 冬贺家村西	M5：1	总七五 26	① 3 行 12 ②内壁	《考古》1976.1. P34，《周青》7.1307，《陕铜》1.160，《陕金》1.122，《集成》02439，《青集》0983，1012，01931	陕历博	
2	卫簋	簋 73 贺家 M5	1973. 冬贺家村西	M5：2	总七五 25	① 2 行 7 ②内底	《考古》1976.1，《周青》7.1309，《陕铜》1.159，《陕金》1.304，《集成》03612，《综览·簋》176，《青集》2273，04418	陕历博	

73 贺家 M6

序号	器名	代号	出土时间及地点	出土器号	馆藏号	铭文字数①位置②	出处	藏处	其他
1	云雷纹鬲	鬲 73 贺家 M6	1973. 冬贺家村西		总七五 16	无	《考古》1976.1，《周青》7.1317	陕历博	
2	弦纹簋	簋 73 贺家 M6	1973. 冬贺家村西		总七五 18	无	《考古》1976.1，《周青》7.1319	陕历博	

续表

75 召李 M1

序号	器名	代号	出土时间及地点	出土器号	馆藏号	铭文字数①位置②	出处	藏处	其他
1	兽面纹鼎	鼎 75 召李 M1	1975.3 召李村西北		总 0087	无	《文物》1976.6,《周青》7.1323	扶风博	
2	伯卣	卣 75 召李 M1	1975.3 召李村西北		总 0085	①1行4-1行4②盖内-器底	《文物》1976.6,《周青》7.1325,《陕金》1.573,《铜金》3.32(器),《铜全》5.173,《集成》05104,《总集》5286,《综览·卣》189,《辞典》505,《青集》12997	扶风博	
3	父丁壶	壶 75 召李 M1	1975.3 召李村西北		总 0086	①4②盖内	《文物》1976.6,《周青》7.1332,《陕金》1.591,《陕铜》3.33,《集成》09546,《总集》5660,《综览·卣》29,《篓克韧》481,《青集》12139	扶风博	
4	素面觯	觯 75 召李 M1	1975.3 召李村西北		总 0088	无	《文物》1976.6,《周青》7.1331	扶风博	

75 庄白 M

序号	器名	代号	出土时间及地点	出土器号	馆藏号	铭文字数①位置②	出处	藏处	其他
1	或方鼎	鼎一75庄白 M	1975.3 庄白村西南		总 0101	①8行65-8行65②内-器底	《文物》1976.6,《周青》7.1351,《陕金》1.161,《铜全》5.9,《三代补》941,《集成》02789,《综览·方鼎》86,《铭文选》178,《辞典》297,《美全》4.210,《青集》02448	扶风博	
2	或方鼎	鼎二75庄白 M	1975.3 庄白村西南		总 0100	①11行116②内壁	《文物》1976.6,《周青》7.1357,《陕金》1.163,《铜全》5.10,《三代补》942,《陕铜》2.100,《集成》02824,《总集》1316,《综览·方鼎》87,《铭文选》179,《辞典》298,《青集》02489	扶风博	
3	或鼎	鼎三75庄白 M	1975.3 庄白村西南		总 0102	①2行5②内壁	《文物》1976.6.P58,《周青》7.1361,《陕金》2.101,《陕铜》1.94,《铜全》5.27,《总集》02074,《综览·鼎》236,《三代补》0734,《要克韧》(1990)P527,《青集》943,《三代补》01412	扶风博	

续表

75庄白M

序号	器名	代号	出土时间及地点	出土器号	馆藏号	铭文字数①位置②	出处	藏处	其他
4	戜瓶	瓶-75庄白M	1975.3庄白村西南		总0094	①3 ②内壁	《文物》1976.6,《周青》7.1364,《陕铜》2.102,《陕金》1.233,《集成》00837,《总集》1588,《综览·瓿》52,《三代补》949,《青集》03203	扶风博	
5	戜簋	簋一-75庄白M	1975.3庄白村西南		总0096	①11行134-11行134②盖内-器底	《文物》1976.6,《周青》7.1367,《文物》1976.6. P57,《陕铜》2.104,《铜全》5.59,《陕金》1.421,《集成》04322,《总集》2836,《综览·簋》300,《兽克勤》P79, 108,《铭文选》176,《三代补》945（器）,《美全》4.211,《辞典》368,《青集》05379	扶风博	
6	伯戜簋	簋二-75庄白M	1975.3庄白村西南		总0097	①5 ②内底	《文物》1976.6,《周青》7.1373,《陕铜》2.103,《陕金》1.290,《集成》03489,《总集》2142,《综览·小型盂》82,《铭文选》1.181,《三代补》946,《青集》04226	扶风博	
7	兽面纹爵	爵一-75庄白M	1975.3庄白村西南		总0105	无	《文物》1976.6,《周青》7.1377	扶风博	
8	𢀋父乙爵	爵二-75庄白M	1975.3庄白村西南		总0104	①3 ②柱外	《文物》1976.6,《周青》7.1378,《陕铜》2.96,《陕金》1.490,《文物》1976.6. P59 图24,《集成》08393,《总集》4022,《综览·爵》244,《三代补》950,《青集》08277	扶风博	
9	觯	觯-75庄白M	1975.3庄白村西南		总0103	无	《文物》1976.6,《周青》7.1380	扶风博	
10	伯戜饮壶	壶一-75庄白M	1975.3庄白村西南		总0098	①5 ②内底	《文物》1976.6,《周青》7.1382,《陕铜》2.105,《陕金》1.589,《铜全》5.124,《文物》1976.6. P58 图21,《集成》06454,《总集》5672,《综览·觯》145,《辞典》547,《美全》4.212,《兽克勤》P529, 74.5,《三代补》947,《青集》10857	扶风博	

续表

75 庄白 M

序号	器名	代号	出土时间及地点	出土器号	馆藏号	铭文字数①位置②	出处	藏处	其他
11	伯戒饮壶	壶二 75 庄白 M	1975.3 庄白村西南		总七玉 73	① 5 ②内底	《文物》1976.6,《周青》7.1385,《陕铜》2.106,《铜金》1.590,《铜全》5.125,《文物》1976.6. P58 图 22,《集成》06455,《总集》5673,《综览·觯形尊》45,《三代补》947,《青集》10858	扶风博	
12	鳞状云纹壶	壶三 75 庄白 M	1975.3 庄白村西南		总 0095	无	《文物》1976.6,《周青》7.1389	扶风博	
13	翶父盂	盂 75 庄白 M	1975.3 庄白村西南		总 0093	① 2 行 5-2 行 5 ②盖内·器底	《文物》1976.6,《周青》7.1393,《陕铜》2.108,《铜金》1.644,《铜全》5.113,《文物》1976.6. P59 图 26.27,《集成》09395,《总集》4410,《辞典·盂》65,《辞典》522,《赛克勒》P112, 157,《铭文选》116,《三代补》951,《青集》14714	扶风博	
14	伯雍父盘	盘 75 庄白 M	1975.3 庄白村西南		总 0092	① 7 ②腹底	《文物》1976.6,《周青》7.1398,《陕铜》2.107,《铜金》1.630,《铜全》5.169,《文物》1976.6. P59 图 29,《集成》10074,《综览·盘》1,《赛克勒》P529 典》553,《铭文选》1.185,《三代补》944,《青集》14391	扶风博	

76 云塘 M10

| 1 | 撇父方鼎 | 鼎 76 云塘 M10 | 1976 云塘村南 | 76FYM10:4 | 总 0372 | ① 2 行 5 ②内壁 | 《文物》1980.4,《周青》7.1411,《陕铜》3.84,《陕金》1.93,《总集》0751,《综览·方鼎》76,《集成》02023,《青集》01398 | 周原博 | |
| 2 | 史丧尊 | 尊 76 云塘 M10 | 1976 云塘村南 | 76FYM10:5 | 总 0373 | ① 3 行 12 ②内底 | 《文物》1980.4. P42 图 6.9,《周青》7.1413,《陕铜》3.83,《陕金》1.554,《集成》05960,《总集》4839,《综览·觯形尊》19,《青集》14391 | 周原博 | |

续表

序号	器名	代号	出土时间及地点	出土器号	馆藏号	铭文字数①位置②	出处	藏处	其他
76云塘 M10									
3	畐爵	爵 76 云塘 M10	1976 云塘村南	76FYM10：21	总 0389	① 3 ②鋬内	《文物》1980.4，《周青》7.1417，《陕铜》3.82，《陕金》1.480，《文物》1980.4. P42 图 6.10，《总集》08828，《集成》4023，《青集》08278	周原博	
4	觯	觯 76 云塘 M10	1976 云塘村南	76FYM10：22	总 0390	无	《文物》1980.4，《周青》7.1419	周原博	
76云塘 M13									
1	弦纹鼎	鼎 76 云塘 M13	1976 云塘村南	76FYM13：13	总 0405	无	《文物》1980.4，《周青》7.1431	周原博	
2	苟鬲	鬲 76 云塘 M13	1976 云塘村南	76FYM13：17	总 0409	① 4 行 6 ②口沿内	《文物》1980.4. P42，《周青》7.1432，《陕金》1.189，《陕铜》3.75，《总集》00543，《综览·鬲》1408，《青集》02732	周原博	
3	普尊	尊 76 云塘 M13	1976 云塘村南	76FYM13：18	总 0410	① 2 行 9 ②内底	《文物》1980.4，《周青》7.1435，《陕金》1.551，《陕铜》3.77，《文物》1980.4. P42 图 6.7，《总集》127，《觚形尊》覧·觚形尊》127，《集成》05931，《铭文选》243，《青集》4817，《青集》11704	周原博	
4	阑卣	卣 76 云塘 M13	1976 云塘村南	76FYM13：22	总 0414	① 2 行 8 ②内底	《文物》1980.4，《周青》7.1437，《陕金》1.577，《陕铜》3.76，《文物》1980.4. P42 图 6.5，《集成》05322，《总集》5416，《青集》13213	周原博	
5	效爵	爵一 76 云塘 M13	1976 云塘村南	76FYM13：16	总 0408	① 2 行 7 ②鋬内	《文物》1980.4，《周青》7.1442，《陕金》1.508，《陕铜》3.78，《文物》1980.4. P42 图 6.8，《集成》09065，《总集》4187，《青集》08540	周原博	
6	弦纹爵	爵二 76 云塘 M13	1976 云塘村南	76FYM13：21	总 0413	无	《文物》1980.4，《周青》7.1445	周原博	
7	云雷纹觯	觯 76 云塘 M13	1976 云塘村南	76FYM13：23	总 0415	无	《文物》1980.4，《周青》7.1446	周原博	

续表

76 云塘 M20

序号	器名	代号	出土时间及地点	出土器号	馆藏号	铭文字数①位置②	出处	藏处	其他
1	兽面纹鼎	鼎 76 云塘 M20	1976 云塘村南	76FYM20：6	总 0435	无	《文物》1980.4,《周青》7.1459	周原博	
2	弦纹鬲	鬲 76 云塘 M20	1976 云塘村南	76FYM20：5	总 0434	无	《文物》1980.4,《周青》7.1461	周原博	
3	作宝彝簋	簋一 76 云塘 M20	1976 云塘村南	76FYM20：1	总 0430	① 3 ②内底	《文物》1980.4,《周青》7.1463,《陕铜》3.73,《陕金》1.274,《集成》03265,《总集》1935,《综览·簋》203,《青集》03930	周原博	
4	用簋	簋二 76 云塘 M20	1976 云塘村南	76FYM20：8	总 0437	① 6 ②内底	《文物》1980.4,《周青》7.1465,《陕铜》3.74,《陕金》1.298,《集成》03507,《总集》2240,《青集》04282	周原博	
5	祖丁尊	尊 76 云塘 M20	1976 云塘村南	76FYM20：2	总 0431	① 3 ②内底	《文物》1980.4,《周青》7.1469,《陕铜》3.69,《陕金》1.545,《集成》05602,《总集》4561,《青集》11353	周原博	
6	作旅彝卣	卣 75 云塘 M20	1976 云塘村南	76FYM20：7	总 0436	① 1 行 3-1 行 3 ②盖内 - 器底	《文物》1980.4,《周青》7.1475,《陕铜》3.70(盖),《文物》1980.4. P42 图 6.4(盖),《集成》05029(盖),《总集》5196(盖),《综览·卣》142,《青集》12877	周原博	
7	目爵	爵一 76 云塘 M20	1976 云塘村南	76FYM20：3	总 0432	① 1 ②鋬内	《文物》1980.4,《周青》7.1479,《文物》1980.4. P43 图 8.5,《陕铜》3.67,《陕金》1.461,《集成》07494,《总集》3300,《青集》06957	周原博	
8	夔纹爵	爵二 76 云塘 M20	1976 云塘村南	76FYM20：4	总 0433	无	《文物》1980.4,《周青》7.1482	周原博	

续表

序号	器名	代号	出土时间及地点	出土器号	馆藏号	铭文字数①位置②	出处	藏处	其他
76 贺家 M112									
1	作宝用簋	簋 76 贺家 M112	1976.5 贺家村西	M112：1	ⅠA012	①1行4-1行4 ②盖内-器底	《丛刊》1983.8.77-94,《周青》7.1493,《陕铜》3.1,《陕金》1.282,《丛刊》8集,《图版》1.2,《集成》03413,《总集》2075,《综览·簋》289,《近出》416,《青集》04106	周原博	
76 贺家 M113									
1	弦纹鼎	鼎一76 贺家 M113	1976.5 贺家村西		ⅠA002	无	《丛刊》1983.8.77-94,《周青》7.1503	周原博	
2	弦纹鼎	鼎二76 贺家 M113	1976.5 贺家村西		ⅠA001	无	《丛刊》1983.8.77-94,《周青》7.1505	周原博	
3	六六一六六一甑	甑76 贺家 M113	1976.5 贺家村西		ⅠA003	①6 ②内壁	《丛刊》1983.8.77-94,《周青》7.1507,《陕金》1.239,《陕铜》3.2,《丛刊》8集,《图版》4.5,《集成》00788,《近出》150,《青集》03274	周原博	
77 齐家 M1									
1	兴鼎	鼎77 齐家 M1	1977 齐家村	77FQM1：1	总0698	①4 ②内壁	《扶风》94,《周青》7.1517,《陕铜》1.87,《集成》01963,《总集》0606,《青集》01298	周原博	
2	涡纹簋	簋77 齐家 M1	1977 齐家村	77FQM1：1	总0699	无	《扶风》94,《周青》7.1519	周原博	
77 王家咀 M1									
1	兽面纹鼎	鼎77 王家咀 M1	1977 王家咀		总136	无	《陕出一》,《周青》7.1524	岐山博	
78 齐家 M5									
1	弦纹鼎	鼎78 齐家 M5	1978.9 齐家村东南	78FQM5：6	总0708	无	《扶风》96,《周青》8.1541	周原博	

附　表

续表

78 齐村 M

序号	器名	代号	出土时间及地点	出土器号	馆藏号	铭文字数①位置②	出处	藏处	其他
1	素面簋	簋 78 齐村 M	1978 齐村		总 0083	无	《周青》8.1549	扶风博	明器
2	盉	盉 78 齐村 M	1978 齐村		总 0084	无	《周青》8.1551	扶风博	明器

78 齐家 M19

序号	器名	代号	出土时间及地点	出土器号	馆藏号	铭文字数①位置②	出处	藏处	其他
1	作旅鼎	鼎一 78 齐家 M19	1978.9 齐家村东南	78FQM19：27	总 0802	①1行3 ②内壁	《文物》1979.11. P3,《周青》8.1555,《陕铜》3.16,《陕金》1.78,《集成》01777,《总集》0477,《青铜》01044	周原博	
2	作旅鼎	鼎二 78 齐家 M19	1978.9 齐家村东南	78FQM19：28	总 0803	①1行3 ②内壁	《文物》1979.11,《周青》8.1559,《陕铜》3.17,《陕金》1.79,《集成》01778,《总集》0474,《青铜》01045	周原博	
3	父乙甗	甗 78 齐家 M19	1978.9 齐家村东南	78FQM19：22	总 0797	①1行3 ②内壁	《文物》1979.11,《周青》8.1561,《陕铜》3.15,《陕金》1.235,《集成》00812,《总集》1569,《青铜》03168	周原博	
4	作旅簋	簋一 78 齐家 M19	1978.9 齐家村东南	78FQM19：16	总 0791	①1行3 ②内底	《文物》1979.11,《周青》8.1567,《陕铜》3.18,《陕金》1.272,《集成》03249,《综览·簋》224,《青铜》03892	周原博	
5	作旅簋	簋二 78 齐家 M19	1978.9 齐家村东南	78FQM19：46	总 0821	①1行3 ②内壁	《文物》1979.11,《周青》8.1569,《陕铜》3.19,《陕金》1.271,《集成》03250,《青铜》1946,《青铜》03893	周原博	
6	作宝彝尊	尊 78 齐家 M19	1978.9 齐家村东南	78FQM19：40	总 0815	①1行4 ②内底	《文物》1979.11,《周青》8.1573,《陕铜》3.24,《文物》1979.11 图4.4,《综览·觚形尊》18,《集成》05789,《青铜》11527	周原博	
7	作宝尊彝卣	卣 78 齐家 M19	1978.9 齐家村东南	78FQM19：51	总 0826	①1行4-1行4 ②盖内-器底	《文物》1979.11,《周青》8.1577,《文物》1979.11. P3 图4-5,《陕铜》3.23（器）,《陕金》05134,《集成》5273（盖),《总集》5274（器),《青集》12965	周原博	

续表

序号	器名	代号	出土时间及地点	出土器号	馆藏号	铭文字数①位置②	出处	藏处	其他
	78 齐家 M19								
8	夔纹爵	爵一 78 齐家 M19	1978.9 齐家村东南	78FQM19：35	总 0810	无	《文物》1979.11,《周青》8.1581	周原博	
9	夔纹爵	爵二 78 齐家 M19	1978.9 齐家村东南	78FQM19：38	总 0813	无	《文物》1979.11,《周青》8.1585	周原博	
10	夔纹觯	觯 78 齐家 M19	1978.9 齐家村东南	78FQM19：37	总 0812	无	《文物》1979.11,《周青》8.1587	周原博	
11	鸟纹盉	盉 78 齐家 M19	1978.9 齐家村东南	78FQM19：42	总 0817	无	《文物》1979.11,《周青》8.1589	周原博	
12	鸟纹盘	盘 78 齐家 M19	1978.9 齐家村东南	78FQM19：34	总 0809	无	《文物》1979.11,《周青》8.1594	周原博	
	80 黄堆 M1								
1	窃曲纹簋	簋 80 黄堆 M1	1980.8 黄堆乡南	80FHM1：1	总 1302	无	《文物》1986.8,《周青》8.1621	周原博	
2	窃曲纹簋盖	簋盖 80 黄堆 M1	1980.8 黄堆乡南	80FHM1：2	总 1303	无	《文物》1986.8,《周青》8.1621	周原博	
	80 黄堆 M3								
1	甬钟	钟 80 黄堆 M3	1980.8 黄堆乡南	80FHM3：1	总 3248	无	《文物》1986.8,《周青》8.1651	周原博	
	80 黄堆 M4								
1	夔纹鼎	鼎 80 黄堆 M4	1980.8 黄堆乡南	80FHM4：8	总 1361	无	《文物》1986.8,《周青》8.1666	周原博	
2	生史簋	簋一 80 黄堆 M4	1980.8 黄堆乡南	80FHM4：6	总 1359	① 4 行 27 ②内底	《文物》1986.8,《周青》8.1669	周原博	
3	生史簋	簋二 80 黄堆 M4	1980.8 黄堆乡南	80FHM4：7	总 1360	① 4 行 27 ②内底	《文物》1986.8,《周青》8.1673	周原博	
4	钟	钟 80 黄堆 M4	1980.8 黄堆乡南	80FHM4：9	总 1362	无	《文物》1986.8,《周青》8.1677	周原博	

续表

序号	器名	代号	出土时间及地点	出土器号	馆藏号	铭文字数①位置②	出处	藏处	其他
80 黄堆 M16									
1	簋	簋 80 黄堆 M16	1980.8 黄堆乡南	80FHM16：1		①1行4-1行4②盖内-器底	《文物》1986.8,《周青》8.1701,《陕金》1.283,《集成》03378,《青集》04113	周原博	共王器
80 刘家村 M2									
1	◆匚鼎	鼎 80 刘家村 M2	1980.12 刘家村	80FLM2：1	总 1451	①2②内底	《扶风》99,《周青》8.1716,《青集》00665	周原博	
2	◆匚鼎	不详	范季融殷首阳斋	无		①2②内底	首阳吉金 P94,《集》00666	私人	与上件相同
80 王家咀 M1									
1	息父丁鼎	鼎一 80 王家咀 M1	1980 王家咀	M1：1	总 I A004	①1行3②内壁	《文博》1985.8,《周青》8.1724,《陕金》1.82,《集成》01598,《近出》231,《青集》00818	周原博	
2	夔纹鼎	鼎二 80 王家咀 M1	1980 王家咀		总 I A005	无	《文博》1985.8,《周青》8.1727	周原博	
81 强家 M1									
1	夔纹鼎	鼎一 81 强家 M1	1981 强家村西崖	81FQM1：2	总 1476	无	《文博》1987.4,《周青》8.1733	周原博	
2	窃曲纹鼎	鼎二 81 强家 M1	1981 强家村西崖	81FQM1：13	总 1487	无	《文博》1987.4,《周青》8.1735	周原博	
3	弦纹鼎	鼎三 81 强家 M1	1981 强家村西崖	81FQM1：14	总 1488	无	《文博》1987.4,《周青》8.1737	周原博	
4	弦纹鼎	鼎四 81 强家 M1	1981 强家村西崖	81FQM1：15	总 1489	无	《文博》1987.4,《周青》8.1740	周原博	

续表

81 强家 M1

序号	器名	代号	出土时间反地点	出土器号	馆藏号	铭文字数①/位置②	出处	藏处	其他
5	直棱纹甬	甬一 81 强家 M1	1981 强家村西崖	81FQM1：9	总 1483	无	《文博》1987.4，《周青》8.1743	周原博	
6	直棱纹甬	甬二 81 强家 M1	1981 强家村西崖	81FQM1：10	总 1484	无	《文博》1987.4，《周青》8.1745	周原博	
7	直棱纹甬	甬三 81 强家 M1	1981 强家村西崖	81FQM1：11	总 1485	无	《文博》1987.4，《周青》8.1747	周原博	
8	直棱纹甬	甬四 81 强家 M1	1981 强家村西崖	81FQM1：12	总 1486	无	《文博》1987.4，《周青》8.1749	周原博	
9	甑	甑 81 强家 M1	1981 强家村西崖	81FQM1：3	总 1477	无	《文博》1987.4，《周青》8.1750	周原博	
10	夷伯夷簋	簋一 81 强家 M1	1981 强家村西崖	81FQM1：5	总 1479	① 5 行 38-5 行 38 ② 盖内 - 器底	《文博》1987.4，《周青》8.1753，《近金》1.364（盖），《文博》1987.4.P9 拓片 2（盖），《近出》481，《新收》667（盖），《青集》05158	周原博	
11	夷伯夷簋	簋二 81 强家 M1	1981 强家村西崖	81FQM1：6	总 1480	① 5 行 38-4 行 34 ② 盖内 - 器底	《文博》1987.4，《周青》8.1759，《近金》1.364（器），《青集》05159	周原博	
12	伯姜父簋	簋三 81 强家 M1	1981 强家村西崖	81FQM1：7	总 1481	① 2 行 14-2 行 14 ② 盖内 - 器底	《文博》1987.4，《周青》8.1767，《集成》03765，《青集》04717	周原博	
13	伯姜父簋	簋四 81 强家 M1	1981 强家村西崖	81FQM1：8	总 1482	① 2 行 14-2 行 14 ② 盖内 - 器底	《文博》1987.4，《周青》8.1771，《陕金》1.324，《集成》03766，《青集》04718	周原博	
14	素面簋	簋五 81 强家 M1	1981 强家村西崖	81FQM1：18	总 1492	无	《文博》1987.4，《周青》8.1777	周原博	
15	环带纹壶	壶一 81 强家 M1	1981 强家村西崖	81FQM1：1	总 1475	无	《文博》1987.4，《周青》9.1792	周原博	
16	环带纹壶	壶二 81 强家 M1	1981 强家村西崖	81FQM1：4	总 1478	无	《文博》1987.4，《周青》9.1799	周原博	
17	素面盂	盂 81 强家 M1	1981 强家村西崖	81FQM1：16	总 1490	无	《文博》1987.4，《周青》9.1805	周原博	
18	素面盘	盘 81 强家 M1	1981 强家村西崖	81FQM1：17	总 1491	无	《文博》1987.4，《周青》9.1807	周原博	

续表

91 齐家 M5

序号	器名	代号	出土时间及地点	出土器号	馆藏号	铭文字数①位置②	出处	藏处	其他
1	鬲	鬲一91齐家M5	1991 齐家村东	91FQM5：7	总2559	无	《周青》9.1880	周原博	
2	父乙鬲	鬲二91齐家M5	1991 齐家村东	91FQM5：3	总2560	①2行4 ②口内侧	《周青》9.1881,《青集》02674	周原博	
3	卣簋	簋一91齐家M5	1991 齐家村东	91FQM5：1	总2561	①2行9 ②内底	《周青》9.1882,《青集》04538	周原博	
4	卣簋	簋二91齐家M5	1991 齐家村东	91FQM5：2	总2562	①2行9 ②内底	《周青》9.1885,《青集》04539	周原博	
5	卣尊	尊91齐家M5	1991 齐家村东	91FQM5：83	总256	①2行9 ②内底	《周青》9.1887,《青集》11706	周原博	
6	郜卣	卣91齐家M5	1991 齐家村东	91FQM5：12	总2564	①2行9-2行9 ②盖内-器底	《周青》9.1889,《青集》13235	周原博	
7	亚牧觚	觚一91齐家M5	1991 齐家村东	91FQM5：5	总2565	①1行4 ②圈足内	《周青》9.1895,《青集》09781	周原博	
8	亚牧觚	觚二91齐家M5	1991 齐家村东	91FQM5：6	总2566	①1行4 ②圈足内	《周青》9.1898,《青集》09782	周原博	
9	父庚爵	爵一91齐家M5	1991 齐家村东	91FQM5：4	总2568	①2 ②鋬内	《周青》9.1901,《青集》07617	周原博	
10	牧父乙爵	爵二91齐家M5	1991 齐家村东	91FQM5：11	总2569	①3 ②鋬内	《周青》9.1904,《青集》08098	周原博	
11	素面觯	觯91齐家M5	1991 齐家村东	91FQM5：10	总2567	无	《周青》9.1907	周原博	

续表

序号	器名	代号	出土时间及地点	出土器号	馆藏号	铭文字数①位置②	出处	藏处	其他
91 齐家 M8									
1	弦纹鼎	鼎 91 齐家 M8	1991 齐家村东	91FQM8：2	总 3011	无	《周青》9.1922	周原博	
2	斜角云纹盆	盆 91 齐家 M8	1991 齐家村东	91FQM8：1	总 3010	无	《周青》9.1924	周原博	
92 黄堆 M37									
1	S 形云纹鼎	鼎 92 黄堆 M37	1992 黄堆乡政南	92FHM37：5	总 2671	无	《文博》1994.5,《周青》9.1928	周原博	
92 黄堆 M45									
1	重环纹鼎	鼎 92 黄堆 M45	1992 黄堆乡政南	92FHM45：2	总 2701	无	《文博》1994.5,《周青》9.1942	周原博	
95 黄堆 M55									
1	铜鼎	鼎 95 黄堆 M55	1995 黄堆乡政南	95FHM55：21	总 2836	无	《文物》2005.4,《周青》9.1949	周原博	
2	铜簋	簋 95 黄堆 M55	1995 黄堆乡政南	95FHM55：22	总 2837	无	《文物》2005.4,《周青》9.1950	周原博	
3	铜盉	盉 95 黄堆 M55	1995 黄堆乡政南	95FHM55：23	总 2838	无	《文物》2005.4,《周青》9.1952	周原博	
4	铜盘	盘 95 黄堆 M55	1995 黄堆乡政南	95FHM55：20	总 2835	无	《文物》2005.4,《周青》9.1955	周原博	
95 黄堆 M58									
1	弦纹鼎	鼎 95 黄堆 M58	1995 黄堆乡政南	95FHM58：1	总 2882	无	《文物》2005.4,《周青》9.1982	周原博	
2	作宝尊彝簋	簋 95 黄堆 M58	1995 黄堆乡政南	95FHM58：2	总 2883	①1 行 4 ②内底	《文物》2005.4,《周青》9.1984,《新收》662,《青集》04104	周原博	

附　表

续表

序号	器名	代号	出土时间及地点	出土器号	馆藏号	铭文字数①位置②	出处	藏处	其他
95 黄堆 M60										
1	阳䤹	䤹 95 黄堆 M60	1995 黄堆乡黄堆西南	95FHM60：7	总 2866	无	《文物》2005.4，《周青》9.1992	周原博	
96 黄堆 M71										
1	铜鼎	鼎 96 黄堆 M71	1996 黄堆乡黄堆西南	96FHM71：1	总 2951	无	《周青》9.2000	周原博	
02 齐家 M4										
1	方鼎	鼎 02 齐家 M4	2002 黄堆齐家	02ZQⅡA3M4：19		无	《考与文》文 2003.4	陕考院	
2	伯簋	簋 02 齐家 M4	2002 黄堆齐家	02ZQⅡA3M4：21		①2行3字②内底	《考与文》2003.4，《青集》03887	陕考院	
3	铜鬲	鬲 02 齐家 M4	2002 黄堆齐家	02ZQⅡA3M4：10		无	《考与文》文 2003.4	陕考院	
4	伯卣	卣 02 齐家 M4	2002 黄堆齐家	02ZQⅡA3M4：20		①3-3 ②盖内-器底	《考与文》2003.4，《青集》12888	陕考院	
5	宝尊彝爵	爵一 02 齐家 M4	2002 黄堆齐家	02ZQⅡA3M4：2		①3 ②颈部	《考与文》2003.4，《青集》08276	陕考院	无图像
6	宝尊彝爵	爵二 02 齐家 M4	2002 黄堆齐家	02ZQⅡA3M4：3		①3 ②颈部	《考与文》2003.4	陕考院	未发表
7	铜觯	觯 02 齐家 M4	2002 黄堆齐家	02ZQⅡA3M4：25		无	《考与文》2003.4	陕考院	无图像

续表

03 庄李 M9

序号	器名	代号	出土时间及地点	出土器号	馆藏号	铭文字数①位置②	出处	藏处	其他
1	兽面鼎	鼎一 03 庄李 M9	2003.5 庄李西谷场	M9：12		无	《考古》2008.12	周考	实用器
2	素面鼎	鼎二 03 庄李 M9	2003.5 庄李西谷场	M9：13		无	《考古》2008.12	周考	实用器
3	铜鼎	鼎三 03 庄李 M9	2003.5 庄李西谷场	M9：14		无	《考古》2008.12	周考	
4	兽面纹簋	簋一 03 庄李 M9	2003.5 庄李西谷场	M9：9		无	《考古》2008.12	周考	
5	兽面纹簋	簋二 03 庄李 M9	2003.5 庄李西谷场	M9：10		无	《考古》2008.12	周考	
6	兽面纹鬲	鬲 03 庄李 M9	2003.5 庄李西谷场	M9：11		无	《考古》2008.12	周考	
7	兽面纹甗	甗 03 庄李 M9	2003.5 庄李西谷场	M9：1		无	《考古》2008.12	周考	
8	兽面纹尊	尊 03 庄李 M9	2003.5 庄李西谷场	M9：3		无	《考古》2008.12	周考	
9	涡纹罍	罍 03 庄李 M9	2003.5 庄李西谷场	M9：2		无	《考古》2008.12	周考	
10	入卣	卣 03 庄李 M9	2003.5 庄李西谷场	M9：6		①4+4 ②盖内-器底	《考古》2008.12，《青集》13014	周考	
11	宁罩	罩 03 庄李 M9	2003.5 庄李西谷场	M9：8		①1 ②鋬内	《考古》2008.12	周考	
12	父辛爵	爵 03 庄李 M9	2003.5 庄李西谷场	M9：4		①2 ②鋬内	《考古》2008.12，《青集》07619	周考	
13	父辛爵	爵 03 庄李 M9	2003.5 庄李西谷场	M9：5		①2 ②鋬内	《考古》2008.12，《青集》07623	周考	
14	作宝尊彝盉	盉 03 庄李 M9	2003.5 庄李西谷场			①4+4 ②盖内-器底	《考古》2008.12	周考	

二、窖藏出土青铜器

58 齐家 J

序号	器名	器物简称	出土时间及地点	器物号	馆藏号	铭文字数①位置②	著录	藏处	其他
1	仓鬲	鬲一 58 齐家 J	1958.1 齐家村东南	无	总五九 352	① 1 ②口沿	《文物》1959.11,《周青》1.8,《陕铜》2.127,《陕金》1.174,《集成》00451,《总集》1340,《综览·鬲鼎》65,《辞典》335,《断代》P838,《青集》2615	陕历博	
2	仓鬲	鬲二 58 齐家 J	1958.1 齐家村东南	无	总五九 353	① 1 ②口沿	《文物》1959.11,《周青》1.11,《陕铜》2.126,《陕金》1.173,《集成》00452,《总集》1339,《青集》02616	陕历博	
3	环带纹盂	盂一 58 齐家 J	1958.1 齐家村东南	无	总五九 350	无	《文物》1959.11,《周青》1.14	陕历博	
4	环带纹盂	盂二 58 齐家 J	1958.1 齐家村东南	无	总五九 351	无	《文物》1959.11,《周青》1.17	陕历博	

60 齐家 J

序号	器名	器物简称	出土时间及地点	器物号	馆藏号	铭文字数①位置②	著录	藏处	其他
1	叔驹父鼎	鼎一 60 齐家 J	1960.10 齐家村东南	无	总 60.0.204	① 2 行 11 ②内壁	《文物》1961.7,《周青》1.63,《陕铜》2.165,《陕金》1.119,《齐家村》8,《集成》02440,《总集》0978,《青集》01936	陕历博	
2	弦纹鼎	鼎二 60 齐家 J	1960.10 齐家村东南	无	总 60.0.203	无	《文物》1961.7,《周青》1.66	陕历博	
3	伯邦父鬲	鬲 60 齐家 J	1960.10 齐家村东南	无	总 60.0.205	① 6-1 ②口沿-内底	《文物》1961.7,《周青》1.22,《齐家村》7,《陕铜》2.164,《陕金》1.186,《铜金》5.41,《集成》00560,《总集》1405,《综览·鬲》53,《青集》02744	陕历博	

续表

60 齐家 J

序号	器名	器物简称	出土时间及地点	器物号	馆藏号	铭文字数①位置②	著录	藏处	其他
4	中伐父甗	甗一 60 齐家 J	1960.10 齐家村东南	无	总 60.0.195	① 2 行 12 ②内壁	《文物》1961.7,《周青》1.25,《陕铜》2.137,《陕金》1.245,《齐家村》12,《集成》00931,《综览》342,《辞典》65,《综览·甗》64,《青集》03325	陕历博	
5	犀甗	甗二 60 齐家 J	1960.10 齐家村东南	无	总 60.0.202	① 2 行 13 ②内壁	《文物》1961.7,《周青》1.68,《陕铜》2.167,《陕金》1.244,《齐家村》23,《集成》00919,《综览·甗》64,《青集》03322	陕历博	
6	中友父簋	簋一 60 齐家 J	1960.10 齐家村东南	无	总 60.0.191	① 2 行 12 ②内底	《文物》1961.7,《周青》1.29,《陕铜》2.150,《陕金》1.314,《齐家村》10,《集成》03755,《青集》1379,《青集》04665	陕历博	
7	中友父簋	簋二 60 齐家 J	1960.10 齐家村东南	无	总 60.0.192	① 2 行 12 ②内底	《文物》1961.7,《周青》1.33,《陕铜》2.151,《陕金》1.315,《齐家村》11,《集成》03756,《青集》1380,《青集》04666	陕历博	
8	友父簋	簋三 60 齐家 J	1960.10 齐家村东南	无	总 60.0.193	① 2 行 12 ②内底	《文物》1961.7,《周青》1.37,《陕铜》2.154,《陕金》1.312,《齐家村》14,《集成》03726,《青集》1381,《青集》04646	陕历博	
9	友父簋	簋四 60 齐家 J	1960.10 齐家村东南	无	总 60.0.194	① 2 行 12 ②内底	《文物》1961.7,《周青》1.40,《陕铜》2.155,《陕金》1.313,《齐家村》15,《集成》03727,《青集》1382,《青集》04647	陕历博	
10	窃曲纹簋	簋五 60 齐家 J	1960.10 齐家村东南	无	总 60.0.198	无	《文物》1961.7,《周青》1.71	陕历博	
11	窃曲纹簋	簋六 60 齐家 J	1960.10 齐家村东南	无	总 60.0.199	无	《文物》1961.7,《周青》1.73	陕历博	
12	窃曲纹簋	簋七 60 齐家 J	1960.10 齐家村东南	无	总 60.0.200	无	《文物》1961.7,《周青》1.76	陕历博	盖失

附　表 ·219·

续表

60 齐家 J

序号	器名	器物简称	出土时间及地点	器物号	馆藏号	铭文字数①位置②	著录	藏处	其他
13	窃曲纹簋	簋八 60 齐家 J	1960.10 齐家村东南	无	总 60.0.201	无	《文物》1961.7，《周青》1.79	陕历博	盖失
14	中友父盘	盘 60 齐家 J	1960.10 齐家村东南	无	总 60.0.196	① 2 行 15 ②内底	《文物》1961.7，《周青》1.43《陕金》1.634，《文物》1961.7，《陕铜》2.153，《陕村》13，《集成》10102，《总集》6739，《综览·盘》61，《辞典》560，《青集》14443	陕历博	
15	中友父匜	匜 60 齐家 J	1960.10 齐家村东南	无	总 60.0.197	① 3 行 15 ②内底	《文物》1961.7，《周青》1.45，《陕金》1.654，《陕铜》2.152，下，《齐家村》12，《集成》10224，《总集》6844，《综览·匜》566，《辞典》49，《青集》14928	陕历博	
16	弦纹盂	盂 60 齐家 J	1960.10 齐家村东南	无	总 60.0.207	无	《文物》1961.7，《周青》1.48	陕历博	
17	夔纹罍	罍一 60 齐家 J	1960.10 齐家村东南	无	总 60.0.169	无	《文物》1961.7，《周青》1.50	陕历博	
18	夔纹罍	罍二 60 齐家 J	1960.10 齐家村东南	无	总 60.0.170	无	《文物》1961.7，《周青》1.54	陕历博	
19	鸟纹贯耳壶	壶一 60 齐家 J	1960.10 齐家村东南	无	总 60.0.173	无	《文物》1961.7，《周青》1.57	陕历博	
20	鸟纹贯耳壶	壶二 60 齐家 J	1960.10 齐家村东南	无	总 60.0.174	无	《文物》1961.7，《周青》1.60	陕历博	
21	几父壶	壶三 60 齐家 J	1960.10 齐家村东南	无	总 60.0.171	① 10 行 57 ②口内	《文物》1961.7，《周青》1.84	陕历博	
22	几父壶	壶四 60 齐家 J	1960.10 齐家村东南	无	总 60.0.172	① 10 行 57 ②口内	《文物》1961.7，《周青》1.89	陕历博	

续表

60 齐家 J

序号	器名	器物简称	出土时间及地点	器物号	馆藏号	铭文字数①位置②	著录	藏处	其他
23	盨盖	盨 60 齐家 J	1960.10 齐家村东南	无	总 60.0.206	①2 行 12 ②内壁	《文物》1961.7，《周青》1.81，《陕金》1.455，《齐家村》20，《陕铜》2.168，《集成》04516，《青集》2905，《综览·匜》5，《总集》05829	陕历博	
24	柞钟	钟一 60 齐家 J	1960.10 齐家村东南	无	总 60.0.175	①3 行 15-3 行 30 ②鼓左-钲间	《文物》1961.7，《周青》1.97，《陕金》1.20，《综览·钟》2.156，《齐家村》24，《集成》00133，《青铜》50，《总集》7062，《辞典》584，《青集》15343	陕历博	《周青》误 48 字
25	柞钟	钟二 60 齐家 J	1960.10 齐家村东南	无	总 60.0.176	①3 行 15-3 行 30 ②鼓左-钲间	《文物》1961.7，《周青》1.101，《陕金》1.21，《陕铜》2.157，《齐家村》25，《文物》1961.7. P59，《集成》00134，《总集》7063，《断代》P846，《三代补》811，《青集》15344	陕历博	《周青》误 48 字
26	柞钟	钟三 60 齐家 J	1960.10 齐家村东南	无	总 60.0.177	①3 行 15-3 行 30 ②鼓左-钲间	《文物》1961.7，《周青》1.105，《陕金》1.22，《陕铜》2.158，《齐家村》26，《集成》00135，《综览·钟》38，《总集》7064，《铭文选》454，《青集》15345	陕历博	《周青》误 48 字
27	柞钟	钟四 60 齐家 J	1960.10 齐家村东南	无	总 60.0.178	①3 行 15-3 行 30 ②鼓左-钲间	《文物》1961.7，《周青》1.109，《陕金》1.23，《陕铜》2.159，《齐家村》27，《集成》00136，《总集》7065，《青集》15346	陕历博	《周青》误 48 字
28	柞钟	钟五 60 齐家 J	1960.10 齐家村东南	无	总 60.0.179	①3 行 21 ②钲间	《文物》1961.7，《周青》1.113，《陕金》1.24，《陕铜》2.160，《齐家村》28，《集成》00137，《总集》7066，《青集》15347	陕历博	
29	柞钟	钟六 60 齐家 J	1960.10 齐家村东南	无	总 60.0.180	①2 行 15 ②钲间	《文物》1961.7，《周青》1.116，《陕金》1.25，《陕铜》2.161，《齐家村》29，《集成》00138，《总集》7067，《青集》15348	陕历博	

续表

60 齐家 J

序号	器名	器物简称	出土时间及地点	器物号	馆藏号	铭文字数①位置②	著录	藏处	其他
30	柞钟	钟七 60 齐家 J	1960.10 齐家村东南	无	总 60.0.190	无	《文物》1961.7,《周青》1.119	陕历博	
31	柞钟	钟八 60 齐家 J	1966.10 齐家村东南	无	总 60.0.181	① 6 ②钲间	《文物》1961.7,《周青》1.122,《陕金》1.26,《集成》00139,《陕铜》2.163,《齐家村》30,《青集》7068,《青集》15349	陕历博	
32	中义钟	钟九 60 齐家 J	1960.10 齐家村东南	无	总 60.0.187	① 2 行 10 ②钲间	《文物》1961.7,《周青》1.125,《陕金》1.5,《集成》00023,《陕铜》2.142,《齐家村》32,《辞典》583,《青集》15130	陕历博	
33	中义钟	钟十 60 齐家 J	1960.10 齐家村东南	无	总 60.0.188	① 2 行 10 ②钲间	《文物》1961.7,《周青》1.128,《陕金》1.6,《集成》00025,《陕铜》2.143,《齐家村》33,《青集》6981,《青集》15131	陕历博	
34	中义钟	钟十一 60 齐家 J	1960.10 齐家村东南	无	总 60.0.182	① 2 行 10 ②钲间	《文物》1961.7,《周青》1.131,《陕金》1.7,《集成》00024,《陕铜》2.144,《齐家村》34,《青集》6982,《青集》15132	陕历博	
35	中义钟	钟十二 60 齐家 J	1960.10 齐家村东南	无	总 60.0.189	① 2 行 10 ②钲间	《文物》1961.7,《周青》1.134,《陕金》1.8,《集成》00026,《综览·钟》39,《陕铜》2.145,《齐家村》35,《青集》6984,《青集》15133	陕历博	
36	中义钟	钟十三 60 齐家 J	1960.10 齐家村东南	无	总 60.0.183	① 2 行 10 ②钲间	《文物》1961.7,《周青》1.137,《陕金》1.9,《集成》00027,《陕铜》2.146,《齐家村》36,《青集》6985,《青集》15134	陕历博	
37	中义钟	钟十四 60 齐家 J	1960.10 齐家村东南	无	总 60.0.184	① 2 行 10 ②钲间	《文物》1961.7,《周青》1.141,《陕金》1.10,《集成》00028,《陕铜》2.147,《齐家村》37,《青集》6986,《青集》15135	陕历博	
38	中义钟	钟十五 60 齐家 J	1960.10 齐家村东南	无	总 60.0.185	① 3 行 6-1 行 4 ②鼓左 - 钲间	《文物》1961.7,《周青》1.144,《陕金》1.11,《集成》00029,《陕铜》2.148,《齐家村》38,《青集》6987,《青集》15136	陕历博	
39	中义钟	钟十六 60 齐家 J	1960.10 齐家村东南	无	总 60.0.186	① 3 行 6-1 行 4 ②鼓左 - 钲间	《文物》1961.7,《周青》1.148,《陕金》1.12,《集成》00030,《陕铜》2.149,《齐家村》39,《青集》6988,《青集》15137	陕历博	

续表

60 召陈 J

序号	器名	器物简称	出土时间及地点	器物号	馆藏号	铭文字数①位置②	著录	藏处	其他
1	弦纹鼎	鼎一 60 召陈 J	1960 春召陈村西南	无	总七二 241	无	《文物》1972.6, P30,《周青》2.156	陕历博	
2	散伯车父鼎	鼎二 60 召陈 J	1960 春召陈村西南	无	总七二 238	① 4 行 28 ②内壁	《文物》1972.6,《周青》2.158,《陕铜》3.113,《陕金》1.146,《集成》02697,《总集》1200,《青集》272,《综览·鼎》02297	陕历博	1字重文
3	散伯车父鼎	鼎三 60 召陈 J	1960 春召陈村西南	无	总七二 240	① 4 行 28 ②内壁	《文物》1972.6,《周青》2.162,《陕铜》3.114,《陕金》1.147,《集成》02698,《总集》1201,《青集》02298	陕历博	1字重文
4	散伯车父鼎	鼎四 60 召陈 J	1960 春召陈村西南	无	总七二 242	① 4 行 28 ②内壁	《文物》1972.6,《周青》2.167,《陕铜》3.115,《陕金》1.148,《集成》02699,《总集》1202,《青集》02299	陕历博	1字重文
5	散伯车父鼎	鼎五 60 召陈 J	1960 春召陈村西南	无	总七二 243	① 4 行 28 ②内壁	《文物》1972.6,《周青》2.171,《陕铜》3.116,《陕金》1.149,《集成》02700,《总集》1203,《青集》02230	陕历博	1字重文
6	散车父簋	簋一 60 召陈 J	1960 春召陈村西南	无	总七二 245	① 3 行 17-3 行 17 ②盖内-器内壁	《文物》1972.6,《周青》2.175,《集成》03881,《陕铜》3.118,《铭文选》531,《辞典》374,《青集》04838	陕历博	
7	散车父簋	簋二 60 召陈 J	1960 春召陈村西南	无	总七二 246	① 3 行 16-3 行 17 ②盖内-器内底	《文物》1972.6,《周青》2.179,《集成》03882,《陕金》1.339,《综览·簋》336,《三代补》908 (盖),《青集》04839	陕历博	
8	散车父簋	簋三 60 召陈 J	1960 春召陈村西南	无	总七二 247	① 3 行 17-3 行 17 ②盖内-器内底	《文物》1972.6,《周青》2.181,《陕铜》3.120,《陕金》1.340,《集成》03883、03885,《青集》2437,《铭文选》04840	陕历博	
9	散车父簋	簋四 60 召陈 J	1960 春召陈村西南	无	总七二 251	① 3 行 17-3 行 17 ②盖内-器内底	《文物》1972.6,《周青》2.185,《陕铜》3.121,《陕金》1.338,《集成》03884,《总集》2438,《青集》532,《铭文选》04841	陕历博	

附　表

60 召陈 J（续表）

序号	器名	器物简称	出土时间及地点	器物号	馆藏号	铭文字数①位置②	著录	藏处	其他
10	重环纹簋	簋五 60 召陈 J	1960 春召陈村西南	无	总七二 252	无	《文物》1972.6,《周青》2.189	陕历博	盖失
11	鲁叔山父簋	簋六 60 召陈 J	1960 春召陈村西南	无	总七二 248	①3行13-3行13 ②盖内-器内底	《文物》1972.6,《周青》2.208,《陕金》1.318,《陕铜》3.125,《集成》03797,《总集》2398,《铭文选》374,《青集》04687	陕历博	
12	鲁叔山父簋	簋七 60 召陈 J	1960 春召陈村西南	无	总七二 249	①3行13 ②盖内底	《文物》1972.6,《周青》2.211,《陕金》1.319,《陕铜》3.126,《集成》03798,《总集》2400,《青集》04688	陕历博	盖见：簋盖一-82召陈Z
13	鲁叔山父簋	簋八 60 召陈 J	1960 春召陈村西南	无	总七二 250	①未清理②内底	《文物》1972.6,《周青》2.214,《陕金》1.320,《陕铜》3.127,《集成》03799,《总集》2399,《青集》04689	陕历博	盖见：簋盖二-82召陈Z
14	散车父壶	壶一 60 召陈 J	1960 春召陈村西南	无	总七二 244	①6行26 ②盖榫	《文物》1972.6,《周青》2.192,《陕铜》3.123,《铜全》1.600,《铜全》5.147,《文物》1972.6 P33 图 8,《集成》09697,《总集》5774,《综览·壶》74,《铭文选》530 甲,《辞典》741,《青集》12404	陕历博	铭文有方框
15	散车父壶	壶二 60 召陈 J	1960 春召陈村西南	无	总七二 235	①6行19 ②盖榫	《文物》1972.6,《周青》2.195,《陕铜》3.124,《陕金》1.601,《文物》1972.6.P33 图 9,《集成》09669,《总集》5755,《铭文选》530,《青集》12359	陕历博	铭文有方框

续表

60 召陈 J

序号	器名	器物简称	出土时间及地点	器物号	馆藏号	铭文字数①位置②	著录	藏处	其他
16	盘	盘 60 召陈 J	1960 春召陈村西南	无	不详	无	《文物》1972.6	不详	《周青》未收录
17	雷纹匜	匜 60 召陈 J	1960 春召陈村西南		总七二 239	无	《文物》1972.6,《周青》2.206	陕历博	
18	变形蝉纹勺	勺一 60 召陈 J	1960 春召陈村西南		总七二 236	无	《文物》1972.6,《周青》2.202	陕历博	
19	变形蝉纹勺	勺二 60 召陈 J	1960 春召陈村西南		总七二 237	无	《文物》1972.6,《周青》2.204	陕历博	

61 齐家 J

序号	器名	器物简称	出土时间及地点	器物号	馆藏号	铭文字数①位置②	著录	藏处	其他
1	周伐父簋	簋一 61 齐家 J	1961.3 齐家村东南		总六二 5	① 4 行 25 ②内底	《考古》1963.10,《考与文》1985.1,《周青》2.218,《陕金》1.353,《陕铜》2.169,《丛刊》2 集,《图版》11,《集成》2624,《总集》409,《辞典》05034 代补》1000,《青集》05032	陕历博	出土时无盖后于 84 齐家 J 中出土
2	周伐父簋	簋二 61 齐家 J	1961.3 齐家村东南		总八六 31	① 4 行 25 ②内底	《考古》1963.10,《周青》2.222,《陕金》1.354,《集成》04048,《青集》2623,《总集》05032	陕历博	出土时无盖后于 84 齐家 J 中出土

续表

61 齐家J

序号	器名	器物简称	出土时间及地点	器物号	馆藏号	铭文字数①位置②	著录	藏处	其他
3	周伐义簋	簋三61齐家J	1961.3 齐家村东南		总六三4	①4行25 ②内底	《考古》1963.10,《周青》2.218,《陕金》1.355,《集成》04049,《总集》2622,《青集》05033	陕历博	出土时无盖后于84齐家J中出土

62 齐家J

序号	器名	器物简称	出土时间及地点	器物号	馆藏号	铭文字数①位置②	著录	藏处	其他
1	日己方尊	尊62齐家J	1962.12 齐家村东南	总六三110		①3行20 ②内底	《考古》1963.8,《文物》1963.9,《周青》2.230,《陕铜》图2.4,《陕全》1.555,《集成》05980,《总集》4857,《综览·觚形尊》144,《辞典》454,《青集》11777	陕历博	
2	日己方彝	彝62齐家J	1962.12 齐家村东南	总六三109		①3行20-3行20 ②盖内·器内底	《考古》1963.8,《文物》1963.9,《周青》2.235,《陕铜》图P414图2.2,《陕全》1.620,《陕铜》2.120,《铜全》5.135,《集成》09891,《总集》4973,《青集》514,《辞典》13537	陕历博	
3	日己觥	觥62齐家J	1962.12 齐家村东南	总六三108		①3行20-3行20 ②盖内·器内底	《考古》1963.8,《文物》1963.9,《周青》2.240,《陕铜》图P414图2.1,《陕全》1.618,《陕铜》2.122,《铜全》5.107,《集成》09302,《总集》4927,《综览·匜》45,《赛克勒》528,《辞典》P69.88,《青集》13364	陕历博	
4	它盉	盉62齐家J	1962.12 齐家村东南	总六三111		①1 ②内底	《考古》1963.8,《文物》1963.9,《周青》2.252,《陕铜》2.125,《陕金》1.641,《铜全》5.116,《考古与文物》1963.8,《陕铜》图P415图2.3,《辞典》《综览》84,《集成》09308,《总集》4350,《断代》P839.199.3,《赛克勒》P108.152,《青集》14605	陕历博	

续表

序号	器名	器物简称	出土时间及地点	器物号	馆藏号	铭文字数①位置②	著录	藏处	其他
62 齐家 J									
5	重环纹匜	匜 62 齐家 J	1962.12 齐家村东南	总六三 112		无	《考古》1963.8,《文物》1963.9,《周青》2.260	陕历博	
6	它盘	盘 62 齐家 J	1962.12 齐家村东南	总六三 113		① 1 ②内底	《考古》1963.8,《文物》1963.9,《周青》2.263,《陕铜》2.124,《陕金》1.625,《铜全》5.200,《文物》1963.9. P65 图 5,《集成》10020,《总集》6671,《综览·盘》84,《赛克勒》P302.22.1,《辞典》555,《断代》P838.199.2,《青集》14316	陕历博	
66 齐镇 J									
1	镂空花座簋	簋 66 齐镇 J	1966 冬齐镇村东	总 167		无	陕出 80,《文物》1972.7,《周青》2.277	周原博	
2	用享钟	钟一 66 齐镇 J	1966 冬齐镇村东	Ⅰ A5.2, 总 2753		① 2 ②鼓右	陕出 80,《文物》1972.7,《周青》2.268,《陕铜》3.61,《集成》00002,《总集》6964,《青集》15105	周原博	
3	妄钟	钟二 66 齐镇 J	1966 冬齐镇村东	总 69		① 4 行 12-4 行 36 ②鼓左-钲间	陕出 80,《文物》1972.7,《周青》2.71,《陕铜》1972.7. P12,《陕金》1.18,《集成》00112,《总集》7050,《铭文选》396 乙,《辞典》581,《三代补》905,《青集》15323	周原博	
72 京当 J									
1	弦纹鬲	鬲一 72 京当 J	1972.1 京当村麦场	总 11		无	《文物》1977.12,《周青》2.283	岐山博	
2	云纹分档鬲	鬲二 72 京当 J	1972.1 京当村麦场	Ⅰ A1.104, 总 2099		无	《文物》1977.12,《周青》2.285	宝鸡博	
3	兽面纹觚	觚 72 京当 J	1972.1 京当村麦场	Ⅰ A3.53, 总 21021		无	《文物》1977.12,《周青》2.288	宝鸡博	
4	兽面纹爵	爵 72 京当 J	1972.1 京当村麦场	Ⅰ A3.30		无	《文物》1977.12,《周青》2.291	宝鸡博	

附　表

续表

72京当 J

序号	器名	器物简称	出土时间及地点	器物号	馆藏号	铭文字数①位置②	著录	藏处	其他
5	兽面纹斝	斝72京当J	1972.1京当村麦场	总10		无	《文物》1977.12,《周青》2.295	岐山博	

74强家 J

序号	器名	器物简称	出土时间及地点	器物号	馆藏号	铭文字数①位置②	著录	藏处	其他
1	师𩵦鼎	鼎74强家J	1974.12强家村西		总七五43	①19行197②内壁	《文物》1975.8,《周青》2.303,《三代补》919,《集成》02830,《总集》1323,《综览·鼎》259,《铭文选》202,《辞典》259,《青集》02495	陕历博	共王器
2	即簋	簋一74强家J	1974.12强家村西		总七五39	①7行27②内底	《文物》1975.8,《周青》2.306,《陕铜》3.106,《陕金》1.397,《图版》P61图6,《集成》04250,《总集》2773,《铭文选》241,《综览·簋》324,《三代补》921,《辞典》373,《青集》05290	陕历博	
3	瓦纹簋	簋二74强家J	1974.12强家村西		总七五38	无	《文物》1975.8,《周青》2.309	陕历博	
4	恒簋盖	盖一74强家J	1974.12强家村西		总七五40	①5行50②盖内	《文物》1975.8,《周青》2.310,《陕铜》3.108,《图版》9.3,P62图10,《集成》04199,《总集》2728,《铭文选》320,《青集》05218	陕历博	
5	恒簋盖	盖二74强家J	1974.12强家村西		总七五41	①5行50②盖内	《文物》1975.8,《周青》2.313,P62图9,《陕铜》3.109,《集成》04200,《总集》2729,《三代补》922,《青集》05219	陕历博	
6	重环纹簋	簋74强家J	1974.12强家村西		总七五42	无	《文物》1975.8,《周青》2.315	陕历博	

续表

序号	器名	器物简称	出土时间及地点	器物号	馆藏号	铭文字数①位置②	著录	藏处	其他
74强家J									
7	师㝨钟	钟74强家J	1974.12 强家村西	-	总七五44	①4行40-2行8 ②钲间-鼓左	《文物》1975.8,《周青》2.317,《陕铜》3.107,《陕金》1.019,《文物》1975.8.P62,《集成》00141,《总集》7059,《铭文选》48,《铭文选》312,《辞典》577,《青集》15350	陕历博	
74贺家J									
1	伯夏父鼎	鼎74贺家J	1974.12 贺家村	-	-	①3行19 ②内壁	《陕铜》3.5,《陕金》1.135,《集成》02584,《总集》1123,《青集》02170	陕历博	
75董家J									
1	卫簋	簋一75董家J	1975.2 董家村西	75QDJ：1	总74	①7行73-7行73 ②盖内-器底	《文物》1976.5,《周青》2.324,《陕铜》1.171（器）,《陕金》1.401,《文物》1976.5.P36图13（盖）,《集成》04256,《总集》2775,《综览·簋》299,《赛克勒》P436.55.1,《铭文选》190,《三代补》927,《青集》05293	岐山博	
2	公臣簋	簋二75董家J	1975.2 董家村西	75QDJ：15	总88	①6行43 ②内底	《文物》1976.5,《周青》2.350,《陕铜》1.192,《陕金》1.374,《文物》1976.5.P40图18,《集成》04184,《总集》2699,《综览·簋》350,《铭文选》420,《三代补》928,《青集》05183	岐山博	
3	公臣簋	簋三75董家J	1975.2 董家村西	75QDJ：16	总89	①6行43 ②内底	《文物》1976.5,《周青》2.356,《陕铜》1.193,《陕金》1.373,《集成》04185,《总集》2700,《辞典》408,《青集》05184	岐山博	
4	公臣簋	簋四75董家J	1975.2 董家村西	75QDJ：17	总90	①6行43 ②内底	《文物》1976.5,《周青》2.360,《陕铜》1.194,《陕金》1.372,《集成》04186,《集成》2701,《总集》2701,《辞典》408,《青集》05185	岐山博	

附 表 ·229·

续表

75 董家 J

序号	器名	器物简称	出土时间及地点	器物号	馆藏号	铭文字数①位置②	著录	藏处	其他
5	公臣簋	簋五 75 董家 J	1975.2 董家村西	75QDJ：18	总 91	① 6 行 43 ②内底	《文物》1976.5,《周青》2.364,《陕铜》1.371,《集成》04187,《总集》2702,《青集》05186	岐山博	
6	此簋	簋六 75 董家 J	1975.2 董家村西	75QDJ：6	总 79	① 10 行 112 ②器内-器底	《文物》1976.5,《周青》3.402,《陕铜》1.199（器）,《陕金》1.412,《集成》04303,《总集》2818,《辞典》402,《铭文选》422 器,《青集》05354	岐山博	
7	此簋	簋七 75 董家 J	1975.2 董家村西	75QDJ：7	总 80	① 10 行 112 ②盖内-器底	《文物》1976.5,《周青》3.410,《陕金》1.417（盖）,《陕铜》1.200（器）,《集成》04304,《总集》2819,《综览·簋》363,《青集》05355	岐山博	
8	此簋	簋八 75 董家 J	1975.2 董家村西	75QDJ：8	总 81	① 10 行 112 ②器内	《文物》1976.5,《周青》3.417,《陕金》1.414,《陕铜》1.201,《集成》04305,《总集》2820,《青集》05356	陕历博	
9	此簋	簋九 75 董家 J	1975.2 董家村西	75QDJ：9	总 82	① 10 行 112 ②器内	《文物》1976.5,《周青》3.421,《陕金》1.418,《陕铜》1.202,《集成》04306,《总集》2821,《青集》05357	岐山博	
10	此簋	簋十 75 董家 J	1975.2 董家村西	75QDJ：10	总 83	① 10 行 112 ②器内	《文物》1976.5,《周青》3.425,《陕金》1.417,《陕铜》1.203,《文物》1976.5. P40 图 17,《集成》X04307,《总集》2822,《青集》05358	岐山博	
11	此簋	簋十一 75 董家 J	1975.2 董家村西	75QDJ：11	总 84	① 10 行 112 ②器内	《文物》1976.5,《周青》3.428,《陕金》1.415,《陕铜》1.204,《集成》04308,《总集》2823,《青集》05359	陕历博	《周青》75QDJ：9 误
12	此簋	簋十二 75 董家 J	1975.2 董家村西	75QDJ：12	总 85	① 10 行 112 ②器内	《文物》1976.5,《周青》3.433,《陕金》1.411,《陕铜》1.205,《集成》04309,《总集》2824,《青集》05360	岐山博	

续表

75 董家 J

序号	器名	器物简称	出土时间及地点	器物号	馆藏号	铭文字数①位置②	著录	藏处	其他
13	此簋	簋十三75董家J	1975.2 董家村西	75QDJ：13	总86	①10行109②器内	《文物》1976.5、《周青》3.437、《陕金》1.416、《陕铜》1.206、《集成》04310、《总集》2825、《青集》05361	岐山博	
14	旅仲簋	簋十四75董家J	1975.2 董家村西	75QDJ：23	总96	①3行17②内底	《文物》1976.5、《周青》3.462、《陕金》1.342、《陕铜》1.189、《集成》03872、《总集》2509、《三代补》935、《青集》04832	岐山博	
15	卫盉	盉75董家J	1975.2 董家村西	75QDJ：35	总844	①12行132②盖内	《文物》1976.5、《周青》2.331、《陕铜》1.172、《铜全》1.648、《铜全》5.112、《文物》1976.5.P37 图14、《集成》09456、《总集》4449、《综览·盉》79、《铭文选》193、《辞典》521、《赛克勒》P683、115.5、《美全》4.220、《三代补》924《青集》14800	岐山博	
16	五祀卫鼎	鼎一75董家J	1975.2 董家村西	75QDJ：2	总七五140	①19行207②内壁	《文物》1976.5、《周青》2.336、《陕铜》1.173、《铜金》1.170、《铜全》5.28、《三代补》925、《集成》02832、《总集》1325、《综览·鼎》235、《铭文选》198、《青集》02497	陕历博	共王五年
17	九年卫鼎	鼎二75董家J	1975.2 董家村西	75QDJ：36	总845	①19行195②内壁	《文物》1976.5、《周青》2.340、《陕铜》1.174、《铜金》1.171、《三代补》926、《集成》02831、《总集》1322、《铭文选》203、《辞典》301、《青集》02496	岐山博	共王九年
18	窃曲纹鼎	鼎三75董家J	1975.2 董家村西	75QDJ：32	总105	无	《文物》1976.5、《周青》2.344	岐山博	
19	㝬鼎	鼎四75董家J	1975.2 董家村西	75QDJ：14	馆藏号：87	①1②内壁	《文物》1976.5.P43、《周青》2.347、《陕金》1.176、《陕金》1.065、《综览·鼎》280、《集成》01144、《总集》0153、《三代补》936、《铭文选》0083	岐山博	
20	此鼎	鼎五75董家J	1975.2 董家村西	75QDJ：3	总76	①11行112②内壁	《文物》1976.5、《周青》2.390、《陕铜》1.196、《陕金》1.164、《三代补》929、《集成》02821、《总集》1312、《铭文选》422、《青集》02484	岐山博	重文2字，宣王器

续表

75董家J

序号	器名	器物简称	出土时间及地点	器物号	馆藏号	铭文字数①位置②	著录	藏处	其他
21	此鼎	鼎六 75 董家 J	1975.2 董家村西	75QDJ：4	总 77	① 11行111 ②内壁	《文物》1976.5,《周青》3.394,《陕铜》1.197,《陕金》1.165,《集成》02822,《总集》1313,《综览·鼎》290,《辞典》322,《青集》02485	岐山博	重文1字宣王器
22	此鼎	鼎七 75 董家 J	1975.2 董家村西	75QDJ：5	总七五 135	① 11行111 ②内壁	《文物》1976.5,《周青》3.399,《陕铜》1.198,《陕金》1.166,《集成》02823,《总集》1314,《青集》02486	陕历博	重文1字宣王器
23	伸孜父鼎	鼎八 75 董家 J	1975.2 董家村西	75QDJ：20	总 93	① 3行17 ②内壁	《文物》1976.5.P43,《周青》3.441,《陕铜》1.186,《陕金》1.130,《三代补》932,《集成》02533,《总集》1099,《青集》02112	岐山博	
24	善夫旅伯鼎	鼎九 75 董家 J	1975.2 董家村西	75QDJ：21	总 94	① 4行20 ②内壁	《文物》1976.5.P30,《周青》3.443,《陕铜》1.187,《陕金》1.136,《三代补》933,《集成》02619,《总集》1141,《青集》02210	岐山博	
25	善夫伯辛父鼎	鼎十 75 董家 J	1975.2 董家村西	75QDJ：22	总 95	① 3行17 ②内壁	《文物》1976.5.P41,《周青》3.446,《陕铜》1.188,《陕金》1.132,《三代补》934,《集成》02561,《总集》1098,《综览》02077	岐山博	
26	重环纹鼎	鼎十一 75 董家 J	1975.2 董家村西	75QDJ：24	总 97	无	《文物》1976.5,《周青》3.449	岐山博	
27	重环纹鼎	鼎十二 75 董家 J	1975.2 董家村西	75QDJ：25	总 98	无	《文物》1976.5,《周青》3.451	岐山博	
28	庙犀鼎	鼎十三 75 董家 J	1975.2 董家村西	75QDJ：19	总 92	① 2行12 ②内壁	《文物》1976.5.P41,《周青》3.453,《陕铜》1.185,《陕金》1.120,《三代补》931,《集成》02417,《总集》1016,《综览》287,《青集》01965	岐山博	

续表

75董家J

序号	器名	器物简称	出土时间及地点	器物号	馆藏号	铭文字数①位置②	著录	藏处	其他
29	仲南父壶	壶一75董家J	1975.2 董家村西	75QDJ：33	总106	①3行16-3行16 ②盖内-器底	《文物》1976.5,《周青》3.374,《陕金》1.597（右，器，误为盖），《陕金》1.596（盖，误为甲器），《陕铜》1.176（器），《集成》09643,《总集》5745,《青集》12330	岐山博	铭文有方框
30	仲南父壶	壶二75董家J	1975.2 董家村西	75QDJ：34	总107	①3行16-3行16 ②盖内-器底	《文物》1976.5,《周青》3.378,《陕金》1.597,《陕铜》1.177,《文物》1976.5. P41 图21,《集成》09642,《总集》5744,《综览·壶》84,《赛克勒》P612.95.5,《三代补》937,《青集》12329	岐山博	铭文有方框
31	朕匜	匜75董家J	1975.2 董家村西	75QDJ：37	总846	①7行-6行，共156 ②盖内-器底	《文物》1976.5,《周青》3.385,《陕铜》1.207,《陕金》1.655,《铜全》5.194,《文物》1976.5. P42 图24,《集成》10285,《总集》6877,《综览·匜》48,《赛克勒》P714.120.4,《三代补》940,《铭文选》1.258,《辞典》562,《美全》4.233,《青集》15004	岐山博	
32	荣有司再两	两一75董家J	1975.2 董家村西	75QDJ：27	总100	①12 ②口沿	《文物》1976.5,《周青》3.456,《陕铜》1.179,《陕金》1.203,《集成》00679,《总集》1462,《综览·两》70,《铭文选》382,《三代补》939,《青集》02873	岐山博	
33	成伯孙父两	两二75董家J	1975.2 董家村西	75QDJ：26	总99	①16 ②口沿	《文物》1976.5. P43,《周青》2.459,《陕铜》1.180,《陕金》1.215,《三代补》938,《集成》00680,《总集》1502,《青集》02933	岐山博	
34	重环纹豆	豆一75董家J	1975.2 董家村西	75QDJ：30	总103	无	《文物》1976.5,《周青》3.465	岐山博	
35	重环纹豆	豆二75董家J	1975.2 董家村西	75QDJ：31	总104	无	《文物》1976.5,《周青》3.468	岐山博	
36	重环纹盘	盘75董家J	1975.2 董家村西	75QDJ：29	总102	无	《文物》1976.5,《周青》3.471	岐山博	
37	鍪	鍪75董家J	1975.2 董家村西	75QDJ：28	总101	无	《文物》1976.5,《周青》3.473	岐山博	

续表

76云塘 J

序号	器名	器物简称	出土时间及地点	器物号	馆藏号	铭文字数①位置②	著录	藏处	其他
1	伯公父簠盖	簠盖76云塘J	1976.1云塘村南	76FYJ1：6	总0006	①2行13 ②盖内	《文物》1978.11,《周青》3.478,《陕铜》3.91,《陕金》1.435,《文物》1978.11．P9图15,《集成》04384,《总集》3025,《铭文选》302,《青集》05551	周原博	
2	伯公父壶盖	壶盖76云塘J	1976.1云塘村南	76FYJ1：7	总0007	①6行17 ②榫壁	《文物》1978.11,《周青》3.482,《陕铜》3.92,《陕金》1.598,《文物》1978.11．P9图14,《集成》09656,《总集》5751,《铭文选》303,《青集》12348	周原博	
3	伯公父勺	勺一76云塘J	1976.1云塘村南	76FYJ1：8	总0008	①3行14 ②柄弯	《文物》1978.11,《周青》3.487,《陕金》3.93右,《铜全》5.92左,《文物》1978.11．P9图13右,《集成》09935,《总集》6663右,《综览·尊》3,《铭文选》304甲,《辞典》538,《青集》14191	周原博	
4	伯公父勺	勺二76云塘J	1976.1云塘村南	76FYJ1：9	总0009	①3行14 ②柄弯	《文物》1978.11,《周青》3.492,《陕金》3.93左,《铜全》5.92右,《文物》1978.11．P9图13左,《集成》09936,《总集》6663左,《铭文选》304乙,《辞典》536,《青集》14192	周原博	
5	伯多父簋	簋一76云塘J	1976.1云塘村南	76FYJ1：1	总0001	①2行10-2行10 ②盖内-器底	《文物》1978.11,《周青》3.497,《陕金》1.429,《陕铜》3.86（盖）,器铭未著录,《铜全》5.80,《集成》04368,《总集》3006,《辞典》428,《青集》05541	周原博	
6	伯多父簋	簋二76云塘J	1976.1云塘村南	76FYJ1：2	总0002	①2行10-2行10 ②盖内-器底	《文物》1978.11,《周青》3.501,《陕金》1.430,《陕铜》3.88（器）,器铭未著录,《集成》04369,《总集》3008,《青集》05542	周原博	
7	伯多父簋	簋三76云塘J	1976.1云塘村南	76FYJ1：3	总0003	①2行10-2行10 ②盖内-器底	《文物》1978.11,《周青》3.508,《陕金》1.431,《陕铜》3.87（盖）,器铭未著录,《文物》1978.11．P9图16（盖）,《集成》04370,《总集》3007,《综览·簋》15,《青集》05543	周原博	
8	伯多父簋	簋四76云塘J	1976.1云塘村南	76FYJ1：4	总0004	①2行10-2行10 ②盖内-器底	《文物》1978.11,《周青》3.513,《陕金》1.432,《陕铜》3.89（盖）,器铭未著录,《集成》04371,《总集》3009,《青集》05544	周原博	
9	重环纹簋	簋五76云塘J	1976.1云塘村南	76FYJ1：5	总0005	无	《文物》1978.11,《周青》3.519	周原博	

续表

76 庄白 J1

序号	器名	器物简称	出土时间及地点	器物号	馆藏号	铭文字数①位置②	著录	藏处	其他
1	商尊	尊一 76 庄白 J1	1976.12 庄白村南	76FZJ1：11	总 0020	① 5 行 30 ②内底	《文物》1978.3,《周青》3.525,《陕铜》2.3,《铜全》1.556,《陕铜》5.153,《文物》1978.3. P9 图 7,《集成》5997,《总集》05997,《赛克勒》P513.71.5,《铭文选》140,《辞典》442,《美全》4.152,《青集》11791	周原博	
2	盩尊	尊二 76 庄白 J1	1976.12 庄白村南	76FZJ1：43	总 0052	① 6 行 40 ②腹底	《文物》1978.3,《周青》3.547,《陕铜》2.15,《铜全》1.558,《陕铜》5.154,《集成》06002,《总集》05996,《铭文选》166,《辞典》451,《青集》11796	周原博	
3	丰尊	尊三 76 庄白 J1	1976.12 庄白村南	76FZJ1：1	总 0010	① 5 行 31 ②内壁	《文物》1978.3,《铜全》2.18,《陕铜》2.14,《陕铜》5.160,《文物》1978.3. P11 图 15,《三代补》964,《集成》05996,《总集》4871,《综览·觥形尊》23,《铭文选》166,《辞典》441,《青集》11800	周原博	
4	盩觥	觥 76 庄白 J1	1976.12 庄白村南	76FZJ1：41	总 0050	① 4 行 40-6 行 40 ②盖内-器底	《文物》1978.3,《周青》3.553,《陕铜》2.14,《铜全》1.619,《陕铜》5.102,《文物》1978.3. P10 图 10,《集成》09303,《总集》4928,《综览·匜》43,《赛克勒》P18.4,《辞典》527,《美全》4.153,《青集》13665	周原博	
5	盩方彝	彝 76 庄白 J1	1976.12 庄白村南	76FZJ1：24	总 0033	① 6 行 40-6 行 40 ②盖内-器底	《文物》1978.3,《周青》3.566,《陕铜》2.16,《铜全》1.621,《陕铜》5.130,《集成》09895,《总集》4976,《辞典》511,《综览·方彝》43,《赛克勒》P19.6,《铭文选》91,《青集》13542	周原博	
6	盩罍	罍 76 庄白 J1	1976.12 庄白村南	76FZJ1：23	总 0032	① 2 行 7-2 行 8 ②盖内-錾内	《文物》1978.3,《周青》3.573,《陕铜》2.17,《铜全》1.534,《文物》1978.3. P9 图 8,《铭全》5.94,《集成》09248,《总集》4341,《辞典》540,《综览·罍》104,《赛克勒》540,《赛克勒》P657.110.5,《青集》11062	周原博	

续表

76庄白J1

序号	器名	器物简称	出土时间及地点	器物号	馆藏号	铭文字数①位置②	著录	藏处	其他
7	商卣	卣一 75庄白J1	1976.12 庄白村南	76FZJ1：42	总0051	①5行30-6行30 ②盖内-器底	《文物》1978.3,《周青》3.531,《陕金》1.583,《铜全》5.170,《综览·卣》131,《集成》05404,《总集》5479,《塞克勒》P513.71.4,《陕铜》2.4,《铭文选》141,《辞典》493,《青集》13313	周原博	
8	丰卣	卣二 76庄白J1	1976.12 庄白村南	76FZJ1：44	总0053	①5行31-6行31 ②盖内-器底	《文物》1978.3,《周青》4.615,《陕金》1.582,《铜全》5.174,《综览·卣》221,《陕铜》2.19,《集成》05403,《总集》5480,《铭文选》167,《辞典》503,《青集》13316	周原博	
9	蕉叶纹觚	觚一 76庄白J1	1976.12 庄白村南	76FZJ1：2	总0011	无	《文物》1978.3,《周青》3.539	周原博	
10	蕉叶纹觚	觚二 76庄白J1	1976.12 庄白村南	76FZJ1：3	总0012	无	《文物》1978.3,《周青》3.543	周原博	
11	鸟父乙觚	觚三 76庄白J1	1976.12 庄白村南	76FZJ1：85	总0094	①3 ②圈足内	《文物》1978.3,《周青》3.585,《陕铜》2.6,《陕金》1.518,《铜全》5.96,《文物》1978.3.P17图34,《三代吉》962,《综览·觚》203,《集成》07225,《总集》6027,《辞典》541,《青集》09689	周原博	
12	镂空目云纹觚	觚四 76庄白J1	1976.12 庄白村南	76FZJ1：18	总0027	无	《文物》1978.3,《周青》3.587	周原博	
13	兽面纹觚	觚五 76庄白J1	1976.12 庄白村南	76FZJ1：83	总0092	无	《文物》1978.3,《周青》3.589	周原博	
14	目纹觚	觚六 76庄白J1	1976.12 庄白村南	76FZJ1：84	总0093	无	《文物》1978.3,《周青》3.591	周原博	
15	鳞纹觚	觚七 76庄白J1	1976.12 庄白村南	76FZJ1：86	总0095	无	《文物》1978.3,《周青》3.593	周原博	
16	兽面纹斗	斗一 76庄白J1	1976.12 庄白村南	76FZJ1：102	总0111	无	《文物》1978.3,《周青》3.595	周原博	

续表

76庄白 J1

序号	器名	器物简称	出土时间及地点	器物号	馆藏号	铭文字数①位置②	著录	藏处	其他
17	羽纹斗	斗二 76 庄白 J1	1976.12 庄白村南	76FZJ1：99	总 0108	无	《文物》1978.3,《周青》3.597	周原博	
18	夔纹斗	斗三 76 庄白 J1	1976.12 庄白村南	76FZJ1：100	总 0109	无	《文物》1978.3,《周青》3.599	周原博	
19	夔纹斗	斗四 76 庄白 J1	1976.12 庄白村南	76FZJ1：101	总 0110	无	《文物》1978.3,《周青》3.601	周原博	
20	▷◁爵	爵一 76 庄白 J1	1976.12 庄白村南	76FZJ1：89	总 0098	① 1 ②鋬内	《文物》1978.3,《周青》3.578,《陕铜》2.79,《陕金》1.469,《总集》07750,《集成》3367,《青集》06971	周原博	
21	丰爵	爵二 76 庄白 J1	1976.12 庄白村南	76FZJ1：87	总 0096	① 6 ②流侧	《文物》1978.3,《周青》4.623,《陕铜》2.20,《陕金》1.505,《总集》09080,《集成》4178,《青集》08559	周原博	
22	丰爵	爵三 76 庄白 J1	1976.12 庄白村南	76FZJ1：90	总 0099	① 6 ②流侧	《文物》1978.3,《周青》4.625,《陕铜》2.21,《陕金》1.506,《文物》1978.3. P17图32,《集成》09081,《总集》09080,《三代补》965,《青集》08560,《集》4179	周原博	
23	丰爵	爵四 76 庄白 J1	1976.12 庄白村南	76FZJ1：91	总 0100	① 6 ②流侧	《文物》1978.3,《周青》4.627,《陕铜》2.22,《陕金》1.507,《总集》09082,《集成》4180,《青集》08561	周原博	
24	父辛爵	爵五 76 庄白 J1	1976.12 庄白村南	76FZJ1：96	总 0105	① 4 ②鋬侧柱	《文物》1978.3,《周青》4.629,《陕铜》2.23,《陕金》1.499,《铜全》5.88,《集成》09060,《总集》4087,《综览·爵》253,《辞典》537,《寒克勘》P651.108.4,《青集》08532	周原博	
25	鸟纹爵	爵六 76 庄白 J1	1976.12 庄白村南	76FZJ1：93	总 0102	无	《文物》1978.3,《周青》4.637	周原博	

续表

76庄白J1

序号	器名	器物简称	出土时间及地点	器物号	馆藏号	铭文字数①位置②	著录	藏处	其他
26	墙爵	爵七76庄白J1	1976.12庄白村南	76FZJ1：98	总0107	①7②流侧	《文物》1978.3,《周青》4.654,《陕铜》1.504,《文物》1976.3.P17图30,《陕金》5.89,《铜全》4191,《三代补》972,《青集》08548	周原博	
27	墙爵	爵八76庄白J1	1976.12庄白村南	76FZJ1：95	总0104	①7②流侧	《文物》1978.3,《周青》4.656,《陕铜》2.25,《集成》09067,《总集》4190,《铭文选》226,《青集》08547	周原博	
28	孟爵	爵九76庄白J1	1976.12庄白村南	76FZJ1：97	总0106	①3②尾	《文物》1978.3,《周青》4.658,《陕铜》2.78,《陕金》1.491,《集成》08820,《总集》4037,《综览·爵》256,《青集》08282	周原博	
29	癫爵	爵十76庄白J1	1976.12庄白村南	76FZJ1：94	总0103	①7②流侧	《文物》1978.3,《周青》4.784,《陕铜》2.41,《陕金》1.496,《文物》1978.3.P10图12,《集成》09070,《总集》4189,《综览·爵》260,《莱克勒》P651.108.6,《铭文选》266甲,《青集》08451	周原博	
30	癫爵	爵十一76庄白J1	1976.12庄白村南	76FZJ1：92	总0101	①4②流侧	《文物》1978.3,《周青》4.786,《文物》1978.3.P17图33,《陕铜》2.42,《陕金》1.6497,《集成》08916,《总集》4126,《铭文选》266乙,《三代补》975,《青集》08449	周原博	
31	癫爵	爵十二76庄白J1	1976.12庄白村南	76FZJ1：88	总0097	①4②流侧	《文物》1978.3,《周青》4.788,《陕铜》2.43,《陕金》1.498,《集成》08917,《总集》4127,《综览·爵》261,《青集》08450	周原博	
32	圅觯	觯一76庄白J1	1976.12庄白村南	76FZJ1：72	总0081	①1②圈足内	《文物》1978.3,《周青》4.639,《陕铜》2.11,《陕金》1.523,《综览·觯》118,《集成》06171,《总集》6397,《青集》10287	周原博	
33	蕉叶纹觯	觯二76庄白J1	1976.12庄白村南	76FZJ1：71	总0080	无	《文物》1978.3,《周青》4.642	周原博	
34	蕉叶纹觯	觯三76庄白J1	1976.12庄白村南	76FZJ1：75	总0084	无	《文物》1978.3,《周青》4.644	周原博	

续表

76庄白 J1

序号	器名	器物简称	出土时间及地点	器物号	馆藏号	铭文字数①位置②	著录	藏处	其他
35	陵方罍	罍 76 庄白 J1	1976.12 庄白村南	76FZJ1：17	总 0026	① 3 行 8 ② 口内	《文物》1978.3，《周青》3.581，《陕铜》1.614，《文物》1978.3.P10 图 11，《集成》09816，《总集》5564，《综览·罍》56，《辞典》485，《青集》13817	周原博	
36	鸟纹贯耳壶	壶一 76 庄白 J1	1976.12 庄白村南	76FZJ1：36	总 0045	无	《文物》1978.3，《周青》4.633	周原博	
37	三年癲壶	壶二 76 庄白 J1	1976.12 庄白村南	76FZJ1：19	总 0028	① 12 行 60 ②盖榫	《文物》1978.3，《周青》4.663，《陕金》1.606，《陕铜》2.32，《集成》09727，《总集》5796，《青集》12442	周原博	
38	三年癲壶	壶三 76 庄白 J1	1976.12 庄白村南	76FZJ1：20	总 0029	① 12 行 60 ②盖榫	《文物》1978.3，《周青》4.669	周原博	
39	十三年癲壶	壶四 76 庄白 J1	1976.12 庄白村南	76FZJ1：21	总 0030	① 11 行 56-14 行 56 ②口沿外 - 盖榫外	《文物》1978.3，《周青》4.688，《陕铜》2.29，《铜全》5.140（器），《集成》09714.1，《总集》5792，《综览·壶》82，《铭文选》292，《辞典》469，《青集》12436	周原博	
40	十三年癲壶	壶五 76 庄白 J1	1976.12 庄白村南	76FZJ1：22	总 0031	① 11 行 56-14 行 56 ②口沿外 - 盖榫外	《文物》1978.3，《周青》4.695	周原博	
41	癲盨	盨一 76 庄白 J1	1976.12 庄白村南	76FZJ1：12	总 0021	① 6 行 62 ②内底	《文物》1978.3，《周青》4.675，《陕铜》2.27，《陕金》1.446，《铜全》5.78，《文物》1978.3. P5 图 3，《集成》04462，《总集》3083，《综览·盨》4，《铭文选》P105.149，《三代续》1.286，《寨克勒》969，《青集》05671	周原博	
42	癲盨	盨二 76 庄白 J1	1976.12 庄白村南	76FZJ1：15	总 0024	① 6 行 62 ②内底	《文物》1978.3，《周青》4.680，《陕金》1.447，《集成》04463，《总集》3084，《铭文选》286，《青集》05672	周原博	
43	癲豆	豆 76 庄白 J1	1976.12 庄白村南	76FZJ1：27	总 0036	① 2 行 10 ②盘内	《文物》1978.3，《周青》4.684，《陕金》2.51，《铜全》5.76，《文物》1978.3. P9 图 9，《陕铜》04681，《集成》3117，《综览·豆》7，《三代续》P106.150a，《综览》970，《青集》06140	周原博	

续表

76 庄白 J1

序号	器名	器物简称	出土时间及地点	器物号	馆藏号	铭文字数①位置②	著录	藏处	其他
44	癲簋	簋一 76 庄白 J1	1976.12 庄白村南	76FZJ1：13	总 0022	① 6行 44-7行 44 ②盖内 - 器底	《文物》1978.3,《周青》4.713,《陕金》1.381,《集成》04170,《总集》2713,《综览·簋》337,《莱克勤》P102.144,《辞典》384,《青集》05189	周原博	
45	癲簋	簋二 76 庄白 J1	1976.12 庄白村南	76FZJ1：14	总 0023	① 6行 44-6行 44 ②盖内 - 器底	《文物》1978.3,《周青》4.720,《陕铜》2.34(盖),《陕金》1.382,《文物》1978.3.P11 图14（器）,《集成》04171,《总集》2714,《三代续》968（器）,《青集》05190	周原博	
46	癲簋	簋三 76 庄白 J1	1976.12 庄白村南	76FZJ1：26	总 0035	① 6行 44-6行 44 ②盖内 - 器底	《文物》1978.3,《周青》4.730,《陕铜》2.35(器),《陕金》1.383,《集成》04172,《总集》2715,《铭文选》1.287 盖,《青集》05191	周原博	
47	癲簋	簋四 76 庄白 J1	1976.12 庄白村南	76FZJ1：47	总 0056	① 6行 44-6行 44 ②盖内 - 器底	《文物》1978.3,《周青》4.737,《陕铜》2.36（盖）,《陕金》1.384,《集成》04173,《总集》2716,《青集》05192	周原博	
48	癲簋	簋五 76 庄白 J1	1976.12 庄白村南	76FZJ1：53	总 0062	① 6行 44-7行 44 ②盖内 - 器底	《文物》1978.3,《周青》4.745,《陕铜》2.37（器）,《陕金》1.385,《集成》04174,《总集》2717,《青集》05193	周原博	
49	癲簋	簋六 76 庄白 J1	1976.12 庄白村南	76FZJ1：56	总 0065	① 6行 44-6行 44 ②盖内 - 器底	《文物》1978.3,《周青》4.753,《陕铜》2.38（盖）,《陕金》1.386,《铜全》5.65,《集成》04175,《总集》2718,《铭文选》287,《青集》05194	周原博	
50	癲簋	簋七 76 庄白 J1	1976.12 庄白村南	76FZJ1：69	总 0078	① 6行 44-6行 44 ②盖内 - 器底	《文物》1978.3,《周青》4.759,《陕铜》2.39（盖）,《陕金》1.387,《集成》04176,《总集》2719,《青集》05195	周原博	
51	癲簋	簋八 76 庄白 J1	1976.12 庄白村南	76FZJ1：6	总 0015	① 6行 44-7行 44 ②盖内 - 器底	《文物》1978.3,《周青》4.766,《陕铜》2.40（器）,《陕金》1.388,《集成》04177,《总集》2720,《青集》05196	周原博	

续表

76庄白J1

序号	器名	器物简称	出土时间及地点	器物号	馆藏号	铭文字数①位置②	著录	藏处	其他
52	癲盆	盆一76庄白J1	1976.12庄白村南	76FZJ1：4	总0013	①4②内壁	《文物》1978.3，《周青》4.773，《陕铜》2.49，《陕金》1.660，《文物》1978.3．P17图29，《集成》10324，《三代补》集》6912，《三代补》971，《青集》06252	周原博	
53	癲盆	盆二76庄白J1	1976.12庄白村南	76FZJ1：7	总0016	①4②内壁	《文物》1978.3，《周青》4.775，《陕铜》2.50，《陕金》1.661，《集成》10325，《综览・金》3，《总集》6913，《辞典》437，《青集》06253	周原博	
54	微伯癲匕	匕一76庄白J1	1976.12庄白村南	76FZJ1：73	总0082	①1行5②匕内	《文物》1978.3，《周青》4.778，《陕铜》2.52，《陕金》1.666，《文物》1978.3．P17图28，《集成》X00972，《总集》3126，《综览・匕》8，《三代补》972，《青集》06252	周原博	
55	微伯癲匕	匕二76庄白J1	1976.12庄白村南	76FZJ1：74	总0083	①1行5②匕内	《文物》1978.3，《周青》4.781，《陕铜》2.53，《集成》00973，《总集》3125，《青集》06308	周原博	
56	一式癲钟	钟一76庄白J1	1976.12庄白村南	76FZJ1：64	总0073	①2行30-4行40-2行30②左鼓-钲-右鼓	《文物》1978.3，《周青》4.791，汇编985，《陕铜》2.54，《陕金》1.30，《文物》1978.3．P16，《集成》00246，《综览・钟》55，《总集》7158，《铭文选》267，《青集》15592	周原博	
57	二式癲钟	钟二76庄白J1	1976.12庄白村南	76FZJ1：10	总0019	①2行34-4行32-2行34②左鼓-钲-右鼓	《文物》1978.3，《周青》4.797，《陕铜》2.55，《集成》00247，《总集》7159，《青集》15593	周原博	《周青》103字
58	二式癲钟	钟三76庄白J1	1976.12庄白村南	76FZJ1：29	总0038	①2行34-4行32-2行34②左鼓-钲-右鼓	《周青》2.56，《周青》4.805，《陕金》1.32，《陕铜》1978.3．P13，《集成》00248，《铭文选》268甲，《辞典》578，《三代补》977《青集》15594	周原博	《周青》104字
59	二式癲钟	钟四76庄白J1	1976.12庄白村南	76FZJ1：9	总0018	①2行34-4行32-2行34②左鼓-钲-右鼓	《文物》1978.3，《周青》4.812，《陕金》1.33，《陕铜》2.57，《集成》X00249，《总集》7161，《铭文选》268乙，《青集》15595	周原博	《周青》104字

续表

76庄白J1

序号	器名	器物简称	出土时间及地点	器物号	馆藏号	铭文字数①位置②	著录	藏处	其他
60	三式㝬钟	钟五 76庄白J1	1976.12 庄白村南	76FZJ1：32	总0041	①2行34-4行32-2行34②左鼓-征-右鼓	《文物》1978.3,《周青》4.820,《陕金》1.34,《陕铜》2.58,《集成》00250,《总集》7162,《青集》15596	周原博	《周青》104字
61	三式㝬钟	钟六 76庄白J1	1976.12 庄白村南	76FZJ1：8	总0017		《文物》1978.3,《周青》5.836,《陕金》1.35,《陕铜》2.59,《集成》00251,《综览·钟》51,《总集》716.3,《铭文选》269甲,《三代补》979,《青集》15597	周原博	
62	三式㝬钟	钟七 76庄白J1	1976.12 庄白村南	76FZJ1：30	总0039	①4行33②征间	《文物》1978.3,《周青》5.843,《陕金》1.36,《陕铜》2.60,《集成》00252,《总集》7164,《铭文选》269乙,《青集》15598	周原博	
63	三式㝬钟	钟八 76庄白J1	1976.12 庄白村南	76FZJ1：16	总0025	①4行34②征间	《文物》1978.3,《周青》5.849,《陕金》1.37,《陕铜》2.61,《文物》1978.3.P12,《集成》00253,《总集》7165,《铭文选》269丙,《三代补》981,《青集》15599	周原博	
64	三式㝬钟	钟九 76庄白J1	1976.12 庄白村南	76FZJ1：33	总0042	①2行12②钲间	《文物》1978.3,《周青》5.854,《陕金》1.38,《陕铜》2.62,《文物》1978.3.P12,《集成》00254,《总集》7166,《铭文选》269丁,《三代补》982,《青集》15600	周原博	
65	三式㝬钟	钟十 76庄白J1	1976.12 庄白村南	76FZJ1：62	总0071	①2行10②钲间	《文物》1978.3,《周青》5.860,《陕金》1.39,《陕铜》2.63,《文物》1978.3.P12,《集成》00255,《总集》7167,《铭文选》269戊,《三代补》983,《青集》15601	周原博	
66	三式㝬钟	钟十一 76庄白J1	1976.12 庄白村南	76FZJ1：65	总0074	①2行8②钲间	《文物》1978.3,《周青》5.864,《陕金》1.40,《陕铜》2.64,《文物》1978.3.P12,《集成》00256,《总集》7168,《铭文选》269己,《三代补》984,《青集》15602	周原博	

续表

76庄白J1

序号	器名	器物简称	出土时间及地点	器物号	馆藏号	铭文字数①位置②	著录	藏处	其他
67	四式甬钟	钟十二76庄白J1	1976.12庄白村南	76FZJ1：28	总0037	①2行8②钲间	《文物》1978.3,《周青》5.868,《陕金》1.41,《陕铜》2.65,《文物》1978.3.P12,《集成》00257,《总集》7169,《铭文选》1.270,《三代补》978,《青集》15603	周原博	
68	四式甬钟	钟十三76庄白J1	1976.12庄白村南	76FZJ1：31	总0040	①2行8②钲间	《文物》1978.3,《周青》5.872,《陕金》1.42,《陕铜》2.66,《集成》00258,《总集》7170,《青集》15604	周原博	
69	四式甬钟	钟十四76庄白J1	1976.12庄白村南	76FZJ1：57	总0066	①2行8②钲间	《文物》1978.3,《周青》5.878,《陕铜》2.67,《集成》00259,《总集》7171,《铭文选》270,《集青》15605	周原博	
70	五式钟	钟十五76庄白J1	1976.12庄白村南	76FZJ1：61	总0070	无	《文物》1978.3,《周青》5.882	周原博	
71	五式钟	钟十六76庄白J1	1976.12庄白村南	76FZJ1：66	总0075	无	《文物》1978.3,《周青》5.886	周原博	
72	五式钟	钟十七76庄白J1	1976.12庄白村南	76FZJ1：63	总0072	无	《文物》1978.3,《周青》5.889	周原博	
73	六式钟	钟十八76庄白J1	1976.12庄白村南	76FZJ1：60	总0069	无	《文物》1978.3,《周青》5.893	周原博	
74	六式钟	钟十九76庄白J1	1976.12庄白村南	76FZJ1：58	总0067	无	《文物》1978.3,《周青》5.897	周原博	
75	七式钟	钟二十76庄白J1	1976.12庄白村南	76FZJ1：59	总0068	①2②钲间	《文物》1978.3,《周青》5.900,《陕金》1.1,《陕铜》2.73,《青集》15101	周原博	
76	七式钟	钟二十一76庄白J1	1976.12庄白村南	76FZJ1：67	总0076	①2②钲间	《文物》1978.3,《周青》5.905,《陕金》1.1,《陕铜》2.74,《总集》7173,《青集》15102	周原博	
77	编铃	铃一76庄白J1	1976.12庄白村南	76FZJ1：76	总0085	无	《文物》1978.3,《周青》5.912	周原博	

附表

· 243 ·

续表

76 庄白 J1

序号	器名	器物简称	出土时间及地点	器物号	馆藏号	铭文字数①位置②	著录	藏处	其他
78	编铃	铃二 76 庄白 J1	1976.12 庄白村南	76FZJ1：77	总 0086	无	《文物》1978.3,《周青》5.914	周原博	
79	编铃	铃三 76 庄白 J1	1976.12 庄白村南	76FZJ1：78	总 0087	无	《文物》1978.3,《周青》5.916	周原博	
80	编铃	铃四 76 庄白 J1	1976.12 庄白村南	76FZJ1：79	总 0088	无	《文物》1978.3,《周青》5.918	周原博	
81	编铃	铃五 76 庄白 J1	1976.12 庄白村南	76FZJ1：80	总 0089	无	《文物》1978.3,《周青》5.920	周原博	
82	编铃	铃六 76 庄白 J1	1976.12 庄白村南	76FZJ1：81	总 0090	无	《文物》1978.3,《周青》5.922	周原博	
83	编铃	铃七 76 庄白 J1	1976.12 庄白村南	76FZJ1：103	总 0112	无	《文物》1978.3,《周青》5.924	周原博	
84	墙盘	盘 76 庄白 J1	1976.12 庄白村南	76FZJ1：5	总 0014	① 18 行 284 ②内底	《文物》1978.3,《周青》4.646,《陕金》1.639,《铜全》5.198,《文物》1978.3. P140 图 1,《陕金》21, P15 图 22,《考古学报》1978.2. P14 图 1,《集成》10175,《总集》6792,《综览·盘》52,《三代补》958,《铭文选》1.225,《辞典》554,《美全》4.215,《青集》14541	周原博	
85	窃曲纹鼎	鼎一 76 庄白 J1	1976.12 庄白村南	76FZJ1：34	总 0043	无	《文物》1978.3,《周青》4.661	周原博	
86	朋足人守门鼎	鼎二 76 庄白 J1	1976.12 庄白村南	76FZJ1：25	总 0034	无	《文物》1978.3,《周青》5.926	周原博	
87	微伯䰧	鬲一 76 庄白 J1	1976.12 庄白村南	76FZJ1：39	总 0048	① 5 ②口沿	《文物》1.180,《周青》4.703,《陕金》2.44,《集成》00519,《总集》1382,《青集》02705	周原博	

续表

76 庄白 J1

序号	器名	器物简称	出土时间及地点	器物号	馆藏号	铭文字数①位置②	著录	藏处	其他
88	微伯鬲	鬲二 76 庄白 J1	1976.12 庄白村南	76FZJ1：82	总 0091	① 5 ②口沿	《文物》1978.3，《周青》4.705，《陕金》1.181，《周青》4.705，《陕铜》2.45，《集成》00518，《总集》1383，《青集》02704	周原博	
89	微伯鬲	鬲三 76 庄白 J1	1976.12 庄白村南	76FZJ1：45	总 0054	① 5 ②口沿	《文物》1978.3，《周青》4.707，《陕金》1.182，《陕铜》2.46，《集成》00520，《总集》1384，《青集》02706	周原博	
90	微伯鬲	鬲四 76 庄白 J1	1976.12 庄白村南	76FZJ1：48	总 0057	① 5 ②口沿	《文物》1978.3，《周青》4.709，《陕金》1.183，《三代补》967，《陕铜》2.47，《集成》00516，《辞典》62，《综览·鬲》1385，《总集》334，《青集》02702	周原博	
91	微伯鬲	鬲五 76 庄白 J1	1976.12 庄白村南	76FZJ1：52	总 0061	① 5 ②口沿	《文物》1978.3，《周青》4.711，《陕金》1.184，《陕铜》2.48，《集成》00517，《总集》1386，《青集》02703	周原博	
92	斜角云纹鬲	鬲六 76 庄白 J1	1976.12 庄白村南	76FZJ1：38	总 0047	① 1 ②口沿	《文物》1978.3，《周青》5.932，《陕金》1.175，《总集》1341，《综览·鬲鼎》635，《青集》02617	周原博	
93	斜角云纹鬲	鬲七 76 庄白 J1	1976.12 庄白村南	76FZJ1：55	总 0064	无	《文物》1978.3，《周青》5.934	周原博	
94	伯先父鬲	鬲八 76 庄白 J1	1976.12 庄白村南	76FZJ1：40	总 0049	① 15 ②口沿	《文物》1978.3，《周青》5.936，《陕金》1.205，《陕铜》2.84，《集成》00649，《总集》1487，《青集》02914	周原博	
95	伯先父鬲	鬲九 76 庄白 J1	1976.12 庄白村南	76FZJ1：46	总 0055	① 15 ②口沿	《文物》1978.3，《周青》5.939，《陕金》1.206，《陕铜》2.85，《集成》00650，《总集》1488，《综览·高》67，《青集》02915	周原博	
96	伯先父鬲	鬲十 76 庄白 J1	1976.12 庄白村南	76FZJ1：50	总 0059	① 15 ②口沿	《文物》1978.3，《周青》5.942，《陕金》1.207，《陕铜》2.86，《集成》00651，《总集》1489，《青集》02916	周原博	

续表

76庄白J1

序号	器名	器物简称	出土时间及地点	器物号	馆藏号	铭文字数①位置②	著录	藏处	其他
97	伯先父鬲	鬲十一76庄白J1	1976.12庄白村南	76FZJ1：51	总0060	①15 ②口沿	《周青》5.945，《陕铜》2.87，《陕金》1.208，《集成》00652，《总集》1490，《青集》02917	周原博	
98	伯先父鬲	鬲十二76庄白J1	1976.12庄白村南	76FZJ1：68	总0077	①15 ②口沿	《周青》5.948，《陕铜》2.88，《陕金》1.209，《集成》00653，《总集》1491，《青集》02918	周原博	
99	伯先父鬲	鬲十三76庄白J1	1976.12庄白村南	76FZJ1：70	总0079	①15 ②口沿	《周青》5.951，《陕铜》2.89，《陕金》1.210，《集成》00654，《总集》1492，《青集》02919	周原博	
100	伯先父鬲	鬲十四76庄白J1	1976.12庄白村南	76FZJ1：37	总0046	①15 ②口沿	《周青》5.954，《陕铜》2.90，《陕金》1.211，《集成》00655，《总集》1493，《青集》02920	周原博	
101	伯先父鬲	鬲十五76庄白J1	1976.12庄白村南	76FZJ1：49	总0058	①15 ②口沿	《周青》5.957，《陕铜》2.91，《陕金》1.212，《集成》00656，《总集》1494，《青集》02921	周原博	
102	伯先父鬲	鬲十六76庄白J1	1976.12庄白村南	76FZJ1：54	总0063	①15 ②口沿	《周青》5.960，《陕铜》2.92，《陕金》1.213，《集成》00657，《总集》1495，《青集》02922	周原博	
103	伯先父鬲	鬲十七76庄白J1	1976.12庄白村南	76FZJ1：35	总0044	①15 ②口沿	《周青》5.963，《陕铜》2.93，《陕金》1.214，《集成》00658，《总集》1496，《青集》02923	周原博	

76庄白J2

序号	器名	器物简称	出土时间及地点	器物号	馆藏号	铭文字数①位置②	著录	藏处	其他
1	窃曲纹簋	簋76庄白J2	1976.12庄白村西北	76FZJ2：2	总0114	无	《文物》1978.11，《周青》5.971	周原博	
2	舆仲羋父甗	甗76庄白J2	1976.12庄白村西北	76FZJ2：3	总0115	①7 ②内壁	《文物》1978.11，《周青》5.975，《陕铜》2.115，《集成》00911，《总集》1640，《综览·甗》63，《青集》03295	周原博	
3	仲太师盨	盨76庄白J2	1976.12庄白村西北	76FZJ2：5	总0117	①2行13 ②内底	《文物》1978.11，《周青》5.979，《文物》1978.11.P9图18，《陕铜》2.117，《陕金》1.434，《集成》04397，《总集》3024，《青集》05574	周原博	

续表

序号	器名	器物简称	出土时间及地点	器物号	馆藏号	铭文字数①位置②	著录	藏处	其他
76 庄白 J2										
4	夋姒簋	簋 76 庄白 J2	1976.12 庄白村西北	76FZJ2：1	总 0113	① 3 行 13 ②内底	《文物》1978.11,《周青》5.982,《周青》1978.11. P9 图 17,《陕铜》2.114,《陕金》1.456,《集成》04522,《总集》2916,《综览·匿》7,《集》05837	周原博	
5	重环纹匜	匜 76 庄白 J2	1976.12 庄白村西北	76FZJ2：4	总 0116	无	《文物》1978.11,《周青》5.985	周原博	
78 凤雏 J										
1	伯尚鼎	鼎 78 凤雏 J	1978.9 凤雏村西		总 IA006	① 3 行 17 ②内壁	《文物》1979.11. P14,《周青》5.991,《陕铜》1.131,《陕金》02538,《总集》1100,《集》02110	周原博	
2	夔纹甗	甗 78 凤雏 J	1978.9 凤雏村西		总 IA007	无	《文物》1979.11,《周青》5.993	周原博	
3	窃曲纹簋	簋 78 凤雏 J	1978.9 凤雏村西		总 IA013	无	《文物》1979.11,《周青》5.997	周原博	
4	伯宴父盨	盨一 78 凤雏 J	1978.9 凤雏村西		总 IA014	① 4 行 27-4 行 27 ②盖内-器底	《文物》1979.11,《周青》5.1002	周原博	
5	伯宴父盨	盨二 78 凤雏 J	1978.9 凤雏村西		总 IA015	① 5 行 27-5 行 27 ②盖内-器底	《文物》1979.11,《周青》5.1005	周原博	
81 下务子 J										
1	师同鼎	鼎一 81 下务子 J	1981.12 下务子东南	82FX 徽：52	总 1941	① 7 行 55 ②内壁	《文物》1982.12,《周青》5.1011,《陕金》1.160,《集成》02779,《总集》1275,《铭文选》455,《青集》02430	周原博	2 字重文，1 字合文
2	弦纹鼎	鼎二 81 下务子 J	1981.12 下务子东南	82FX 徽：53	总 1942	无	《文物》1982.12,《周青》5.1014	周原博	

续表

82 齐家 J

序号	器名	器物简称	出土时间及地点	器物号	馆藏号	铭文字数①位置②	著录	藏处	其他
1	鸟纹鼎	鼎 82 齐家 J	1982.3 齐家村西	82FQJ7：1	总 2198	无	《文物》1985.1，《周青》5.1018	周原博	
2	瓦纹盨	盨 82 齐家 J	1982.3 齐家村西	82FQJ7：2	总 2199	无	《文物》1985.1，《周青》5.1021	周原博	

84 齐家 J

序号	器名	器物简称	出土时间及地点	器物号	馆藏号	铭文字数①位置②	著录	藏处	其他
1	环带纹方座簋	簋一 84 齐家 J	1984.3 齐家村东南	84FQJ8：1	总 2203	无	《文物》1985.1，《周青》5.1027	周原博	
2	环带纹方座簋	簋二 84 齐家 J	1984.3 齐家村东南	84FQJ8：2	总 2204	无	《文物》1985.1，《周青》5.1033	周原博	
3	环带纹方座簋	簋三 84 齐家 J	1984.3 齐家村东南	84FQJ8：3	总 2205	无	《文物》1985.1，《周青》5.1037	周原博	
4	环带纹方座簋	簋四 84 齐家 J	1984.3 齐家村东南	84FQJ8：4	总 2206	无	《文物》1985.1，《周青》5.1041	周原博	
5	周伐父簋盖	簋盖一 84 齐家 J	1984.3 齐家村东南	84FQJ8：5	总 2207	①4行25 ②盖内	《文物》1985.1，《周青》5.1045，《近出》472	周原博	属61齐家J周伐父簋
6	周伐父簋盖	簋盖二 84 齐家 J	1984.3 齐家村东南	84FQJ8：6	总 2208	①4行23 ②盖内	《文物》1985.1，《周青》5.1048，《近出》473	周原博	属61齐家J周伐父簋
7	周伐父簋盖	簋盖三 84 齐家 J	1984.3 齐家村东南	84FQJ8：7	总 2209	①4行24 ②盖内	《文物》1985.1，《周青》5.1051	周原博	属61齐家J周伐父簋

续表

87 庄李 J

序号	器名	器物简称	出土时间及地点	器号	馆藏号	铭文字数①位置②	著录	藏处	其他
1	窃曲纹簠	簠一87庄李J	1987.8庄里村北	87FRJ：1	总2479	无	《周青》5.1056	周原博	
2	窃曲纹簠	簠二87庄李J	1987.8庄里村北	87FRJ：2	总2480	无	《周青》5.1059	周原博	
3	窃曲纹簠盖	簠盖87庄李J	1987.8庄里村北			无	《周青》5.1063	周原博	

98 召陈 J

序号	器名	器物简称	出土时间及地点	器号	馆藏号	铭文字数①位置②	著录	藏处	其他
1	楚公家钟	钟98召陈J	1998.7黄堆召陈		3009	①17字②征间	《周青》10.2040，《新收》659，《考古》1999.4，P20图6，《近出》3，《青集》15173		

三、征集出土青铜器

序号	器名	器物简称	出土时间及地点	器物号	馆藏号	铭文字数①位置②	著录	藏处	其他
1	甬钟	钟72刘家Z	1972刘家村		总0039	无	《周青》10.2008	扶风博	
2	甬钟	钟一93贺家Z	1993贺家村		总1178	无	《周青》10.2011	周原博	
3	甬钟	钟二93贺家Z	1993贺家村		总1179	无	《周青》10.2013	周原博	
4	甬钟	钟三93贺家Z	1993贺家村		总1180	无	《周青》10.2015	周原博	
5	钟	钟49任家Z	1949任家村		总0069	无	《周青》10.2017	扶风博	
6	甬钟	钟96齐家Z	1996齐家村		总0090	无	《周青》10.2021	扶风博	
7	甬钟	钟96齐家镇Z	1996齐家镇村		总0091	无	《周青》10.2024	扶风博	
8	五祀㝬裛钟	钟81庄白Z	1981庄白村东北		总八二90	①89②钲与鼓左	《周青》10.2027，《陕金》1.29，《人文》1983.2，P118，《集成》00358，《青集》15583	陕历博	
9	甬钟	钟一88法门Z	1988法门镇		总2489	无	《周青》10.2032	周原博	

附表

续表

序号	器名	器物简称	出土时间及地点	器物号	馆藏号	铭文字数①位置②	著录	藏处	其他
10	甬钟	钟二88法门Z	1988 法门镇		总2488	无	《周青》10.2034	周原博	
11	楚公家钟	钟一72召陈Z	1972 召陈村	98征3008	总3009	①2行16②征	《周青》10.2036	周原博	
12	钟甬	甬98齐Z	1998 齐村		总3012	无	《周青》10.2041	周原博	
13	王作仲姬方鼎	鼎50礼Z	1950 礼村		AL-700	①2行6②内壁	《周青》10.2043,《陕铜》1.137,《集成》02147,《总集》0820,《青集》01519	陕历博	原藏岐山博
14	四鸭方鼎	鼎79齐Z	1979 齐村		总0077	无	《周青》10.2045	周原博	
15	方格乳钉纹鼎	鼎87王家咀Z	1987 王家咀村		总ⅡA011	无	《周青》10.2049	周原博	
16	个鼎	鼎49贺家Z	1949 贺家村		总699	①1②内壁	《考古与文物》1984.5.P10,《周青》10.2050,《集成》01239,《青集》00357	岐山博	
17	外叔鼎	鼎52童家Z	1952 岐山清华镇丁童家村同壕	无	总五九1	①2行6②内壁	《文物》1959.10.P84,《周青》10.2053,《陕铜》1.138,《铜金》1.106,《铜全》5.22,《集成》02186,《总集》0818,《综览·鼎》263,《辞典》281,《青集》01597	陕历博	
18	兽面纹鼎	鼎53南作Z	1953 南作村		总0089	无	《周青》10.2057	扶风博	
19	兽面纹鼎	鼎一74贺家Z	1974 贺家村		总31	无	《周青》10.2059	岐山博	
20	简化兽面纹鼎	鼎二74贺家Z	1974 贺家村		总28	无	《周青》10.2065	岐山博	
21	涡纹鼎	鼎92贺家Z	1992 贺家村		总ⅠA1163	无	《周青》10.2061	周原博	
22	戈父己鼎	鼎95齐家Z	1995 齐家村东壕		总3013	①3②器内	《周青》10.2063,《吉金》34,《新收》670,《青集》00866	周原博	

续表

序号	器名	器物简称	出土时间及地点	器物号	馆藏号	铭文字数①位置②	著录	藏处	其他
23	窃纹鼎	鼎49任家Z	1995 任家村		总0019	无	《周青》10.2067	扶风博	
24	弓鼎	鼎一57礼Z	1957 礼村		总T8	①1②内壁	《考古与文物》1994.3.P40,《周青》10.2071,《陕金》1.059,《集成》01214,《近出》195,《新收》651,《青集》00287	岐山博	
25	弓鼎	鼎二57礼Z	1957 礼村		总T9	①1②内壁	《周青》10.2073,《青集》00288	岐山博	
26	师口口鼎	鼎91齐家Z	1991 齐家村		总2504	①3行17②内壁	《考古》1999.4.P18,《近出》321,《周青》10.2075,《新收》660,《青集》02025	周原博	
27	窃曲纹鼎	鼎63庄白李Z	1991 庄白李村		临1963		《周青》10.2079	周原博	原铸铭文被刮
28	会斿鼎	鼎72康家Z	1972 康家村		总0037	①3行15②腹内	《文物》1973.11.P79,《集成》02516,《总集》1057,《铭文选》477,《周青》10.2082,《青集》1.126,《青集》02056	扶风博	1字重文
29	弦纹鼎	鼎78樊Z	1978 樊	78F樊征∶1	总1827	①3行15②腹内	《周青》10.2085	周原博	
30	S形云纹鼎	鼎80刘家Z	1980 刘家村		总521	无	《周青》10.2087	岐山博	
31	弦纹鼎	鼎82法门宝塔Z	1982 法门宝塔村		总0117	无	《周青》10.2089	扶风博	
32	弦纹鼎	鼎85下务子Z	1982 下务子村		总2219	无	《周青》10.2091	周原博	
33	重环纹鼎	鼎93齐家Z	1993 齐家村	93FQJ9∶1	总2598	无	《周青》10.2093	周原博	
34	鼎足	鼎足77庄白Z	1977 庄白村	77FZHJ3∶1	总0118	无	《周青》10.2095	周原博	

续表

序号	器名	器物简称	出土时间及地点	器物号	馆藏号	铭文字数①位置②	著录	藏处	其他
35	鼎足	鼎足一81云塘乙	1981 云塘村	81FY采：15	总1815	无	《周青》10.2097	周原博	
36	鼎足	鼎足二81云塘乙	1981 云塘村	81FY采：16	总1814	无	《周青》10.2099	周原博	
37	鼎足	鼎足一79齐家乙	1979 齐家村	79FQ采：81	总1708	无	《周青》10.2101	周原博	
38	鼎足	鼎足二79齐家乙	1979 齐家村	79FQ采：99	总1722	无	《周青》10.2102	周原博	
39	戈甗	甗55齐家乙	1955 齐家村		总九一2184	①1 ②内壁	《周青》10.2103，《陕图》1.228，《陕铜》1.20，《集成》00767，《总集》1537，《综览·甗》9，《青集》03104	陕历博	厉王器
40	虢仲甗	甗58京当乙	岐山京当乡	-	-	①6 ②口内	《古文字研究》(第七辑) P185，《陕金》1.190，《集成》00561，《总集》1402，《青集》02739	宝鸡博	
41	斜角云纹甗	甗62召陈乙	1962 召陈村		总0020	无	《周青》10.2106	扶风博	
42	环带纹甗	甗72乔家乙	1972 乔家村		总12	无	《周青》10.2109	岐山博	
43	直线纹甗	甗76贺家乙	1976 贺家村		总129	无	《周青》10.2110	岐山博	
44	作宝尊簋	簋76贺家乙	1976 贺家村		总ⅠA016	①4 ②内底	《周青》10.2111，《青集》04086	周原博	《青集》4087重出
45	兽面纹簋	簋81贺家乙	1981 贺家村		总ⅠA017	无	《周青》10.2115	周原博	
46	穽父戊簋	簋91贺家乙	1991 贺家村		总ⅠA1162	①3 ②内底	《周青》10.2118，《青集》03811	周原博	
47	涡纹簋	簋96庄白乙	1996 庄白村	96FZH：1	总2893	无	《周青》10.2123	周原博	

续表

序号	器名	器物简称	出土时间及地点	器物号	馆藏号	铭文字数①位置②	著录	藏处	其他
48	弦纹簋	簋58双庵Z	1958京当双庵村		总6	①2行6②内底	《周青》10.2126	岐山博	铭为后人刻
49	师佳簋	簋91双庵Z	1991京当双庵村	-	-	①2行5②内底	《文物》1992.6.P77,《近出》419,《新收》653,《青集》04195	岐山博	
50	梁伯敢簋	簋93贺家Z	1993贺家村		总1181	①2行11②内底	《周青》10.2129,《青集》04682	周原博	
51	散车父簋盖	簋盖82召陈Z	1982召陈村		总铜238	①3行17②盖内	《周青》10.2131	陕历博	
52	重环纹簋	簋一63庄白李Z	1963庄白李村		总0004	无	《周青》10.2133	扶风博	
53	重环纹簋	簋二63庄白李Z	1963庄白李村		总0005	无	《周青》10.2135	扶风博	
54	重环纹簋	簋三63庄白李Z	1963庄白李村		总0003	①约60②盖内	《周青》10.2137	周原博	
55	訇簋	簋78齐Z	1978齐村		总0067	①12行124②腹内	《周青》10.2141,《陕金》1.419,《陕铜》3.138,《文物》1979.4.P90,《铜全》5.68,《集成》04317,《总集》2834,《综览·簋》338,《赛克勒》P22.10,《铭文选》404,《辞典》404,《美全》4.225,《青集》05372	扶风博	
56	蠡叔山父簋盖	簋盖一82召陈Z	1982召陈村	82FS征:50	总1939	①3行13②盖内	《考与文》1988.2.P43,《周青》10.2147,《陕复》1.321,《集成》03800,《青集》04690	周原博	此盖与"簋七60召陈J"正合
57	蠡叔山父簋盖	簋盖二82召陈Z	1982召陈村	81F征:51	总1840	①3行13②盖内	《考与文》1988.2.P43,《周青》10.2151,《集成》03801,《青集》04691	周原博	此盖与"簋八60召陈J"正合

续表

序号	器名	器物简称	出土时间及地点	器物号	馆藏号	铭文字数①位置②	著录	藏处	其他
58	王簋盖	簋盖81南阳Z	1981 扶风南阳乡	-	-	①4 ②盖内	《青集》04121	扶风博	
59	伯夸父盨	盨50马家Z	1950 马家村		总0025	①2行6 ②盖内	《周青》10.2154,《文物》1973.11.P78图2,《陕金》1.422,《陕铜》3.130,《集成》04345,《总集》2992,《综览·盨》1,《青集》05508	扶风博	
60	重环纹簋	簋52庄白Z	1952 庄白村		总0071	无	《周青》10.2157	扶风博	
61	伯公父簋	簋77云塘Z	1999 云塘村	77FY采:1	总1829	①10行61-10行60 ②盖内·臣-器底	《周青》10.2159,《文物》1982.6.P88图4-5,《陕金》1.459,《陕铜》3.94,《集成》2984,《综览·臣》4,《铭文选》301,《辞典》426,《青集》05976	周原博	
62	伯唐父簋	簋81齐镇Z	1981 齐镇村	81F齐镇采:1	总1817	①3行13 ②盖内	《周青》10.2165,《陕金》1.457,《考与文》1982.2.P12图8,《集成》04536,《总集》2906,《青集》05838	周原博	
63	钫纹簋	簋81任家Z	1981 任家村	81FR采:1	总1818	无	《周青》10.2169	周原博	
64	凡尊	尊礼村Z	礼村	总131		①1 ②圈足内	《周青》10.2171,《陕金》1.535,《考与文》1984.5.P11图4.6,《集成》05497,《青集》11171	岐山博	
65	方尊残口沿	残口沿79齐家Z	1979 齐家村	79DQ采:51	总1689	无	《周青》10.2174	周原博	
66	牛尊	尊63贺家Z	1963 贺家村		总七二191	无	《周青》10.2176	陕历博	

续表

序号	器名	器物简称	出土时间及地点	器物号	馆藏号	铭文字数①位置②	著录	藏处	其他
67	入壶	壶55贺家乙	1955 贺家村		总九一2229	①1 ②内底	《周青》10.2181，《陕金》1.563，《陕图》51，《陕铜》1.21，《集成》04764，《总集》5041，《青集》11971	陕历博	
68	弦纹爵	爵82齐家乙	1982 齐家村	82FQ采：48	总1937	无	《周青》10.2183	周原博	
69	父己爵	爵81庄白乙	1981 庄白李村	81F庄李采：10	总1791	①2-1 ②鋬内-右柱外	《周青》10.2185，《陕金》1.493，《考与文》1982.2. P12图8右，《集成》08551，《总集》3872，《青集》08184	周原博	
70	🇷父辛爵	爵53礼村乙	1953 礼村		总五五1604	①3 ②鋬内	《周青》10.2188，《陕金》1.483，《陕铜》1.17，《陕图》2，《集成》08613，《总集》3932，《青集》08193	陕历博	
71	素面觯	觯76贺家乙	1976 贺家村		总133	无	《周青》10.2190	岐山博	
72	素面觯	觯74贺家乙	1974 贺家村		总29	无	《周青》10.2191	岐山博	
73	父己觯	觯75庄白乙	1975 庄白村		总0072	①4 ②器底	《周青》10.2192，《陕金》1.530，《陕铜》1980.4. P22图21.2，《考与文》06387，《集成》6562，《青集》10503	扶风博	
74	🇷父己觚	觚53礼村乙	1953 礼村		总五五1602	①3 ②器内	《周青》10.2195，《陕图》3，《陕铜》1.16，《总集》7100，《集成》6134，《青集》09555	陕历博	

附表

续表

序号	器名	器物简称	出土时间及地点	器物号	馆藏号	铭文字数①位置②	著录	藏处	其他
75	扶取叔觥盖	觥盖66上康乙	1966 上康村		总0013	①4行16②盖内	《周青》10.2197,《文物》1972.7.P11图7,《陕金》1.617,《陕铜》3.95,《集成》09300,《总集》4926,《辞典》530,《三代补》904,《青集》13661	扶风博	
76	涡纹罍	罍一75齐家乙	1975 齐家村		总七九133	无	《周青》10.2202	陕历博	
77	涡纹罍	罍二75齐家乙	1975 齐家村		总七九134	无	《周青》10.2205	陕历博	
78	涡纹罍	罍一97齐家乙	1997 齐家村	97FQ采:1	总2919	无	《周青》10.2209	周原博	
79	涡纹罍	罍二97齐家乙	1997 齐家村	97FQ采:2	总2920	无	《周青》10.2211	周原博	
80	环带纹盂	盂73庄白刘家乙	1973 庄白刘家村		总0112	无	《周青》10.2213	扶风博	
81	玉盂圈足	圈足94庄白刘家乙	1994 庄白刘家村		总2890	无	《周青》10.2218	周原博	
82	晨盘	盘黄堆乡	黄堆乡		总130	①2行14②盘底	《周青》10.2221,《陕金》1.632,《考与文物》1984.5.P12图5.2,《集成》10092,《青集》14437	岐山博	
83	盆	盆92法门镇	1992 法门镇		总2505	无	《周青》10.2225	周原博	
84	镂空器座	器座73召陈乙	1973 召陈村		总0078	无	《周青》10.2226	扶风博	
85	铜饼	饼80庄白召李乙	1980 庄白召李村	80F召李采:1	总1826	无	《周青》10.2229	周原博	
86	铜饼	饼66法门上康乙	1980 法门上康村		总0164	无	《周青》10.2230	扶风博	

续表

序号	器名	器物简称	出土时间及地点	器物号	馆藏号	铭文字数①位置②	著录	藏处	其他
87	◇单鼎	鼎64柳东Z	1964扶风南阳乡新店公社柳东村		六四009	①2②内壁	《考与文》1980.4.P22,《陕金》3.112,《陕铜》1.57,《综览·鼎》234,《集成》01485,《青集》0131,《总集》00668	扶风博	
88	◇单盉	盉58云塘Z	1958黄堆云塘村		七二129	①2②盖内	《陕铜》3.85,《陕金》1.640,《考与文》1980.4.P22图21.4,《集成》09328,《青集》14627	扶风博	1972年绛帐收购站拣选
89	尹丞鼎	鼎66贺家Z	1966年京当乡贺家村西壕西周墓		000345	①2②器壁	《陕金》3.3,《青集》00675	陕考院	
90	戈父乙鼎	鼎50云塘Z	1950年黄堆云塘村		T0014	①3②器壁	《考与文》1980.4.P13,《陕铜》3.65,《陕金》1.71,《集成》01560,《总集》00532,《综览·方鼎》66,《青集》00781	扶风博	
91	者◇鼎	鼎91双庵Z	1991岐山京当双庵村	-	-	①3②器壁	《文物》1992.6.P77,《近出》252,《新收》652,《青集》01073	岐山博	重卦符为1字
92	失宁父乙鼎	鼎53礼村Z	1953京当礼村	-	-	①4②内壁	《陕铜》1.15,《陕金》1.85,《陕图》1,《集成》01825,《总集》0562,《综览·方鼎》47,《青集》01127	国博	原陕博藏
93	丰邢叔簋	簋78齐村Z	1978扶风齐村	-	F七八904	①3行18②内壁	《文物》1979.4.P91,《陕金》1.343,《陕铜》3.139,《集成》03923,《总集》2529,《青集》04879	扶风博	
94	鲜钟	钟52扶风Z	1952扶风		3546	①54②钲间	《陕金》1.028,《陕图》126,《集成》00143,《总集》7083,《断代》791.P174.1《青集》15415,《周青》2142	陕历博	

附　表

续表

序号	器名	器物简称	出土时间及地点	器物号	馆藏号	铭文字数①位置②	著录	藏处	其他
95	朕钟	钟55齐镇Z	1955扶风黄堆齐镇			①8②钲间	《陕金》1.4,《陕图》124,《集成》00020,《总集》6976,《青集》15129	陕历博	
96	作宝盘	盘67扶灰Z	1967扶风绛帐铜站拣选		七二115	①5②内底	《青集》14373	陕历博	
97	作宝尊彝卣	卣48齐镇Z	1948扶风黄堆齐镇		七五838	①1②内底	《考与文》1980.4.P13图8.2,《陕金》1.569,《陕铜》3.53,《集成》05137,《总集》5275,《综览·卣》213,《青集》12966	扶风博	
98	父丙尊	尊50云塘Z	1950扶风云塘		T0021	①2②圈足内	《考与文》1980.4.P22图21.5,《陕金》1.539,《陕铜》3.66,《集成》05522,《总集》4516,《综览·觚形尊》41,《赛克勒》P296.49.3左,《青集》11260	扶风博	
99	鱼父癸觯	觯53礼村Z	1953岐山礼村		五五1603	①3②内底	《陕金》1.527,《陕铜》1.18,《基建》55,《集成》06343,《总集》6516,《综览·觯》84,《青集》10371	国博	
100	丹叔番盂	盂00姚家Z	2000扶风姚家村			①6②内壁	《考与文》2001.5.P89图2,《新收》669	周原博	
101	祈伯簠	-	时间不详,扶风			①15②内底	《青集》04738	周原博	

附表 5 周原青铜器统计表

一、汉—宋代出土的周原青铜器

编号	器名	出土年代	出土地点	图像	尺寸	期段	纹饰	铭文	著录	藏处
1	尸臣鼎	西汉宣帝神爵四年	美阳	无	不详	不详	不详	不详	《汉书·郊祀志》	不详
2	酒尊	东汉章帝	岐山	无	不详	不详	不详	不详	《宋书·瑞符志下》	不详
3	师鱼父盨	北宋	扶风	摹本	通高 6，口横径 8.6，纵径 5.5，深 3.5 寸	四期	盖沿、器口饰重环纹，盖面、腹饰瓦纹，盖顶雷纹，圈足饰变形螺纹	内底 6 字	《考古图》卷三 P36，《商周彝器通考》P364	原藏张景先
4	伯庶父簋	北宋仁宗嘉祐年	扶风	摹本	口径 6，深 4 寸	四期	口沿、圈足饰重环纹，腹部饰瓦棱纹	内底 19 字	《考古图》3.13，《薛氏》120.1，《陕金》2.157，《集成》03983，《青集》04904	不详
5	牟盨	北宋仁宗嘉祐年	扶风	无	不详	不详	不详	不详	《陕西金石志》卷二 23	不详
6	叔良父盨	北宋仁宗嘉祐年	扶风	摹本	腹深 2.8；口横径 6.9，纵径 5 寸	四期	盖沿、器口、盖面、形蝉纹，圈足饰变瓦纹	盖器同铭各 16 字	《陕西金石志》卷三 19	原藏刘元父
7	毛伯簋	宋或以前	扶风	摹本	通高 5.5，口径 5.9，深 4 寸	四期	口下饰窃曲纹，腹饰瓦纹，圈足饰雷纹	盖器同铭各 106 字	《考古图》3.10.2，《陕金》2.189，《薛氏》134、135，《大系录》149，《集成》04297，《总集》2809，《铭文选》1.403 器，《青集》05342	藏于京兆孙氏
8	毛伯簋盖	北宋仁宗嘉祐年	扶风	无	不详	四期	盖面瓦棱纹	盖内 106 字	《集古录》	原藏刘原父
9	姬鱼豆	北宋神宗熙宁年	扶风	摹本	通高 5.8，口径 4.8，深 1.5 寸	不详	腹饰窃曲纹，圈足饰带纹，雷纹带	内底 13 字	《考古图》5.15，《薛氏》152.2，《金索》1.72，《陕》2.303，《集成》04693，《青集》06159	原藏张景先
10	应侯盨	不详	扶风	摹本	通高 6.1，口径 6，深 4.1 寸（《博古图》）	四期	盖、口沿饰双层重环纹，盖面、腹部饰瓦棱纹，圈足饰重环纹	盖器同铭各 14 字	《考古图》3.17，《博古》17.10，《薛氏》122，《啸堂》60，《集成》03860，《青集》04711	不详

附表

续表

编号	器名	出土年代	出土地点	图像	尺寸	期段	纹饰	铭文	著录	藏处
11	牧簋	宋或以前	扶风	摹本	不详	三期	口下饰窃曲纹，腹、方座饰环带纹，圈足饰重环纹	内底221字	《考古图》3.24，《薛氏》139、140，《大系录》59，《陕金》2.192，《集成》04343，《铭文选》260，《青集》2857，《总集》05403	不详
12	天黽父辛尊	不详	岐山	摹本	通高10.6，径8.3，深8.9寸（《双吉》）	一期	圈足、颈饰弦纹，腹饰兽面纹	圈足内4字	《三代》14.29.5，《集成》05655，《总集》4662，《双吉上》25，《贞松》9.7.3，《集成》05655，《总集》4662，《综览·觚形尊》5，《国史金》993.2，《青集》11448	故宫博
13	师遽簋盖	宋或以前	岐山	影像	高5.2，口径18.5厘米	三期	瓦纹	盖内57字	《三代》8.53.2，《集成》04214，《总集》2736，《断代》P709.116，《铭文选》196，《夏商周》314，《青集》05236	上博
14	京叔秦（簋盖）	宋或以前	扶风	摹本	通高2.5，径7，深1.4寸	三期	瓦纹	内壁72字	《考古图》3.22，《陕金》2.181，《薛氏》129，《大系录》143，《集成》04255，《总集》2770，《断代》P721.125，《铭文选》317，《青集》05289	原藏张景先
15	束宫鼎	不详	扶风	无	夔纹、兽面纹、云雷纹	二期		内壁2字	《考古图》1.13，《薛氏》78.3，《青集》2.21，《集成》01484，《青图》00691（备注：容庚定伪）	原藏乙伏氏
16	祖丁簋	不详	扶风	无	不详	-	不详	不详	《陕西金石志》卷一8页	不详
17	史黎觚	不详	岐山	无	不详	-	不详	不详	《陕西金石志》卷三10页	不详
18	伯兑壶	不详	岐山	摹本	不详	-	不详	不详	《考古图》卷四，《两周金文辞大系图录考释》93页图181	不详
19	遂启棋鼎	不详	岐山	无	不详	-	不详	不详	《陕西金石志补遗上》	不详
20	癸山簋	不详	岐山末雨村	无	不详	-	不详	不详	《陕西金石志》	不详
21	伯田父壶	不详	岐山	无	不详	-	不详	不详	《金文分域编》12.10	不详
22	父己簋	不详	岐山	无	不详	-	不详	不详	《陕西金石志》	不详
23	荷戈形父簋	不详	岐山	无	不详	-	不详	不详	《金文分域编》	不详

·259·

二、清代出土的周原传世器

序号	器名	时间	出土地	通高×口径/厘米	纹饰	铭文	释文	时代	著录	藏处	备注
1	毛公鼎	道光	岐山	53.8×47	颈重环纹、弦纹	内壁497字	页下注①	西晚	《三代》4.46，《从古》16.18，《周金》2.1-2，《小校》3.47.1~3.50.1，《故图下下》83~85，《故周金》96，《汇编》2a、2b，《铜全》5.36，《陕金》2.91，《北图拓》72，《集成》02841，《总集》1332，《综览·鼎》310，《断代》P841，《铭文选》447，《美全》4.231，《青集》02518	台"故博"	
2	仲义父鼎	1890	扶风任家村	不详	重环纹、弦纹	内壁6字	仲义父作尊鼎	西晚	《三代》3.4.7，《贞松》2.32.2，《陕金》2.35，《集成》02207，《断代》0778，《总集》P797，《青集》01632	上博	光绪十六年出土
3	仲义父鼎	1890	扶风任家村	不详	重环纹、弦纹	内壁6字	仲义父作尊鼎	西晚	《集成》02208，《青集》01633	上博	同上

① 王若曰："父歆，丕显文武，皇天引厌厥德，配我有周，膺受大命，率怀不廷方亡不覭于文武耿光。唯天将集厥命，亦唯先正略又嫳辟，属谨大命，肆皇天亡斁，临保我有周，丕巩先王配命，畏天疾威，司余小子弗，邦将曷否？迹迹四方，大从丕静。呜呼！父歆，余唯肇经先王命，命汝辪我邦，我家内外，蠚许上下若否，虔夙夕，惠我一人，拥我邦小大猷，毋折缄，告余先王若德，用印部皇天，纑格大囻，历自今，出入尃命于外，厥非先告歆，父歆合命，母敢濋于酒。王曰：父歆，今余唯肇缁先王命，命汝啒一方，弘我邦我家，毋顉于政，母敢湛于酒。毋敢龏于多庶口。母敢龏庶口，勿雕建庶口。母敢埶家，葬鼛乃侮鰈驜，善効乃友，大史寮，于父即君，命女摄司公族，雩三有司、小子、师氏、虎臣雩朕娶事，取⽷十寽，易非庸又荦，汝毋敢妄宁，汝毋敢墜在乃服，夙夕，敬念王畏不易。女母弗帅用先王作明㓝，俗女弗以乃辪南于戩。王曰：父歆，已曰及兹卿事寮，大史寮，于父即君，命女摄司公族，雩三有司、小子、师氏、虎臣雩朕娶事，取⽷卅寽，赐汝秬鬯一卣，裸圭瓒宝，朱市，悤黄，玉环，玉瑹，金车，绎较，朱䡅弘斳，虎冟熏裏，右厄，画轉，画輯，金甬，错衡，金童菲、金𩍺、朱㫃二铃，易汝兹卆，用岁于政，毛公对扬天子皇休，用作尊鼎，子子孙孙永宝用。

续表

序号	器名	时间	出土地	通高×口径/厘米	纹饰	铭文	释文	时代	著录	藏处	备注
4	仲义父鼎	1890	扶风任家村	不详	重环纹、弦纹	内壁6字	仲义父作尊鼎	西晚	《小校》2.40.5,《陕金》2.37,《集成》02211,《陕金》0780,《总集》01636	上博	光绪十六年出土
5	仲义父鼎	1890	扶风任家村	不详	重环纹、弦纹	内壁6字	仲义父作尊鼎	西晚	《小校》2.40,《陕金》2.36,《集成》02209,《总集》0779,《国史金》2089,《青集》01634	故博	同上,原藏李荣泰
6	仲义父鼎	1890	扶风任家村	不详	重环纹、弦纹	内壁6字	仲义父作尊鼎	西晚	《集成》02210,《青集》01635	故博	同上,原藏清宫
7	仲义父鼎	-	-	不详	-	6字	仲义父作尊鼎	西晚	《北图拓》53,《青集》01637	北图藏	仅见铭文
8	仲义父鼎	-	-	不详	-	6字	仲义父作尊鼎	西晚	《北图拓》54,《青集》01638	拓本	仅见铭文
9	仲义父鼎	1890	扶风任家村	不详	不详	内壁17	仲义父作新客宝鼎其子子孙孙用宝用华	西晚	《三代》3.38.1,《贞松》3.9.1,《希古》2.17.2,《小校》2.72.3,《陕金》2.53,《集成》02541,《总集》1080,《青集》02113	上博	仅见铭文
10	仲义父鼎	1890	扶风任家村	不详	不详	内壁17	仲义父作新客宝鼎其子子孙孙用宝用华	西晚	《三代》3.38.4,《贞松》3.9.3,《小校》2.71.3,《陕金》2.56,《集成》02542,《总集》1084,《青集》02114	上博	仅见铭文
11	仲义父鼎	1890	扶风任家村	不详	颈重环纹、腹瓦棱纹	内壁17	仲义父作新客宝鼎其子子孙孙用宝用华	西晚	《三代》3.38.2,《贞松》3.9.2,《希古》2.72.5,《陕金》2.54,《贞图上》22,《小校》2.72.5,《集成》02543,《总集》1081,《断代》P796,《国史金》2180,《青集》02115	故博	
12	仲义父鼎	1890	扶风任家村	31.2×32.9	颈重环纹、弦纹一道	内壁17	仲义父作新客宝鼎其子子孙孙用宝用华	西晚	《三代》3.39.1,《周金》2.49.1,《美集》R415-A89,《美集》1.30,《小校》2.72.4,《陶高》美》1,《汇编》335,《三代》补415,《陕金》2.57,《集成》02544,《总集》1083,《综览·鼎》308,《青集》02116	美古董商(美集)	
13	仲义父鼎	1890	扶风任家村	不详	颈重环纹、腹瓦棱纹	内壁17	仲义父作新客宝鼎其子子孙孙用宝用华	西晚	《三代》3.38.3,《希古》2.16.3,《小校》2.72.2,《陕金》2.55,《总集》1082,《集成》02545,《陕金》1.64,《青集》02117		此器容质定伪

续表

序号	器名	时间	出土地	通高×口径/厘米	纹饰	铭文	释文	时代	著录	藏处	备注
14	大父鼎	-	扶风周原	17.5×16.5寸	重环纹	内壁14	大父作宝鼎其万年子子孙孙永用	西晚	《青集》02034	周原博	铭文中2字为重文
15	小克鼎	1890	扶风任家村	56.5×49	颈窃曲纹、腹环带纹	内壁72	页下注①	西晚	《三代》4.29.1，《周金》2.17.2，《小校》3.27.2，《汇编》48，《陕金》2.78，《集成》02796，《总集》1293，《综览》299，《断代》P820，《铭文》306，《青集》02454	上博	2字重文
16	小克鼎	1890	扶风任家村	15.6寸	颈窃曲纹、腹环带纹	内壁72	页下注①	西晚	《三代》4.28.2，《周金》1.25，《陶续》2.14.1，《小校》3.35.1，《汇编》90，《陕金》2.79，《集成》02797，《总集》1292，《青集》02455	黑川所	尺寸见《陶续》
17	小克鼎	1890	扶风任家村	高35.4	颈窃曲纹、腹环带纹	内壁72	页下注①	西晚	《三代》4.28.1，《陶续》2.14.2，《小校》3.38.2，《陕金》2.81，《集成》02798，《总集》1291，《青集》02456	故宫博	
18	小克鼎	1890	扶风任家村	不详	颈窃曲纹、腹环带纹	内壁72	页下注①	西晚	《三代》4.30.1，《周金》2.16.2，《贞松》3.34.1，《希古》2.34，《小校》3.36.1，《汇编》88，《陕金》2.77，《集成》02799，《综览·鼎》298，《总集》2262，《青集》02457	藤井馆	
19	小克鼎	1890	扶风任家村	24	颈窃曲纹、腹环带纹	内壁72	页下注①	西晚	《三代》4.31.1，《周金》2.17.1，《希古》2.33，《小校》3.39.1，《汇编》91，《陕金》2.82，《集成》02800，《总集》1294，《青集》02458	津艺馆	
20	小克鼎	1890	扶风任家村	10.2寸	颈窃曲纹、腹环带纹	内壁72	页下注①	西晚	《三代》4.32.1，《缀遗》4.32，《陶斋》1.36，《周金》2.15.1，《小校》3.40.2，《汇编》87，《陕金》2.80，《集成》02801，《总集》1297，《青集》02459	书道博	尺寸见陶斋

① 唯王廿又三年九月，王在宗周，王令善夫克舍令（命）于成周，遹正八师之年。克作朕皇祖釐季宗彝。克其日用朕辟鲁休，用匄康纯祜眉寿永命灵终，万年无疆，克其子子孙孙永宝用。

续表

序号	器名	时间	出土地	通高×口径/厘米	纹饰	铭文	释文	时代	著录	藏处	备注
21	小克鼎	1890	扶风任家村	28.5×29	颈饰窃曲纹、腹环带纹	内壁72	页下注①	西晚	《三代》4.30.2,《缀遗》4.33,《周金》2.15.2,《小校》3.40.1,《陕金》2.83,《集成》02802,《总集》1296,《青集》02460		
22	大克鼎	1890	扶风任家村	93.1×75.6	颈饰窃曲纹、腹环带纹	内壁290	页下注②	西中	《三代》4.40.1～41.2,《周金》2.12,《小校》3.32.1～33.1,《缀遗》4.25,《汇编》9,《集成》02836,《总集》1327,《铜全》5.31,《断代》P819,《铭文选》297,《综览·鼎》297,《青集》02513	上博	孝王标准器
23	克钟	1890	扶风任家村	63×(35.3×29.2)	夔龙纹	鼓部81	页下注③	西晚	《三代》1.24.1,《周金》1.22,《贞松》1.11,《希古》1.10,《大系录》97,《小校》1.61.1,《文物》1972.6.P15,《铜全》5.189,《集成》00209,《总集》7204,《铭文选》295,《辞典》576,《美全》4.228,《青集》15814		

① 唯王廿又三年九月,王在宗周,王令善夫克舍令(命)于成周,遹正八师之年。克作朕皇祖釐季宗彝。克其日用朕辟鲁休。克其万年无疆,子子孙孙永宝用。

② 克曰:穆穆朕文祖师华父,悤譲厥心,宁静于猷,淑慎厥德。肆克龏保厥辟恭王,谏辝王家,惠于万民,柔远能迩。肆克智于皇天,琐于上下,纯亡敃,䛗辝厥辟,龏諫厥孙,永念于厥孫。匕显天子,天子其万年无疆,保辥周邦,畯尹四方。王在宗周,旦,王格穆庙,即位。申季右善夫克。王若曰:克,昔余既令汝出内朕命,今余唯申就乃命,赐汝叔市,参同,悤黄,赐汝田于野,赐汝田于渒,赐汝井寰䢽以厥臣妾,赐汝田于康,赐汝田于匽,赐汝田于溥原,赐汝田于寒山。赐汝史小臣霝龠鼓钟,赐汝井寰微人,鬲赐汝井人奔于量。敬夙夜用事,勿废朕命。克拜稽首敢对扬天子丕显鲁休,用作朕文祖师华父宝䵼彝。克其万年子子孙孙永宝用。

③ 唯十又六年九月初吉庚寅,王在周康剌(厉)宫,王呼士曾召克,王亲令克,遹经东至于京师,赐克甸车,马乘。克不敢坠,奠蔑王命。克敢对扬天子休,用作朕皇祖考伯宝林钟,用匄纯叚永命。克其万年子子孙孙永宝用。

续表

序号	器名	时间	出土地	通高×口径/厘米	纹饰	铭文	释文	时代	著录	藏处	备注
24	克钟	1890	扶风任家村	不详	目纹、云纹、夔龙纹	钲间与左鼓 39	页下注①	西晚	《三代》1.21.2、1.22.1、《周金》1.26、《贞松》1.9、《希古》1.8、《大系录》93、94、《小校》1.62.2、《汇编》170、《陕金》2.2、《集成》00204、《总集》7041、《断代》P817.184.1、《闽史金》33、《青集》15292	故博	
25	克钟	1890	扶风任家村	不详	重环纹、夔龙纹	钲间与左鼓 42		西晚	《三代》1.23.2、《陶ல록》1.10、《缀遗》1.7、《周金》1.23、《大系录》94、95、《小校》1.63.2、1.64.1、《陕金》2.3、《集成》00205、《藤井馆览·钟》41、《藤井馆》5、《总集》7044、《青集》15293	藤井馆	
26	克钟	1890	扶风任家村	不详	重环纹、夔龙纹	钲间与左鼓 40		西晚	《三代》1.20.2、1.21.1、《缀遗》1.6、《陶续》1.8、《周金》1.25、《大系录》9.13、9.14、《小校》1.61.2~1.62.1、《陕金》2.4、《集成》00206、《总集》7040、《铭文选》294、《辞典》575、《夏商周》357、《青集》15294	上博	
27	克钟	1890	扶风任家村	不详	重环纹、夔龙纹	钲间与左鼓 41	页下注①	西晚	《三代》1.23.1、《周金》1.27、《贞松》1.10、《希古》1.9、《大系录》96、《小校》1.64.2、《陕金》2.5、《集成》00207、《总集》7043、《断代》294乙、《P818.184.2、《铭文选》294、《青集》15295	津艺博	
28	克钟	1890	扶风任家村	不详	重环纹、夔龙纹	钲间与左鼓 33	页下注①	西晚	《三代》1.22.2、《懋斋》1.18.1、《周金》1.28、《大系录》97、《小校》1.63.1、《陕金》2.6、《集成》00208、《总集》7042、《郁华阁》40、《青集》15296、《夏商周》357.2	上博	

① 唯十又六年九月初吉庚寅，王在周康剌（厉）宫，王呼士督召克，王亲令克，遹泾东至于京师，赐克甸车，马乘。克不敢坠，專奠王命。克敢对扬天子休，用作朕皇祖考伯宝㽞钟，用匄纯叚永命，克其万年子子孙孙永宝。

续表

序号	器名	时间	出土地	通高×口径/厘米	纹饰	铭文	释文	时代	著录	藏处	备注
29	仲义父罍	1890	扶风任家村	不详	重环纹、云纹	器盖同铭各16	仲义父乍旅罍，其万年子子孙孙永宝用	西晚	《三代》18.15.5-7，《周金》5.28.1，《贞松》11.6.1，《小校》9.100.5，《上藏》59，《铜全》5.183左，《汇编》370，《集成》09964，《总集》5812，《综览·罍》294，《赛克勒》P304.22，《断代》P799.176.3，《夏商周》353.1，《郁华阁》395，《青集》13999	上博	
30	仲义父罍	1890	扶风任家村	不详	重环纹、云纹	器盖同铭各16字	仲义父乍旅罍，其万年子子孙孙永宝用	西晚	《三代》18.16.1-3，《缀遗》26.15.1-2，《周金》5.29.1-2，《贞松》11.6.2，《小校》9.100.45，《铜全》5.183右，《集成》09965，《总集》5813，《美全》4.229，《夏商周》353.2，《郁华阁》396，《青集》14000	上博	
31	善夫克盨	1890	扶风任家村	通高19.9，口径21.3	窃曲纹、瓦汶纹	器盖同铭各102字	页下注①	西晚	《三代》10.44.2（器），《三代》10.45.1（盖），《周金》3.153.1-2，《小校》9.42.1（盖），《小校》9.41.2（器），《大系录》112，《汇编》40，《铜全》5.79，《总集》2.211，《集成》04465，《断代》P750.128.1，《综览·盨》12，《赛克勒》P821, 187，《三代》补403，《铭文选》305，《青集》05678	AIC	
32	师克盨	光绪	扶风任家村	通高21，口横径27.5，纵径19.5	盖沿、器口饰窃曲纹，盖面、腹饰瓦纹，盖、腹饰瓦纹，底饰鳞纹	器盖同铭各148字	页下注②	西晚	《陕铜》194，《陕金》1.450，《封裴上下》P64，《文物》1962.6，《集成》3089，《辞典》04467，《青铜器》P856.210，《铭文选》307，《青集》05680	故宫	

① 唯十又八年十又二月初吉庚寅，王在周康穆宫。王令尹氏史趛典善夫克田人。克拜稽首敢对天子不显鲁休扬，唯用献于师尹、朋友、婚媾。克其用朝夕享于皇祖考，皇祖考其丰丰（蓬蓬）勃勃，降克多福，眉寿永命，畯臣天子。克其日赐休无疆，克其万年子子孙孙永宝用。

② 王若曰："师克，丕显文武膺受大命，匍有四方，则唯乃先祖考有爵于周邦，干害王身，乍爪牙。普余唯肈乃先王命，命汝更乃祖考，𤔲小辅，𤔲乃友勋。今余唯申就乃命，锡汝秬鬯一卣；赤、五黄，赤舄；朱𩎕、靳靳、鞞鞛，牙；驹车，画，画转，朱旂，金甬，马四匹；攸勒；素钺。敬夙夕勿废朕命。"克敢对扬天子丕显鲁休，用作旅盨，克其万年子孙永宝用。

续表

序号	器名	时间	出土地	通高×口径/厘米	纹饰	铭文	释文	时代	著录	藏处	备注
33	师克盨	光绪	扶风任家村	器高12、外径长27.45、宽19.1	盖沿、器口饰窃曲纹，盖面、腹饰瓦纹，盖扉饰夔纹	器底148	页下注①	西晚	《考古》1994.1图版七，《近出》507，《新收》1907，《青集》05681		
34	师克盨盖	光绪	扶风任家村	高8.5、口横径27.8、纵径19.9	盖沿饰窃曲纹，盖面饰瓦纹，盖扉饰夔纹	盖内148	页下注①	西晚	《陕图》102，《陕金》1.449，《文物》1962.6.P8图3，《集成》04468，《总集》3088，《三代补》809，《青集》05682	国博	
35	孟辛父盉	1899	岐山	4×5.3寸	腹部环带纹	口沿20	氒马孟辛父作盉姞宝尊需其高万年子子孙孙宝用	西晚	《三代》5.43.1-2，《善图》47，《小校》3.86，《颂续》20，《双古上》8，《集成》00739，《总集》1522，《综览·两》60，《辞典》336，《青集》03008	国博	2字重文，尺寸出于《善图》
36	孟辛父盉	1899	岐山	5.5×5.6寸	腹部环带纹	口沿20	氒马孟辛父作盉姞宝尊需其高万年子子孙孙宝用	西晚	《三代》5.43.5-6，《陶斋》2.54，《小校》3.86.2，《北图析》80，《集成》00738，《总集》1523，《青集》03009	国博	重文2字，尺寸出于《陶斋》
37	孟辛父盉	1899	岐山	13×17.5	腹部环带纹	口沿20	氒马孟辛父作盉姞宝尊需其高万年子子孙孙宝用	西晚	《集成》00740，《青集》03010	某藏家	重文2字
38	何戊簋	-	岐山	不详	颈、足夔纹，腹部斜方格乳钉纹	内底2字	何戊	商晚	《青集》03687	故宫博	《攈古录》载出于岐山

① 王若曰："师克，丕显文武膺受大命，匍有四方。则唯乃先考有爵于周邦，干害王身，作爪牙。"王曰："克，余唯昱乃先祖考、克臣先王。昔余既命汝，今余唯申京乃命，命汝更乃祖考、左右虎臣。赐汝秬鬯一卣；赤、五黄、牙；驹车，画、画转、画䡈、靷、靳、朱鞹、虎冟熏裹，画画，金甬，朱旂，马四匹；攸勒；素钺。敬夙夕勿废朕命。"克敢对扬天子丕显鲁休，用作旅盨。克其万年子子孙孙永宝用。

续表

序号	器名	时间	出土地	通高×口径/厘米	纹饰	铭文	释文	时代	著录	藏处	备注
39	山奞簋	-	岐山	17×25	颈夔纹，腹部斜方格乳钉纹，足顾首龙纹	内底2字	奞山	西早	《青集》03691	《赛克勒》	《攗古录》载出于岐山
40	谏簋	1898	扶风	通高21.2，口径17.8，宽29.5	盖沿器口沿饰窃曲纹，盖上器腹饰瓦汶文，圈足饰三角夔纹	盖内102字，内底101字	页下注①	西中	《三代》9.19.2，《三代》9.20.1，《周金》3.25.1-2，《大系录》101，《小校》8.66.2，《小校》8.67.1，《故图》192，《陕金》2.185，《集成》04285，《总集》2796，《断代》P734，136《铭文选》288，《辞典》413		1959冯公度先生家属捐
41	天王簋	道光	岐山礼村	通高24.2，口径21，方座边长18.5	腹，方座饰兽纹，颈饰夔龙纹	内底78字	页下注②	西早	《三代》9.13.2，《从古》15.8，《周金》3.31.1，《大系录》1，《小校》8.60.2，《铜全》5.50，《陕金》2.182，《中历博》48，《集成》04261，《总集》2777，《铭文选》23，《美全》4.147，《辞典》362，《青集》05303	国博	
42	者○鼎	不详	不详	21.6	双首躬身龙纹，云雷纹，乳钉纹	内壁3字	六一七一六一六，○者	西早	《中国古董》(2008)36，《铜图》01074	08崇源拍	与鼎91双庵乙形制纹饰铭文均相同
43	虢仲盨	不详	扶风京当乡	不详	颈夔杯纹，腹兽面纹	口内6字	虢仲作姞尊盨	西晚	《澳铜选》6，《汇编》655，《陕金》2.94，《集成》00562，《总集》1403，《青集》02740	澳大利亚买亚氏	铭文与高58京当乙相同

① 唯五年三月初吉庚寅，王在周师录宫。旦，王格大室，即位。马共佑谏入门，立中廷。王呼内史先册命谏曰："先王既命汝司，汝谋不有闻，毋敢不善。今余唯或命汝。"谏拜，稽首。敢对扬天子丕显休，用作朕文考惠伯尊簋。谏其万年子子孙孙永宝用。

② 乙亥，王又（有）大丰（礼）。王凡三方，王祀于天室。降，天亡又（佑）王。衣（殷）祀，王祀，丁丑，王飨大宜。王降亡助爵复觵。唯朕又（有）庆，每（敏）扬王休于尊簋。丕肆王作赓，丕克乞（迄）衣（殷）王祀。

三、民国时期出土的周原两座窖藏铜器

33 上康 J

序号	器名	本书简称	出土时间及地点	器物号	馆藏号	铭文字数①位置②	著录	藏处	其他
1	函皇父鼎	鼎一 33 上康 J	1933 扶风上康		2313	①3行17 ②内壁	《陕金》1.129,《录遗》82,《陕图》62,《三代补》810,《集成》02548,《总集》1095,《综览·鼎》311,《断代》P803.117.1.2,《铭文选》450乙,《青集》02111	陕历博	厉王标准器
2	函皇父鼎	鼎四 33 上康 J	1933 扶风上康		2307	①5行37 ②内壁	《陕金》1.156,《陕图》61,《录遗》02545,《总集》1247,《综览·鼎》302,《断代》P802-117.1.1,《铭文选》450甲,《青集》02380	陕历博	2字重文,厉王标准器
3	函皇父簋	簋一 33 上康 J	1870 扶风上康			①36-36 ②盖内-壁底	《捃古录·卷》31,P4、5,《三代》8.40.2（器）,《三代》8.41.1（盖）,《大系录》P131、132,《小校》8.39.3,《汇编》182,《陕金》2.174,《集成》04141,《总集》2678,《断代》P804.177.2,《青集》05144		
4	函皇父簋	簋二 33 上康 J	1870 扶风上康		2310	①36 ②内底	《陕金》1.365,《录遗》162,《陕图》64,《集成》04143,《总集》2680,《综览·簋》384,《铭文选》451,《青集》05145	陕历博	
5	函皇父簋	簋三 33 上康 J	1870 扶风上康			①36 ②内底	《三代》8.41.2,《小校》8.39.1,《陕金》2.175,《集成》04142,《总集》2679,《青集》05146	孙氏	
6	函皇父盘	盘 33 上康 J	1933 扶风上康		2308	①39 ②内底	《青铜器图释》P64、65,《陕图》1.637,《录遗》497,《陕图》65,《集成》10164,《总集》6783,《综览·盘》69,《断代》P805.117.3,《铭文选》1.452,《青集》14523	陕历博	
7	伯鲜鼎	鼎一 33 上康 J	1933 扶风上康		五九379	①5行25 ②内壁	《陕金》1.143,《陕图》67,《三代补》2图版十,《丛刊》999,《集成》02664,《总集》1176,《青集》02274	陕历博	1959年陕博征集
8	伯鲜鼎	鼎三 33 上康 J	1933 扶风上康		2315	①5行25 ②内壁	《陕金》1.144,《陕图》68,《集成》02666,《断代》P792,《总集》1177,《综览·鼎》281,《青集》02276	陕历博	

附 表

续表

33 上康 J

序号	器名	本书简称	出土时间及地点	器物号	馆藏号	铭文字数①位置②	著录	藏处	其他
9	伯鲜瓶	瓶33上康J	1933扶风上康		2888	①3行17②内壁	《陕金》1.246,《陕图》68,《集成》00940,《总集》1659,《断代》P793,《青集》03341	陕历博	1951年征集
10	伯鲜父盨	盨一33上康J	1933扶风上康		2309	①9-9②器内-盖底	《美集》P53、54,《汇编》510,《陕金》2.198,《集成》04362.2,《集成》04361.1,《总集》3004,《三代补》407,《青集》05529	MIA	
11	伯鲜父盨	盨二33上康J	1933扶风上康			①9-9②器内-盖底	《美集》P53、54,《白鹤撰》29(盖),《汇编》507,《集成》04364,《综览·盨》5,《青集》05530	白鹤	
12	函文仲臣	臣33上康J	1933扶风上康		2309	①8②内底	《陕金》1.453,《录遗》170,《陕图》66,《集成》04497,《总集》2877,《断代》P807.177.5,《青集》05788	陕历博	
13	良季鼎	鼎五33上康J	1933扶风上康		西中	①5②内壁	《北图拓》49,《集成》02057,《青集》01464		

40 任家 J

序号	器名	本书简称	出土时间及地点	器物号	馆藏号	铭文字数①位置②	著录	藏处	其他
1	吉父鼎	鼎一40任家J	1940.2扶风任家		21807	①3行15②内壁	《陕金》1.125,《考与文》1980.4.P13,《集成》02512,《青集》02054	上博	
2	㝬鼎	鼎二40任家J	1940.2扶风任家		3542	①4行17②内壁	《文物》1960.9.P80,《陕金》1.134,《陕图》71,《铜全》4.12,《集成》02578,《总集》0881,《辞典》021,《综览·鼎》166	陕历博	7字铸,10字刻
3	新邑鼎	鼎三40任家J	1940扶风任家村		六一33	①4行27②内壁	《文物》1963.3,《陕金》1.153,《集成》02682,《总集》1193,《综览·高鼎》P608,《青集》02268	陕历博	1961年陕博征集
4	禹鼎	鼎六40任家J	1940.2扶风任家			①双10行207②内壁	《学报》1959.3,《陕金》1.169,《陕图》78,《集成》02833,《总集》1324,《辞典》301,《断代》P824,《铭文选》407,《美全》4.226,《青集》02498	国博	2字重文,1字合文,夷王器
5	夷鼎	鼎七40任家J	1940.2扶风任家				《文物》1963.3,《文物》1964.2		

续表

40 任家 J

序号	器名	本书简称	出土时间及地点	器物号	馆藏号	铭文字数①位置②	著录	藏处	其他
6	梁其鼎	鼎四 40 任家 J	1940.2 扶风任家		五四 37	① 6 行 48 ②内壁	《陕金》1.158,《陕图》69,《三代补》808,《集成》02768,《总集》1268,《综览·鼎》306,《断代》191.3,《铭文选》399,《青集》02414	陕历博	2 字重文
7	梁其鼎	鼎五 40 任家 J	1940.2 扶风任家		五五 613	① 6 行 48 ②内壁	《陕金》1.159,《集成》02769,《青集》02415	陕历博	2 字重文
8	梁其壶	壶一 40 任家 J	1940 扶风任家	3544		① 8-37 ②盖内 - 器身	《陕金》1.609,《陕图》178,《汇编》5.148,《铜全》09716,《总集》5787,《铭文选》401,《青集》12420	陕历博	
9	梁其壶	壶二 40 任家 J	1940 扶风任家			① 8-37 ②盖内 - 器身	《美集》R485、A699,《汇编》177,《陕金》2.271,《集成》09717,《总集》5788,《布伦戴奇图》59,《巴克勒》P613.95.6,《断代》P830.191.6,《三代补》485,《青集》12421	陕历博	
10	梁其簋	簋一 40 任家 J	1940.2 扶风任家				《录遗》P164		
11	梁其钟	钟一 40 任家 J	1940.2 扶风任家			① 74 ②钲间、左鼓	《录遗》P3.1-4,《汇编》75,《陕金》2.11,《集成》00187,《总集》7123,《铭文选》397 甲,《青集》15522		
12	梁其钟	钟二 40 任家 J	1940.2 扶风任家			① 74 ②钲间、左鼓	《录遗》P3,《铜全》5.187,《集成》00188,《铭文选》397 乙,《夏商周》431.1,《青集》15523	上博	
13	梁其钟	钟三 40 任家 J	1940.2 扶风任家			① 78 ②钲间、左鼓	《录遗》P3,《上藏》60,《汇编》74,《陕金》2.10,《集成》00189,《综览·钟》37,《总集》7122,《夏商周》431.2,《三代补》883,《国史金》40,《青集》15524	上博	
14	梁其钟	钟四 40 任家 J	1940.2 扶风任家			① 70 ②钲间、左鼓	《录遗》P3,《汇编》143,《欧ález》114,《集成》00190,《总集》7007,《断代》P826.191.2,《夏商周》431.2,《三代补》883,《国史金》40,《青集》15525	弗美博	
15	梁其钟	钟五 40 任家 J	1940.2 扶风任家			① 42 ②钲间、左乐、左鼓	《录遗》P3,《铜全》5.187,《集成》00191,《夏商周》431.3,《青集》15526	上博	
16	梁其钟	钟六 40 任家 J	1940.2 扶风任家			① 48 ②钲间、左鼓	《录遗》P3,《集成》00192,《青集》15527	南京博	

附 表

续表

40 任家 J

序号	器名	本书简称	出土时间及地点	器物号	馆藏号	铭文字数①位置②	著录	藏处	其他
17	伯梁其盨	盨一 40 任家 J	1940.2 扶风任家			① 31-31 ②盖内 - 器底	《录遗》P164,《汇编》212,《陕金》2.210,《铜全》5.81,《集成》04446,《总集》3075,《铭文选》400,《断代》P829.191.5,《青集》05651	上博	
18	伯梁其盨	盨二 40 任家 J	1940.2 扶风任家			① 31-31 ②盖内 - 器底	《上藏》57,《汇编》213,《陕金》2.209,《集成》04447,《总集》3076,《铭文选》3.400,《辞典》435,《夏商周》400.1,《综览·盨》16,《青集》05652	上博	
19	伯梁其盨	盨三 40 任家 J	1940.2 扶风任家			① 31-31 ②盖内 - 器底	《青集》05653	中文博	
20	善夫梁其簋	簋三 40 任家 J	1940.2 扶风任家			① 39-39 ②盖内 - 器底	《集成》04150,《铭文选》398,《辞典》398,《夏商周》388.1,《青集》05161	上博	
21	善夫梁其簋	簋四 40 任家 J	1940.2 扶风任家			① 41-41 ②盖内 - 器底	《汇编》173,《陕金》2.178,《集成》04149,《总集》2692,《青集》0516,2		
22	善夫梁其簋	簋五 40 任家 J	1940.2 扶风任家			① 41-41 ②盖内 - 器底	《录遗》164〈器〉,《汇编》172,《陕金》2.177,《集成》04147,《总集》2691,《断代》P828,191.4,《青集》05163		
23	善夫梁其簋	簋六 40 任家 J	1940.2 扶风任家			① 41-41 ②盖内 - 器底	《集成》04148,《铭文选》1.398,《青集》05164	国博	
24	善夫梁其簋	簋七 40 任家 J	1940.2 扶风任家			① 40 ②内底	《集成》04151,《夏商周》388.2,《青集》05165	上博	
25	善夫吉父鬲	鬲一 40 任家 J	1940.2 扶风任家		六二 180	① 17 ②口沿	《陕金》1.217,《青集》02966	陕历博	2 字重文,宣王器
26	善夫吉父鬲	鬲二 40 任家 J	1940.2 扶风任家		五九 621	① 17 ②口沿	《陕金》1.216,《陕图》87,《集成》00702,《青集》02967	陕历博	
27	善夫吉父鬲	鬲三 40 任家 J	1940.2 扶风任家			① 17 ②口沿	《集成》00701,《综览·鬲》55,《海岱考古》P322,《近出》145,《山东成》231,	济南市博物馆	

续表

序号	器名	本书简称	出土时间及地点	器物号	馆藏号	铭文字数①位置②	著录	藏处	其他
28	善夫吉父鬲	鬲四 40 任家 J	1940.2 扶风任家			①16②口沿	《考古》1966.4. P219,《陕金》1.218,《集成》00700,《总集》1508,《青集》02969	河南博物院	1052，河南王守则捐赠
29	善夫吉父鬲	鬲五 40 任家 J	1940.2 扶风任家			①17②口沿	《青集》02970	中文博	
30	善夫吉父鬲	鬲六 40 任家 J	1940.2 扶风任家			①17②口沿	《青集》02971	中文博	
31	善夫吉父鬲	鬲七 40 任家 J	1940.2 扶风任家			①17②口沿	《青集》02972	中文博	
32	善夫吉父鬲	鬲八 40 任家 J	1940.2 扶风任家			①17②口沿	《录遗》111,《陕金》1.219,《集成》00703,《汇编》1507,《青集》02973	首博	
33	善夫吉父鬲	鬲九 40 任家 J	1940.2 扶风任家			①17②口沿	《集成》00704,《青集》02974	-	仅见拓本
34	善夫吉父簋	簋二 40 任家 J	1940.2 扶风任家			①15-15②盖内-器底	《录遗》P173		
35	善夫吉父甗	甗一 40 任家 J	1940.2 扶风任家			①15-15②盖内-器底	《古文字研究》10辑 P263 图 9.2-3,《集成》09962,《青集》13994	中文博	
36	善夫吉父甗	甗二 40 任家 J	1940.2 扶风任家	六四 197		①15-15②盖内-器底	《青集》13995	中文博	
37	善夫吉父盂	盂 40 任家 J	1940.2 岐山任家			①16②内壁	《陕金》1.657,《考古》1959.11. P634 图 2,《集成》110315,《总集》6904,《青集》06223	陕历博	
38	今吉父簋	簋八 40 任家 J	1940.2 扶风任家			①70-70②盖内-器底	《录遗》P155		
39	大师虘簋	簋九 40 任家 J	1940.2 扶风任家			①70-70②盖内-器底	《故铜》160,《集成》04251,《铭文选》1.388,《青集》05280	故宫	

续表

40 任家 J

序号	器名	本书简称	出土时间及地点	器物号	馆藏号	铭文字数①位置②	著录	藏处	其他
40	大师虘簋	簋十 40 任家 J	1940.2 扶风任家			① 70-70 ②盖内-器底	《上藏》52,《汇编》95,《铜全》5.67,《集成》04252,《总集》2767,《断代》377,《陕金》2.180,《夏商周》《三代补》881,《综览·簋》388,《辞典》382,《青集》05281	上博	
41	大师虘簋	簋十一 40 任家 J	1940.2 扶风任家			① 70-70 ②盖内-器底	《青集》05282	中文博	
42	大师虘簋	簋十二 40 任家 J	1940.2 扶风任家			① 70-70 ②盖内-器底	《青集》05283		
43	虘钟	钟 40 任家 J	1940.2 扶风任家			① 15-6 ②钲间-甬	《青集》15274		
44	爯生盨	盨四 40 任家 J	1940.2 扶风任家			① 50-50 ②盖内-器底	《考古》1979.1,P61图1,《铜全》5.82,《集成》04459,《总集》3082,《综览·盨》21,《赛克勒》P450.7.5,《断代》P767.153,《夏商周》4393,《三代补》989,《三代》10.44.1,《铭文选》417,《辞典》432,《美全》4.240,《夏商周》393,《青集》05667	上博	
45	爯生盨	盨五 40 任家 J	1940.2 扶风任家			① 50 ②内底	《集成》04460,《总集》3081,《三代》10.44.1,《青集》05668	旅顺博	

附表 6 器物形制统计表

一、食器

鼎

序号	器名	本书简称	类型	分期	①通高②口径③腹深/厘米	重/克	容积/毫升	纹饰①颈②腹③底④足	特征	备注
1	兽面纹鼎	鼎 73 美阳 M	AaⅠ	一期·晚段	①20.5 ②16.2 ③11	1800	-	①简化兽面纹②无③无④无		在博物馆被盗
2	夔纹鼎	鼎 73 贺家 M1	AaⅠ	一期·晚段	①20.8 ②15.9 ③10.2	1783	1590	①躬身夔纹②斜方格乳钉纹③无④无		
3	兽面纹鼎	鼎 77 王家咀 M1	AaⅠ	一期·晚段	①20.5 ②15.9 ③9.7	1744	1380	①简化兽面纹②无③三角形铸痕④无		腹底有补痕
4	简化兽面纹鼎	鼎二 74 贺家 Z	AaⅠ	一期·晚段	①20.6 ②16.3 ③10.4	1787	1480	①椭方形目纹②无③无④兽面纹		
5	兽面纹鼎	鼎 76 云塘 M20	AaⅡ	二期·晚段	①21.6 ②19.4 ③9.8	2238	2090	①兽面纹②无③无④兽面纹	ⅰ颈中有小犀棱 ⅱ三足有犀棱	
6	鸟纹鼎	鼎 82 齐家 J	Ab	二期·晚段	①25.7 ②27 ③13.7	4418	5130	①长尾鸟纹②无③三角形强筋线④无		
7	兽面纹鼎	鼎一 74 齐家 Z	AcⅠ	二期·晚段	①22.4 ②17.6 ③10	1354	1710	①兽面纹②无③无④无		
8	涡纹鼎	鼎 92 贺家 Z	AcⅠ	二期·晚段	①19.6 ②16 ③9.7	1090	1430	①涡纹、四瓣目纹②无③无④无		2 足残
9	兽面纹鼎	鼎 53 南作 Z	AcⅡ	二期·晚段	①25 ②21.2 ③11.3	2238	2765	①云纹兽面纹②无③无④无		
10	兴鼎	鼎 77 齐家 M1	AcⅡ	二期·晚段	①19.5 ②16.9 ③9.6	1417	1660	①弦纹②无③无④无		
11	羊庚瓷鼎	鼎 73 贺家 M5	AcⅡ	二期·晚段	①19.6 ②17.5 ③9.9	2365	2110	①弦纹②无③无④无		
12	方格乳钉纹鼎	鼎 87 王家咀 Z	AdⅠ	一期·晚段	①25.1 ②20.2 ③12.4	2707	3325	①直身夔纹②斜方格乳钉纹③无④无		

续表

鼎

序号	器名	本书简称	类型	分期	①通高②口径③腹深/厘米	重/克	容积/毫升	纹饰①颈②腹③底④足	特征	备注
13	夔纹鼎	鼎二80王家咀M1	AdⅠ	一期·晚段	①24.7②21.2③12.6	2414	3495	①长身夔纹②斜方格乳钉纹③无④无		
14	尹丞鼎	鼎66贺家Z	AdⅠ	一期·晚段	①29.2②23.7			①弦纹②无③无④无		
15	个鼎	鼎49贺家Z	AdⅠ	一期·晚段	①20.2②14.9③9.5	1716	1360	①简化兽面纹②无③Y形强筋线④无		
16	吴母鼎	鼎71齐镇M1	AdⅠ	二期·晚段	①30②25③12	2733	3020	①云纹兽面纹1②无③三足间有铸线④无		
17	弦纹鼎	鼎一76贺家M113	AdⅠ	二期·晚段	①20.6②16.9③9.2	1783	1410	①弦纹②无③无④无	i足细高	
18	弦纹鼎	鼎二76贺家M113	AdⅠ	二期·晚段	①25.5②20.3③11.3	2923	2575	①弦纹②无③无④无	i足细高	
19	兽面纹鼎	鼎75召李M1	AdⅠ	二期·晚段	①23.9②21.5③11.7	1549	2575	①兽面纹②无③无④无		2足残
20	窃曲纹鼎	鼎一76庄白J1	AdⅠ	三期·早段	①16.1②12.2③4.8	1476	-	①窃曲纹②镂空窃曲纹③足间三铸线④无		
21	伯鼎	鼎一72刘家M	AdⅡ	二期·晚段	①21②17.6③10.3	1944	2010	①兽面纹②乳钉纹③无④兽面纹，弦纹	i颈有六扉棱ⅱ三足有扉棱ⅲ素状耳	
22	兽面纹鼎	鼎二72刘家M	AdⅡ	二期·晚段	①23.6②19.4③11.3	1210	2575	①云纹兽面纹②无③无④无	i素状耳	
23	夔纹鼎	鼎一81强家M1	AdⅡ	三期·早段	①17.6②18③9.7	1255	1730	①顾首夔纹②弦纹③三角形强筋④无	i耳饰弦纹	
24	夔纹鼎	鼎71齐镇M2	AdⅡ	三期·早段	①19.7②16.4③9.8	1729	1605	①顾首夔纹②无③三角形强筋线④无		
25	息父丁鼎	鼎一80王家咀M1	AdⅡ	三期·早段	①32.1②27.6③16.4	7033	7420	①弦纹②无③Y形强筋线④无		柱足底有浇口痕器外壁有补痕

续表

鼎

序号	器名	本书简称	类型	分期	①通高②口径③腹深/厘米	重/克	容积/毫升	纹饰①颈②腹③底④足	特征	备注
26	外叔鼎	鼎52董家Z	Ae	三期·早段	①89.1②无③61.3④44	99250	133040	①夔纹②无③无④兽面纹	i 耳饰虎纹 ii 三足有扉棱	
27	五祀卫鼎	鼎一75董家J	Ae	三期·晚段	①37②34③19.5	11312	14300	①窃曲纹②无③无④无	i 三柱足	
28	九年卫鼎	鼎二75董家J	Ae	三期·晚段	①37.1②34.5③19.8	11983	14655	①窃曲纹②无③足间三条曲强筋线④无	i 三柱足	
29	弦纹鼎	鼎一60召陈J	Af	三期·早段	①29.5②26③15.8	6030	7190	①弦纹②无③无④无	i 三柱足	
30	戴鼎	鼎一75庄白M	Af	三期·早段	①22.3②22.3③11.1	4712	3825	①顾首龙纹②无③无④无	i 足内侧各凸出一小台	《周青》未注时代
31	弦纹鼎	鼎78齐家M5	Af	三期·早段	①17.1②17.4③9.9	1866	2060	①弦纹②无③三角形铸痕④无		腹内壁有补痕
32	师□□鼎	鼎91齐家Z	Af	三期·早段	①19.1②16.9③10.3	2039	1870	①带目窃曲纹②无③三角形强筋线④无		
33	作旅鼎	鼎一78齐家M19	Af	三期·早段	①20②15×16.9③9.7	2266	1935	①分尾鸟纹②无③三角形强筋线④无		
34	作旅鼎	鼎二78齐家M19	Af	三期·早段	①20.1②17③10.2	2257	1950	①分尾鸟纹②无③三角形强筋线④无		
35	弦纹鼎	鼎三81强家M1	Af	三期·晚段	①17.2②17.9③8	1049	1640	①弦纹②无③三角形强筋线④无		
36	弦纹鼎	鼎四81强家M1	Af	三期·晚段	①17.2②17③8	1100	1630	①弦纹②无③Y形强筋线④无		
37	弦纹鼎	鼎91齐家M8	Af	三期·晚段	①20②18.2③10.2	1535	2280	①弦纹②无③三角形强筋线④无		
38	弦纹鼎	鼎95黄堆M58	Af	三期·晚段	①16.9②17.1③8	1406	1590	①弦纹②无③三角形强筋线④无		

·277·

续表

鼎

序号	器名	本书简称	类型	分期	①通高②口径③腹深/厘米	重/克	容积/毫升	纹饰①颈②腹③底④足	特征	备注
39	弦纹鼎	鼎76云塘M13	Af	三期·晚段	①20.1②17.1③10.4	1408	2030	①弦纹②无③三角形强筋线④无		
40	弓鼎	鼎一57礼村Z	Af	三期·晚段	①17.4②15.4③9.4	1371	1375	①弦纹②无③Y形强筋线④无		
41	弓鼎	鼎二57礼村Z	Af	三期·晚段	①16.7②15.3③9	1263	1365	①弦纹②无③三角形强筋线④无		
42	尹虫鼎	鼎三66贺家M	Ag	三期·晚段	①22.1②17.6③9.6	2450	1800	①无②兽面纹③无④无	ⅰ圆口分档	
43	新邑鼎	鼎三40任家J	Ag	二期·晚段	①20.7②16.7③9.1	1600		①兽面纹②无③无④无		
44	㜏鼎	鼎二40任家J	Ba	一期·晚段	①93.8②64③46	9680		①兽面纹②无③无④兽面纹		
45	兽面纹鼎	鼎四66贺家M	Ba	二期·早段	①56②41.9③30	35800	32860	①兽面纹②无③无④兽面纹		
46	戈父己鼎	鼎95孑家Z	Ba	二期·早段	①71②62.1③45			①兽面纹②无③无④兽面纹		器残严重
47	屯鼎	鼎四75董家J	Ba	三期·早段	①45.2②40.4③22.9	20052	24395	①窃曲纹②弦纹③足间底中三角形强筋线④兽面纹	ⅰ三足有扉棱	
48	兽面纹鼎	鼎三72刘村M	BbⅠ	二期·早段	①27.5②30③18.9	9180	10070	①兽面纹②蕉叶纹③足间强筋线④兽面纹、弦纹	ⅰ三足有扉棱	
49	师颡鼎	鼎74强家J	BbⅠ	二期·早段	①85②64③39.6	105000	105060	①云雷纹②无③无④无	ⅰ耳有弦纹两道ⅱ足有扉棱	
50	夔纹鼎	鼎80黄堆M4	BbⅠ	三期·晚段	①21.2②20.9③11.3	2155	2840	①分尾鸟纹、弦纹②Y形强筋线④兽面纹	ⅰ三足有扉棱	
51	S形云纹鼎	鼎二92黄堆M37	BbⅡ	三期·晚段	①23.1②22.2③10.9	2524	2990	①S形云纹②弦纹③三角形铸痕④兽面纹		
52	窃曲纹鼎	鼎二81强家M1	BbⅡ	三期·晚段	①22.2②21.8③11.6	2178	3475	①窃曲纹②弦纹③Y形强筋线④无	ⅰ三足有扉棱	

续表

鼎

序号	器名	本书简称	类型	分期	①通高②口径③腹深/厘米	重/克	容积/毫升	纹饰①颈②腹③底④足	特征	备注
53	散伯车父鼎	鼎二 60 召陈 J	BbⅡ	四期·早段	①47.2 ②42.2 ③21.8	24725	21570	①窃曲纹②无③三铸筋④兽面纹	ⅰ三蹄形足 ⅱ耳饰重环纹	
54	散伯车父鼎	鼎三 60 召陈 J	BbⅡ	四期·早段	①40 ②37.5 ③18.5	18580	17370	①窃曲纹②无③无④兽面纹	ⅰ三蹄形足内凹 ⅱ耳饰重环纹	
55	散伯车父鼎	鼎四 60 召陈 J	BbⅡ	四期·早段	①28.8 ②28.1 ③13.5	7509	6070	①窃曲纹②无③无④兽面纹	ⅰ三蹄形足 ⅱ耳饰重环纹	
56	散伯车父鼎	鼎五 60 召陈 J	BbⅡ	四期·早段	①25.7 ②25 ③12.2	5887	4420	①窃曲纹②无③无④兽面纹	ⅰ三蹄形足 ⅱ耳饰重环纹	
57	函皇父鼎	鼎四 33 上康 Z	BbⅡ	四期·早段	①58 ②49 ③27	31500		①窃曲纹②卷鼻兽纹③无④兽面纹		
58	✦亅鼎	鼎 80 刘家村 M2	Bc	三期·早段	①21.9 ②20.5 ③10.8	2454	2895	①斜身顾首龙纹②无③三角形强筋线④无		
59	窃纹鼎	鼎 49 任家 Z	BdⅠ	三期·早段	①38.2 ②34.5 ③19.9	13274	14305	①顾首龙纹、弦纹②无③无④兽面纹	ⅰ三足有棱	
60	◇单鼎	鼎 64 柳东 Z	BdⅠ	三期·晚段	①22 ②20.5 ③12.5	2700		①窃曲纹②弦纹③无④无	ⅰ足根饰兽面纹	口残
61	重环纹鼎	鼎 92 黄堆 M45	BdⅠ	三期·晚段	①18.5 ②20.1 ③8.8	1333	2995	①重环纹②弦纹③无④无		
62	重环纹鼎	鼎 93 齐家 Z	BdⅠ	四期·早段	①32 ②33 ③16.3	7449	10370	①重环纹②弦纹③Y形强筋线④无		
63	窃曲纹鼎	鼎三 75 董家 Z	BdⅡ	三期·晚段	①25.2 ②27.8 ③11.9	3240	4960	①窃曲纹、弦纹②无③无④兽面纹		
64	S形云纹鼎	鼎 80 刘家 Z	BdⅡ	四期·早段	①22.7 ②25.8 ③10.4	2388	3555	①S形云纹②弦纹③无④无		
65	师同鼎	鼎一 81 下务子 J	BeⅠ	四期·早段	①35 ②33.8 ③19.9	10777	11800	①重环纹②弦纹③无④无	ⅰ耳饰弦纹	
66	叔𩰫父鼎	鼎一 60 齐家 J	BeⅠ	四期·早段	①28.2 ②30.1 ③16.5	5296	7160	①重环纹②无③无④无	ⅰ一足残	
67	弦纹鼎	鼎二 60 齐家 J	BeⅠ	四期·早段	①44.1 ②42.2 ③22.3	12818	19880	①弦纹②无③无④无	ⅰ三蹄形足,二足残	

·279·

续表

鼎

序号	器名	本书简称	类型	分期	①通高②口径③腹深/厘米	重/克	容积/毫升	纹饰①颈②腹③足间④足	特征	备注
68	此鼎	鼎五 75 董家 J	BeⅠ	四期·早段	①42.1②40③22.2	19643	17245	①弦纹②无③足间强筋线④无	i耳饰弦纹	
69	此鼎	鼎六 75 董家 J	BeⅠ	四期·早段	①36.1②35.9③17.9	12391	10930	①弦纹②无③足间强筋线④无	i耳饰弦纹	
70	此鼎	鼎七 75 董家 J	BeⅠ	四期·早段	①32.1②33.7③17.1	10757	8600	①弦纹②无③足间强筋线④无	i耳饰弦纹	
71	仲⁀父鼎	鼎八 75 董家 J	BeⅠ	四期·早段	①29.1②29.5③16.2	5351	7190	①弦纹②无③足间强筋线④无		
72	庙犀鼎	鼎十三 75 董家 J	BeⅠ	四期·晚段	①43.5②42.1③24.3	17025	21650	①重环纹②弦纹③三角形强筋线④无	i耳饰弦纹	
73	伯尚鼎	鼎78凤雏J	BeⅠ	四期·早段	①25.8②25③13.6	3956	4580	①重环纹②无③无④无	i耳饰弦纹	
74	伯鲜鼎	鼎二 33 上康 Z	BeⅠ	四期·早段	①36②34③20	9300	-	①弦纹②无③无④无		
75	梁其鼎	鼎四 40 任家 J	BeⅠ	四期·早段	①44②43.5③25	22800	-	①重环纹②弦纹③无④无		
76	窃曲纹鼎	鼎63庄白李Z	BeⅡ	四期·晚段	①35.6②35③17	9134	10960	①窃曲纹②环带纹③三角形强筋线④兽面纹	i三足足有棱棱	
77	弦纹鼎	鼎二81下务子J	BeⅡ	四期·早段	①24.3②25.7③10.7	2295	3170	①弦纹②无③无④无		
78	弦纹鼎	鼎78樊村Z	BeⅡ	四期·早段	①24.8②25.8③11.4	2183	3410	①弦纹②无③无④无		
79	弦纹鼎	鼎82法门宝塔Z	BeⅡ	四期·早段	①22.6②25.5③11.5	2598	3275	①弦纹②无③无④无		
80	弦纹鼎	鼎85下务子Z	BeⅡ	四期·早段	①29②29.7③13.7	4115	6175	①弦纹②无③无④无		
81	伯鲜鼎	鼎三33上康Z	BeⅡ	四期·早段	①25.2②15.8③14	4200	-	①弦纹②无③无④无		
82	善夫旅伯鼎	鼎九75董家J	BfⅠ	四期·早段	①34.6②34.9③17.7	11161	11970	①重环纹②弦纹③三角形强筋线④无	i耳饰弦纹	
83	善夫伯辛父鼎	鼎十 75 董家 J	BfⅠ	四期·晚段	①19.2②19.6③9.6	1962	1960	①重环纹②弦纹③三角形强筋线④无	i器表乌黑 ii耳饰弦纹	

续表

鼎

序号	器名	本书简称	类型	分期	①通高②口径③腹深④厘米	重/克	容积/毫升	纹饰①颈②腹③底④足	特征	备注
84	重环纹鼎	鼎十一75董家J	BfI	四期·早段	①31.3 ②30.6 ③15.1	5465	7375	①重环纹②弦纹③三角形强筋线④无	i器表乌黑 ii耳饰弦纹	
85	重环纹鼎	鼎十二75董家J	BfI	四期·早段	①22.6 ②24.8 ③12.4	2965	3085	①重环纹②弦纹③三角形强筋线④无	i器表乌黑 ii耳饰弦纹	
86	吉父鼎	鼎一40任家J	BfI	四期·晚段	①22.8	3480	-	①弦纹、涡纹、重环纹②无③无④无		
87	函皇父鼎	鼎一33上康Z	BfI	四期·晚段	①29.2 ②32 ③15.3	6300	-	①重环纹②弦纹③无④无		
88	会嬺鼎	鼎一72康家Z	BfII	四期·早段	①32.3 ②28.3 ③15.1	7646	8870	①重环纹②弦纹③无④无		
89	伯夏父鼎	鼎74贺家J	BfII	四期·早段	①38 ②34.5 ③21	10700	-	①重环纹②弦纹③无④无		
90	鲷鼎	鼎96黄堆M71	Ca	三期·晚段	①11.8 ②12.1 ③5.5	742	375	素光③三角形强筋线		疑明器
91	鲷鼎	鼎95黄堆M55	Cb	三期·晚段	①11.8 ②10.2 ③5.2	711	295	素光		疑明器
92	弦纹鼎	鼎73刘家沟M	Cc	三期·晚段	①15.6 ②16.4 ③8.3	1421	1390	①弦纹②无③无④无		
93	荣有司再鼎	鼎73贺家M3	独特	四期·早段	①17.5 ②20.4 ③10	1528	1920	①重环纹②无③无④无	i口沿有槽形短流	

方鼎

序号	器名	本书简称	类型	分期	①通高②口径③腹深④厘米	重/克	容积/毫升	纹饰①颈②腹③底④足	特征	备注
1	矢宁父鼎	鼎53礼村Z	Aa	一期·晚段	①22.7 ②18×14.5 ③10	3420	-	①夔纹②兽面纹③④蝉纹	i方口方腹 ii四角有扉棱	
2	文父乙鼎	鼎50云塘Z	Aa	二期·晚段	①24.8 ②15.5×19.5 ③10.7	4500	-	①兽面纹②乳钉③无④三角云纹	i四足方鼎	
3	者◇鼎	鼎91双庵Z	Aa	二期·晚段	①26 ②20.8×14.8 ③10.5	4500	-	①双身共首龙纹②乳钉③无④无	i方口方腹 ii四角有扉棱	
4	史逨方鼎	鼎一66贺家M	Aa	二期·晚段	①20.8 ②14.8×11.4 ③8.2	2226	970	①小鸟纹②直棱纹、乳钉纹③X形强筋线④兽面纹	i方口方腹 ii四角有扉棱 及四足有扉棱	

续表

方鼎

序号	器名	本书简称	类型	分期	①通高②口径③腹深／厘米	重／克	容积／毫升	纹饰①颈②腹③底④足	特征	备注
5	史逨方鼎	鼎二 66 贺家 M	Aa	二期·晚段	①21.2 ②15.1×11.6 ③8.2	2292	925	①鸟纹②直棱纹、乳钉③X形强筋线④兽面纹	i方口方腹ii四角及四足有扉棱	
6	王作仲姬方鼎	鼎 50 礼村 Z	Aa	二期·晚段	①23 ②14×18 ③10.2	3267	1490	①双身共首龙纹、涡纹②乳钉③X形强筋线④兽面	i四足方鼎	
7	不㝬方鼎	鼎二 71 㫚镇 M3	Aa	三期·早段	①21.8 ②18.2 ③10.1	3228	1795	①窃曲纹②无③X形强筋线④无	i方口方腹ii四角及腹中腹有六扉棱iii耳有弦纹	
8	不㝬方鼎	鼎二 71 㫚镇 M3	Aa	三期·早段	①21.8 ②18.2 ③10.1	3228	1795	①窃曲纹②无③X形强筋线④无	i方口方腹ii四角及腹中腹有六扉棱iii耳有弦纹	
9	㝬方鼎	鼎二 75 庄白 M	Ab	三期·早段	①27 ②26×16.9 ③15.3	6519	6240	①斜身顾龙纹、弦纹②无③X形强筋线④无	i盖中心有环纽四角铸曲尺形提手	有盖
10	㝬方鼎	鼎二 75 庄白 M	Ab	三期·早段	①22.3 ②21.6×16 ③13.4	3910	3970	①顾首夔纹②无③X形强筋线④无		
11	刖足人守门鼎	鼎二 76 庄白 J1	B	三期·晚段	①17.9 ②9.2×11.8 ③6.1	1687	550	①窃曲纹②夔形强筋线④重环纹、三角变形夔纹、镂空夔龙	i腹下接长方形炉ii鼎身四角饰四顾首夔龙iii炉四角饰四钩缘兽足	
12	四鸭方鼎	鼎 79 齐村 Z	C	四期·早段	①11.9 ②10.1×7.3 ③3.9	645	190	①垂鳞纹②垂鳞纹③窃曲纹④夔纹	i四足方鼎ii口沿四角立鸭	
13	㺇父方鼎	鼎 76 云塘 M10	Ab	西中	①20.9 ②14×10.2 ③11.4	2008	1865	①弦纹②无③X形强筋线④无		

续表

序号	器名	本书简称	类型	分期	①通高②口径③腹深/厘米	重/克	容积/毫升	纹饰①颈②腹③底④足	特征	备注
1	云纹分档鬲	扶二 72 京当 J	Aa	一期·早段	①21.4 ②15.4 ③10.6	1449	1960	①连珠纹、卷云纹②倒"V"字形纹③无④无	i 分档 ii 带状足下接实足根	
2	连珠纹鬲	扶 73 美阳 M	Aa	一期·早段	①19 ②14.1 ③11.2	1100	-	①连珠纹、雷纹②双线倒"V"字形纹③无④无	i 三袋足下接锥状足	在博物馆被盗
3	弦纹鬲	扶一 72 京当 J	Ab	一期·早段	①21.1 ②14.7 ③11.4	1997	1500	①凸弦纹②倒"V"字形纹③无④无	i 分档 ii 高锥足中空	
4	目雷纹鬲	扶 72 刘家 M	Ac I	二期·晚段	①18.8 ②15.5	1977	1620	①目雷纹②无③无④无	i 分档高 ii 素状耳	
5	象纹鬲	扶 71 齐镇 M1	Ac I	二期·晚段	①14.9 ②13.6 ③7.3	1118	875	①弦纹②象纹③无④无		
6	弦纹鬲	扶 76 云塘 M20	Ac I	二期·晚段	①12.7 ②10.7 ③6.8	515	505	①弦纹②无③无④无		
7	象目纹鬲	扶 71 齐镇 M2	Ac I	三期·早段	①14.8 ②13.5	754	-	①弦纹②象目纹③无④无		
8	鬲	扶一 91 齐家 M5	Ac I	三期·晚段	①12.7 ②11.8 ③6.6	764	570	素光		
9	父乙鬲	扶一 91 齐家 M5	Ac I	三期·晚段	①12.6 ②11.7 ③7.2	573	590	素光		
10	匋鬲	扶 76 云塘 M13	Ac II	三期·晚段	①18.2 ②14.5 ③10.3	1343	1525	①弦纹②无③无④无		
11	云雷纹鬲	扶 73 贺家 M6	B	三期·早段	①14.3 ②13.8 ③8.1	1438	950	①目纹、云纹、三角点纹②无③无④无	i 三袋足下接柱足 ii 一足下铸一环鉴	
12	伯邦父鬲	扶 60 齐家 J	Ca I	三期·晚段	①12.4 ②19.4 ③8.2	1892	1410	①无②龟曲纹③无④无	无	
13	直棱纹鬲	扶一 81 强家 M1	Ca I	三期·晚段	①11.6 ②15.3 ③7.3	1004	880	①直棱纹②直棱纹③三角形强筋线④直棱纹	i 三袋足有棱棱	
14	直棱纹鬲	扶三 81 强家 M1	Ca I	三期·晚段	①12.1 ②15.2 ③7.3	946	905	①直棱纹②直棱纹③三角形强筋线④直棱纹	i 三袋足有棱棱	
15	直棱纹鬲	扶二 81 强家 M1	Ca I	三期·晚段	①11.2 ②14.2 ③7.3	1167	915	①直棱纹②直棱纹③三角形强筋线④直棱纹	i 三袋足有棱棱	

续表

序号	器名	本书简称	类型	分期	①通高②口径③腹深/厘米	重/克	容积/毫升	纹饰①颈②腹③底④足	特征	备注
16	直棱纹鬲	鬲四 81 强家 M1	CaⅠ	三期·晚段	① 12 ② 15.3 ③ 7.3	962	900	①直棱纹②直棱纹③三角形强筋线④直棱纹	ⅰ三袋足有扉棱	
17	微伯鬲	鬲一 76 庄白 J1	CaⅠ	三期·晚段	① 10.7 ② 14 ③ 5.3	1038	640	①凹形带纹②直棱纹③足间有铸线④直棱纹	ⅰ足内凹有扉棱	
18	微伯鬲	鬲二 76 庄白 J1	CaⅠ	三期·晚段	① 10.6 ② 14.2 ③ 5.7	984	660	①凹形带纹②直棱纹③足间有铸线④直棱纹	ⅰ足内凹有扉棱	
19	微伯鬲	鬲三 76 庄白 J1	CaⅠ	三期·晚段	① 10.6 ② 14.1 ③ 6.1	928	705	①凹形带纹②直棱纹③足间有铸线④直棱纹	ⅰ足内凹有扉棱	
20	微伯鬲	鬲四 76 庄白 J1	CaⅠ	三期·晚段	① 10.5 ② 14.1 ③ 6.1	1104	705	①凹形带纹②直棱纹③足间有铸线④直棱纹	ⅰ足内凹有扉棱	
21	微伯鬲	鬲五 76 庄白 J1	CaⅠ	三期·晚段	① 10.5 ② 14 ③ 6.1	1043	690	①凹形带纹②直棱纹③足间有铸线④直棱纹	ⅰ足内凹有扉棱	
22	斜角云纹鬲	鬲六 76 庄白 J1	CaⅠ	三期·晚段	① 11.4 ② 16 ③ 7.2	1097	925	①斜角云纹②直棱纹③无④直棱纹	ⅰ足有扉棱	
23	斜角云纹鬲	鬲七 76 庄白 J1	CaⅠ	三期·晚段	① 10.9 ② 15.7 ③ 7.1	968	875	①斜角云纹②直棱纹③无④直棱纹	ⅰ足有扉棱	
24	环带纹鬲	鬲 72 乔家 Z	CaⅠ	四期·早段	① 12.1 ② 15.8 ③ 7.6	1218	1115	①弦纹②环带纹③三角强筋线④无	ⅰ三袋足有扉棱	
25	直线纹鬲	鬲 76 贺家 Z	CaⅠ	四期·早段	① 10.3 ② 14 ③ 6.9	576	695	①直棱纹②直棱纹、弦纹③倒"V"字形④直棱纹	ⅰ三袋足有扉棱	
26	荣有鬲	鬲一 75 董家 J	CaⅠ	四期·早段	① 11.3 ② 16.3 ③ 6.9	1311	955	①重环纹②直棱纹③无④无	ⅰ柱足有扉棱	
27	成伯孙父鬲	鬲二 75 董家 J	CaⅠ	四期·早段	① 11.2 ② 16.5 ③ 7.2	1056	915	①重环纹②直棱纹③无④弦纹	ⅰ蹄足有扉棱	
28	斜角云纹鬲	鬲 62 召陈 Z	CaⅡ	四期·早段	① 15.8 ② 15.2 ③ 8.8	2488	1985	①斜角云纹②直棱纹③无④直棱纹	ⅰ三袋足有扉棱	

续表

序号	器名	本书简称	类型	分期	①通高②口径③腹深/厘米	重/克	容积/毫升	纹饰①颈②腹③底④足	特征	备注
29	伯先父鬲	鬲八 76庄白J1	CaⅡ	四期·早段	①12.9 ②16.8 ③7.8	1066	1150	①重环纹②直棱纹③足间三角形转线④直棱纹	i足有扉棱	
30	伯先父鬲	鬲九 76庄白J1	CaⅡ	四期·早段	①12.3 ②16.1 ③7.4	1080	1105	①重环纹②直棱纹③足间三角形转线④无	i足有扉棱	
31	伯先父鬲	鬲十 76庄白J1	CaⅡ	四期·早段	①13.2 ②16.5 ③7.9	1036	1150	①重环纹②直棱纹③足间三角形转线④直棱纹	i足有扉棱	
32	伯先父鬲	鬲十一 76庄白J1	CaⅡ	四期·早段	①12.6 ②16.6 ③7.5	1128	1110	①重环纹②直棱纹③足间三角形转线④直棱纹	i足有扉棱	
33	伯先父鬲	鬲十二 76庄白J1	CaⅡ	四期·早段	①12.4 ②16.7 ③7.6	1229	1145	①重环纹②直棱纹③足间三角形转线④直棱纹	i足有扉棱	
34	伯先父鬲	鬲十三 76庄白J1	CaⅡ	四期·早段	①12.9 ②16.8 ③7.5	1172	1113	①重环纹②直棱纹③足间三角形转线④直棱纹	i足有扉棱	
35	伯先父鬲	鬲十四 76庄白J1	CaⅡ	四期·早段	①12.8 ②16.6 ③7.4	1169	1100	①重环纹②直棱纹③足间三角形转线④直棱纹	i足有扉棱	
36	伯先父鬲	鬲十五 76庄白J1	CaⅡ	四期·早段	①12.4 ②16.7 ③7.5	1123	1155	①重环纹②直棱纹③足间三角形转线④直棱纹	i足有扉棱	
37	伯先父鬲	鬲十六 76庄白J1	CaⅡ	四期·早段	①12.4 ②16.7 ③7.6	1312	1150	①重环纹②直棱纹③足间三角形转线④直棱纹	i足有扉棱	
38	伯先父鬲	鬲十七 76庄白J1	CaⅡ	四期·早段	①12.8 ②16.7 ③7.8	1023	1150	①重环纹②直棱纹③足间三角形转线④直棱纹	i足有扉棱	
39	善夫吉父鬲	鬲一 40任家J	CaⅡ	四期·早段	①12 ②17 ③7.1	1500	-	①无②兽面纹③无④无	i足有扉棱	宣王器
40	善夫吉父鬲	鬲二 40任家J	CaⅡ	四期·早段	①13 ②17.1 ③7	1800	-	①无②兽面纹③无④无	i足有扉棱	宣王器
41	善夫吉父鬲	鬲三 40任家J	CaⅡ	四期·早段	①12 ②16.8	1734	-	①无②兽面纹③无④无	i足有扉棱	宣王器
42	善夫吉父鬲	鬲四 40任家J	CaⅡ	四期·早段	①12.4 ②17 ③6.9	-	-	①无②兽面纹③无④无	i足有扉棱	宣王器
43	善夫吉父鬲	鬲五 40任家J	CaⅡ	四期·早段	①11.3 ②16.7 ③6.8	-	-	①无②兽面纹③无④无	i足有扉棱	宣王器
44	善夫吉父鬲	鬲六 40任家J	CaⅡ	四期·早段	①12 ②16.7 ③6.6	-	-	①无②兽面纹③无④无	i足有扉棱	宣王器

续表

序号	器名	本书名称	类型	分期	①通高②口径③腹深/厘米	重/克	容积/毫升	纹饰①颈②腹③底④足	特征	备注
\multicolumn{11}{c}{鬲}										
45	善夫吉父鬲	鬲七40任家J	CaⅡ	四期·早段	①12.4 ②16.8 ③6.8	-	-	①无②兽面纹③无④足	ⅰ足有扉棱	宣王器
46	它鬲	鬲一58齐家J	Cb	四期·早段	①15.1 ②17.4 ③8	1735	1290	①重环纹②兽面纹③无④无	ⅰ口沿上铸卧兽 ⅱ袋足有扉棱	
47	它鬲	鬲二58齐家J	Cb	四期·早段	①15.4 ②14 ③8	1593	1258	①重环纹②兽面纹③无④无	ⅰ口沿上铸卧兽 ⅱ袋足有扉棱	
\multicolumn{11}{c}{甗}										
1	戈甗	甗55齐家Z	AⅠ	一期·晚段	①43.6 ②28 ③16.4	8159	8500	①弦纹、简化兽面纹②无③无④兽面纹	ⅰ三足分裆ⅱ索状耳	
2	兽面纹甗	甗72刘家M	AⅠ	二期·晚段	①41.2 ②26 ③17.8	4810	4340	①兽面纹②无③无④浮雕兽面纹	ⅰ三足分裆高	
3	六六一六六一甗	甗76贺家M113	AⅠ	二期·晚段	①41.3 ②25.3 ③24.3	6806	6055	①兽面纹②无③无④浮雕兽面纹	ⅰ三足分裆高	器身补铸痕
4	父乙甗	甗78齐家M19	AⅠ	二期·晚段	①39.5 ②26.9 ③16.2	5592	1990+4860	①云纹兽面纹②无③三角铸筋线④兽面纹	ⅰ三足分裆	
5	戜甗	甗75庄白M	AⅠ	三期·早段	①43.7 ②36	7234	10430	①弦纹②无③无④无	无	
6	中伐父甗	甗一60齐家J	AⅡ	三期·晚段	①39.8 ②28.5 ③16	7261	5990	①顾首龙纹②无③无④无	无	
7	犀甗	甗二60齐家J	AⅡ	四期·早段	①45.5 ②33.2 ③26.8	8112	11380	①弦纹②无③无④目纹	无	
8	伯鲜甗	甗33上康J	AⅡ	四期·早段	①52.2 ②35.5 ③35.5	13500	-	①弦纹②无③无④无	无	
9	与仲孝父甗	甗76庄白J2	AⅡ	四期·早段	①47.6 ②31×23.1 ③22.5	10953	10050	①弦纹②无③连四足铸线④椭方形目纹	ⅰ方口甗ⅱ四足分裆高	
10	甗	甗81强家M1	AⅡ	三期·晚段	①28 ②15.3 ③19.3	2966	3600	素光	表面多处疤痕	明器
11	夔纹甗	甗78凤雏J	B	四期·早段	①45.7 ②34.2 ③26.9	10089	11360	①夔纹②弦纹③无④椭方形目纹	ⅰ三足分裆高	

续表

簋

序号	器名	本书简称	类型	分期	①通高②口径③腹深/厘米	重/克	容积/毫升	纹饰①盖②口③颈④腹⑤底⑥足	特征	备注
1	山簋	簋73贺家M1	AaⅠ	一期·晚段	①17.3 ②25 ③13.4	3785	4390	①无②无③勾连雷纹④斜方格乳钉纹⑤无⑥夔纹	ⅰ无耳ⅱ高圈足	
2	乳钉纹簋	簋73美阴M	AaⅡ	一期·晚段	①17.1 ②23.6 ③11.8	2167	3140	①无②无③夔纹④斜方格乳钉纹⑤无⑥兽面纹	ⅰ无耳ⅱ高圈足ⅲ颈中有凸兽首	
3	兽面纹簋	簋二72刘家M	AbⅠ	二期·早段	①14.7 ②20.1 ③10.5	1691	2225	①无②无③④浮雕式兽面纹⑤无⑥长尾夔纹	ⅰ兽首半环耳ⅱ颈中有凸兽首	
4	史臤簋	簋66贺家M	AbⅠ	二期·晚段	①17.2 ②23.3 ③12.6	4187	3505	①无②无③夔纹④兽面纹⑤无⑥夔纹	ⅰ兽首半环耳	
5	用簋	簋二76云塘M20	AbⅠ	二期·晚段	①11.7 ②18.6 ③10.2	2265	2005	①无②无③变形夔纹④兽面纹⑤无⑥夔纹	ⅰ耳下饰蝉纹	
6	兽面纹簋	簋二72刘家M	AbⅠ	二期·晚段	①12.9 ②18.5 ③9.6	1330	1560	①无②无③兽面纹④无⑤无⑥兽面纹	ⅰ兽首半环耳ⅱ颈中有凸兽首	
7	作宝尊簋	簋76贺家Z	AbⅠ	二期·晚段	①14.8 ②20.3 ③11.5	2284	2975	①无②无③兽面纹④无⑤无⑥兽面纹	ⅰ耳首有兽首	
8	兽面纹簋	簋81贺家Z	AbⅠ	二期·晚段	①14.2 ②19.1 ③10.2	1890	2105	①无②无③云纹兽面纹④无⑤网格强筋纹⑥兽面纹	ⅰ耳首有兽首ⅱ颈中有凸兽首	
9	𢔩父戊簋	簋91贺家Z	AbⅠ	二期·晚段	①16.3 ②21.6 ③12.9	4007	3300	①无②无③涡纹④直棱纹⑤无⑥涡纹、变形夔纹、四目瓣纹	ⅰ耳首有兽首ⅱ颈中有凸兽首	
10	涡纹簋	簋96庄白Z	AbⅠ	二期·晚段	①10.2 ②14.6 ③7.7	1124	2870	①无②无③蛇纹、涡纹④直棱纹⑤无⑥蛇纹、涡纹	ⅰ耳首有大耳兽首ⅱ颈中有凸兽首	
11	卫簋	簋73贺家M5	AbⅠ	二期·晚段	①15.4 ②21 ③11.9	2720	2730	①无②无③兽面纹④无⑤无⑥兽面纹	ⅰ兽首半环耳	

续表

簋

序号	器名	本书简称	类型	分期	①通高②口径③腹深/厘米	重/克	容积/毫升	纹饰①盖②口③颈④腹⑤底⑥足	特征	备注
12	涡纹簋	簋77齐家M1	AbⅠ	二期·晚段	①13.4②18.9③9.5	1439	1940	①无②无③四瓣目纹、涡纹④无⑤无⑥目雷纹		
13	梁伯敔簋	簋93贺家Z	AbⅠ	三期·早段	①16.3②24.2③11.8	4118	4210	①无②无③顾首垂冠夔纹④无⑤无⑥无		
14	作宝用簋	簋76贺家M112	AbⅠ	三期·早段	①21.7②19.1③10.7	3775	2700	①顾首龙纹②无③无④顾首龙纹⑤斜方格筋线⑥变形龙纹	i 盖4、腹2、圈足4条席棱	
15	卫簋	簋—75董家J	AbⅠ	三期·早段	①15②22.9③13.4	5552	4290	①窃曲纹②无③变形窃曲纹④无⑤斜方格网状强筋线⑥弦纹		
16	作旅簋	簋—78齐家M19	AbⅠ	三期·早段	①13.9②20③11.3	2810	2685	①无②无③分尾鸟纹④无⑤斜方格强筋线⑥无		
17	作旅簋	簋二78齐家M19	AbⅠ	三期·早段	①14.6②20③11.2	2865	2700	①无②无③分尾鸟纹④无⑤斜方格强筋线⑥无		
18	生史簋	簋—80黄堆M4	AbⅠ	三期·早段	①12.8②19.2③10.7	1859	2195	①无②无③长尾鸟纹、弦纹④无⑤斜方格强筋线⑥弦纹		
19	生史簋	簋二80黄堆M4	AbⅠ	三期·早段	不详	不详	不详	①无②无③长尾鸟纹、弦纹④无⑤斜方格强筋线⑥弦纹		
20	都簋	簋—91齐家M5	AbⅠ	三期·晚段	①10.1②14.5③8.7	850	980	①无②无③弦纹④无⑤无⑥无	i 耳首有兽首	
21	都簋	簋二91齐家M5	AbⅠ	三期·晚段	①10.7②14.4③8.4	969	1020	①无②无③弦纹④无⑤无⑥无	i 耳首有兽首	
22	弦纹簋	簋58双庵Z	AbⅠ	三期·晚段	①11.9②16.2③9.7	1574	1680	①无②无③弦纹④无⑤无⑥无	i 耳首有兽首	
23	弦纹簋	簋73贺家M6	AbⅠ	三期·晚段	①10②12.4③7.8	718	840	①无②无③弦纹④无⑤无⑥无	i 兽首半环耳	

续表

簋

序号	器名	本书简称	类型	分期	①通高②口径③腹深/厘米	重/克	容积/毫升	纹饰①盖②口③颈④腹⑤底⑥足	特征	备注
24	瓦纹簋	簋二74强家J	AbⅡ	三期·早段	①14.4 ②19.6 ③12.6	3086	3690	①无②无③无④瓦棱纹⑤无⑥无	i耳首有兽首	盖失
25	蚊簋	簋80黄堆M16	AbⅡ	三期·早段	①18.1 ②17 ③11.3	3275	3665	①龙纹、瓦棱纹②无③蚊纹④瓦棱纹⑤菱形强筋线⑥无	i耳首有兽首	
26	蚊簋	簋一75庄白M	Ac	三期·早段	①20.3 ②22.3 ③12.3	5062	3435	①后垂冠卷尾大鸟纹②无③无④后垂冠卷尾大鸟纹⑤无⑥弦纹	i竖冠立鸟耳	
27	作宝尊彝簋	簋95黄堆M58	Ac	三期·早段	①13.9 ②21.4 ③10.7	2676	2845	①无②无③无④卷体夔纹⑤长方形强筋线⑥三角云纹	i双凤耳	
28	即簋	簋一74强家J	Ad	三期·早段	①15 ②22.9 ③12.6	4576	5900	①无②无③无④瓦棱纹⑤无⑥无	i兽首耳垂环	盖失
29	窃曲纹簋	簋76庄白J2	Ad	三期·晚段	①19.5 ②22 ③12.7	4131	5550	①瓦棱纹、窃曲纹②窃曲纹③无④瓦棱纹⑤斜方格网状强筋线⑥无	i兽首耳垂环	
30	虐簋	簋一72刘家M	AeⅠ	三期·晚段	①12.9 ②18.1 ③11.6	2136	2235	素光		
31	伯戟簋	簋二75庄白M	AeⅡ	三期·早段	①15.5 ②23.9 ③12.2	2568	3195	①无②无③分尾鸟纹④瓦棱纹⑤无⑥弦纹		
32	伯簋	簋73刘家沟M	AeⅡ	三期·晚段	①15.1 ②21.2 ③11.5	2168	2350	①无②无③窃曲纹④无⑤无⑥无		
33	素面簋	簋78齐村M	AfⅠ	三期·晚段	①6.8 ②12.2 ③4.8	694	410	素光	i形制特殊	疑明器
34	素面簋	簋五81强家M1	AfⅡ	三期·晚段	①8.5 ②14.3 ③7	749	890	素光	器形特殊	疑为明器
35	铜簋	簋95黄堆M55	AfⅢ	三期·晚段	①7.6 ②11.8 ③5	888	360	素光		疑明器
36	作宝彝簋	簋一76云塘M20	B	二期·晚段	①25.7 ②17.2 ③10.5	2739	1905	①弦纹、目纹②无③弦纹、目纹④无⑤无⑥弦纹	i耳首为兽首 ii 圈足下接方形座 iii 方座四角有凸蝉纹	

附表

续表

簋

序号	器名	本书简称	类型	分期	①通高②口径③腹深/厘米	重/克	容积/毫升	纹饰①盖②口③颈④腹⑤底⑥足	特征	备注
37	环带纹方座簋	簋一 84 齐家 J	B	三期·晚段	①35.9 ②24.5 ③13.9	11763	4550	①波带纹、窃曲纹②窃曲纹③无④波带纹⑤⑥斜角纹、波带纹	i 兽首半环耳	
38	环带纹方座簋	簋二 84 齐家 J	B	三期·晚段	①34.5 ②24.8 ③13.3	12023	4510	①环带纹、窃曲纹②窃曲纹③无④环带纹⑤⑥三角云纹、环带纹	i 兽首半环耳	
39	环带纹方座簋	簋三 84 齐家 J	B	三期·晚段	①26.5 ②24.8 ③13.3	9732	4510	①无②窃曲纹③无④环带纹⑤方座⑥三角云纹、环带纹	i 兽首半环耳	盖失
40	环带纹方座簋	簋四 84 齐家 J	B	三期·晚段	①26.7 ②24.7 ③13.6	9945	4470	①无②窃曲纹③无④环带纹⑤⑥三角云纹、环带纹	i 兽首半环耳	盖失
41	瘐簋一	簋一 76 庄白 J1	B	三期·晚段	①36.1 ②22.7 ③11.9	11383	4040	①直棱纹、重环纹②无③重环纹④直棱纹⑤方座⑥浓纹	i 耳首有螺首 ii 圈足下接方形座	
42	瘐簋二	簋二 76 庄白 J1	B	三期·晚段	①36.1 ②22.9 ③11.6	11400	4042	①直棱纹、重环纹②无③重环纹④直棱纹⑤方座⑥浓纹	i 耳首有螺首 ii 圈足下接方形座	
43	瘐簋三	簋三 76 庄白 J1	B	三期·晚段	①35.5 ②22.7 ③12	11056	4020	①直棱纹、重环纹②无③重环纹④直棱纹⑤方座⑥浓纹	i 耳首有螺首 ii 圈足下接方形座	
44	瘐簋四	簋四 76 庄白 J1	B	三期·晚段	①35.9 ②22.7 ③11.8	11452	3890	①直棱纹、重环纹②无③重环纹④直棱纹⑤方座⑥浓纹	i 耳首有螺首 ii 圈足下接方形座	
45	瘐簋五	簋五 76 庄白 J1	B	三期·晚段	①35.7 ②22.9 ③12.1	11187	4025	①直棱纹、重环纹②无③重环纹④直棱纹⑤方座⑥浓纹	i 耳首有螺首 ii 圈足下接方形座	
46	瘐簋六	簋六 76 庄白 J1	B	三期·晚段	①35.4 ②22.7 ③11.7	11782	3895	①直棱纹、重环纹②无③重环纹④直棱纹⑤方座⑥浓纹	i 耳首有螺首 ii 圈足下接方形座	
47	瘐簋七	簋七 76 庄白 J1	B	三期·晚段	①35.6 ②22.9 ③11.7	11164	3950	①直棱纹、重环纹②无③重环纹④直棱纹⑤方座⑥浓纹	i 耳首有螺首 ii 圈足下接方形座	
48	瘐簋八	簋八 76 庄白 J1	B	三期·晚段	①35.6 ②22.9 ③11.7	11905	3940	①直棱纹、重环纹②无③重环纹④直棱纹⑤方座⑥浓纹	i 耳首有螺首 ii 圈足下接方形座	

续表

簋

序号	器名	本书简称	类型	分期	①通高②口径③腹深/厘米	重/克	容积/毫升	纹饰①盖②口③颈④腹⑤底⑥足	特征	备注
49	鈇簋	簋 78 齐家 Z	B	四期·早段	①59.1 ②42.3 ③22.6	59000	25590	①无②无③窃曲纹④直棱纹⑤无⑥窃曲纹	i 圈足下方座饰直棱纹 ii 兽首大耳 iii 方座四角饰兽面纹	
50	伯幾父簋	簋三 81 强家 M1	Ca	三期·早段	①18.3 ②18.4 ③9.6	2640	2860	①小鸟纹②无③小鸟纹④瓦棱纹⑤网格状强筋线⑥无	i 耳为小兽首大耳 ii 圈足下有三小足	
51	伯幾父簋	簋四 81 强家 M1	Ca	三期·早段	①18.3 ②18.1 ③10	2590	2860	①分尾鸟纹②无③分尾鸟纹④瓦棱纹⑤网格状强筋线⑥无	i 耳为小兽首大耳 ii 圈足下有三小足	
52	公臣簋	簋二 75 董家 J	Ca	三期·晚段	①20.6 ②19.8 ③11.2	4291	4055	①瓦棱纹、窃曲纹②无③窃曲纹④瓦棱纹⑤斜方格强筋线⑥无	i 兽首耳垂环 ii 圈足下有三兽面扁足	
53	公臣簋	簋三 75 董家 J	Ca	三期·晚段	①21 ②19.7 ③11	4252	3870	①瓦棱纹、窃曲纹②无③窃曲纹④瓦棱纹⑤斜方格强筋线⑥无	i 兽首耳垂环 ii 圈足下有三兽面扁足	
54	公臣簋	簋四 75 董家 J	Ca	三期·晚段	①15.9 ②19.8 ③11.1	3078	4035	①瓦棱纹、窃曲纹②无③窃曲纹④瓦棱纹⑤斜方格强筋线⑥无	i 兽首耳垂环 ii 圈足下有三兽面扁足	盖失，器底残一小洞
55	公臣簋	簋五 75 董家 J	Ca	三期·晚段	①15.2 ②20.1 ③11.3	3369	3960	①窃曲纹②无③窃曲纹④瓦棱纹⑤斜方格强筋线⑥无	i 兽首耳垂环 ii 圈足下有三兽面扁足	盖失，器底残一小洞
56	中友父簋	簋一 60 齐家 J	Cb	三期·晚段	①23.9 ②19.3 ③11.2	5347	3835	①窃曲纹②无③窃曲纹④瓦棱纹⑤网格状强筋线⑥瓦纹	i 耳首有卷鼻象首 ii 圈足下有三兽面扁足	

·291·

续表

簋

序号	器名	本书简称	类型	分期	①通高②口径③腹深/厘米	重/克	容积/毫升	纹饰①盖②口③颈④腹⑤底⑥足	特征	备注
57	中友父簋	簋二60齐家J	Cb	三期·晚段	①23.4 ②19.4 ③11.4	5430	3865	①窃曲纹、瓦棱纹②无③窃曲纹④瓦棱纹⑤网状强筋线⑥瓦棱纹	i 耳首有卷鼻象首 ii 圈足下有三兽面扁足	
58	友父簋	簋三60齐家J	Cb	三期·晚段	①22.9 ②19.4 ③11.3	5625	3130	①窃曲纹、瓦棱纹②无③窃曲纹④瓦棱纹⑤网状强筋线⑥瓦棱纹	i 耳首有卷鼻象首 ii 圈足下有三兽面扁足	
59	友父簋	簋四60齐家J	Cb	三期·晚段	①21.4 ②19.2 ③11.2	5388	3930	①窃曲纹、瓦棱纹②无③窃曲纹④瓦棱纹⑤网状强筋线⑥瓦棱纹	i 耳首有卷鼻象首 ii 圈足下有三兽面扁足	
60	窃曲纹簋	簋78灵雏J	Cb	三期·晚段	①20.4 ②18 ③10.1	3826	3020	①瓦棱纹②窃曲纹③无④瓦棱纹⑤无⑥斜角云纹	i 兽首半环耳 ii 圈足下有三兽面扁足	
61	夷伯夷簋	簋一81强家M1	Cb	三期·晚段	①21 ②17.5 ③11.3	3119	3360	①顾首夔纹②无③顾首纹④瓦棱纹⑤网格状强筋线⑥无	i 耳首有兽首 ii 圈足下有三兽面扁足	
62	夷伯夷簋	簋二81强家M1	Cb	三期·晚段	①20.7 ②17.3 ③11.5	3932	3400	①顾首夔纹②无③顾首纹④瓦棱纹⑤网格状强筋线⑥无	i 耳首有兽首 ii 圈足下有三兽面小足	
63	散车父簋	簋一60召陈J	Cb	三期·晚段	①20.5 ②19.6 ③11	5574	4000	①窃曲纹、瓦棱纹②无③窃曲纹④瓦棱纹⑤无⑥窃曲纹	i 耳首有兽首 ii 圈足下有三兽面扁足	
64	散车父簋	簋二60召陈J	Cb	三期·晚段	①20.7 ②19.1 ③11.4	5769	3980	①窃曲纹、瓦棱纹②无③窃曲纹④瓦棱纹⑤无⑥窃曲纹	i 耳首有兽首 ii 圈足下有三兽面扁足	
65	散车父簋	簋三60召陈J	Cb	三期·晚段	①21 ②19.1 ③11.4	6236	3870	①窃曲纹、瓦棱纹②无③窃曲纹④瓦棱纹⑤无⑥窃曲纹	i 耳首有兽首 ii 圈足下有三兽面扁足	

续表

簋

序号	器名	本书简称	类型	分期	①通高②口径③腹深/厘米	重/克	容积/毫升	纹饰①盖②口③颈④腹⑤底⑥足	特征	备注
66	散车父簋	簋四60召陈J	Cb	三期·晚段	①22.8 ②19.2 ③11.7	5389	3910	①重环纹、瓦棱纹②无③颈环纹④瓦棱纹⑤网状强筋线⑥重环纹	ⅰ耳首有兽首ⅱ圈足下有三扁环	
67	窃曲纹簋	簋80黄堆M1	Cb	四期·早段	①20 ②17.7 ③9.6	3490	2830	①窃曲纹②无、瓦棱纹③窃曲纹④瓦棱纹⑤斜方格强筋线⑥斜角云纹	ⅰ耳首有卷口兽首ⅱ圈足中间有凸起兽首ⅲ圈足下有三小足	
68	鼄叔山父簋	簋六60召陈J	Cb	四期·早段	①21.1 ②17.8 ③10.7	4782	3140	①重环纹②无③重环纹④瓦棱纹⑤无⑥重环纹	ⅰ耳首有螺角兽首ⅱ圈足下有三扁足	
69	鼄叔山父簋	簋七60召陈J	Cb	四期·早段	①14.7 ②17.6 ③10.6	4831	3290	①无②无③重环纹④瓦棱纹⑤无⑥重环纹	ⅰ耳首有螺角兽首ⅱ圈足下有三扁足	盖失
70	鼄叔山父簋	簋八60召陈J	Cb	四期·早段	①14.6 ②17.9 ③10.4	4175	3190	①无②无③重环纹④瓦棱纹⑤无⑥重环纹	ⅰ耳首有螺角兽首ⅱ圈足下有三扁足	盖失
71	窃曲纹簋	簋五60齐家J	Cb	四期·早段	①21.8 ②18.6 ③11.2	4946	3700	①窃曲纹②无③窃曲纹④瓦棱纹⑤网状强筋线⑥重环纹	ⅰ耳首有螺角形兽首ⅱ圈足下有三兽面扁足	
72	窃曲纹簋	簋六60齐家J	Cb	四期·早段	①21.1 ②18.3 ③11.7	5062	3610	①窃曲纹②无③窃曲纹④瓦棱纹⑤网状强筋线⑥重环纹	ⅰ耳首有螺角形兽首ⅱ圈足下有三兽面扁足	
73	窃曲纹簋	簋七60齐家J	Cb	四期·早段	①16.5 ②18.2 ③11.8	4053	3580	①无②无③窃曲纹④瓦棱纹⑤网状强筋线⑥重环纹	ⅰ耳首有螺角形兽首ⅱ圈足下有三兽面扁足	盖失

续表

附 表

簋

序号	器名	本书简称	类型	分期	①通高②口径③腹深/厘米	重/克	容积/毫升	纹饰①盖②口③颈④腹⑤底⑥足	特征	备注
74	窃曲纹簋	簋八 60 齐家 J	Cb	四期·早段	①16.6 ②18.3 ③12.1	4530	3810	①无②无③窃曲纹④瓦棱纹⑤网状强筋线⑥重环纹	i 耳首有螺角形兽首ii圈足下有三兽面扁足	盖失
75	重环纹簋	簋五 60 召陈 J	Cb	四期·早段	①17.2 ②19.3 ③12	4129	3885	①无②无③重环纹④瓦棱纹⑤网状强筋线⑥重环纹	i 耳首有兽首ii圈足下有三兽面扁足	盖失
76	周伐山父簋	簋一 61 齐家 J	Cb	四期·早段	①16.8 ②19 ③11.4	4178	不详	①无②无③重环纹④瓦棱纹⑤无⑥重环纹	i 耳首有螺角兽首ii圈足下有三兽面扁足	盖失，周青重量1178误
77	周伐山父簋	簋二 61 齐家 J	Cb	四期·早段	①16.3 ②19.4 ③11.5	3926	3840	①无②无③重环纹④瓦棱纹⑤无⑥重环纹	i 耳首有螺角兽首ii圈足下有三兽面扁足	盖失
78	此簋	簋六 75 董家 J	Cb	四期·早段	①23.8 ②19.5 ③12.1	6145	4090	①瓦棱纹②无③重环纹④瓦棱纹⑤无⑥重环纹	i 耳首有兽首ii圈足下有三兽面扁足	
79	此簋	簋七 75 董家 J	Cb	四期·早段	①25.7 ②19.8 ③11.89	4929	4035	①瓦棱纹②无③重环纹④瓦棱纹⑤无⑥重环纹	i 耳首有兽首ii圈足下有三兽面扁足	
80	此簋	簋八 75 董家 J	Cb	四期·早段	①16.5 ②19.4 ③12.1	3669	4375	①瓦棱纹②无③重环纹④瓦棱纹⑤无⑥重环纹	i 耳首有兽首ii圈足下有三兽面扁足	盖失
81	此簋	簋九 75 董家 J	Cb	四期·早段	①16.5 ②19.8 ③11.8	3703	4035	①瓦棱纹②无③重环纹④瓦棱纹⑤无⑥重环纹	i 耳首有兽首ii圈足下有三兽面扁足	盖失
82	此簋	簋十 75 董家 J	Cb	四期·早段	①17.6 ②19.8 ③12	4732	4075	①瓦棱纹②无③重环纹④瓦棱纹⑤无⑥重环纹	i 耳首有兽首ii圈足下有三兽面扁足	盖失
83	此簋	簋十一 75 董家 J	Cb	四期·早段	①17.4 ②20 ③12.2	4645	4130	①瓦棱纹②无③重环纹④瓦棱纹⑤无⑥重环纹	i 耳首有兽首ii圈足下有三兽面扁足	盖失
84	此簋	簋十二 75 董家 J	Cb	四期·早段	①17.6 ②19.8 ③12.4	4789	4055	①瓦棱纹②无③重环纹④瓦棱纹⑤无⑥重环纹	i 耳首有兽首ii圈足下有三兽面扁足	盖失

续表

簋

序号	器名	本书简称	类型	分期	①通高②口径③腹深/厘米	重/克	容积/毫升	纹饰①盖②口③颈④腹⑤底⑥足	特征	备注
85	此簋	簋十三 75 董家 J	Cb	四期·早段	① 17.3 ② 19.8 ③ 12.2	4170	4085	①瓦棱纹②口③颈④重环纹④瓦棱纹⑤无⑥重环纹	i 耳首有兽首 ii 圈足下有三兽面扁足	盖失
86	旅仲簋	簋十四 75 董家 J	Cb	四期·早段	① 17.1 ② 19.6 ③ 11.3	4080	3805	①瓦棱纹②口③颈④重环纹④瓦棱纹⑤无⑥重环纹	i 耳首有兽首 ii 圈足下有三兽面扁足	盖失
87	窃曲纹簋	簋一 87 庄李 J	Cb	四期·早段	① 23.8 ② 19.6 ③ 12.7	5475	4860	①窃曲纹②瓦棱纹③无④瓦棱纹⑤X形强筋线⑥重环纹	i 兽首半环耳 ii 圈足下有三兽面扁足	
88	窃曲纹簋	簋二 87 庄李 J	Cb	四期·早段	① 18.3 ② 20.6 ③ 12.2	4217	4445	①无②窃曲纹③无④瓦棱纹⑤X形强筋线⑥三角云纹	i 兽首半环耳 ii 圈足下有三兽面扁足	
89	重环纹簋	簋一 63 庄白李 Z	Cb	四期·早段	① 16.3 ② 18.5 ③ 11.3	4105	4290	①无②无③重环纹④瓦棱纹⑤无⑥重环纹	i 耳首有螺角兽首 ii 圈足下有三小足	盖失
90	重环纹簋	簋二 63 庄白李 Z	Cb	四期·早段	① 16.4 ② 18.2 ③ 11.7	3920	4270	①无②无③重环纹④瓦棱纹⑤无⑥重环纹	i 耳首有螺角兽首 ii 圈足下有三小足	盖失
91	重环纹簋	簋三 63 庄白李 Z	Cb	四期·早段	① 24.2 ② 20.5 ③ 11.2	4486	3790	①无②无③重环纹④瓦棱纹⑤无⑥重环纹	i 耳首有螺角兽首 ii 圈足下有三小足	
92	恒簋盖	盖一 74 强家 J	-	西中	① 6.2 ② 20.2	1228		①瓦棱纹	i 捉手有 2 孔	
93	恒簋盖	盖二 74 强家 J	-	西中	① 6.6 ② 20.1	901		①瓦棱纹	无	
94	周伐父簋盖	盖一 84 齐家 J	-	晚期	① 8 ② 20.6	1178		①瓦棱纹、重环纹		
95	周伐父簋盖	盖二 84 齐家 J	-	晚期	① 8.1 ② 20.8	1313		①瓦棱纹、重环纹		
96	周伐父簋盖	盖三 84 齐家 J	-	晚期	① 7.5 ② 21.2	1094		①瓦棱纹、重环纹		
97	窃曲纹簋盖	簋盖 87 庄李 J	-	晚期				①窃曲纹瓦棱纹		

续表

豆

序号	器名	本书简称	类型	分期	①通高②口径③盘深/厘米	重/克	容积/毫升	纹饰①口②柄③底④足	特征	备注
1	镂空花陀豆	豆66苻镇J	A	三期·晚段	①14.6 ②21.5 ③3.2	1901	860	①重环纹②夔纹、环带纹③镂空④无	i柄纹饰镂空	
2	重环纹豆	豆一75董家J	A	四期·早段	①16.2 ②23 ③5.4	1760	1525	①重环纹②夔纹、重环纹③无④无	i柄纹饰镂空	
3	重环纹豆	豆二75董家J	A	四期·早段	①16.2 ②22 ③5.7	1831	1430	①重环纹②夔纹、重环纹③无④无	i柄纹饰镂空	
4	瘌豆	豆76庄白J1	B	三期·晚段	①14 ②27.5 ③5.3	1938	2205	①重环纹②波带纹③无④无	i柄纹饰镂空	
5	重环纹豆	豆74瑶家J	B	四期·早段	①15.2 ②27 ③4.9	1764	2000	①重环纹②环带纹③无④云纹	i柄纹饰镂空	

盨

序号	器名	本书简称	类型	分期	①通高②口径③深/厘米	重/克	容积/毫升	纹饰①盖②口③颈④腹⑤底⑥足	特征	备注
1	瘌盨	盨一76庄白J1	AI	三期·早段	①12.4 ②23.5×17 ③8.9	3301	3470	①无②分尾鸟纹③无④瓦棱纹⑤无⑥无		盖失
2	瘌盨	盨二76庄白J1	AI	三期·早段	①12.3 ②23.8×17.1 ③8.8	3306	3140	①无②分尾鸟纹③无④瓦棱纹⑤无⑥无		盖失,器口有残缺
3	瓦纹盨	盨82齐家J	AII	三期·晚段	①16 ②23.5×15.9 ③10	3076	3480	①无②瓦棱纹③瓦棱纹④瓦棱纹⑤X形强筋线⑥无	i圈足下饰四兽首小足	盖失
4	仲太师盨	盨一76庄白J2	AII	四期·早段	①12.5 ②22.5×17.5 ③8.1	1876	2430	①无②重环纹③瓦棱纹④瓦棱纹⑤斜方格网状强筋线⑥无	i圈足下饰四小足	盖失
5	伯多父盨	盨一76云塘J	BI	四期·早段	①21.6 ②25×16.9 ③10.3	7766	4220	①瓦棱纹、窃曲纹②无③窃曲纹④瓦棱纹⑤无⑥云纹	i卷耳兽首耳	
6	伯多父盨	盨二76云塘J	BI	四期·早段	①21.1 ②24.8×16.8 ③10.4	6840	4080	①瓦棱纹、窃曲纹②无③窃曲纹④瓦棱纹⑤无⑥云纹	i卷耳兽首耳	

续表

盨

序号	器名	本书简称	类型	分期	①通高②口径③深/厘米	重/克	容积/毫升	纹饰①盖②口③颈④腹⑤底⑥足	特征	备注
7	伯多父盨	盨三76云塘J	BⅠ	四期·早段	①20.8 ②24.9×16.7 ③10.4	7367	4100	①瓦棱纹、窃曲纹②无③窃曲纹④瓦棱纹⑤无⑥云纹	i 卷耳兽首耳	
8	伯多父盨	盨四76云塘J	BⅠ	四期·早段	①21.2 ②24.6×16.7 ③10.4	7148	4150	①瓦棱纹、窃曲纹②无③窃曲纹④瓦棱纹⑤无⑥云纹	i 卷耳兽首耳	
9	重环纹盨	盨五76云塘J	BⅠ	四期·早段	①18.7 ②22.3×14.5 ③8.5	4295	2655	①瓦棱纹②无③无④瓦棱纹⑤斜方格网状强筋线⑥卷曲云纹	i 螺角兽首耳	
10	伯公父盨盖	盨盖76云塘J	-	四期·早段	①8 ②23.4×15.5	1437	-	①瓦棱纹、顾首夔纹		盖失
11	伯车父盨	盨一73贺家M3	BⅠ	四期·早段	①10.3 ②22.9×18.1 ③8.8	3126	2795	①无②重环纹③无④瓦棱纹⑤X形强筋线⑥无		盖失
12	伯车父盨	盨二73贺家M3	BⅠ	四期·早段	①10.3 ②22.9×18.1 ③8.8	3126	2795	①无②重环纹③无④瓦棱纹⑤菱形网纹强筋线⑥无		
13	伯车父盨	盨50马家Z	BⅠ	四期·早段	①16 ②22.9×16.3 ③8.3	3764	2740	①瓦棱纹、重环纹②无③重环纹④瓦棱纹⑤无⑥无		
14	伯宾父盨	盨一78凤雏J	BⅡ	四期·早段	①16.4 ②22×15.1 ③8.7	3375	2700	①瓦棱纹②重环纹③对角强筋线④瓦棱纹⑤无⑥无	i 盖上有四矩尺形钮	
15	伯宾父盨	盨二78凤雏J	BⅡ	四期·早段	①16.6 ②22.2×14.8 ③8.7	3336	2510	①瓦棱纹②重环纹③对角强筋线④瓦棱纹⑤无⑥无	i 盖上有四矩尺形钮	

簠

序号	器名	本书简称	类型	分期	①通高②口径③深/厘米	重/克	容积/毫升	纹饰①盖②口③颈④腹⑤底⑥足	特征	备注
1	窃纹簠	簠81任家Z	A	三期·晚段	①8.4 ②25.7×19.5 ③5.9	1571	1530	①无②重环纹③无④夔纹⑤X形强筋线⑥垂鳞纹	i 腹两侧细环耳	
2	[图]簠	簠60齐家J	A	四期·早段	①9.8 ②25.7×22.6 ③7	2130	2070	①无②重环纹③无④波带纹⑤对角双线筋⑥垂鳞纹	i 腹两侧环形耳	盖失

续表

簋

序号	器名	本书简称	类型	分期	①通高②口径③深/厘米	重/克	容积/毫升	纹饰①无②重环纹③环带纹④无⑤无⑥足	特征	备注
3	重环纹簋	簋52庄白Z	A	四期·早段	①9.3 ②27×22.3 ③6	1981	1770	①无②重环纹③环带纹④无⑤无⑥垂鳞纹	i 腹两侧细环耳	盖失
4	伯公父簋	簋77云塘Z	A	四期·早段	①19.9 ②22.9×28.1 ③6.4		2180	①同器身②重环纹③无④环带纹⑤窃曲纹⑥垂鳞纹	i 盖及腹两侧各2细环耳	《周青》28479，重误
5	伯鹛父簋	簋81齐镇Z	A	四期·早段	①10.4 ②28×22.6 ③6.6	2153	2210	①无②重环纹③无④无⑤无⑥垂鳞纹	i 腹两侧细环耳	
6	炭姒簋	簋76庄白J2	B	四期·早段	①9 ②28.7×24.3 ③5.6	1686	2125	①无②弦纹③无④无⑤无⑥无	i 腹两侧绚索细环耳	盖失

二、酒器

罍

序号	器名	本书简称	类型	分期	①通高②口径③腹深/厘米	重/克	容积/毫升	纹饰①盖②腹③颈④底⑤足	特征	备注
1	兽面纹罍	罍72京当J	AⅠ	一期·早段	①22.2 ②16.6 ③10.1	1537	1000	①无②兽面纹③兽面纹④无⑤无	i 口上菌状铸饰火纹ii三足均残	
2	凤柱罍	罍73贺家M1	AⅡ	一期·晚段	①41 ②19.5 ③16	2853	2280	①无②兽面纹③兽面纹④无⑤无	i 口上两柱各饰一高冠凤鸟ii兽首鋬	器内有鋬周形接点
3	折罍	罍76庄白J1	B	二期·晚段	①35 ②18.5 ③17.8	5530	4360	①目纹，斜角云纹②浆纹③兽面纹④无⑤倒"V"形弦纹	i 口上伞状柱饰火纹，三角云纹ii兽首鋬饰云纹	器身补范

续表

罍

序号	器名	本书简称	类型	分期	①通高②口径③腹深/厘米	重/克	容积/毫升	纹饰①盖②口③颈④肩⑤腹⑥底⑦足	特征	备注
1	涡纹罍	罍73贺家M1	Aa	一期·晚段	①37.7 ②15.3 ③36.2	7215	15080	①无②无③弦纹④圆凸涡纹、弦纹⑤无⑥无⑦无	i 肩部兽首半环耳 ii 腹下兽首环鋬	
2	夔纹罍	罍66贺家M	AbⅠ	二期·晚段	①33.6 ②16.6 ③24.4	4832	7010	①无②无③弦纹④鸱纹⑤兽面纹⑥无⑦长体卷尾夔纹	i 肩部兽首半环耳 ii 腹下兽首环鋬	
3	夔纹罍	罍一60齐家J	AbⅡ	三期·早段	①47.5 ②23 ③41.5	19411	27760	①无②无③波带纹④弦纹、夔纹⑤夔纹、蕉叶蝉纹⑥无⑦弦纹	i 肩部兽首耳衔环	
4	夔纹罍	罍二60齐家J	AbⅡ	三期·早段	①47 ②23 ③41.5	19550	22280	①无②无③波带纹④弦纹、夔纹⑤夔纹、蕉叶蝉纹⑥无⑦弦纹	i 肩部兽首耳衔环	
5	涡纹罍	罍一75齐家Z	AbⅡ	三期·早段	①45.6 ②22.8 ③37.7	20475	25261	①无②无③弦纹④涡纹、顾首夔纹⑤蕉叶纹⑥无⑦弦纹	i 肩部兽首半环耳垂环	盖失
6	涡纹罍	罍二75齐家Z	AbⅡ	三期·早段	①45 ②23.2 ③37.4	20600	25100	①无②无③弦纹④涡纹、顾首夔纹⑤蕉叶纹⑥无⑦弦纹	i 肩部兽首半环耳垂环	盖失
7	涡纹罍	罍一97齐家Z	AbⅡ	三期·早段	①46.5 ②22 ③38.7	18625	25740	①无②无③弦纹④涡纹⑤无⑥无⑦弦纹	i 肩部兽首半环耳垂环	盖失
8	涡纹罍	罍二97齐家Z	AbⅡ	三期·早段	①46.9 ②22.3 ③39.4	17000	26675	①无②无③弦纹④涡纹⑤无⑥无⑦弦纹	i 肩部兽首半环耳垂环	盖失
9	陵方罍	罍76庄白J1	B	二期·早段	①38.2 ②14.7×13.8 ③33	7793	10810	①无②无③弦纹④涡纹⑤无⑥无⑦弦纹	i 肩部兽首耳衔环	

续表

甗

序号	器名	本书简称	类型	分期	①通高②口径③腹深/厘米	重/克	容积/毫升	纹饰①盖②颈③肩④腹⑤底⑥足	特征	备注
1	素甗	甗73贺家M1			①19.5 ②17.4 ③16.1	3147	4390	①无②弦纹③弦纹④凹棱⑤无⑥无		

尊

序号	器名	本书简称	类型	分期	①通高②口径③腹深/厘米	重/克	容积/毫升	纹饰①口②颈③腹④底⑤足	特征	备注
1	商尊	尊一76庄白J1	AaⅠ	二期·早段	①30.5 ②23.7 ③22.9	5773	3280	①蕉叶纹②夔纹③兽面纹④斜方格网状强筋纹⑤兽面纹	ⅰ四角有扉棱	
2	折尊	尊二76庄白J1	AaⅠ	二期·晚段	①32.8 ②25.9 ③24.7	7883	3650	①蕉叶纹②顾首龙纹③兽面龙纹④无⑤顾首龙纹	ⅰ四角有扉棱	
3	祖丁尊	尊76云塘M20	AaⅡ	二期·晚段	①27.6 ②22 ③20.9	3473	2630	①无②弦纹③兽面纹④方格形强筋线⑤弦纹		
4	凡尊	尊50礼村Z	AaⅡ	二期·晚段	①26.9 ②20.4 ③20.6	2266	2190	①无②弦纹③无、兽面纹④无⑤夔纹	ⅰ颈部及圈足有4扉棱	
5	瞀尊	尊一72刘家M	AaⅡ	二期·晚段	①20 ②17.5 ③16.6	1469	1610	①无②弦纹③云雷纹④三角形强筋线⑤弦纹	ⅰ颈中有凸起兽首	
6	楠季遽父尊	尊二72刘家M	AaⅡ	三期·早段	①23.6 ②19.7 ③18.7	2295	2120	①无②弦纹③无④无⑤弦纹		
7	季盎尊	尊三72刘家M	AaⅡ	三期·早段	①21.4 ②18.5 ③17.6	2407	1850	①无②弦纹③凸棱纹④无⑤弦纹		
8	史迭尊	尊76云塘M10	Ab	三期·早段	①20.9 ②19.6 ③19.3	2172	2650	①无②无③弦纹④无⑤无	ⅰ颈中有凸起兽首	
9	丰尊	尊三76庄白J1	Ab	三期·早段	①16.7 ②16.7 ③14.6	1637	1505	①蕉叶纹、卷尾鸟纹②垂冠小鸟纹③垂冠大鸟纹④长方格强筋线⑤无	ⅰ颈中有凸起兽首	

续表

尊

序号	器名	本书简称	类型	分期	①通高②口径③腹深/厘米	重/克	容积/毫升	纹饰①口②颈③腹④底⑤足	特征	备注
10	作宝彝尊	尊78齐家M19	Ab	三期·晚段	①18.7 ②17.9 ③15.1	1860	1670	①无②顾首花纹③无④菱形强筋纹⑤无	ⅰ颈中有凸起兽首	
11	卸尊	尊91齐家M5	Ab	三期·晚段	①14 ②14.2 ③12.7	874	1090	①无②浚纹③无④无⑤无⑥无	ⅰ四角有扉棱	
12	日己方尊	尊62齐家J	B	三期·早段	①29 ②24.8 ③22.4	8750	3950	①无②蕉叶纹③兽面纹④X形强筋纹⑤夔纹		
13	牛尊	尊63贺家Z	C	三期·早段	①24 ②38 ③10.7	6743	1440	盖饰顾首夔纹、器身饰变形夔纹		

卣

序号	器名	本书简称	类型	分期	①通高②口径③腹深/厘米	重/克	容积/毫升	纹饰①盖②沿③颈④腹⑤底⑥足	特征	备注
1	𡧦卣	卣一73贺家M1	AⅠ	一期·晚段	①21.6 ②8.1×6.7 ③11.2	1800	6501	①兽面纹②夔纹③颈④兽面纹⑤无⑥夔纹	ⅰ提梁饰长身夔纹ⅱ盖、器、底均有四条扉棱	
2	商卣	卣一76庄白J1	AⅠ	二期·早段	①35 ②14×16.2 ③20.7	8050	4700	①兽面纹②夔纹③无④兽面纹⑤网格状强筋纹⑥夔纹	ⅰ花蕾盖钮ⅱ提梁饰夔纹ⅲ有四道扉棱	
3	夔纹提梁卣	卣二73贺家M1	AⅡ	一期·晚段	①31.2 ②13.3×11.3 ③17.3	3637	3090	①夔纹②蕉叶纹③射身夔纹④无⑤无⑥射身夔纹	ⅰ索状提梁ⅱ圈足有四条扉棱	
4	兽面纹卣	卣73美阴M	BⅠ	一期·晚段	①24 ②12×9.5 ③13	1650		①无②无③无④兽面纹⑤无⑥无	ⅰ索状提梁ⅱ有四条扉棱	在博物馆被盗
5	伯卣	卣75召李M1	BⅠ	二期·晚段	①20.6 ②11×8.6 ③11.1	1933	1200	①兽面纹②夔纹③涡纹④兽面纹⑤无⑥龙纹	ⅰ提梁饰蝉纹	

续表

卣

序号	器名	本书简称	类型	分期	①通高②口径③腹深/厘米	重/克	容积/毫升	纹饰①盖②沿③颈④腹⑤底⑥足	特征	备注
6	作旅彝卣	卣76云塘M20	BⅡ	三期·早段	①28.6 ②14.2×10.5 ③16.1	3113	2650	①顾首夔纹②无③顾首夔纹④无⑤无⑥无	ⅰ盖两侧有角状凸起ⅱ颈中有兽首	
7	檀季遽父卣	卣二72刘家M	BⅡ	三期·早段	①28 ②14.5×11.2 ③16	3902	2540	①弦纹②无③弦纹④无⑤无⑥弦纹		
8	檀季遽父卣	卣二72刘家M	BⅡ	三期·早段	①21.8 ②11×8.5 ③12.5	2028	1150	①弦纹②无③弦纹④无⑤无⑥弦纹		
9	丰卣	卣76庄白J1	BⅡ	三期·早段	①21 ②11.2×8.7 ③11.8	2531	1415	①嘴蛇②顾首凤鸟纹③垂冠分尾凤鸟纹④垂冠⑤长方格强筋线⑥无		
10	作宝尊彝卣	卣78齐家M19	BⅡ	三期·早段	①22.8 ②13.5×10.3 ③12.9	2996	2120	①顾首龙纹②无③无④无⑤斜方格强筋线⑥弦纹	ⅰ提梁饰变形蝉纹ⅱ盖两侧有角状凸起ⅲ颈中有兽首	
11	阖卣	卣76云塘M13	BⅡ	三期·晚段	①24.3 ②12.8×9 ③13.9	1973	1720	①无②无③云纹④无⑤福纹⑥弦纹	ⅰ提梁饰蝉纹ⅱ颈中有兽首	盖失
12	鄯卣	卣91齐家M5	BⅡ	三期·晚段	①17.7 ②9.4 ③9.7	1399	910	①弦纹②无③弦纹④无⑤无⑥无	ⅰ盖两侧有角状凸起ⅱ颈中有兽首ⅲ盖纽顶饰涡纹	

瓿

序号	器名	本书简称	类型	分期	①通高②口径③腹深/厘米	重/克	容积/毫升	纹饰①口②颈③腹④底⑤足	特征	备注
1	瓿	瓿72京兰J	AⅠ	一期·早段	①22.6 ②15.5 ③17.5	2598	3275	①无②无③兽面纹，连珠纹④无⑤无	ⅰ圈足有3个十字形孔	
2	镂空目云纹瓿	瓿四76庄白J1	AⅠ	二期·早段	①23.4 ②13 ③16.8	346	-	①无②无③无④无⑤变形夔纹、目纹、三角云纹		

续表

觚

序号	器名	本书简称	类型	分期	①通高②口径③腹深/厘米	重/克	容积/毫升	纹饰①口②无③颈③腹④底⑤足	特征	备注
3	盂父乙觚	觚三 76 庄白 J1	AⅡ	二期·早段	①25.3 ②13.2 ③18.4	529	338	①无②无③无④无⑤夔纹、目雷纹		
4	兽面纹觚	觚五 76 庄白 J1	AⅡ	二期·早段	①22.8 ②12.8 ③16	540	-	①无②无③无④无⑤兽面纹		
5	目纹觚	觚六 76 庄白 J1	AⅡ	二期·晚段	①24.9 ②13.1 ③19.1	310	355	①无②无③无④无⑤三层目纹		
6	鳞纹觚	觚七 76 庄白 J1	AⅡ	二期·晚段	①24.5 ②13.3 ③24.5	406	230	①无②无③无④无⑤垂鳞纹		
7	亚牧觚	觚一 91 齐家 M5	B	二期·早段	①20.7 ②12.6 ③13.8	450	280	①无②无③无④无⑤兽面纹、弦纹④无⑤无		
8	亚牧觚	觚二 91 齐家 M5	B	二期·早段	①20.1 ②12.4 ③13.8	450	280	①无②无③兽面纹④无⑤无		
9	図父已觚	觚 53 礼村 Z	B	二期·早段	①28.8 ②16 ③18.3	1191	530	①蕉叶纹②蛇纹③兽面纹④无⑤兽面纹	i 腹及底四条扉棱	
10	蕉叶纹觚	觚一 76 庄白 J1	B	二期·晚段	①29.8 ②15.7 ③21.2	1498	390	①蕉叶纹②长尾小鸟纹③无④无⑤卷尾鸟纹		
11	蕉叶纹觚	觚二 76 庄白 J1	B	二期·晚段	①29.8 ②15.7 ③21.1	1498	358	①蕉叶纹②长尾小鸟纹③无④无⑤卷尾鸟纹		

续表

觯

序号	器名	本书简称	类型	分期	①通高②口径③腹深/厘米	重/克	容积/毫升	纹饰①口②颈③腹④底⑤足	特征	备注
1	盖觯	觯一76庄白J1	AaⅠ	二期·早段	①19.1 ②8.5 ③16.9	473	230	①蕉叶纹②夔纹③无④无⑤无		
2	夔纹觯	觯78齐家M19	AaⅠ	三期·早段	①17.4 ②8.3 ③15.9	500	135	①无②顾首龙纹③无④无⑤无		
3	素面觯	觯91齐家M5	AaⅠ	三期·晚段	①16.9 ②8.3 ③14.7	242	210	素光		
4	蕉叶纹觯	觯二76庄白J1	AaⅡ	二期·晚段	①15.2 ②8.1 ③13.3	357	147	①蕉叶纹②分尾小鸟纹③无④无⑤无		
5	蕉叶纹觯	觯75庄白M	AaⅡ	三期·早段	①20.4 ②9.6 ③17.7	428	275	①蕉叶纹②鸟纹③无④无⑤无		
6	带盖觯	觯三72刘家M	AbⅠ	三期·早段	①16.5 ②6.6 ③10.6	329	259	①无②雷纹③无④无⑤无		口微残
7	素面觯	觯75召李M1	AbⅠ	二期·晚段	①15.9 ②7.4 ③12.6	401	200	素光		有盖
8	仵中觯	觯一72刘家M	AbⅠ	二期·晚段	①15.1 ②7.9 ③13	282	270	素光		
9	云雷纹觯	觯76云塘M13	AbⅠ	三期·晚段	①16 ②7.4 ③14.2	265	185	①无②雷纹、弦纹③无④无⑤弦纹		
10	弦纹觯	觯二72刘家M	AbⅡ	二期·早段	①12 ②7 ③9.9	243	160	①无②弦纹③无④无⑤无		
11	觯	觯76云塘M10	AbⅡ	三期·晚段	①10.1 ②4.6 ③8.2	234	75	素光		
12	父己觯	觯60齐家M8	BaⅠ	二期·晚段	①16.5 ②6.7 ③13.5	396	215	①无②云雷纹③无④无⑤弦纹		
13	素面觯	觯76贺家Z	BaⅡ	三期·晚段	①13.5 ②5.5 ③10.5	274	185	素光		
14	素面觯	觯74贺家Z	Bb	二期·早段	①10 ②7×5.8 ③8.4	251	225	素光		
15	父己觯	觯75庄白Z	Bb	二期·晚段	①9.5	233	215	素光		

·303·

续表

爵

序号	器名	本书简称	类型	分期	①通高②长③腹深/厘米	重/克	容积/毫升	纹饰①口②颈③腹④底⑤足	特征	备注
1	爵	爵72京当J	A	一期·早期	①22.4②7.8③11.1	576	190	①无②兽面纹③兽面纹、连珠纹④无⑤无	ⅰ三刀形足ⅱ伞状单柱③立于流ⅳ口单鋬	
2	父庚爵	爵一91齐家M5	BaⅠ	二期·早段	①22.3②-③8.4	824	170	①无②无③兽面纹④无⑤无	ⅰ三刀形足ⅱ双伞状柱立于流口饰涡纹ⅳ兽首半环鋬	
3	牧父乙爵	爵二91齐家M5	BaⅠ	二期·早段	①21②-③9.3	658	195	①②③兽面纹④无⑤无	ⅰ三刀形足ⅱ双伞状柱立于流口饰涡纹ⅳ兽首半环鋬	
4	◇爵	爵一76庄白J1	BaⅠ	二期·晚段	①21.7②16.3③6.5	620	165	①无②简化兽面纹③简化兽面纹④无⑤无	ⅰ三刀形足ⅱ双伞状柱立于流口ⅳ兽首半环鋬	
5	丰爵	爵二76庄白J1	BaⅠ	三期·早段	①21②17.5③10	768	235	①无②后垂冠鸟纹③无④无⑤无	ⅰ三刀形足ⅱ双伞状柱立于流口ⅳ兽首半环鋬	
6	丰爵	爵三76庄白J1	BaⅠ	三期·早段	①20②16.7③9.6	795	165	①无②后垂冠鸟纹③无④无⑤无	ⅰ三刀形足ⅱ双伞状柱立于流口ⅳ兽首半环鋬	
7	丰爵	爵四76庄白J1	BaⅠ	三期·早段	①21.3②17③8	740	185	①无②分尾小鸟纹③无④无⑤无	ⅰ三刀形足ⅱ双伞状柱立于流口ⅳ兽首半环鋬	
8	墙爵	爵七76庄白J1	BaⅠ	三期·早段	①20.6②16.8③9.2	858	160	①无②无③垂冠分尾鸟纹④无⑤无	ⅰ三刀形足ⅱ双伞状柱立于流口饰涡纹ⅳ兽首半环鋬	

续表

爵

序号	器名	本书简称	类型	分期	①通高②长③腹深/厘米	重/克	容积/毫升	纹饰①口②颈③腹④底⑤足	特征	备注
9	墙爵	爵八76庄白J1	BaⅠ	三期·早段	①19.5 ②16.8 ③8.7	858	160	①无②无③垂冠分尾鸟纹④无⑤无	i三刀形足ⅱ双伞状柱立于流口饰涡纹ⅲ兽首半环鋬	
10	孟爵	爵九76庄白J1	BaⅠ	三期·晚段	①18.1 ②15.5 ③5.9	630	120	①无②无③弦纹④无⑤无	i三刀形足ⅱ双伞状柱立于流口饰涡纹ⅲ兽首半环鋬	
11	癲爵	爵十76庄白J1	BaⅠ	三期·晚段	①21.8 ②17. ③10.5	1044	165	①无②重环纹③直棱纹④无⑤无	i三刀形足ⅱ双伞状柱立于流口饰涡纹ⅲ兽首半环鋬	
12	兽面纹爵	爵一75庄白M	BaⅡ	二期·早段	①21.5 ②- ③6.7	735	155	①无②无③兽面纹④无⑤无	i三刀形足ⅱ双伞状柱立于流口饰涡纹ⅲ兽首半环鋬	
13	𠭯父辛爵	爵53礼村Z	BaⅡ	二期·早段	①21.5 ②17.1 ③8.9	623	200	①无②无③弦纹④无⑤无	i三刀形足ⅱ双伞状柱立于流口饰涡纹ⅲ兽首半环状近流口	
14	目爵	爵一76云塘M20	BaⅡ	二期·晚段	①22.2 ②- ③7.2	858	165	①无②无③浮雕兽面纹④无⑤无	i三刀形足ⅱ双伞状柱立于流口饰涡纹ⅲ兽首半环鋬	
15	夔纹爵	爵一78齐家M19	BaⅡ	三期·早段	①21.4 ②16.3 ③8.6	791	150	①无②顾首龙纹③无④无⑤无	i三刀形足ⅱ双伞状柱立于流口饰弦纹ⅲ兽首半环鋬	
16	夔纹爵	爵二78齐家M19	BaⅡ	三期·早段	①21.5 ②16.8 ③8	796	156	①无②顾首夔纹③无④无⑤无	i三刀形足ⅱ双伞状柱立于流口饰涡纹ⅲ兽首半环鋬	

·305·

续表

爵

序号	器名	本书简称	类型	分期	①通高②长③腹深/厘米	重/克	容积/毫升	纹饰①口②颈③腹④底⑤足	特征	备注
17	♀父乙爵	爵二 75庄白M	BaⅡ	三期·早段	① 23.2 ② - ③ 9.9	701	190	①无②无③弦纹、目纹④无⑤无	i 三刀形足 ii 双伞状柱立于流口 饰兽面涡纹 兽首半环鋬	
18	父辛爵	爵五 76庄白J1	BaⅡ	三期·早段	① 22.3 ② 17.2 ③ 11.1	1048	180	①蕉叶纹②小鸟纹③直棱纹、小鸟纹④无⑤无	i 三刀形足 ii 双伞状柱立于流口 兽首半环鋬	
19	鸟纹爵	爵六 76庄白J1	BaⅡ	三期·早段	① 22.6 ② 17 ③ 6.1	964	170	①无②垂冠分尾小鸟纹③无④无⑤无	i 三刀形足 ii 双伞状柱立于流口 饰弦纹兽面 兽首半环鋬	
20	効爵	爵一 76云塘M13	BaⅡ	三期·晚段	① 21.9 ② - ③ 7.5	675	180	①无②无③夔形兽面纹④无⑤无	i 三刀形足 ii 双伞状柱立于流口 兽首半环鋬	
21	㿥爵	爵十一 76庄白J1	BaⅡ	三期·晚段	① 21.2 ② 17 ③ 6.5	764	140	①无②无③重环纹④无⑤无	i 三刀形足 ii 双伞状柱立于流口 兽首半环鋬	
22	㿥爵	爵十二 76庄白J1	BaⅡ	三期·晚段	① 21.1 ② 16.5 ③ 6.9	758	140	①无②无③重环纹④无⑤无	i 三刀形足 ii 双伞状柱立于流口 兽首半环鋬	
23	弦纹爵	爵 82齐家Z	BaⅡ	三期·晚段	① 25.8 ② 18.6 ③ 9.5	1214	215	①无②无③弦纹④无⑤无	i 三刀形足 ii 双伞状柱立于流口 兽首半环鋬	
24	父已爵	爵 81庄白李Z	BbⅠ	三期·晚段	① 21 ② 16.7 ③ 8.5	872	155	①无②无③变形夔纹④无⑤无	i 三刀形足 ii 双菌状柱近流口 饰兽面涡纹 兽首半环鋬	

附 表

·307·

续表

爵

序号	器名	本书简称	类型	分期	①通高②口径③腹深/厘米	重/克	容积/毫升	纹饰①口②颈③腹④底⑤足	特征	备注
25	弦纹爵	爵二76云塘M13	BbⅠ	三期·晚段	①20②-③6.5	782	155	①无②弦纹③无④无⑤无	ⅰ三刀形足ⅱ双菌状柱立于流口饰涡纹ⅲ兽首半环鋬	
26	虘爵	爵72刘家M	BbⅡ	二期·早段	①22.1②17	930	160	①无②兽面纹③无④无⑤无	ⅰ三刀形足ⅱ双菌状柱立于流口饰涡纹ⅲ兽首半环鋬	
27	夔纹爵	爵二76云塘M20	BbⅡ	二期·晚段	①21.1②-③8.9	649	205	①无②无③变形夔纹④无⑤无	ⅰ三刀形足ⅱ双菌状柱立于流口饰涡纹ⅲ兽首半环鋬	
28	父丁爵	爵60泞家M8	BbⅡ	二期·晚段	①21.1②15.9	707	190	①无②无③兽面④无⑤无	ⅰ三刀形足ⅱ双菌状柱立于流口皿兽首半环鋬	
29	凡爵	爵76云塘M10	BbⅡ	三期·早段	①20②16.8③9.1	745	173	①无②无③夔纹④无⑤无	ⅰ三刀形足ⅱ双菌状柱立于流口饰弦纹ⅲ兽首半环鋬	

角

序号	器名	本书简称	类型	分期	①通高②长③腹/厘米	重/克	容积/毫升	纹饰①盖②口③颈④腹⑤底	特征	备注
1	史速角	角66贺家M	-	一期·早段	①23.3②17.1×8.2	1311	330	①双头夔纹②蕉叶纹③无④无⑤无	ⅰ盖首上有半环钮	

觥

序号	器名	本书简称	类型	分期	①高②长③口④腹/厘米	重/克	容积/毫升	纹饰①盖②口③颈④腹⑤底⑥足	特征	备注
1	折觥	觥76庄白J1	A	二期·晚段	①29②38③11.8×7④13.1	7515	不详	①夔纹、兽面纹②无③顾首夔纹④兽面纹⑤X形强筋线⑥顾首夔纹	ⅰ盖首为卷尾顾首形ⅱ鋬为卷尾顾首形腹四角有扉棱	

续表

觥

序号	器名	本书简称	类型	分期	①高②长③口④腹/厘米	重/克	容积/毫升	纹饰①盖②口③颈④腹⑤底⑥足	特征	备注
2	日己觥	觥62齐家J	B	三期·早段	①32②33.5③不详④12	9222	1515	①涡纹、鸟纹、兽面纹②无③夔纹、鸟纹④兽面纹⑤X形强筋线⑥小鸟纹	ⅰ盖首为兽首形ⅱ鸟形尾ⅲ器腹四角有扉棱	

壶

序号	器名	本书简称	类型	分期	①通高②口径③腹深/厘米	重/克	容积/毫升	纹饰①盖②沿③颈④腹⑤底⑥足	特征	备注
1	八壶	壶55贺家Z	Aa	一期·晚段	①34.9②10.9③26.2	4407	4245	①无②兽面纹③兽面纹④无⑤菱形方格强筋线⑥目雷纹	ⅰ绹索状提梁	
2	父丁壶	壶75召李M1	Aa	二期·晚段	①35.3②9.8③24.7	3552	3225	①无②无③顾首龙纹④无⑤网格状强筋线⑥卷云纹	ⅰ提梁饰夔纹ⅱ腹下铸小环纽	
3	夔纹壶	壶66贺家M	Ab	二期·晚段	①31.3②11.8×9.6③21.5	2768	1945	①无②弦纹③顾首龙纹④无⑤无⑥涡纹	ⅰ提梁饰夔纹	
4	提梁壶	壶72刘家M	Ac	二期·晚段	①45②9.7③34	2991	3190	素光	ⅰ提梁两端有羊首ⅱ圈足有2镂空	
5	鳞状云纹壶	壶三75庄白M	Ba	三期·早段	①47.8②12.4③35.5	4976	7320	①无②小鸟纹③分尾鸟纹④鳞状卷云纹⑤无⑥无	ⅰ贯耳饰兽面纹ⅱ圈足有孔	
6	鸟纹贯耳壶	壶一76庄白J1	Ba	三期·早段	①38.6②8.8③28.3	4196	3580	①无②鸟纹③鸟纹④无⑤无⑥无	ⅰ贯耳无纹饰ⅱ圈形捉手有孔	

续表

壶

序号	器名	本书简称	类型	分期	①通高②口径③腹深/厘米	重/克	容积/毫升	纹饰①盖②沿③颈④腹⑤底⑥足	特征	备注
7	散车父壶	壶一 60 召陈 J	Bb	三期·晚段	①41②11.2×14.6③28.2	7932	5680	①躬身窃曲纹②垂冠顾首鸟纹④垂鳞纹⑤无⑥波带纹	ⅰ贯耳饰兽面纹 ⅱ腹部有十字凸棱，正中有凸棱钉	
8	散车父壶	壶二 60 召陈 J	Bb	三期·晚段	不详	不详	不详	同上	同上	
9	鸟纹贯耳方壶	壶一 60 齐家 J	Bb	三期·晚段	①52.5②16.8×12.6③37	10891	10470	①无②垂冠顾首鸟纹③垂冠顾首鸟纹④十字带纹⑤无⑥垂鳞纹	ⅰ颈两侧贯耳饰夔纹ⅱ腹部正中有凸棱钉	
10	鸟纹贯耳方壶	壶二 60 齐家 J	Bb	三期·晚段	①51②16.9×12.6③37.1	10244	10615	①无②垂冠顾首鸟纹③垂冠顾首鸟纹④十字带纹⑤无⑥垂鳞纹	ⅰ颈两侧贯耳饰夔纹ⅱ腹部正中有凸棱钉	
11	三年瘐壶	壶二 76 庄白 J1	CⅠ	三期·晚段	①65.2②20.3③48.7	26000	27335	①垂冠囧鸟纹②重环纹、窃曲纹③波带纹④环带纹⑤斜方格网状强筋线⑥窃曲纹	ⅰ螺角兽首垂环	
12	三年瘐壶	壶三 76 庄白 J1	CⅠ	三期·晚段	①65.4②20③48.8	26700	26730	①垂冠囧鸟纹②重环纹、窃曲纹③环带纹④环带纹⑤斜方格网状强筋线⑥窃曲纹	ⅰ螺角兽首垂环	
13	十三年瘐壶	壶四 76 庄白 J1	CⅡ	三期·晚段	①59.9②16.8③43.9	15510	15085	①阴身凤鸟纹②垂环纹③垂冠分尾鸟纹④十字带纹、垂鳞纹⑤斜方格强筋线⑥波带纹	ⅰ螺角兽首垂环ⅱ腹部正中有凸棱钉	

·309·

续表

壶

序号	器名	本书简称	类型	分期	①通高②口径③腹深/厘米	重/克	容积/毫升	纹饰①盖②沿③颈④腹⑤底⑥足	特征	备注
14	十三年癲壶	壶五76庄白J1	CⅡ	三期·晚段	①59.9 ②16.8 ③43.9	15510	15085	①团身凤鸟纹②重环纹③垂冠分尾鸟纹④十字带纹、垂鳞纹⑤斜方格强筋波带线⑥三角云纹	i 螺角兽首垂环 ii 腹部正中有凸棱钉	《周青》腹深23.9误，且两件尺寸、重量、容积全误
15	仲南父壶	壶一75董家J	CⅡ	三期·晚段	①54.3 ②16 ③40.7	14284	12370	①团鸟纹②三角云纹③垂冠分尾鸟纹④十字带状鳞纹⑤斜方格强筋线⑥三角云纹	i 兽首环耳垂环 ii 腹部正中有凸棱钉	
16	仲南父壶	壶二75董家J	CⅡ	三期·晚段	①53.8 ②15.6 ③40.7	13076	13095	①团鸟纹②三角云纹③垂冠分尾鸟纹④十字带状鳞纹⑤斜方格强筋线⑥三角云纹	i 兽首环耳垂环 ii 腹部正中有凸棱钉	
17	环带纹壶	壶一81强家M1	CⅡ	三期·晚段	①43 ②12.6 ③30.2	7347	6160	①团鸟纹②波带纹③环带纹④斜角云纹、十字带纹⑤斜状强筋线⑥斜角云纹	i 耳顶象首翘鼻垂环 ii 腹部正中有凸棱钉	
18	环带纹壶	壶二81强家M1	CⅡ	三期·晚段	①42 ②12.6 ③31.2	7653	6150	①团鸟纹②环带纹③环带纹④斜角云纹、十字带纹⑤网格状强筋线⑥斜角云纹	i 耳顶象首翘鼻垂环 ii 腹部正中有凸棱钉	
19	几父壶	壶三60齐家J	CⅡ	三期·晚段	①60 ②16 ③45	16855	14150	①团鸟纹②窃曲纹③环带纹④环带云纹⑤无⑥斜角云纹	i 兽首环耳垂环 ii 垂饰重环纹	
20	几父壶	壶四60齐家J	CⅡ	三期·晚段	①60 ②16 ③45.2	17247	14531	①团鸟纹②窃曲纹③环带纹④环带云纹⑤无⑥斜角云纹	i 兽首环耳垂环 ii 垂饰重环纹	

续表

壶

序号	器名	本书简称	类型	分期	①通高②口径③腹深/厘米	重/克	容积/毫升	纹饰①盖②沿③颈④腹⑤底⑥足	特征	备注
21	伯㐭饮壶	壶一75庄白M	D	三期·早段	①14.5 ②10.9 ③11.5	1184	835	①无②无③小鸟纹④无⑤无⑥无	i 鋬如象鼻饰云纹 ii 颈中有2扉棱	椭方底
22	伯㐭饮壶	壶二75庄白M	D	三期·早段	①16.9 ②16.6 ③14.7	2652	1590	①无②无③分尾长鸟纹④无⑤菱形网状强筋线⑥无	i 鋬如象鼻饰云纹 ii 颈中有2凸兽首	椭方底
23	伯公父壶盖	壶盖76云塘J		四期·早段	①10.9 ②10.7	1419	-	①顾鸟纹②鳞纹、带目窃曲纹		

彝

序号	器名	本书简称	类型	分期	①通高②口径③腹深/厘米	重/克	容积/毫升	纹饰①盖②口③颈④腹⑤底⑥足	特征	备注
1	折方彝	彝76庄白J1	A	二期·晚段	①41.6 ②24.2×19.3 ③19.3	12800	7460	①兽面纹②顾首夔纹③兽面纹④X形强筋线⑤顾首夔纹	i 盖为庑殿四阿式 ii 器中及四角有八条扉棱	
2	日已方彝	彝62齐家J	B	三期·早段	①38.5 ②17×20 ③16.5	12770	4400	①变形夔纹、鸟纹②无③兽面纹④X形强筋线⑤鸟纹	i 盖为庑殿四阿式 ii 盖与器四角有扉棱	

盉

序号	器名	本书简称	类型	分期	①通高②口径③腹深/厘米	重/克	容积/毫升	纹饰①盖②口③颈④腹⑤底⑥足	特征	备注
1	翻父盉	盉75庄白M	AaⅠ	三期·早段	①20.7 ②12.7 ③10.2	1960	1490	①盘蛇纹②无③躬身龙纹④倒"V"字形纹⑤无⑥无	i 流饰云纹 ii 鳞鲮形环连接器盖出龙形鋬	
2	卫盉	盉75董家J	AaⅠ	三期·早段	①27 ②20.1 ③13.9	6963	3975	①垂冠分尾顾首夔纹②无③垂冠分尾顾首夔纹④倒"V"字形双线纹⑤无⑥无	i 流饰三角云纹	

续表

盉

序号	器名	本书简称	类型	分期	①通高②口径③腹深/厘米	重/克	容积/毫升	纹饰①盖②口③颈④腹⑤底⑥足	特征	备注
3	素面盉	盉81强家M1	AaⅡ	三期·晚段	①12.4②12.5③8.1	1004	990	素光	ⅰ口在器底ⅱ下有四足	明器
4	盉	盉78齐村M	AaⅢ	三期·晚段	①9.2	718	-	素光	ⅰ形制特殊	疑明器,有泥心
5	鸟纹盉	盉78齐家M19	Ab	三期·早段	①19.4②12.5×11.8③9.1	2068	1050	①小鸟纹②无③小鸟纹④无⑤十字形铸线⑥无	ⅰ半环形钮ⅱ四足	
6	仓盉	盉62齐家J	BⅠ	四期·早段	①37.6②10.5×8.4③21.8	4557	831	①鸟羽纹②无③重环纹、涡纹、斜角云纹⑤无⑥夔纹	ⅰ盖为鸟形ⅱ龙形流ⅲ卷尾龙形鋬ⅳ夔首扁足	
7	铜盉	盉95黄堆M55	BⅡ	三期·晚段	①11.2	766	125	素光		

杯

序号	器名	本书简称	类型	分期	①通高②口径③腹深/厘米	重/克	容积/毫升	纹饰①口②连珠纹③弦纹 兽面纹	特征	备注
1	高足杯	杯73美阳M		商晚	①21.3②14.2③13.9	697	890	①弦纹②连珠纹③弦纹 兽面纹	圈足中部十字镂孔	口沿稍残

勺

序号	器名	本书简称	类型	分期	①高②长③口④深/厘米	重/克	容积/毫升	纹饰①口②颈③腹④圈足⑤柄⑥底	特征	备注
1	变形蝉纹勺	勺一60召陈J		西中	①7②17.2③7.5×9④4.2	449	180	①重环纹、三角纹②变形蝉纹③瓦棱纹④镂空垂鳞纹⑤无⑥无	ⅰ圈足及柄镂空花纹	
2	变形蝉纹勺	勺二60召陈J		西中	①7②17.2③7.5×9④4.2	438	205	①重环纹②变形蝉纹③瓦棱纹④瓦棱纹⑤夔纹⑥无	ⅰ圈足及柄镂空花纹	

续表

勺

序号	器名	本书简称	类型	分期	①高②长③口④深/厘米	重/克	容积/毫升	纹饰①口②颈③腹④圈足⑤柄⑥底	特征	备注
3	伯公父勺	勺一76云塘J		西晚	①6.8②19.3③8.4×9.4④5.1	601	270	①变形蝉纹②无③瓦棱纹④重环纹⑤连体夔纹⑥无		
4	伯公父勺	勺二76云塘J		西晚	①7②19.5③8.4×9.2④4.9	562	260	①变形蝉纹②无③瓦棱纹④重环纹⑤连体夔纹⑥无		

斗

序号	器名	本书简称	类型	分期	①高②长③口④深/厘米	重/克	容积/毫升	纹饰①斗②柄	特征	备注
1	兽面纹斗	斗一76庄白J1		西早	①37②6.8③4.9④6.2	742	145	①无②兽面纹、夔纹	i 曲柄中间拱起	
2	羽纹斗	斗二76庄白J1		西早	①20.7②3.3③2.5④2.5	106	13	①无②浮雕兽面、羽纹、心形纹	i 曲柄呈雀尾形	
3	夔纹斗	斗三76庄白J1		西早	①22.6②4③2.3④3	169	15	①无②浮雕兽面、三角形顾首夔纹	i 曲柄呈雀尾形	柄末端断裂
4	夔纹斗	斗四76庄白J1		西早	①30.5②5③3.8④4.8	374	67	①无②小兽面纹、卷曲双首夔纹、镂空变形夔纹	i 曲柄扁平	
5	兽面纹斗	斗66贺家M		西早	①不详②20.1③2.3	113	18	①②兽面纹		出土时置于中
6	夔纹斗	斗73贺家M1		商晚	①不详②27③4.4	183	55	①无②兽面纹、夔纹、云雷纹	i 扁长柄	

三、水器

盘

序号	器名	本书简称	类型	分期	①通高②口径③腹深/厘米	重/克	容积/毫升	纹饰①盖②口③底④足	特征	备注
1	墙盘	盘76庄白J1	AaⅠ	三期·早段	①16.8②47.2③8.1	12500	10190	①无②垂冠分尾鸟纹③菱形强筋线④窃曲纹		
2	晨盘	盘黄堆Z	AaⅠ	三期·晚段	①13.1②37③7.2	4781	4845	①无②窃曲纹③网状方格强筋线④窃曲纹		
3	素面盘	盘81强家M1	AaⅡ	三期·晚段	①9.2②21.7③4.7	1019	1090	素光③斜方格强筋线		
4	中友父盘	盘60齐家J	AaⅡ	三期·晚段	①12.3②35.6③7.6	4303	4805	①无②窃曲纹③无④弦纹	ⅰ錾饰重环纹	
5	重环纹盘	盘75董家J	AaⅡ	四期·早段	①11.5②33.1③6.8	3388	3785	①无②重环纹③方格强筋线④无		
6	伯雍父盘	盘75庄白M	Ab	三期·早段	①12.2②43.2③9.8	7090	10070	①无②顾首龙纹③无④无	ⅰ盘口有宽短流	
7	仑盘	盘62齐家J	Ac	四期·早段	①16.4②39.8③6.8	4194	6030	①无②重环纹③X形条带强筋线④重环纹	ⅰ圈足下四小足为扶膝刖刑人ⅱ双耳饰重环纹	
8	鸟纹盘	盘78齐家M19	B	三期·早段	①9.2②34③5.1	3147	3850	①无②小鸟纹③无④小鸟纹		
9	铜盘	盘95黄堆M55	C	三期·晚段	①7.8②19.4③2.6	1491	635	素光		明器
10	盘	盘60召陈J	-	不详	不详	不详	不详	不详		未见器图

续表

匜

序号	器名	本书简称	类型	分期	①高②长③腹/厘米	重/克	容积/毫升	纹饰①盖②口③颈④腹⑤底⑥足	特征	备注
1	中友父匜	匜60齐家J	AⅠ	三期·晚段	①15.9②30.6	1451	1250	①无②窃曲纹③无④瓦棱纹⑤无⑥云纹	ⅰ四兽扁足ⅱ夔首鎜ⅲ流口饰夔纹	
2	重环纹匜	匜76庄白J2	AⅠ	四期·早段	①13.9②26③7.2	1044	910	①无②重环纹③无④瓦棱纹⑤四垫片⑥云纹	ⅰ四兽形足	
3	雷纹匜	匜60召陈J	AⅡ	三期·晚段	①14②28.3③8	1071	720	①无②无③雷纹④瓦棱纹⑤无⑥云纹	ⅰ四兽扁足ⅱ夔首鎜	
4	重环纹匜	匜62齐家J	AⅡ	四期·早段	①17.2②34.7③9.8	2148	1285	①无②无③重环纹④瓦棱纹⑤无⑥云纹	ⅰ四兽扁足ⅱ夔首长卷尾鎜	
5	胅匜	匜75董家J	B	三期·晚段	①20.3②36.5③11.7	3775	3220	①无②无③窃曲纹④浓纹⑤无⑥四间强筋线	ⅰ四蹄形足	

盂

序号	器名	本书简称	类型	分期	①通高②口径③腹深/厘米	重/克	容积/毫升	纹饰①盖②口③颈④腹⑤底⑥足	特征	备注
	鎜	鎜75董家J		四期·早段	①14.3②8.3③12.8	1256	1350	①无②无③重环纹④重环纹⑤无⑥无		
1	环带纹盂	盂73庄白丁家Z	A	三期·晚段	①44.5②56.1③32.3	36500	48740	①无②无③窃曲纹④环带纹⑤无⑥足	ⅰ颈中铸兽首	器内补痕
2	环带纹盂	盂一58齐家J	A	四期·早段	①42.7②55.3③32.4	36350	46370	①无②无③窃曲纹④波带纹⑤无⑥窃曲	ⅰ颈中铸兽首垂环	
3	环带纹盂	盂二58齐家J	A	四期·早段	①43②55.6③31.5	40200	46290	①无②无③窃曲纹④环带纹⑤无⑥窃曲纹	ⅰ颈中铸兽首垂环	
4	弦纹盂	盂60齐家J	B	三期·晚段	①24.3②36.1③18.4	6777	10545	①无②无③弦纹④无⑤铸筋⑥浓纹		

续表

序号	器名	本书简称	类型	分期	①通高②口径③腹深/厘米	重/克	容积/毫升	纹饰①口②颈③腹④底	特征	备注
					盆					
1	瘨盆	盆一76庄白J1	AⅠ	三期·晚段	①25.3 ②40 ③23.9	5996	17850	①无②弦纹③无④无		
2	瘨盆	盆二76庄白J1	AⅠ	三期·晚段	①25.1 ②39.4 ③25	5993	17710	①无②弦纹③无④无		腹有补疤
3	盆	盆92法门Z	AⅡ	三期·晚段	①15.6 ②25.1 ③15.3	2238	4575	素光		
4	斜角云纹盆	盆91齐家M8	B	三期·晚段	①14 ②22.7 ③12.2	1517	3100	①无②斜角云纹③无④无	ⅰ平底下饰三小足 ⅱ小半环耳垂环	

附表7 各类属器物量比统计表

器属	数量	占总比 /%	器类	出土数	出土比 /%	出土合计	出土总比 /%	传世数	总数	占总比 /%
食器	370	69.1	鼎	104	24.2	278	64.9	38	142	26.5
			鬲	47	11.0			13	60	11.1
			甗	11	2.6			1	12	2.2
			簋	91	21.2			25	116	21.7
			豆	5	1.2			1	6	1.1
			盨	14	3.3			13	27	5
			簠	6	1.4			1	7	1.3
酒器	140	26.2	尊	13	3.0	128	29.8	2	15	2.8
			卣	12	2.8				12	2.3
			壶	22	5.1			3	25	4.7
			觯	15	3.5				15	2.8
			爵	29	6.8				29	5.4
			斝	3	0.7				3	0.6
			罍	9	2.1			4	13	2.5
			彝	2	0.5			3	5	0.9
			觥	2	0.5				2	0.4
			觚	11	2.6				11	2.1
			盉	7	1.6				7	1.3
			瓿	1	0.2				1	0.2
			角	1	0.2				1	0.2
			杯	1	0.2				1	0.2
水器	25	4.7	匜	5	1.2	23	5.3		5	0.9
			盘	9	2.1			1	10	2
			盂	4	0.9			1	5	0.9
			盆	4	0.9				4	0.7
			鉴	1	0.2				1	0.2
总计	535	100		429	100	429	100	106	535	100

附表 8　单位遗迹与征集器物量比统计表

器类	墓葬量	占墓葬比/%	总比/%	窖藏量	占窖藏比/%	总比/%	征集量	占征集比/%	总比/%
鼎	44	27.4	10.3	26	13	6	34	48.7	8.1
鬲	13	8.1	3	31	15.5	7.2	3	4.3	0.7
甗	5	3.1	1.2	5	2.5	1.2	1	1.4	0.2
簋	31	19.3	7.2	50	25	11.6	10	14.3	2.4
豆	0	0	0	5	2.5	1.2	0	0	0
盨	2	1.2	0.5	11	5.5	2.6	1	1.4	0.2
簠	0	0	0	2	1	0.5	4	5.7	0.9
尊	7	4.3	1.6	4	2	0.9	2	2.9	0.5
卣	10	6.2	2.4	2	1	0.5	0	0	0
壶	8	5	1.8	13	6.5	3	1	1.4	0.2
觯	10	6.2	2.4	2	1	0.5	3	4.3	0.7
爵	13	8.1	3	13	6.5	3	3	4.3	0.7
斝	1	0.6	0.2	2	1	0.5	0	0	0
罍	2	1.2	0.5	3	1.5	0.7	4	5.7	0.9
彝	0	0	0	2	1	0.5	0	0	0
觥	0	0	0	2	1	0.5	0	0	0
瓿	2	1.2	0.5	8	4	1.8	1	1.4	0.2
盉	5	3.1	1.2	2	1	0.5	0	0	0
瓵	1	0.6	0.2	0	0	0	0	0	0
角	1	0.6	0.2	0	0	0	0	0	0
杯	1	0.6	0.2	0	0	0	0	0	0
匜	0	0	0	5	2.5	1.2	0	0	0
盘	4	2.6	0.9	4	2	0.9	1	1.4	0.2
盂	0	0	0	3	1.5	0.7	1	1.4	0.2
盆	1	0.6	0.2	2	1	0.5	1	1.4	0.2
鋆	0	0	0	1	0.5	0.2	0	0	0
合计	161	100	37.5	198	99	46.2	70	100	16.3

附表 9 出土器物量比统计表

一、食　　器

器类	器型	数量	占器类比 /%	占总比 /%	亚型	数量	占器类比 /%	式	数量
圆鼎	A型	43	41.3	10.1	Aa	5	4.8	Ⅰ	4
								Ⅱ	1
					Ab	1	1	-	-
					Ac	5	4.8	Ⅰ	2
								Ⅱ	3
					Ad	14	13.4	Ⅰ	9
								Ⅱ	5
					Ae	3	2.9	-	-
					Af	13	12.5	-	-
					Ag	2	1.9	-	-
	B型	46	44.2	10.7	Ba	4	3.8	-	-
					Bb	10	9.6	Ⅰ	3
								Ⅱ	7
					Bc	1	1	-	-
					Bd	6	5.8	Ⅰ	4
								Ⅱ	2
					Be	17	16.3	Ⅰ	11
								Ⅱ	6
					Bf	8	7.7	Ⅰ	6
								Ⅱ	2
	C型	3	2.9	0.7	Ca	1	1	-	-
					Cb	1	1	-	-
					Cc	1	1	-	-
方鼎	A型	11	9.6	2.3	Aa	8	7.7	-	-
					Ab	3	1.9	-	-
	B型	1	1	0.2	-	-	-	-	-
	C型	1	1	0.2	-	-	-	-	-
鬲	A型	10	21.3	2.3	Aa	2	4.3	-	-
					Ab	1	2.1	-	-
					Ac	7	14.9	Ⅰ	6
								Ⅱ	1
	B型	1	2.1	0.2	-	-	-	-	-
	C型	34	72.3	8.4	Ca	34	72.3	Ⅰ	16
								Ⅱ	18
					Cb	2	4.3	-	-
	D型	2	4.3	0.4	-	-	-	-	-
甗	A型	10	90.9	2.3	-	-	-	Ⅰ	5
								Ⅱ	5
	B型	1	9.1	0.2	-	-	-	-	-

续表

器类	器型	数量	占器类比/%	占总比/%	亚型	数量	占器类比/%	式	数量
簋	A型	35	38.5	8.1	Aa	2	2.2	Ⅰ	1
								Ⅱ	1
					Ab	23	25.3	Ⅰ	21
								Ⅱ	2
					Ac	2	2.2	-	-
					Ad	2	2.2	-	-
					Ae	3	3.3	Ⅰ	1
								Ⅱ	2
					Af	3	3.3	Ⅰ	1
								Ⅱ	1
								Ⅲ	1
	B型	14	15.4	3.3	-	-	-	-	-
	C型	42	46.1	9.8	Ca	6	6.6	-	-
					Cb	36	39.5	-	-
豆	A型	3	60	0.7	-	-	-	-	-
	B型	2	40	0.4	-	-	-	-	-
盨	A型	4	28.6	0.9	-	-	-	Ⅰ	2
								Ⅱ	2
	B型	10	71.4	2.3	-	-	-	Ⅰ	8
								Ⅱ	2
簠	A型	5	83.3	1.2	-	-	-	-	-
	B型	1	16.7	0.2	-	-	-	-	-

二、酒 器

器类	器型	数量	占器类比/%	占总比/%	亚型	数量	占器类比/%	式	数量
尊	A型	11	84.6	2.6	Aa	7	53.8	Ⅰ	2
								Ⅱ	5
					Ab	4	30.8	-	-
	B型	1	7.7	0.2	-	-	-	-	-
	C型	1	7.7	0.2	-	-	-	-	-
卣	A型	3	25	0.7	-	-	-	Ⅰ	2
								Ⅱ	1
	B型	9	75	2.1	-	-	-	Ⅰ	2
								Ⅱ	7

续表

器类	器型	数量	占器类比/%	占总比/%	亚型	数量	占器类比/%	式	数量
壶	A型	4	18.1	0.9	Aa	2	9.1	-	-
					Ab	1	4.5	-	-
					Ac	1	4.5	-	-
	B型	6	27.2	1.4	Ba	2	9.1	-	-
					Bb	4	18.1	-	-
	C型	10	45.6	2.3	-	-	-	Ⅰ	2
								Ⅱ	8
	D型	2	9.1	0.4	-	-	-	-	-
觯	A型	11	73.3	2.6	Aa	5	33.3	Ⅰ	3
								Ⅱ	2
					Ab	6	40	Ⅰ	4
								Ⅱ	2
	B型	4	26.7	0.9	Ba	2	13.3	Ⅰ	1
								Ⅱ	1
					Bb	2	13.3	-	-
爵	A型	1	3.4	0.2	-	-	-	-	-
	B型	28	96.6	6.5	Ba	22	75.9	Ⅰ	10
								Ⅱ	12
					Bb	6	20.7	Ⅰ	2
								Ⅱ	4
斝	A型	2	66.7	0.4	-	-	-	Ⅰ	1
								Ⅱ	1
	B型	1	33.3	0.2	-	-	-	-	-
罍	A型	8	88.9	1.9	Aa	1	11.1	-	-
					Ab	7	77.8	Ⅰ	1
								Ⅱ	6
	B型	1	11.1	0.2	-	-	-	-	-
方彝	A型	1	50	0.2	-	-	-	-	-
	B型	1	50	0.2	-	-	-	-	-
觥	A型	1	50	0.2	-	-	-	-	-
	B型	1	50	0.2	-	-	-	-	-
瓿	A型	6	54.5	1.4	-	-	-	Ⅰ	2
								Ⅱ	4
	B型	5	45.5	1.2	-	-	-	-	-
盉	A型	5	71.4	1.2	Aa	4	57.1	Ⅰ	2
								Ⅱ	1
								Ⅲ	1
					Ab	1	14.3	-	-
	B型	2	28.6	0.4	-	-	-	Ⅰ	1
					-	-	-	Ⅱ	1

三、水　器

器类	器型	数量	占器类比/%	占总比/%	亚型	数量	占器类比/%	式	数量
匜	A型	4	80	0.9	-	-	-	Ⅰ	2
								Ⅱ	2
	B型	1	20	0.2	-	-	-	-	-
盘	A型	7	77.8	1.6	Aa	5	55.6	Ⅰ	2
								Ⅱ	3
					Ab	1	11.1	-	-
					Ac	1	11.1	-	-
	B型	1	11.1	0.2	-	-	-	-	-
	C型	1	11.1	0.2	-	-	-	-	-
盂	A型	3	75	0.7	-	-	-	-	-
	B型	1	25	0.2	-	-	-	-	-
盆	A型	3	75	0.7	-	-	-	Ⅰ	2
								Ⅱ	1
	B型	1	25	0.2	-	-	-	-	-

附表10　墓葬及器物分期表

序号	墓葬名称	一期早段	一期晚段	二期早段	二期晚段	三期早段	三期晚段	四期	墓葬时代
1	60齐家M8				觯、爵				二期晚段
2	66贺家M		尹丞鼎	鼎四	鼎（一、二）、史話簋、壶、罍				一期晚段—二期晚段
3	71齐镇M1				鼎、鬲				二期晚段
4	71齐镇M2					鼎、鬲			三期早段
5	71齐镇M3					鼎（一、二）			三期早段
6	72刘家M			鼎三、簋（一、二）、觯（二、三）、爵	鼎（一、二）、鬲、甗、簋三、尊（一、二）、卣（一、二）、壶、觯一				二期

续表

序号	墓葬名称	一期		二期		三期		四期	墓葬时代
		早段	晚段	早段	晚段	早段	晚段		
7	73刘家沟M1						鼎、簋		三期晚段
8	73美阳M	连珠纹鬲	兽面纹鼎、山簋、兽面纹卣、高足杯						一期
9	73贺家M1		夔纹鼎、乳钉纹簋、☒卣、夔纹提梁卣、凤柱斝、涡纹罍、☒瓿						一期晚段
10	73贺家M3							鼎、盨（一、二）	四期
11	73贺家M5				鼎、簋				二期晚段
12	73贺家M6						鬲、簋		三期晚段
13	75召李M1				鼎、卣、壶、觯				二期晚段
14	75庄白M			爵一		鼎（一～三）、甗、簋一、壶（一～三）、觯、爵二、盘、盉			二期早段—三期早段
15	76贺家M112					簋			三期早段
16	76贺家M113				鼎（一、二）、甗				二期晚段
17	76云塘M10					鼎、尊、觯、爵			三期早段
18	76云塘M13						鼎、鬲、尊、卣、觯、爵（一、二）		三期晚段
19	76云塘M20				鼎、鬲、簋（一、二）、尊、卣、爵（一、二）				二期晚段
20	77齐家M1				鼎、簋				二期晚段

续表

序号	墓葬名称	一期 早段	一期 晚段	二期 早段	二期 晚段	三期 早段	三期 晚段	四期	墓葬时代
21	77王家咀M1		兽面纹鼎						一期晚段
22	78齐家M5					鼎、觚（一、二）			三期早段
23	78齐家M19				甗	鼎一、簋（二、三）、卣、爵（一、二）、盘、盉	鼎二、簋、尊		三期
24	78齐村M						盉		三期晚段
25	80王家咀M1		乳钉纹鼎			鼎一			一期晚段—三期早段
26	80黄堆M4					鼎、簋（一、二）			三期早段
27	80黄堆M16					簋			三期早段
28	80刘家村M2					鼎			三期早段
29	81强家M1					鼎一、甗、簋（三、四）	鼎（二~四）、鬲（一~四）、簋（一、二、五）、壶（一、二）、盘、盉		三期
30	91齐家M5			爵（一、二）、觚一			鬲（一、二）、簋（一、二）、尊、卣、觯		二期早段—三期晚段
31	91齐家M8						鼎		三期晚段
32	92黄堆M37					鼎			三期早段
33	92黄堆M45						鼎		三期晚段
34	95黄堆M55						鼎、簋、盘、盉		三期晚段

续表

序号	墓葬名称	一期		二期		三期		四期	墓葬时代
		早段	晚段	早段	晚段	早段	晚段		
35	95黄堆M58					簋	鼎		三期
36	96黄堆M71						鼎		三期晚段

附表11 窖藏及器物分期表

序号	窖藏名称	一期		二期		三期		四期	窖藏时代
		早段	晚段	早段	晚段	早段	晚段		
1	58齐家J							鬲（一、二）	四期
2	60召陈J					鼎一	簋（一~四）、壶（一、二）、匜	鼎（二~五）、簋（五~八）	三、四期
3	60齐家J					甗（一、二）	鬲、甑一、簋（一~四）、壶（一~四）、盘、匜	鼎（一、二）、甑二、簋（五~八）	三、四期
4	61齐家J							簋（一、二）	四期
5	62齐家J					尊、觚、彝		盘、匜、盉	三、四期
6	66齐镇J						豆		三期晚段
7	72京当J	鬲（一、二）、爵、斝、觚							一期早段
8	74强家J					鼎、簋（一、二）		豆	三、四期
9	75董家J					鼎四、簋一、盉	鼎（一~三）、簋（二~五）、匜（一、二）	此鼎（五~十三）、鬲（一、二）、豆（一、二）、簋（六~十四）、盘、鉴	三、四期
10	76云塘J							盨（一~五）	四期

续表

序号	窖藏名称	一期 早段	一期 晚段	二期 早段	二期 晚段	三期 早段	三期 晚段	四期	窖藏时代
11	76庄白J1		斦斝	尊一、卣一、觯一、瓯（三～五）	罍、彝、觯二、爵一、瓯（一、二、六、七）	鼎一、盨（一、二）、尊卣壶爵（二～八）、盘	鼎二、鬲（一～七）、豆、簋（一～八）、壶（二～五）、爵（九～十二）	鬲（八～十七）	一期晚段—四期
12	76庄白J2						簋、匜	甗、盨	三期晚段—四期
13	78凤雏J							鼎、甗、盨（一、二）	四期
14	81下务子J							鼎（一、二）	四期
15	82齐家J						鼎、盨		三期晚段
16	84齐家J						簋（一～四）		三期晚段
17	87庄李J						簋（一、二）		三期晚段

附表12 墓葬形制器物组合完整的墓葬

序号	墓葬名称	出土时间及地点	墓（长×宽↓深）/米	葬式	葬具	腰坑	青铜礼乐器组合	共存陶器	墓葬时代	属性
1	60齐家M8	1960.7齐家东壕	口3.02×1.46 底3.02×1.66 ↓3.93	朽毁	单棺	有	爵1、觯1	簋1	二期晚段	殷遗
2	73贺家M5	1973.冬贺家村西	3.4×2.55↓5.7	不详	一棺一椁	无	鼎1、簋1		二期晚段	周人
3	73贺家M6	1973.冬贺家村西	3.1×1.95↓4.5	不详	不详	无	鼎1、簋1	鬲1、罐1、豆1、釉陶豆1	三期晚段	周人
4	75召李M1	1975.3召李村西北	2.8×1.4↓3.6	朽毁	一棺一椁	有	鼎1、卣1、壶1、觯1	鬲2、簋1、罐2、豆1	二期晚段	殷遗
5	76云塘M10	1976云塘村南	口3.5×1.9 底3×1.7↓4	不详	单棺	有	鼎1、尊1、爵1、觯1	鬲6、簋4、罐8	三期早段	殷遗

续表

序号	墓葬名称	出土时间及地点	墓（长×宽↓深）/米	葬式	葬具	腰坑	青铜礼乐器组合	共存陶器	墓葬时代	属性
6	76云塘M13	1976云塘村南	口3.2×1.5↓1.33	不详	一棺一椁	有	鼎1、鬲1、尊1、卣1、爵2、觯1	鬲4、簋4、罐6	三期晚段	殷遗
7	76云塘M20	1976云塘村南	口3.5×1.75↓4 底3.95×2.6	不详	一棺一椁	有	鼎1、鬲1、簋2、尊1、卣1、爵2	鬲4、罐4、瓿2	二期晚段	殷遗
8	77齐家M1	1977齐家村	口3.2×1.56↓1.4	仰身直肢	一棺一椁	无	鼎1、簋2		二期晚段	殷遗
9	78齐家M5	1978.9齐家村东南	底1.92×0.8↓不详	不详	一棺一椁	有	鼎1	簋2、鬲1、罐5	三期早段	殷遗
10	78齐家M19	1978.9齐家村东南	口（不详）×2.1 底4.2×2.6↓7.6	仰身直肢	一棺一椁	有	鼎2、甗1、簋2、尊1、卣1、爵2、觯1、盉1、盘1	鬲4、簋2、尊1、卣1、爵2、觚2、觯1、盂1、盘1、豆2、罐24	三期	周人
11	80黄堆M1	1980.8黄堆乡南	口3.3×2.3↓4.94	仰身直肢	一棺一椁	无	簋1	鬲1、罐1	-	周人
12	81强家M1	1981强家村西崖	口4.3×（不详） 底4.86×3.08↓6.2	仰身直肢	一棺一椁	无	鼎4、鬲4、甗1、簋5、壶2、盂1、盘1	鬲2、罐1、豆2	三期	周人
13	91齐家M5	1991齐家村东	口3.4×1.6↓2.9	仰身直肢	一棺一椁	有	鬲2、簋2、尊1、卣1、爵2、觯1、盉2	鬲10、尊1、簋2、罐11	二期早段—三期晚段	殷遗
14	03庄李M9	2003.5庄李西谷场	口3.44×2.2~2.4 底3.57×2.25~2.4 ↓4.55	仰身直肢	一棺一椁	无	鼎3、簋2、鬲1、甗1、爵2、尊1、卣1、斝1、罍1、盂1	鬲1、罐1、瓿1	-	-

附表13 墓葬形制器物组合不完整的墓葬 1

群众耕作偶然发现的墓葬

序号	墓葬名称	出土时间及地点	墓（长×宽↓深）/米	葬式	葬具	腰坑	青铜礼器组合	共存陶器	墓葬时代	属性
1	66 贺家 M	1966.12 贺家村西	4.1×2↓5.5	不详	不详	不详	鼎4、甗1、簋1、壶1、罍1、角1、勺1		一期晚段至二期晚段	殷遗
2	71 齐镇 M1	1971.9 齐镇	不详	不详	不详	不详	鼎1、鬲1		二期晚段	殷遗
3	71 齐镇 M2	1971.9 齐镇	不详	不详	不详	不详	鼎1 鬲1		三期早段	周人
4	71 齐镇 M3	1971.9 齐镇	不详	不详	不详	不详	鼎2		三期早段	周人
5	73 刘家沟 M1	1973.10 刘家沟水库	不详	不详	不详	不详	鼎1、簋1、銮铃5、铃2		三期晚段	周人
6	73 美阳 M	1973 美阳村	不详	不详	不详	不详	鼎1、鬲1、簋1、卣1、杯1、斧1、锛1、凿1		一期早段	商人
7	75 庄白 M	1975.3 庄白村西南	↓0.5	不详	不详	不详	鼎3、甗1、簋2、壶3、爵2、觯1、盂1、盘1	鬲1、簋1、罐1	二期早段至三期早段	周人
8	77 王家咀 M1	1977 王家咀	不详	不详	不详	不详	鼎1	高足杯1	一期晚段	商人
9	78 齐村 M	1978 齐村	不详	不详	不详	不详	簋1、盂1		三期晚段	周人
10	80 黄堆 M16	1980.8 黄堆乡南	不详	不详	不详	不详	簋1		三期早段	周人
11	80 刘家村 M2	1980.12 刘家村	底 3.2×1.6	不详	不详	不详	鼎1	鬲2、罐2、簋1	三期早段	周人

附表14 墓葬形制器物组合不完整的墓葬 2

考古发掘出的墓葬组合不完整的墓葬

序号	墓葬名称	出土时间及地点	墓（长×宽↓深）/米	葬式	葬具	腰坑	青铜礼乐器组合	共存陶器	墓葬时代	属性
1	72 刘家 M	1972.4 刘家村	不详	不详	不详	不详	鼎3、鬲1、甗1、簋3、尊2、卣2、壶1、爵1、觯3	鬲、罐、簋	二期	殷遗

附表15 墓葬形制器物组合不完整的墓葬 3

经过盗扰器物组合不完整的墓葬

序号	墓葬名称	出土时间及地点	墓（长×宽↓深）/米	葬式	葬具	腰坑	青铜礼乐器组合	共存陶器	墓葬时代	属性
1	73贺家M1	1973.冬贺家村西	口4.1×2.9↓3.9	不详	不详	无	鼎1、簋1、卣2、斝1、甗1、瓶1、斗1		一期晚段	商人
2	73贺家M3	1973.冬贺家村西	4.9×3↓6.85	不详	不详	无	鼎1、盨2		四期	周人
3	76贺家M112	1976.5贺家村西	口3.6×2.26↓3.6	不详	一棺一椁	无	簋1		三期早段	周人
4	76贺家M113	1976.5贺家村西	口3.95×2.77↓8.43	不详	一棺一椁	无	鼎2、瓿1	鬲、盉、豆、罐	二期晚段	殷遗
5	80黄堆M3	1980.8黄堆乡南	口4.3×2.9↓3.2底同	仰身直肢	一棺一椁	有	钟1	鬲1、罐1	-	-
6	80黄堆M4	1980.8黄堆乡南	口4.2×3.05↓5.2底同	不详	不详	无	鼎1、簋2、钟1	鬲1	一期晚段至三期早段	周人
7	80王家咀M1	1980.王家咀	口3.64×2.2底2.95×1.7↓5.4	不详	一棺一椁	无	鼎2	鬲4、罐24、豆2	三期早段	殷遗
8	91齐家M1	1991.齐家村东壕	不详	不详	不详	不详	鼎1、盆1		三期	周人
9	91齐家M2	1991.齐家村东壕	不详	不详	不详	不详	鼎1、盆1		三期	周人
10	91齐家M8	1991.齐家村东	口3.3×1.6↓2.48	不详	一棺一椁	无	鼎1、盆1	鼎、爵、豆、簋、鬲	三期晚段	周人
11	92黄堆M37	1992.黄堆乡乡政南	口3.34×2↓4.1底3.36×2.04	不详	一棺一椁	无	鼎1	罐	三期早段	周人
12	92黄堆M45	1992.黄堆乡乡政南	口3×1.9↓2.5	不详	一棺一椁	有	鼎1	鬲1、罐	三期晚段	周人
13	95黄堆M55	1995.黄堆乡乡政南	口4.2×2.88↓6底4.06×2.76	不详	一棺一椁	不详	鼎1、簋1、盉1、盘1	瓷豆1	三期晚段	周人
14	95黄堆M58	1995.黄堆乡乡政南	口3.5×2.4↓5	不详	一棺一椁	不详	鼎1、簋1		三期	周人
15	95黄堆M60	1995.黄堆乡乡政西南	口3.5×1.9↓8.5	仰身直肢	不详	不详	阳燧1	铜铃、铜泡	-	-

续表

序号	墓葬名称	出土时间及地点	墓（长×宽↓深）/米	葬式	葬具	腰坑	青铜礼乐器组合	共存陶器	墓葬时代	属性
16	96黄堆M71	1996.黄堆乡乡政西南	口2.9×1.8↓4	不详	一棺一椁	不详	鼎1	陶罐1	三期晚段	周人
17	02齐家M4	2002.9齐家村北	口2.8×1.36~1.39 底3.2×1.47~1.73↓4.4	仰身直肢	一棺一椁	有	鼎1、鬲1、簋1、尊1、卣1、爵2、觯1	鬲5、簋3、罐6	-	-
18	02齐家M16	2002.9齐家村北	口2.6×1.2~1.27 底2.86×1.47~1.5		一棺一椁	有	鬲1	鬲3、簋4、豆3、罐4	-	-

附表中引用书目及藏处简称说明

一、文　　献

1. 铭文

《小校》:《小校经阁金文拓本》
《集成》:《殷周金文集成》
《缀遗》:《缀遗斋彝器款识考释》
《近出》:《近出殷周金文集录》
《辞典》:《中国文物精华大辞典》
《续殷上》:《续殷文存（上）》
《国史金》:《国史金石志稿》
《山东成》:《山东金文集成》
《啸堂》:《啸堂集古录》
《总集》:《金文总集》
《大系》:《两周金文辞大系图录》
《周金》:《周金文存》
《金索》:《金石索》
《断代》:《西周铜器断代》
《三代》:《三代吉金文存》
《三代补》:《三代吉金文存补》
《陕金》:《陕西金文汇编》
《郁华》:《郁华阁金文》
《薛氏》:《薛氏钟鼎彝器款识》
《北图拓》:《中国历代石刻拓本汇编》
《铭文选》:《商周青铜器铭文选》
《大系录》:《两周金文辞大系图录考释》

2. 图像

《博古》:《博古图》

《澂秋》:《澂秋馆吉金图》
《故宫》:《〈故宫青铜器〉图录》
《善斋》:《善斋吉金录》
《双古》:《双剑誃古器物图录》
《周青》:《周原出土青铜器》
《西甲》:《西清古鉴甲编》
《枊禁》:《枊禁考古学的考察》
《两罍》:《两罍轩彝器图释》
《陶斋》:《陶斋吉金录》
《武英》:《武英殿彝器图录》
《宝蕴》:《宝蕴楼彝器图录》
《贞松》:《贞松堂集古遗文》
《善图》:《善斋彝器图录》
《海外》:《海外吉金图录》
《尊古》:《尊古斋所见吉金图》
《双吉》:《双剑誃吉金图录》
《商周》:《商周彝器通考》
《综览》:《殷周青铜器综览》
《铜全》:《中国青铜器全集》
《上藏》:《上海博物馆藏青铜器》
《故铜》:《故宫青铜器》
《图录》:《中国青铜器图录》
《海外铜器》:《海外中国铜器图录》
《日精华》:《日本蒐储支那古铜精华》
《欧精华》:《欧米蒐储支那古铜精华》
《齐家村》:《扶风齐家村青铜器群》
《新收》:《新收殷周青铜器铭文暨器影汇编》
《青集》:《商周青铜器铭文暨图像集成》
《遗珠》:《欧洲所藏中国青铜器遗珠》
《中铜展》:《中华人民共和国古代青铜器展》
《白鹤集》:《白鹤吉金集》
《白鹤撰》:《白鹤吉金撰集》
《赛克勒》:《赛克勒博物馆收藏的西周青铜礼器》

《世全集》：《世界美术全集》
《夏商周》：《夏商周青铜器研究》
《流散欧》：《流散欧美殷周有铭青铜器集录》
《贞补上》：《贞松堂集古遗文补遗》上册
《美全》：《中国美术全集·工艺美术·青铜器》
《历博》：《中国历史博物馆藏青铜器》
《陕铜一》：《陕西出土商周青铜器》（一）
《陕铜二》：《陕西出土商周青铜器》（二）
《陕铜三》：《陕西出土商周青铜器》（三）
《文精》：《中国文物精华大辞典·青铜卷》
《艺展》：《参加伦敦中国艺术国际展览会出品图说》
《陕图》：《陕西省博物馆、陕西省文物管理委员会藏：青铜器图释》
《首阳吉金》：《首阳吉金——胡盈莹、范季融藏中国古代青铜器》
《旅顺》：《旅顺博物馆馆藏文物选粹：青铜器卷》
《美集》：《美帝国主义劫掠的我国殷周铜器集录》

3. 期刊、报纸

《学报》：《考古学报》
《中原》：《中原文物》
《春秋》：《文物春秋》
《江汉》：《江汉考古》
《华夏》：《华夏考古》
《人文》：《人文杂志》
《考与文》：《考古与文物》
《季刊》：《文物季刊》
《参考》：《文物参考资料》
《中考报》：《中国考古学报》
《专刊》：《文物参考资料专刊》
《丛刊》：《文物资料丛刊》
《文物报》：《中国文物报》
《古文》：《古文字研究》

二、藏　处

1. 研究单位

国内
社科院：中国社会科学院考古研究所
陕西所：陕西省考古研究所
北京所：北京市文物研究所
宝鸡所：宝鸡市考古研究所
台北院："中央研究院"历史语言研究所
国外
黑川所：日本京都黑川古文化研究所

2. 藏馆

国内藏馆
国博：中国国家博物馆
首博：首都博物馆
故宫：故宫博物院
津艺馆：天津艺术博物馆
北图：北京图书馆（现中国国家图书馆）
中文博：中国文字博物馆
上博：上海博物馆
陕历博：陕西省历史博物馆
咸阳博：咸阳博物馆
旅顺博：旅顺博物馆
台"故宫"：台北"故宫博物院"
台历史：台北"历史博物馆"
清华：清华大学图书馆
宝鸡博：宝鸡青铜器博物院
凤翔馆：陕西凤翔县文化馆
岐山博：陕西岐山县博物馆
周原博：陕西扶风县周原博物馆
台"中研"：台北"中研院历史语言所"

国外

白鹤：日本神户白鹤美术馆

藤井馆：日本京都藤井有邻馆

书道博：日本东京书道博物馆

赛克勒：美国华盛顿赛克勒美术馆

MIA：The Minneapolis Institute of Art, Minneapolis, Minnesota.
（明尼苏达州明尼阿波利斯美术馆）

AIC：The Art Institute of Chicago, Chicago. Illinois.
（伊利诺伊州芝加哥美术馆）

3. 私人藏家

孙氏：陕西长安孙氏

4. 拍卖会

08崇源拍：2008澳门崇源国际春季拍卖

作者简介

裴书研 1986年生,陕西西安人。2009年毕业于西安文理学院历史系,陕西师范大学考古与博物馆学硕士,西北大学考古学博士,北京大学考古文博学院博士后。

现为西安文理学院副教授,历史文化旅游学院副院长兼文博系主任,西安市重点扶持专业文物与博物馆学负责人,西安文理学院文博硕点建设专项负责人。主要从事商周考古与青铜器研究,文物绘图与摄影技术,文物修复及资料整理等领域工作。曾在《考古与文物》等期刊发表学术论文10余篇,出版学术专著2部,主持政校、校企合作横向课题项目6项,指导国家级大学生创新创业训练计划项目1项,主持校级综合、重点改革课程3项,孵化学生创办行业企业2家。

2015年从教以来,致力于西安文理学院专业建设发展。2016年9月,西安文理学院文物与博物馆学专业首届招生,目前已有4届168名在读本科生;2017年创建"XAU文博"网络平台,累计阅读量超过100万人次;2018年建立"文博专业建设规划发展专项",先后指导80余名学生负责及参与各类专业项目实践;2019年文物与博物馆学专业获批西安市重点扶持专业,并成为学校2020年硕士点申报首批重点建设专业。